甘肃省哲学社会科学规划项目研究成果（项目批准号：20YB154）

新时期西部全民阅读推广实证研究

高 峰／著

中国书籍出版社
China Book Press

图书在版编目(CIP)数据

新时期西部全民阅读推广实证研究 / 高峰著. -- 北京：中国书籍出版社,2022.10
ISBN 978-7-5068-9216-2

Ⅰ.①新… Ⅱ.①高… Ⅲ.①农村图书馆-图书馆工作-研究-中国 Ⅳ.①G259.252.3

中国版本图书馆 CIP 数据核字(2022)第 183646 号

新时期西部全民阅读推广实证研究

高　峰　著

责任编辑	毕　磊
责任印制	孙马飞　马　芝
出版发行	中国书籍出版社
地　　址	北京市丰台区三路居路 97 号(邮编：100073)
电　　话	(010)52257143(总编室)　(010)52257140(发行部)
电子邮箱	eo@chinabp.com.cn
经　　销	全国新华书店
印　　刷	成都兴怡包装装潢有限公司
开　　本	787 毫米×1092 毫米　1/16
字　　数	400 千字
印　　张	22.5
版　　次	2022 年 10 月第 1 版
印　　次	2022 年 10 月第 1 次印刷
书　　号	ISBN 978-7-5068-9216-2
定　　价	79.00 元

版权所有　翻印必究

序

二十多年来，我一直致力于全民阅读研究与阅读推广工作。近日有幸读到甘肃省平凉市少儿图书馆高峰先生承担的甘肃省哲学社会科学规划项目研究成果《新时期西部全民阅读推广实证研究》，感到非常高兴。

我认真地阅读了书稿，感觉很惊喜。没有想到在辽远的西部地区，还有这么一个年轻人，在致力于阅读推广的实证研究。细细读了书稿中的案例与观点，发现我们高度关注的全民阅读、儿童分级阅读、乡村阅读高质量发展与数字阅读出版等前沿问题与重要问题，在基层还有文化工作者用实际案例来探索，来分析，来论证，来研究，我由衷地感到欣慰。作者在作品中，系统研究了西部全民阅读推广相关问题，并提出了一些有价值的建议，在西部地区乃至全国范围内都有一定的参考价值。书中对西部地区全民阅读推广工作的研究，有三个鲜明特点。

首先，研究中心明确，聚焦于西部全民阅读推广策略。书中通过实证分析，提出了西部地区农家书屋与乡村图书馆建设、西部地区校园阅读、西部地区公共图书馆发展思路，建构了西部地区新华书店连锁经营转型升级的有效模式。整体研究围绕西部地区全民阅读推广这个主题展开，紧紧围绕研究中心，具有鲜明的针对性。

其次，在研究方法上突出将理论研究与实证分析进行有机融合。从学校、公共图书馆、新华书店、农家书屋与乡村图书馆四个方面，以实证研究方法为主，结合文献分析和理论思考，通过采用 SWOT 分析和 STEP 分析等理论模型，研究了西部地区阅读推广的现状、问题，并提出了相应的对策建议。通过A市公共图书馆、P市学校、B书店、C市新华书店、F县农家书屋和J县、C县、X县、Z县总分馆等实证材料，深入分析研究了公共图书馆提升阅读推广绩效的策略，探究了当下新华书店破解经济效益不佳、阅读活动社会影响力不强的路径，提出了农家书屋化解制约因素、提升日常管理和服务水平的思路。理论紧密结合实践的研究方法，有力支撑了研究结论的可信度、可靠性与可操作性。

第三，深入扎实开展一手研究数据资料分析研究。该书选取具有西部地区城乡典型特征的学校、图书馆等个案作为研究样本，通过对青少年喜欢阅读的图书进行问卷调查，对图书馆服务基本情况进行数据统计分析，以翔实的数据为基础，分析了阅读推广方面存在的薄弱环节。作者在西部地区新华书店连锁经营研究中，对书店各类别图书销量、动销图书品种变化趋势、书店经营模式转型升级等方面，都进行了详实的统计分析与研究。研究材料数据较为全面，反映的基本情况比较客观，并对农家书屋进行了问卷调查分析，有些数据非常珍贵，有较强的资料价值。

总体来说，书稿以问题为导向，有较强的应用价值和学术价值，提出的许多对策建议未来通过落实和应用，将有效促进西部地区阅读推广工作上一个新台阶。书稿中提出的一些思路、观点，特别是第十五章关于推进农家书屋升级版——乡村图书馆建设的设想，有一定的学术创造性与指导性，对未来乡村图书馆的建设具有较强的参考价值。

西部地区阅读推广作为一项文化工程，对于提升西部地区广大民众的文化素养、全面推进乡村振兴、全面建设社会主义文化强国都具有十分重要的积极意义。近年来，全民阅读成为党和政府高度关注的问题，多次被写入党代会和政府工作报告。以元宇宙为代表的新的文化力量，正在为全民阅读的发展提升提供新的动力，展示出无限美好可能。全民阅读作为一项关乎民族复兴大业的奠基工程、关乎中华文化继承与弘扬的光荣事业，需要全体公众，特别是有识之士的共同参与，像高峰这样的青年学者、基层一线阅读推广工作者的学术努力，堪称典范。

当然，作者地处西部，所观察的对象、选取的样本也还受到各种条件的局限。以发展的眼光来审视，该研究也还有很大的延展和提升空间。希望作者今后能在西部地区全民阅读研究的道路上取得新的突破，希望有更多全民阅读领域的研究成果问世，并在西部地区推广普及，开花结果。

是为序。

徐升国
2022 年 10 月 16 日

（作者系中国新闻出版研究所所长、国民阅读与促进中心主任、元宇宙阅读与出版实验室主任）

前　言

阅读的过程是读者不断超越自我、提升自身意识的过程。《阅读活动·审美响应理论》一书中，德国著名的接受美学理论家沃尔夫冈·伊瑟尔，对阅读活动给出的解释是，把阅读当成是一种交流活动，阅读是具有交流的属性的，而且交流的确是阅读的重要目的之一。由此可见，阅读行为是一种以交流为目的的社会化行为，而阅读推广活动更是群体社会行为的一个表现形式。

阅读推广是一项遍及全国、有组织、有计划、目标明确的文化工程，旨在培育民众读书习惯，提升人们的学习、思考和创新能力，以此保障公众阅读和学习的权利。1997年文化部发起知识工程，明确提出全民读书，成立了知识工程领导小组，领导实施知识工程，也是从这一年开始，每年的12月成为全民读书月。2007年发布了全民阅读活动的通知，标志着阅读推广活动成为国家战略，阅读推广活动已不再是某一部门的业务工作，而是被定位为一项长期的、政府主导的、全社会共同参与的文化工程，开始在全国广泛推动，开展规模较大的阅读推广活动。

全民阅读自2007年提出，2014年开始连续九年均被写入政府工作报告，先后被列入党的十八大和十九大报告，国家领导人提出"依靠学习走向未来"的号召，倡导阅读，带头阅读，凸显了国家对全民阅读工作的重视。目前，许多地区都已形成了有效的阅读推广运行体制。中国西部地区地域辽阔，人口没有东部沿海地区密集，是中国经济欠发达、需要加强开发的地区。这一区域的阅读推广做了大量工作，但因经济欠发达、投入不足等因素，阅读推广工作相对保守、缓慢，经费支持、政策保障还有待加强，活动绩效也需要进一步提升。可以说，西部欠发达地区阅读推广任重道远又充满机遇。

2017年1月，国家发布的《关于实施中华优秀传统文化传承发展工程的意见》，提出实施中华文化新媒体传播工程，通过开展系列活动，以发挥公共图书馆等文化场所在传承中华文化中的应有作用，这一指导意见要求通过中华优秀传统文化融入社会教育，使中华优秀传统文化与当代文化相互融合、与现代社会发展相辅相成。2018年以来，国家先后发布的《关于实施乡村振兴战略的意见》《乡村振兴战略规划》《关于全面推进乡村振兴加快农业农村现代化的意见》《关于加快推进乡村人才振兴的意见》，提出在乡村振兴战略实施过程中，对深度贫困地区给予倾斜和扶持。2021年7月，发布的《关于进一步减轻义务教育阶段学生作业负担和校外培训负担的意见》，明确要求为学生减负，为课外阅读提供更多时间保障。西部地区经济欠发达，在经济社会和文化领域的硬件建设上还无法与发达地区相比，在文化建设的实体工程上短期内也很难赶超经济实力较好的地区，面对一系列政策机遇，应当以传承中华优秀传统文化为目标，以阅读推广为抓手，探索实施上述各项利好政策落地、落实的路径，在公共图书馆、学校、农家书屋、新华书店转型升级和发挥社会教育职能作用等方面提供经验和典范。

本书的整体架构，在乡村振兴、中华优秀传统文化传承发展、文化与社会发展、后现代阅读、"双减"视域下，探讨文化与教育融合发展的思路，试图探索形成基于公共图书馆、学校、书店、农家书屋合作开展阅读推广的模式，讨论共同推动校园阅读的六个维度，推荐大学分校阅读书目，统筹城乡开展阅读推广人培育行动，服务于乡村文化振兴，从而打造西部不同受众、不同地域、不同需求的阅读推广范式与活动品牌，试图构建新华书店连锁经营转型升级的有效路径，提出农家书屋正常运转的对策和乡村图书馆的构想，为西部欠发达地区阅读推广提供借鉴和选择。本研究过程中围绕长期思考的现实问题展开，以实地走访、调查问卷、查阅资料、文献研究等方式，结合阅读推广实践、典型案例、工作经历，开展了实证探索研究，形成公共图书馆、学校、新华书店、农家书屋阅读推广四个方面的系列探讨，以期抛砖引玉，为业界带来启示和思考。

本研究得到"甘肃省哲学社会科学规划项目"资助（项目批准号：20YB154）。

目 录
CONTENTS

绪 论

一、研究目的与意义 …………………………………………… 004
二、研究综述 …………………………………………………… 006
 （一）政府主导的图书馆 ………………………………… 007
 （二）公共图书馆弱势群体服务 ………………………… 015
 （三）民营实体书店 ……………………………………… 018
 （四）国营新华书店 ……………………………………… 024
 （五）农家书屋及乡村图书馆 …………………………… 027
 （六）基于"双减"与课后服务的校园阅读 …………… 033
三、研究思路 …………………………………………………… 035
 （一）提升阅读推广绩效的策略 ………………………… 035
 （二）探寻学校在课后服务过程中开展阅读推广活动的途径 …… 035
 （三）阅读推广视域下新华书店转型升级实证研究 …… 036
 （四）破解乡村阅读推广困境的探讨 …………………… 036
 （五）阅读推广问题贯穿于课题研究全过程 …………… 037
 （六）图书馆与学校、书店及农家书屋四方交叉研究的思路 …… 037
四、研究体系 …………………………………………………… 039
五、研究方法、理论基础及可能的创新点 …………………… 040

第一部分　提升图书馆阅读推广绩效的策略

第一章　阅读推广与图书馆营销
一、阅读推广的概念 046
二、阅读推广需要注重的三个维度 047
（一）阅读推广的第一重维度：文化场域 047
（二）阅读推广的第二重维度：文化惯习 048
（三）阅读推广的第三重维度：文化资本 049
三、图书馆营销 050
（一）营销理论的发展 050
（二）图书馆营销 051
（三）图书馆营销的作用 052
（四）图书馆营销在阅读推广中的应用 053
四、图书馆营销的案例 053
（一）国际图联重视图书馆营销工作 053
（二）国内图书馆营销的经典案例 054
五、图书馆营销分析方法 055
（一）SWOT 分析法 055
（二）STEP 分析法 056
（三）营销组合：7PS 056
六、图书馆营销组合 057
（一）图书馆内部营销 057
（二）图书馆外部与互动营销 058
（三）图书馆营销的组合 058
七、图书馆公共关系 060
（一）公共关系的三大构成要素 060
（二）图书馆形象 061
（三）公共关系对图书馆的功能 062
八、图书馆品牌营销 063

第二章　图书馆开展阅读推广的思路：以 A 市为例 ……… 064
一、阅读推广现状调查：以 A 市图书馆为例 ……………………… 064
（一）各级图书馆重视阅读推广工作 ……………………………… 066
（二）通过开展活动吸引广大读者入馆阅读 ……………………… 067
二、存在的主要问题 …………………………………………………… 067
（一）部分图书馆硬件设施薄弱，服务能力不足 ………………… 067
（二）新购书刊偏少，馆藏针对性和吸引力不强 ………………… 068
（三）调查研究和宣传力度有待进一步加强 ……………………… 068
（四）针对不同群体读者的推荐阅读和用户教育环节缺失 ……… 069
三、提升阅读推广水平的策略 ………………………………………… 069
（一）争取地方立法，构建良好的全民阅读环境 ………………… 070
（二）争取经费支持与社会力量资助，为阅读推广提供资金保障 … 070
（三）开发休闲功能，建设城市书房 ……………………………… 071
（四）与新华书店合作开展读者选购活动，提升书刊利用率 …… 072
（五）建立地域分享阅读推广模式，开展系列阅读活动 ………… 073
（六）加强馆员培养，提升整体服务水平 ………………………… 075
四、基于分类阅读理念推荐的书单 …………………………………… 078
（一）推荐哲学类书单 ……………………………………………… 079
（二）推荐文学名著导读类书单 …………………………………… 080
（三）推荐历史类书单 ……………………………………………… 081
（四）推荐艺术类书单 ……………………………………………… 081
（五）推荐经济类书单 ……………………………………………… 082
（六）推荐心理阅读类书单 ………………………………………… 083
（七）推荐科普类书单 ……………………………………………… 084
（八）推荐旅行类书单 ……………………………………………… 085
（九）推荐书评类书单 ……………………………………………… 085
（十）推荐四季分时书单 …………………………………………… 085
（十一）推荐中老年阅读书单 ……………………………………… 085
（十二）媒体推荐的好书榜 ………………………………………… 086
（十三）数字阅读资源导航 ………………………………………… 087

第三章　乡村振兴背景下面向弱势群体开展阅读推广的路向　090
一、图书馆开展弱势群体读者服务的发展情况　090
（一）西部地区公共图书馆弱势群体服务的演变概况　090
（二）图书馆在乡村文化振兴中开展弱势群体服务的职能作用　092
二、服务弱势群体的路径——分众阅读理念的推广　092
（一）建好用好乡村图书馆，保证弱势群体阅读权利　092
（二）开展课外阅读指导，促进农村儿童学习成长　093
（三）开展主题培训活动，满足农民求知致富的基本需求　094
（四）利用好视障阅览设施，保证残障人士阅读权益　095
（五）开展送图书下乡，宣传政策及阅读理念　097
（六）提供人才支撑，促进农村地区经济发展　098
三、乡村振兴背景下阅读推广人培育模式的构建　098
（一）乡村文化振兴与培育阅读推广人的作用机理　099
（二）培育阅读推广人的模式探讨　100
（三）保障阅读推广人开展活动的配套措施　102

第四章　阅读推广的保障机制：总分馆与理事会　105
一、社会力量参与阅读推广的机制　105
（一）坚持正确导向，明晰社会力量参与阅读推广的方式　105
（二）依托社会各方力量，推行小连锁阅读推广模式　107
（三）构建良好公益环境，激励社会力量参与阅读推广　108
（四）吸纳社会力量进入理事会，共同开展阅读推广　109
二、西部公共图书馆总分馆建设的机制　111
（一）现状与困境　111
（二）思路与机制　116

第一部分小结　120

第二部分　提升校园阅读水平的探讨

第五章　后现代阅读方式下学校提升未成年人导读效能的举措　126
一、后现代阅读方式对未成年人的影响　126

（一）良莠不分的网络阅读对未成年人价值观造成冲击 …………… 126
（二）热门书籍打破了传统的阅读审美模式 …………………… 127
（三）过分"读图""读屏"影响着未成年人健康成长 …………… 128
二、未成年人课外阅读的偏失问题 ……………………………… 129
（一）主动阅读的意识不强 …………………………………… 129
（二）自主选择阅读作品的能力较弱 ………………………… 129
（三）课后阅读指导服务还有待加强 ………………………… 130
三、提升未成年人导读服务水平的策略 ………………………… 131
（一）构建良好的阅读场域，为未成年人提供更多阅读时间 … 131
（二）设立阅读服务部，设置经典读物专架 ………………… 131
（三）倡导阅读经典书刊，打造三方协作的导读示范基地 … 134
（四）开展灵动多样的阅读活动，打造公开课阅读推广品牌 … 136
（五）紧扣数字时代发展趋向，开展分享式主题阅读 ……… 137
（六）加强宣传与培训，提升未成年人文化自觉度 ………… 139

第六章 关于校园阅读推广的几点建议 …………………………… 141

一、问题的提出：未成年人课外不读经典已经司空见惯 ………… 141
二、校园分级阅读书目及方法 …………………………………… 144
（一）推荐分级阅读书目 ……………………………………… 144
（二）推广科学对路的阅读方法 ……………………………… 149
三、"双减"背景下校园阅读推广的六个维度 …………………… 150
（一）教育主管部门层面：搭建阅读平台，增强教育行政推动的引力 … 150
（二）学校层面：创设阅读时间，提升阅读推广的保障能力 … 152
（三）教师层面：带头阅读，开展专业化阅读指导 ………… 153
（四）学生层面：树立终身阅读理念，深度开展课外阅读 … 154
（五）家长层面：以亲子共同阅读为基础建构书香家庭 …… 154
（六）社会力量层面：优秀的阅读理念传播与图书捐赠并行 … 155
四、关于大学分校阅读的建议书单 ……………………………… 156
（一）综合大学的阅读推广 …………………………………… 156
（二）高职院校的阅读推广 …………………………………… 156
（三）理工类院校的阅读推广 ………………………………… 157

（四）师范类院校的阅读推广 ·· 158
（五）医学类院校的阅读推广 ·· 158
（六）军队院校的阅读推广 ·· 159
（七）大学生心理问题的阅读疗法 ·· 159

第七章　优秀传统文化传承视域下的青少年文化公开课 ············ 162
一、在未成年人群体中传承优秀传统文化的意义 ····················· 162
二、在未成年人群体中开展优秀传统文化教育面临的困境 ········· 163
三、开设青少年文化公开课的必要性 ···································· 165
四、开设青少年文化公开课的可行性 ···································· 165
五、开设青少年文化公开课的路径 ······································· 168
（一）总体把握：将公开课打造成文化教育融合的主阵地 ········· 168
（二）内容扬弃：研究地域优秀文化走进公开课的途径 ············ 169
（三）构建体系：编印公开课教材《青少年经典文化通识读本》 ··· 169
（四）尊重经典：课程开发坚持文道统一、德育为上理念 ········· 170
（五）灵动多样：构建公开课传播及经典阅读新模式 ··············· 171
（六）循序渐进：构筑数字文化信息生态系统 ······················· 172

第二部分小结 ··· 174

第三部分　阅读推广视域下新华书店转型升级实证研究

第八章　新华书店连锁经营状况与制约因素 ·························· 178
一、国内外图书行业连锁经营发展状况 ································ 178
二、西部地区新华书店连锁经营的制约因素 ·························· 179
（一）制约发展的因素 ··· 179
（二）连锁经营的困境 ··· 184
（三）原因分析 ·· 186

第九章　图书零售市场走势与成长性分析：以 B 书店为例 ········ 193
一、全国图书零售市场走势与成长性分析 ····························· 193
（一）市场结构分析 ·· 194
（二）五大地区图书市场情况分析 ······································ 196

二、B 书店图书零售市场情况分析 ·············· 197
　（一）B 书店图书销售基本情况分析 ············· 198
　（二）各类别图书与全国同比、环比情况对比分析 ····· 200
　（三）B 书店动销图书品种数与全国及西部地区对比分析 ·· 201
　（四）B 书店新书销售与全国及西部地区对比分析 ····· 204
　（五）全国畅销书在 B 书店未动销情况 ············ 208

第十章　西部地区新华书店转型升级的思路 ············ 212
一、转型升级的思路展望 ······················ 212
二、转型升级的路径探析 ······················ 213
　（一）坚持社会效益第一，履行文化企业的责任 ······ 213
　（二）建构不同经营模式，打造独特卖场空间 ········ 214
　（三）形成多元的商品业态，拓宽市场发展空间 ······ 220
　（四）做强网上书店无法实现的独特功能，重塑新华书店品牌 ·· 224
　（五）搭建网络信息平台系统，推行多种结算方式 ····· 228
　（六）摈弃传统管理方式，改善内部运营机制 ········ 229

第十一章　新华书店转型升级实证研究：以 C 市为例 ······ 233
一、近三年 C 市新华书店绩效 ··················· 233
　（一）发展状况 ························· 233
　（二）面临的困境 ························ 233
二、转型升级的发展思路 ······················ 236
　（一）"破冰"：更新管理与经营理念 ············· 236
　（二）"引渠"：涉足出版发行全产业链 ············ 236
　（三）"筑池"：建构新华书店图书经营文化综合体 ····· 236
　（四）"建网"：融合其他业态多元化发展 ··········· 237
三、转型升级的目标定位 ······················ 237
　（一）经济效益目标 ······················ 237
　（二）社会效益目标 ······················ 237
四、转型升级的实践 ························ 238
　（一）迁建配套用房，兴办教育培训产业 ·········· 238
　（二）再造卖场空间，打造 C 城图书经营文化综合体 ···· 239

（三）建设 C 市网上新华书店，构建 O2O 经营模式 …………… 242
（四）加强与教育部门合作，打造课外导读品牌 ………………… 243
（五）加强与文化部门合作，打造全民阅读品牌 ………………… 245
（六）融入集团公司，发展上游产业链业务 ……………………… 246
（七）实施差异化定位策略，提升县域网点综合效益 …………… 246
五、转型升级的配套条件 ………………………………………………… 247
（一）组织架构优化 ………………………………………………… 247
（二）领导班子建设 ………………………………………………… 248
（三）人才队伍建设 ………………………………………………… 249
（四）管理制度建设 ………………………………………………… 249
（五）财务管理优化 ………………………………………………… 250
（六）信息化建设 …………………………………………………… 251
（七）党组织建设 …………………………………………………… 251
六、实施进度预安排 ……………………………………………………… 252

第三部分小结 ………………………………………………………………… 254

第四部分　破解乡村阅读推广困境的对策

第十二章　调查分析制约农家书屋的因素：以 F 县为例 ………… 262
一、G 省农家书屋建设的机制 …………………………………………… 263
二、关于 F 县农家书屋制约因素的调查分析 …………………………… 266
（一）基本运行情况 ………………………………………………… 266
（二）现实的困境 …………………………………………………… 267
（三）问卷调查分析 ………………………………………………… 269

第十三章　保障农家书屋正常运转的建议 ………………………… 276
一、保障西部地区农家书屋正常运转的意义 …………………………… 276
二、改善西部地区农家书屋运行困境的对策 …………………………… 277
（一）通过专项整改，解决阵地弱化和图书流失的问题 ………… 277
（二）完善运行机制，解决管理不规范的问题 …………………… 278
（三）完善投入机制，解决经费缺失的困境 ……………………… 279

（四）探索多种开放形式，解决应用不足的问题 280
（五）有针对性地加以引导，解决乡村阅读氛围淡薄的问题 281

第十四章　西部地区乡村阅读推广定位的SWOT分析 283
一、SWOT分析 284
（一）优势（strengths） 284
（二）劣势（weaknesses） 285
（三）机会（opportunities） 288
（四）威胁（threats） 290
（五）SWOT方案 291
二、乡村振兴视域下的农村阅读推广策略 295
（一）争取政府支持，寻求外力帮扶，合力开展乡村阅读推广活动 295
（二）加强人员培养，采购实用性强的图书，开展数字化阅读推广服务 296
（三）加强农村文化建设，改善阅读生态，提升自主阅读意识 297
（四）推进智慧化转型，构建"乡村阅读+"体系，形成融合发展模式 298

第十五章　关于推进农家书屋升级版——乡村图书馆建设的设想 300
一、深化思想认同，明晰建设乡村图书馆的必要性与可行性 300
（一）农家书屋转型升级的需要 300
（二）繁荣乡村文化的需要 301
（三）提高农民素质的需要 302
（四）有效扩大图书出版发行的需要 302
（五）助力乡村振兴的现实需要 302
二、紧跟时代变化，探索乡村图书馆建设的路径 303
（一）与新华书店及邮政公司合作，开展为农村读者找书业务 303
（二）市县乡三级联动，在机制上形成总分馆的模式 304
三、以县级政府为建设主体，强化经费与运行保障 307
（一）落实机构人员与运行经费，建立长期稳定的投入机制 307
（二）争取政策资金，为建设乡村图书馆提供条件 308
（三）由新乡贤创办乡村图书馆，政府给予政策和资金支持 309
四、结合乡村实际，构建图书采选与管理的长效机制 310
（一）按需采购配送书刊，提升资源利用率 310

（二）探索三方联动配送机制，构建适宜图书流通模式……311
（三）解决管理员待遇问题，发展乡村文化志愿者……311
（四）加大宣传力度，提升知晓率……312
五、开发农村"文化云"服务平台，建构乡村数字图书馆……312
（一）基于卫星技术的乡村数字图书馆……312
（二）基于文化共享工程的数据库型乡村数字图书馆……312
（三）基于广电网络的乡村数字图书馆……313
（四）未来发展方向的展望……313
第四部分小结……315

结　语……321
参考文献……324
后　记……335

绪　论

近年来，全民阅读连续九次被写入政府工作报告，凸显了国家对阅读推广工作的重视。目前，许多地区都已形成了有效的阅读推广运行体制。传统意义上，西部欠发达地区，包括甘肃省、青海省、陕西省、四川省、贵州省、云南省、宁夏回族自治区、新疆维吾尔自治区、西藏自治区和重庆市等10个省区市，相对沿海发达地区，这一区域经济欠发达、人才资源匮乏、公众对全民阅读的整体认知落后、阅读推广服务基本处于低层次徘徊状态。因此，需要紧跟时代步伐，准确研判数字时代公众的阅读心理与阅读行为，主动做好阅读引领、推动全民阅读工作。

基于此，本课题以实证研究为主，以问题导向展开，希望提出可以付诸实践的对策建议。而要解决以上问题，笔者以为首先需要换一种积极的认知和思维框架，摆脱对西部欠发达地区经济和社会特征的惯常的、消极的宏观认知，对其在我国经济、社会中所处的位置进行重新定位，再逐步梳理出其明显的经济和社会特征。定位理论是第三次生产力革命时，主要基于组织管理由杰克·特劳特而提出，其生发的逻辑是通过和竞争者对比，确定最具优势的位置，从而使自身的许多存在胜出竞争并赢得优先的选择。显而易见，定位理论原本意义是用来发掘自身优势的。定位理论所谓的自身优势，针对西部欠发达地区而言，恰好就是自身尚需弥补、优化的空间和发展潜力。换句话说，当以积极的态度应对消极的问题，将会为很多问题的解决找到有效的方法和路径。下面，参考杰克·特劳特的定位四步骤，结合实际，对西部欠发达地区经济社会等特征进行阐释。

一是西部欠发达地区的竞争者和竞争者的价值。西部欠发达地区的竞争者主要指东南沿海发达地区，包括苏沪浙闽粤琼等地区。这些地区自然资源丰富、交通便利、历史文化名人辈出、民营经济得到了高质量发展，经济和城市现代化发展迅速，对于促进全国经济社会发展起到了强势引导和龙头带动作用，也为西部欠发达地区各项事业发展模式、路径等提供了极大的对比和参考价值。诸多对比和参考点，笔者在综述等章节也有所体现。

二是西部欠发达地区的优势。西部欠发达地区自然风貌独特、历史悠久、文化区位优势明显，文化魅力独特、文化底蕴丰厚，比如，甘肃省是丝绸之路的黄金地段，汇聚了始祖文化、丝路文化、黄河文化、长城文化和红色革命文化等多元文化；青海的青海湖、塔尔寺等自然景观和人文胜景相得益彰；陕西省是中华文明的重要发祥地之一，又是九个大一统王朝建都之地，文英荟萃，其他地区也各具独特的文化。随着数字化经济的发展、乡村振兴等政策的综合推动，西部欠发达地区经济文化发展潜力以及文化发展空间优势显著，城乡一体化的基本公共文化服务体系发展空间巨大。因此，笔者也用大量篇幅，从与文化有关的图书馆、学校、实体书店、新华书店等政府层面的阅读推广方面进行了具体分析。

三是西部欠发达地区的信任状。西部欠发达地区凭借文化优势发展，必须建立自己的信任状，让其优势真正能占据公众的心智。西安在这方面已经走在了前列，比如提到西安，悠久历史文化的认知会立即占领公众的心智。重庆在经济、生态领域，也具有一定的优势。西部地区除了西安、重庆等几个大城市以外，总体还比较滞后，各地显著的文化优势还未形成众所周知的文化名片，从而第一时间占据公众心智，建立地区文化信任状比较困难，这就需要通过不断聚焦、对比，以深挖、开发各地文化优势，比如对比终南山的隐士文化和崆峒山的道教文化，梳理二者的独特优势，就是占据公众心智的较好的信任状。

四是整合并践行定位及文化特征。将不断聚焦、对比形成的新认知、新发现、新创造的内容渗透到西部欠发达地区经济文化发展的角角落落。因此，西部欠发达地区经济文化发展必然带有明显的对比性和聚焦性，这也就是为何笔者将在东部沿海地区研究已经很成熟的对象，如未成年人、弱势群体、阅读推广人作为西部欠发达地区聚焦的关键，用独立篇幅进行说明的原因。

解决了西部欠发达地区的范围、经济社会发展的定位和特征问题,针对阅读推广这个课题,我们就可以从战略到战术、从宏观到具体、围绕现状分析、问题查找、策略提出本课题的构架体系,以期比较全面地解决西部欠发达地区在阅读推广方面存在的诸多问题。

阅读推广问题贯穿本课题研究的全过程,明确阅读推广的概念、内涵、特征、支持政策等非常必要。屈义华等认为"阅读推广,是提高中华民族素质与竞争力的重要举措",侧重从途径角度界定阅读推广的概念。洪兆惠认为:"实践证明,让每个社会成员养成自觉和习惯,把阅读当作日常生活不可或缺的内容,是阅读推广中最难的事情,其难度远远超过阅读氛围的营造。而这件难事,也恰恰最有价值。"这一论述,对阅读推广的本质特征进行了界定。有学者以为,阅读推广是基于人均阅读量少而开展的一种面向大众的阅读活动,这是从阅读推广的外延来界定阅读推广的概念。基于以上观点,笔者以为,阅读推广就是将具有阅读价值的内容以有效的方式推而广之,使其内化为公众普遍的一种认知、习惯和行为。阅读推广既是自觉行为,也是社会责任,因而具有自律和他律的明显特征,但目前更倾向于群体社会行为。

阅读推广概念的出现,与中国图书馆学会(简称中图学会)"阅读推广人"培育行动有密切关系。2005年中图学会设立科普与阅读指导委员会,2009年该委员会更名为阅读推广委员会。从此,由中图学会带领全国各级各类图书馆开展了如火如荼的主题阅读推广活动。2013年7月,中图学会委员会在浙江绍兴图书馆举办了"首届全国阅读推广高峰论坛",之后陆续开展了多期免费培训。阅读推广系统化开展是从2014年中图学会制订《培育阅读推广人行动计划(草案)》开始,将阅读推广范围逐步扩大到学校、大型企业等社会各界,将短期培训发展为长期培训,并为阅读推广人授予培训资格证书和徽章,实行电子认证、查询机制。中图学会在实际工作中对全国各界各类阅读机构具有指导作用,因而这一系列举措为开展好阅读推广活动提供了一定的支撑作用。全国普及的阅读推广概念,来源于政府工作报告中全民阅读的提出。也就是说,政府工作报告间接地为阅读推广活动提供了政策支持。

阅读推广活动的开展程度,是判断一个国家教育、社会、经济发达程度的重要指标。因此,有必要对我国阅读推广发展过程进行梳理。1972年联合国教科文组织首先提出建设阅读社会,开展全民阅读。从1995年开始,4月

23日成为世界读书日，旨在提升人们的学习、思考和创新能力，以此保障公众阅读和学习的权利。这一倡议得到世界各国的支持和响应，阅读推广活动在全球得到快速推进。我国大规模的阅读推广活动开始于1997年，文化部发起知识工程，明确提出全民读书，成立了知识工程领导小组，领导实施知识工程，也是从这一年开始，每年的12月成为全民读书月。2002年党的十六大号召建设学习型社会，2006年中宣部、文化部等11部委发表了《关于全民阅读的深圳宣言》，倡导在全社会开展以"爱读书、读好书"为主题的阅读推广活动。2007年，发布了全民阅读活动的通知，这一份通知的发布，标志着阅读推广活动成为国家战略，阅读推广活动已不再是某一部门的业务工作，而是被定位为一项长期的、政府主导的、全社会共同参与的文化工程。当年开展了规模较大的阅读推广活动，自此以后阅读推广活动在全国各地广泛开展。

近年来，阅读推广活动更是得到党和政府的高度重视，被列为重要文化建设工程。2017年3月1日起实施的《中华人民共和国公共文化服务保障法》，2017年6月1日起实施的《全民阅读促进条例》，2018年1月1日起实施的《中华人民共和国公共图书馆法》，进一步凸显了国家对阅读推广工作的重视。党和国家领导人提出"依靠学习走向未来"的号召，并身体力行，倡导阅读、带头阅读，这为阅读推广活动氛围的形成，以及书香中国建设起到了助推作用。从中央到地方的阅读推广实践，为进一步形成"多读书、读好书"的良好舆论氛围和文明风尚积累了实践经验。国务院总理在回答人民日报记者关于"全民阅读"问题时，明确表态"明年还会继续"，表明"全民阅读"已由纯民间自愿行为，上升为提高国民素质、提升我国文化软实力、增强国际竞争力的国家发展战略，成为民族复兴与实现中国梦的重要途径。随着全民阅读列入党的十八大和十九大报告，阅读推广成为一项全国范围内有组织、有计划、有目标的文化工程。目前，许多地区都已形成了一整套阅读推广管理体制和运行机制。

本课题紧紧围绕阅读推广这个中心，力图全面、系统地阐述西部欠发达地区阅读推广中若干值得关注的问题，以期在各种对比和空间拓展、空间价值挖掘中找到相关问题解决的有效策略。

一、研究目的与意义

本课题致力于实证研究，通过可行性分析，以A市图书馆、J图书馆、P

市有关学校、G地农家书屋、F县农家书屋、B书店、C市新华书店为实证研究的对象，主要探讨未成年人读者、成人读者、弱势群体服务及阅读推广人培养和总分馆策略，提出农家书屋、乡村图书馆建设与发展思路，建构新华书店连锁经营转型升级的有效模式，更好发挥公共文化场所社会效益、促进文化产业发展，可以为西部欠发达地区不同群体的阅读推广提供借鉴。

在西部欠发达地区阅读推广视域下，探讨阅读推广与图书馆营销的关系、市域文化与教育融合机制、研究地域优秀文化进公共图书馆路径、构建分类阅读与文化传播模式、构筑数字文化信息生态系统，可填补这一方面研究的缺项。在中华优秀传统文化传承发展工程视域下，探讨公共图书馆未成年人读者服务的现实选择，把中华优秀传统文化渗透到公共图书馆阅读推广全过程，潜移默化提升未成年人素质养成教育；从顶层设计一套基于分享理念的传承中华优秀传统文化机制，依托社会力量在公共图书馆率先实施中华文化新媒体传播工程试点，总结经验，逐步推开、推广；在"双减"政策背景下，从文化教育主管部门、学校、教师、学生、家长及书店、图书馆等社会组织六个维度，讨论共同开展校园阅读推广的策略，推荐大学分校阅读推广的书目，进一步探究培养学生阅读习惯的对策，探讨文化与教育界阅读推广活动的融合点，使公共图书馆、书店、农家书屋和学校职能在阅读推广领域得以有机融合，形成阅读推广的综合效应，对于欠发达地区涵养社会主义核心价值观等相关理论研究，具有一定的补充意义；也可为将公共图书馆、书店、农家书屋和学校建设成为未成年人道德的涵养基地和社会主义核心价值观践行的示范基地提供有益经验。

以B书店、C市新华书店实证研究为例，开展转型升级实证研究，以此印证提出的西部欠发达地区新华书店提升阅读推广实效的发展思路，为西部欠发达地区公立书店阅读推广提供路径选择。推广应用后，以新华书店为代表的出版物发行网点建设对于助推文化软实力建设、满足人民群众对美好文化生活的新期待，都有着十分重要的意义，付诸实践后可产生良好的社会效益和可观的经济效益。

当经济发展到一定程度，文化建设必然要抢占制高点；文化建设理应有家国情怀，落实"最后一华里""最后一户群众"的底线思维。从这一视角来看，在实现行政村全覆盖的良好基础上，进而研究农家书屋后续提升的策略是有着重要现实意义的。在农家书屋基础上，提出建设农家书屋的升级版——乡村图书馆，在图书更新配送上，开展"农民选借新书、公共财政买单"项目，从而探索出破解农村地区阅读推广困境的办法，目前尚属空白。通过这些阅读推广策略的实施，传播主流意识形态，弘扬社会主义核心价值观，引领群众文化生活方式，均具有重要的实践意义。

总之，本课题推广应用后，可助推未成年人、成人读者利用公共图书馆以及更多阅读媒介和平台向着经典化阅读的趋向发展，可引导建设更多的城市休闲阅读阵地，使公众有更多机会在休憩的同时自然而然地感受书香，分级阅读全面推广，校园处处有书香，乡村图书馆成为乡村振兴的热点，农民在书店选借新书、政府会兜底买单、云平台支撑、手机 App 阅读、积分兑换奖励的模式得到推广后，会形成新一轮的霸屏，通过久久为功的努力、可潜移默化地形成良好的书香氛围。

二、研究综述

对于阅读推广的研究，学者宋玲最早于 2005 年提出，关注的是图书馆阅读率的问题研究；2009 年，王余光先生就图书馆与阅读推广的问题进行了研究，得到专业领域的重视。自 2005 年以来，阅读推广的研究问题，逐步被重视，从知网检索数据来看，2005 年至 2009 年的发表的论文篇数分别为 1、2、4、4、7 篇，从 2010 年开始数量明显增长，截至 2019 年实现了持续增长的势头（如表1），主要研究的领域包括全民阅读推广、未成年人阅读推广、公共图书馆阅读推广和经典图书的阅读推广，可以说阅读推广研究是当下图书情报界的热点问题之一，但"缺乏全球相关调研、急需理论支撑、有效性研究缺失等问题依然存在"[①]。

表1：阅读推广研究文献统计表

年度	2010	2011	2012	2013	2014	2015	2016	2017	2018	2019	总计
文献	31	59	150	310	480	609	842	846	924	960	4731

---

① 《中国图书馆学报》编辑部. 图书馆员论文撰写与投稿指南 [M]. 北京：国家图书馆出版社，2018，(9)：28.

本课题涉及公共图书馆、新华书店、学校、农家书屋等领域的阅读推广问题，为了便于开展研究，笔者分别从社会力量助力公共图书馆阅读推广、弱势群体服务、实体书店、新华书店、农家书屋、校园阅读六个方面，选取近十年核心期刊论文，进行文献检索，开展研究综述。

（一）政府主导的图书馆

以公共图书馆的阅读推广为主题，经过对检索研究成果归纳总结，国外研究的代表有：Spiteri L. F. 致力于德国阅读基金会研究，强调促进快乐阅读，通过阅读行为研究，形成具有影响力的大项目，以此培养公众的阅读意识。種村エイ子，对日本鹿儿岛县母子20分钟阅读模式进行了探讨。中国的西部地区缺少基金会对阅读推广活动的支持，大项目基本上用来发展与阅读推广相关的基础设施建设。建立在基金会和大项目基础之上快乐阅读和阅读意识培养，是西部欠发达地区十分缺乏的阅读推广内涵，但也是可贵的借鉴经验。

国内研究方面，通过在知网进行高级检索，以"社会力量"并含"公共图书馆阅读推广"、"社会力量"并含"公共图书馆"、"民间读书会"并含"公共图书馆"、"阅读推广路径"并含"公共图书馆"等主题，检索到2007年至2021年3月6日发表社会力量参与公共图书馆阅读推广相关研究论文1400多篇，剔除无关的文献，查阅漏缺文献，共得到相关论文500多篇。从研究论文分布时间和数量上看，大体分为两个阶段，2010年（含2010年）以前，发表论文基本保持在20篇以内，从2011年开始，相关研究论文篇数大幅增加。这些研究，起初主要集中探讨围绕图书馆服务延伸、图书馆阅读推广的逻辑起点、思考阅读推广现状，并引进国外阅读推广案例等宏观方面。至于公共图书馆开展阅读推广路径模式以及逐步细化到城市、少儿、老年阅读推广方面的探讨，才是近几年的研究特点。这与国家不断大力提倡全民阅读、社会力量参与公共图书馆建设和发展的政策推动有极大关系，也与公众日益增长的多元文化需求有关。而且，关于社会力量参与公共图书馆阅读推广模式与研究对象，多集中在上海、南京、福州等沿海发达地区，西部欠发达地区目前这两方面研究相对匮乏。不过，随着近年来教育系统、文旅行业为代表的社会各界对于阅读推广的逐步重视，关于社会力量参与公共图书馆乃至其他行业的阅读推广模式和阅读对象研究也在起步。国内相关课题研究，基本可归纳为以下几个模式的研究。

1. 激励机制推广模式

马艳霞认为，调动社会力量参与图书馆建设，发挥社会力量在创办私人图书馆、企业捐赠图书等方面作用，主要建立激励机制，规范社会力量、政府行为和企业理念等。洪文梅认为，公共图书馆应以联办、协办等形式，与社会各界建立双赢合作关系，利用各界资源，建立阅读基金，确保阅读活动开展有长期稳定的资金保证。这种模式，有利于激发社会力量参与公共图书馆阅读推广积极性，很好地指出了社会力量参与公共图书馆阅读尴尬却亟待解决的问题。但就西部欠发达地区图书馆而言，文中并没有细分。因此，结合实际，建立社会力量参与图书馆阅读实施方案、参与阅读机制、特别在资金支持和人才管理方面，与政府颁布的政策有效对接，这是未来研究的重点，也是西部欠发达地区各类阅读机构发展的契机。

2. 平台环境构建推广模式

姚雪梅等强调发挥"微时代""互联网+"在阅读推广中的作用。具体通过总结国内先进地区公共图书馆采用搭建微信、微博、网络、App和大数据平台，以营销推送、微书评和职业阅读推广人等路径，针对读者便捷化、碎片化和功利化需求等进行阅读推广[①]。此种模式，能够顺应"微时代"阅读推广新趋势，适合在很多地方进行尝试性推广，但必须结合实际，在文献选择、阅读正确习惯培养和各个阅读机制建立健全等方面下大功夫，最大限度避免网络带给阅读的负面影响。针对西部欠发达地区各类阅读机构，目前还缺乏关于微信、微博等建构的系统性阅读推广矩阵，特别是通过阅读推广人建立起来的个体化、单元化阅读推广矩阵。在自媒体时代，个人其实有更多机会建立这样的矩阵，但从阅读推广发展来说，需要政府行为推动，这是西部欠发达地区各类阅读平台发展壮大的绝佳机会。邱燕红主张通过剧院、俱乐部等社会力量，发挥音乐在阅读中的积极作用，开展音乐助推阅读，提高阅读质量和效益的阅读路径。这种模式，需要教育局、学校以及教师对此教学模式有充分的认知和实践性探索。高小军认为，应建立民间阅读组织孵化培育机制，建立民间阅读组织和协会，图书馆为民间阅读组织提供资源，进行培训，按照这一路径，充分发挥民间读书会、公益阅读推广组织在阅读推

---

① 姚雪梅. "互联网+"环境下公共图书馆阅读推广工作管见[J]. 河南图书馆学刊, 2016, (12)：16-18.

广中的创意、策划、人员及执行等方面的作用，提高公共图书馆在阅读推广中的社会影响力。罗玲认为，公共图书馆应积极构建数字阅读环境，丰富数字资源，引领家长正确认识数字阅读，在数字阅读推广计划中融入亲子互动环节，积极引导读者参与阅读。通过平台搭建，开展由社会力量直接或者间接参与的阅读推广或图书推送，是互联网发展大背景的一种趋势。这将促进社会力量参与公共图书馆阅读推广朝着便捷、快速方向发展。

3. 空间拓展推广模式

张毅红认为，通过社会力量拓展、团队推广、读者主体多渠道、多元化、多层面结合，形成"三位一体"全民阅读的推广路径，构建图书馆与单位和团体上下联动、左右互通的一体化运行格局。同时，以打造"清阅朴读"全新阅读推广品牌项目为例，认为通过品牌项目，带动"新重固人"和"读书会"等其他阅读项目发展，形成了县区图书馆为龙头、街镇图书馆和农家书屋为共同推进的多层纵向结构；建立覆盖监狱、部队、企业、社区和学校等馆外阅读服务网络横向结构。通过发挥纵横层面阅读结构作用，推动阅读推广活动全覆盖。何泽以温州市图书馆为例，提出社会力量参建城市阅读体系，实现资源多方整合与共建。譬如，温州市图书馆通过全面开启"三城一网"社会化联合办馆，邀请社会多方力量参与建设以城市书房、城市书站、城市书吧、城市知网为主体的"三城一网"图书馆网络结构，共同编织全方位、全覆盖、立体化的"城市书网"。具体是，采取图书馆出资源，企业出场地设施，社区出服务管理模式，联合经营、互利共赢。图书馆与社区共建、与企业合作、采取自助式服务模式。利用成熟的连锁品牌便利店、医院和银行等服务店，通过在人流密集的公共场所街道或大厅设立ATM借阅机、社区街头书站，通过遍布温州街头的便利店等终端完成图书借还等基础服务，实现图书借还终端服务大联通。将社会力量参与公共图书馆阅读推广融入社会建设中考虑、布局，有助于增强阅读张力，提高阅读知晓率和参与度。温州市图书馆阅读模式，是建立在充足的资金支持以及全民阅读理念普及的基础之上非常成熟的阅读模式，西部欠发达地区可以尝试在"城市书网"建设上下功夫，狠抓这个点，扩大阅读面，初步彰显阅读推广在城市的全辐射效应，而不应该仅仅将阅读推广的目标紧盯在公共图书馆这个场域中。

4. 多方合作推广模式

李静等学者认为，一方面，公共图书馆走出去，联合企业、团体和学校等社会力量，吸引捐助，开展少年读书竞赛，举办具有地方特色的阳光读书会、图书漂流和蜜蜂读书会等主题系列活动。另一方面，社会力量主动捐书捐款，社会团体定点支援，增加贫困地区读者图书拥有量。朱淑华从儿童阅读存在的问题出发，认为公共图书馆对自身在儿童阅读是社会系统工程这个位置及自身与其他子系统的联系上缺乏认识，缺乏与儿童阅读推广社会系统中其他环节以及推广活动的合作，提出政府应将儿童阅读纳入国家工程，通过立法、政府工作计划等，广泛动员社会力量，高频组织有效阅读活动。张婕提出，由政府组织，构建阅读大环境；媒体宣传，提高社会关注度；公共图书馆起中间作用，组织开展活动；教育系统紧密结合教学活动，密切配合；出版社把握方向，出版优秀读物；建立社区分馆，扩大阅读范围；父母重视家庭教育。这种社会力量参与阅读推广路径提出，不仅仅考虑到了图书馆和阅读者两个方面，而是把与图书有关的基本方面都联系了起来，目前应当是较为可行的阅读推广路径之一。张毅红在馆校合作方面提出具体对策，认为图书馆与学校合作阅读推广项目，应结合语文教学目标、各类读书活动阶段性目标和少儿自身阅读发展阶段性特点等，创意阅读环境，营造童趣；创意阅读课程，科学引导；创意活动，多途径推广；针对教师和馆员专业人才，培养阅读推广人；利用家长助教活动，培养骨干力量；建立"馆、校、家"三方联动推广机制和路径。西部欠发达地区公共图书馆阅读推广大多集中在馆内，与学校联动开展主题明确的阅读推广活动比较少，且学校开展的阅读推广活动，应试教育目的、功利化目的明显，并不利于非功利化阅读推广活动的开展，难以获得真正意义上的、快乐阅读的目的。

5. 参与管理推广模式

曹军、樊杰出以朝阳区图书馆为例，认为朝阳区图书馆、朝外街道图书馆和悠贝亲子图书馆三方通过签订运营合作协议，有效增加图书借阅量，阅读活动社会效益明显，这些都得力于吸收民办图书馆管理运营经验。同时，吸引更多民办图书馆加入合作，充实并拓展"书香朝阳"全民阅读内容和形式，使之成为更具影响力的活动品牌。吸收民办图书馆运营期间，应理清核心问题，推动理事会建立，明确各方责任和义务，推动阅读推广等工作更加规范。西部欠发达地区有民办式博物馆，但民办式图书馆很少，如何通过民办式图书馆推动乡村阅读推广，这点非常值得研究。

6. 图书互换推广模式

王海茹认为，广大市民将手中闲置图书送至图书馆，换取相同数量的换书/刊券，在开集日期，凭借换书/刊券，换取相同数量的图书或刊物，不仅能盘活读者手中闲置图书，同时也倡导了分享、绿色、快乐阅读理念。这种阅读推广路径，在国内是比较新颖的做法。西部欠发达地区应该积极借鉴图书互换、提高资源共享的模式，既能解决因图书资源缺乏，人均占有图书率较低的问题，也能在共享中为阅读推广助力。这种方式，西部地区各图书馆正在积极践行，且初见成效。

7. 对象化阅读推广模式

部分学者从为特定读者进行阅读推广服务出发，探索社会力量参与公共图书馆阅读推广路径。陈骅以老年读者阅读为研究对象，提出应从馆舍布局、提供个性化、中心馆、社区分馆、流动图书馆以及老年读者阅读服务入手，推动公共图书馆服务再上新台阶。罗小红以儿童阅读为研究对象，提出推进辖区学校、社会图书馆藏书与空间提升；深化图书馆、学校和社区阅读推广合作机制，共建儿童阅读推广网络，以达到促进儿童阅读推广课题专业化研究，探索实践专业化儿童阅读推广教育的目的。庞建民针对视障读者，以佛山市图书馆视障读者阅读推广为例，提出开展盲文书刊借阅、送书上门、面对面朗读、有声读物录制、"听书阅读器"外借及数字资源服务。同时，创新项目化管理，譬如策划实施"阅读·温暖——佛山视障读者关爱行动"项目，充分发挥项目立项、计划、实施、控制等整套项目化管理优势，为视障读者阅读推广注入活力。在社会力量参与公共图书馆阅读推广路径尚不明确，或者国内没有成熟推广路径的情况下，从特定服务对象入手，以项目为抓手，再进行具体完善，不失为一种可行的做法。

8. 跨国文化认同推广模式

胡亚玲认为，更大范围开展馆际、业界以及相关机构合作，创造条件不断推进儿童阅读内容与阅读交流对象国际化，通过文化融合与认同，促进阅读推广路径等多方面研究与实践。

9. 诵读与营销推广模式

许欢从心理学角度出发，主张开展儿童诵读阅读推广，认为诵读有助于增强儿童记忆，是一种流传久远、行之有效的教育方式，既简单又健康。同时，结合实际案例，认为社会力量参与公共图书馆阅读推广较好的路径有：一是由中华青少年基金会组织的中华古诗文经典诵读工程，通过编辑经典图书、向贫困山区孩子捐赠图书、组织少年儿童熟读背诵古诗等方式，不仅使农村学生获得平等受教育的机会，涵养人格和道德，同时受到传统文化熏陶。二是由北京四海儿童经典导读教育中心主办，致力于在全球范围内推广儿童诵读古今中外文化经典活动，开展经典诵读引导、建立书院诵读经典等路径开展阅读，参与者人数居多。这种阅读推广路径，一方面有赖于公共图书馆内阅读推广业务开展，另一方面有赖于社会力量组织的诵读推广活动；此类活动，应该以系列化方式、长效推进。三是融合阅读方式，创新阅读路径。朱红以重庆市北碚区"碚城同读一本书"活动为例，提出将平面阅读、多媒体阅读和数字阅读多渠道并行；读书讲座、读书沙龙、经典诵读和图片展齐头并进；使文化大讲堂、报社和电视台等社会力量参与进来，共同推进阅读推广活动开展。张汇认为，开展阅读推广志愿者招募和培训，建立有社会力量参与阅读推广的专业阅读推广团队，保障阅读推广活动微管理、稳运行。这种方式比较新颖，能有效打破西部地区比较传统且僵化的图书馆阅读推广模式，以其新颖性和创新性赢得读者推崇和信赖。童蕾认为，应培养专业阅读推广队伍，负责联系社会各界力量，负责培养读者阅读习惯、扩大阅读推广影响力和辐射面。丁轶从公共图书馆已经建立阅读品牌却没有运用产业化思维追求社会效益最大化问题出发，提出首先给每一项成熟运行的阅读推广工作一个品牌，用文化产业思维办文化的事情。然后引入营销理念，以微信、微博等方式宣传品牌，并充分发挥社会力量，同电视台和报刊等合办阅读品牌栏目，邀请当地名人担任品牌集合的阅读形象大使，形成与广告协会推出系列阅读公益性广告这样的阅读推广营销路径[①]。以品牌融合运营，有助于推动阅读推广路径向更加明确、更有影响的方向发展。西部各地的诸多阅读平台，比如大部分地区都开展的读书会、国学经典诵读会等目前都没有真正形成属于自己的品牌优势。事实上，品牌不是在名字上下功夫，而要有做好内容的意识。概而言之，内容就是有价值，重实用、懂营销、系统化、栏目化。如果能在这几点上下足功夫，品牌优势的形成指日可待。

---

① 丁轶. 公共图书馆阅读推广工作的问题与对策 [J]. 图书馆界, 2016, (2): 49-53.

10. 家庭阅读推广模式

顾丹华认为，公共图书馆应积极发挥社会教育与引导职能，通过"家庭图书馆"、举办各类特色家庭阅读活动、提供家庭阅读指导等，开展家庭阅读服务，真正为家庭教育提供资源，指明方向。但这种阅读路径，受经费、规划不到位等影响，还不成熟，需整合资源，建立长效阅读机制，提高家庭阅读指导能力，才能深入开展。基于对儿童阅读影响最大的是家庭环境这一理念，韩梅花指出公共图书馆应介入家庭阅读，对辖区内的阅读状况进行普查并建立阅读档案；根据儿童年龄、心理和生理特征以及阅读需求，"量身定做"涵盖儿童整个生长阶段的阅读服务[①]。这是一项庞大工程，需要政府层面和相关单位的介入与配合，以图书馆一己之力，特别对于各方面发展还很滞后的西部地区基层公共图书馆，需要很多基础性条件具备，才有可能完成涵盖儿童生长阶段的阅读服务任务。所以，此项阅读推广路径，需结合各馆实际开展。

11. 保障评价模式

邓文池为认为，立法等部门要建立阅读推广法律或条例，将其与公共图书馆发挥主体作用、引领公众阅读相结合，通过发挥法律效力和图书馆阅读引领作用才是有效开展阅读推广活动的现实路径。《公共图书馆法》是西部地区加强阅读推广的有力保障，但目前宣传不够，没有使公众对阅读内化于心，外化于行，需要在各种场合，包括学校、机关、团体等各个领域长期宣传，让公众对阅读上升到法律认识的高度，并能自觉维护、有效践行。在具体活动中，姚娜认为，多部门联合开展阅读推广，就必须建立阅读推广评价体系，包括活动创办初期的激励机制、活动中的保障机制、活动后的评价机制，这三者相互作用才能够真正促进阅读推广活动的创新和发展。周强认为，公共图书馆应建立针对儿童读者群的跟踪联络服务。专设儿童馆藏空间，鼓励儿童将图书等物品保存其中，将儿童记忆与建立读者黏性结合起来，并通过电子邮件、微信公众号等方式，确保面向未成年人推送最新服务和活动信息取得成效。有效的保障机制，可以提高社会力量参与公共图书馆阅读推广积极性，使阅读推广作为一项社会性、公益性活动，能得到公众普遍认同。这一

---

① 韩梅花，张静. 基于"阅读是一种生活方式"的儿童阅读推广模式探究［J］. 图书馆工作与研究，2017，（3）：115-118.

点，值得公共图书馆在开展阅读推广中借鉴。

12. PPP 模式下阅读推广模式

刘向煌认为，在 PPP 社会资本融资方式下，提出通过解决合作模式设计、合作内容实现、合作绩效评估三个方面，合力进行阅读推广。具体要考虑公共文化服务体系建设的政策措施，鼓励社会力量参与公共文化服务市场化运作，推动公共文化服务社会化发展；关键点在于合作运营范围、合作投入方式；合作内容根据合作规划实施。具体评估维度可以围绕合作方履行特许合约文本的契约忠诚度评估、合作预期效益与实际取得效益一致性评估、合作模式制度设计科学性评估等方面进行。这种阅读路径比较成熟，需要结合图书馆阅读推广实际，设计一套切实可行的实施方案，长期推广，并逐步形成有效阅读模式。合作运营范围和合作投入方式，是西部地区公共图书馆、学校图书馆、社区图书馆等阅读平台长期考虑的问题，毕竟基础设施设备的完善，仅靠政府投入完全不够，需要社会力量的合法、合规、有效介入。以何种方式介入、以何种机制运行，需要政策明确的规定和保障。这就需要政府出台相关政策，主要靠行政力量长期推动来实现。

综合分析上述成果正面效应，概言之：①强调建立健全有效的激励、保障、评价机制，激发社会力量参与；②构建数字平台，实施阅读品牌融合运营；③图书互换分享、多方合作、参与管理模式，应继续总结提升。

全方位、多角度分析，当前研究中还存在如下不足之处：①部分学者提出的激励机制，仅仅局限于某个地区某项特殊阅读推广活动，在省域等较大范围内能否有效推行，值得商榷。②对公共图书馆传承中华优秀传统文化，特别是弘扬地域文化方面，仅限于传统文本阅读，未考量其他媒介阅读方式；创新一套基于网络交互对话的阅读模式，是未来研究的重点。③多方合作，参与管理模式研究中，对政府层面的介入与配合，需要协调解决的机制、经费、人员等基础性问题未形成共识，需要深化研究。

结合地域和行业发展实际，综合分析上述研究成果，提出西部地区的路径选择为：树立分享理念，以多方合作、参与管理融合、激励机制、保障评价并行，大胆尝试图书互换，兼顾特定群体服务，建立理事会参与公共图书馆阅读推广新模式；应把握"微时代"特点，突出未成年人阅读群体，构建平台环境、开展诵读营销、推广 PPP 机制，合理规避网络阅读负面因素，构建未成年人参与公共图书馆阅读推广新机制，探索一条可复制推广的有益经验。

（二）公共图书馆弱势群体服务

图书馆事业呈现多向发展路径，日益成为图书情报界研究的重点和热点课题之一。尤其在公共图书馆免费开放政策的影响以及图书馆与社区、弱势群体、信息数字鸿沟、信息贫穷、社会排斥等联系日益紧密的情况下，与图书馆发展路向研究有关的辩论也随之而起，在某种程度上引发了关于图书馆发展路向的理性思考。为弱势群体服务是图书馆发展路向研究话题之一，近年来引起学界广泛关注。

图书馆弱势群体服务路向研究经历了很多形式和内容的不断更迭。有学者以英美两国为例进行了相关分析。20 世纪 60 至 80 年代出现的社区图书馆运动以服务弱势群体为核心。20 世纪 90 年代以后，受到公共支出削减以及人们对核心服务的再次关注，信息贫穷、数字鸿沟和信息平等获取的话语背景影响，图书馆为弱势群体服务无可避免地融入了这些亮点因素。90 年代末至今，图书馆为弱势群体服务体现了反社会排斥和社会包容特征。实践表明，英美两国作为发达国家，在公共图书馆创建至今，为弱势群体服务虽然经历了高潮和低谷，这些公共图书馆仍然将此服务一以贯之。

在我国，为弱势群体服务也成为图书馆界重点研究话题之一。笔者对 20 世纪 90 年代以后西部地区公共图书馆为弱势群体服务路向进行比较、分析，归纳研究特点和当前研究中存在的关键问题的基础上，寻找西部地区公共图书馆弱势群体服务发展的研究方向。经过梳理，近十年来此项研究主要围绕政策保障、文化张力、资源建设、资金支持等方面展开。

1. 资源建设与共享

莎日娜侧重研究如何全力实施民族地方文献信息资源共建共享，进行民族地方文献的开发和整合。从民族性以及民族区域出发，探讨西部欠发达地区民族文献建设对图书馆可持续发展积极意义以及对弱势群体服务影响。问题是，没有将民族文献信息资源建设内容、途径与弱势群体服务有机联系起来。赵国忠认为合作发展是图书馆发展的必然选择，作者能站在图书馆战略发展、国际化发展层面上，对西部地区公共图书馆发展提出可行的发展路径，这有利于该地区公共图书馆在低层次的馆际合作方面进一步思考为弱势群体服务问题。不足之处在于，如何在馆际合作背景下有效开展为弱势群体服务、深化拓展延伸服务内容，文章探讨较少。刘军华将西部地区图书馆发展路向纳入产业化背景下考察，对西部信息产业发展现状做了量化分析。主要指出信息产业对图书馆服务管理体制的冲击有助于提升图书馆的服务能力和效率。同时指出，图书馆为文化产业提供资源依托，因其公益性，又为文化产业发展"纠偏除弊"[1]。文化产业发展折射出西部地区图书馆普遍存在服务机制欠灵活、缺乏激励和竞争机制，缺乏管理人才，服务意识、技术、手段落后等问题。作者在量化分析的基础上提出了西部地区图书馆面临的新课题：在信息产业和文化产业冲击下，如何保证既能坚守图书馆平等无偿服务的公益性原则又能创新图书馆管理和服务。作者较为详细地分析了信息产业发展对公共图书馆服务提升的作用，但这种服务具有被动性，该文也没有过多考虑弱势群体主体需求以及弥合二者的有效途径。陶慧卿、庄琦、潘卫通过统计报告显示，域名和网站发展状况中，西部地区远远落后于中、东部。指出国内网络信息资源分布存在着明显的地域分布不平衡。指出了经济、文化发展、人才拥有量是造成不平衡的原因，不足之处是没有将信息资源分布归置于图书馆服务、为弱势群体服务这些根本的职能。罗晓萍指出，"图书馆应该走数字化和特色发展道路"[2]，肯定了数字化特色是西部地区公共图书馆发展路向之一，但没有详细指出数字化图书馆在弱势群体服务方面应该如何发挥作用。陈芳玲认为，"不断提高信息咨询能力，直接参与知识经济与西部大开发，在信息咨询服务实践中增强自身活力，充分发挥图书馆的社会职能"[3]，强调了信息咨询在西部地区公共图书馆发展路向方面的作用，但没有深入指出在弱势群体服务方面，信息咨询内容、途径、作用和意义。于翔侧重论述民族地区图书馆在西部担负着"搜集、整理、保存民族文化遗产"[4]的任务。因此，图书馆发展应在地方文献建设等方面积极开拓空间。不足之处在于没有充分考虑地方文献建设对弱势群体服务的现实意义。张晋平以少数民族文化阅读

---

[1] 刘军华. 西部地区图书馆和信息产业与文化产业相关性研究［J］. 科技情报开发与经济，2006（24）：3-4.
[2] 罗晓萍. 地区图书馆现状与发展建设的讨论［J］. 贵州学刊，2001，（3）：34-35.
[3] 陈芳玲. 浅谈西部地区公共图书馆如何适应网络信息的发展［J］. 今日科苑，2009，（2）：43-43.
[4] 于翔. 西部民族地区图书馆建设二题［J］. 青海民族大学学报（教育科学版），2011，（4）：125-127.

为研究对象，从西部少数民族信息环境发展态势、信息环境的嬗变对民族文化阅读的影响几个方面考察了信息环境对西部少数民族图书馆建设的影响。本文的特色体现为用数字统计详尽分析了信息发展格局的态势。"多元化信息传播路径已经初步形成""信息平台与民族文化阅读的互动机制有待形成"[①]为进一步研究信息环境嬗变对民族文化阅读影响提供了可行性依据，但较少探讨对弱势群体服务的意义，缺少针对性。

2. 文化张力

郑小灵指出，西部地区图书馆具有深厚的社会文化底蕴和人文内涵，虽然有着地域性与封闭性，同时也决定了未来发展更具张力与开发潜质，此开发潜质如何更好地为弱势群体服务探讨较少。刘永洁着重强调在文化共享惠民工程背景下，县级支中心发展的文化张力在于不断提高认识、保障资金、合作建设、培训馆员，没有对弱势群体服务提出具体建议。新华书目报在《资金与观念制约西部图书馆发展》中指出"西部大部分县级图书馆建设的瓶颈是资金短缺、观念滞后，要解决这一问题必须实行文化扶贫"。侧重从宏观角度阐述文化扶贫对西部图书馆以及弱势群体服务的意义，但缺乏具体建议。

3. 政策保障机制

杨金辉侧重强调县级图书馆发展目标性和规划性，但没有针对弱势群体探讨具体的政策保障措施。蒲丽以文化部、财政部共同出台的《关于推进全国美术馆、公共图书馆、文化馆（站）免费开放工作的意见》为政策性导向，侧重探讨麦积区图书馆免费开放做法和实践，以及由此引发的思考与启示。最后将麦积区图书馆发展导向归结在"增强历史责任感和使命感"[②]这样的发展主题上，较好地概括了免费开放背景下如何开展服务，但对弱势群体如何服务没有过多涉及。郝海宁着重探讨免费背景下读者服务应积极改变对策，强调读者服务的图书馆职能，但没有将弱势群体作为服务对象，探讨具体的服务措施。

---

① 张晋平．论西部信息环境对少数民族文化阅读的影响．"十二五"时期甘肃图书馆事业发展研究［M］．甘肃民族出版社，2011（1）：18-25．

② 蒲丽．抓住免费开放机遇，助推县（区）级公共图书馆再发展——麦积区图书馆免费开放实践启示．"十二五"时期甘肃图书馆事业发展研究［M］．甘肃民族出版社，2011（1）：121-132．

总之，西部地区公共图书馆为弱势群体服务是指，在特定的经济和文化等结构、区域因素以及政策保障、文化张力、资源建设等话语背景影响下，为弱势群体提供的相关服务。目前西部地区公共图书馆为弱势群体服务基本围绕在文化张力、资源建设、政策保障等方面，尤其是关于文化张力因素，研究者并不多见，大多局限于特色建设，局限于硬件完善，还没有从公共图书馆为读者服务、为弱势群体服务这个职能出发系统探讨该地区图书馆发展路向，缺乏系统性和针对性。因此，笔者以为，西部地区公共图书馆为弱势群体服务发展路向研究应弱化理想模态，充分考虑该地区公共图书馆发展的二元特征（发达、欠发达），根据本地区社会发展实际，对该地区公共图书馆为弱势群体服务进行深入、具体、综合、系统、有针对性的研究，为该地区公共图书馆未来发展路向提供理性支持。

（三）民营实体书店

笔者在中国知网，选择主题，输入"实体书店"和"阅读推广"进行检索，得到162条结果（检索时间为2020年9月），将研究条件限制在观点新颖、具有较强操作性的期刊、项目阶段性论文、硕士和博士论文共63篇，作为本次综述的主要依据，但也会根据实际需要，在63篇论文以及新近发表的论文中选择部分具有典型代表的篇目，作为论述的依据。主要参考论文分布情况为：2015年硕士论文3篇，2016年论文16篇，2017年论文12篇，2018年论文10篇，2019年论文16篇，2020年论文6篇。从2015年到2020年实体书店论文主题分析，随着移动端大量使用、碎片化、数字化、自媒体平台和网上书店如雨后春笋般地出现，实体书店研究呈现出由提出策略、探讨转型到探究路径创新、提升实体书店价值；由宏观研究到个案探讨这样的特征。63篇论文，作者从不同视角，结合不同案例，提出各自转型升级策略，极大地丰富了实体书店转型升级路径研究。笔者以为，有必要选取具有代表性的研究进行全面综述。

1. 基于线上IP价值打造的实体书店转型升级

互联网冲击实体书店的同时，以读书分享为主要特征的部分新媒体却在国内快速发展起来。刘燕从新媒体角度切入，认为应该注重线下实体书店和线上连接，将线下作为入口，为用户提供更富有场景的线上体验，由线上IP聚合用户，辐射线下实体书店，将实体书店打造成为聚合价值观、共同认知的社群型书店①。这一观点,将实体书店生存和发展放在互联网、自媒体、线上和碎片阅读的大环境中考量,有助于帮助实体书店确定较为准确的发展方向,但将注意力过多地投注到当当、樊登书店、有书空间和十点读书这些知名的书店升级研究方面,却没有对非知名的书店转型升级提出非常具体的策略。以前,IP 是针对大型企业而言,但在人人都是自媒体人的时代,每个人其实都是一个独特的 IP,如何将实体书店员工 IP 建立起来,聚合大家的 IP 力量来打造实体书店的 IP,这是西部地区实体书店转型升级亟待思考的问题。

2. 基于新理念的实体书店转型升级

我们发现,一项事物的发展,离不开新理念的同步产生和带动效应。基于阅读推广的西部实体书店转型升级,不仅要注重线上+线下互动交流这个关键,也要提出新的经营理念,以适应实体书店的转型升级。孙靓、刘玲玉、陈闽燕、张晓芳认为,实体书店应利用"新零售"理念,在大数据应用、价值构建、渠道物流等方面下功夫,实现新发展②。西部地区实体书店转型升级面临的最大问题是认知落后的问题,即缺乏线上的经营策略,一味在线下拓展业务,这已经不符合互联网和自媒体发展的新需求。如何拓展线上业务,通过微博、微信公众号、视频号、抖音、快手、B 站、今日头条、网站等新媒体建立自己的私域化流量,这是每个经营者必须思考的问题。贺勇通过分析电商书店模式特征,直接提出图书新零售模式为:"电商+实体",即线下进行优质体验、线上回流消费的具体模式,并提出营销的关键是专业化、细分化和小众化,为新零售业态下实体书店发展指明了路径③。此文章特点是,不仅指出了实体书店转型升级的宏观路径,也通过葫芦弟弟书店的具体做法,为其他实体书店转型升级提供思路。王若菲用 SWOT 战略分析对民营书店进行分析,给出四种特色化经营模式,并根据每种模式选取一个较为知名的民营实体书店作为案例,印证该模式的可操作性④。该论文将民营书店纳入理论体系进行研究,有助于民营书店在经营理念和策略上形成一套有机管理和运

---

① 刘燕. IP 视角下实体书店发展模式研究 [J]. 焦点论坛,2020,(7):5-10.
② 孙靓,刘玲玉,陈闽燕,张晓芳. 实体书店的现状和发展研究 [J]. 轻工科技,2020,(9):153-155.
③ 贺勇. 电商书店的发展模式与提升策略-以葫芦弟弟为例 [J]. 出版广角杂志,2020,(8):61-63.
④ 王若菲. 基于 SWOT 分析的民营实体书店特色化经营模式研究 [D]. 黑龙江大学,2015.

行模式，也为后续发展理清思路。不足之处在于用既有的成功模式去印证理论并不能很好解决非知名实体书店转型升级问题。试想，如果所有实体书店都按照印证的知名书店经营模式经营，实体书店经营的差异性如何体现。要知道，市场竞争力是基于差异性而言的。市场将会因为实体书店雷同的经营方式使其经济和社会效益大打折扣，此种研究思路和实体书店发展模式有待商榷。

3. 基于"实体化+"的实体书店转型升级

实体书店的发展，离不开文化的助推。高竞艳认为，实体书店可以通过书籍、墨香、读者阅读行为等构成一系列文化氛围符号，吸引对文化向往的群体，打造城市形象[1]，但作者并没有深入、具体阐述，如何在商业社会解决图书作为情怀点缀以及空间装饰的问题，进而解决文化被商业边缘化、实体书店图书被过分商业化，助长文化跟风、轻易模仿与复制的即时性阅读消费心理以及商业行为过度消解消费者阅读的这个长久需求，以至于大大影响实体店经济社会效益这个关键问题。兰庆庆更是从"实体化+"角度切入，强调实体书店要明确存在价值、场景价值、空间形态、文化价值、目标价值这些多重价值的叠加；同时，从品牌式、虚实相加、形神相加、价值叠加等具体路径入手，实现其多重价值。对于西部地区实体书店转型而言，具有很强的指导性。这是实体书店转型升级论述比较全面，且具有可操作性的观点[2]。实体书店之所以没有完全被网络书店代替，说明其存在有其赖以存在的合理性。如何深挖这些合理性，同时将互联网虚拟的元素融入实体书店，使二者相得益彰，这才是实体书店发展的必由之路。虚实结合的营销，才是真正符合读者内心需求的营销之道，这也是中国传统文化的精髓所在，即文化看起来是虚的，摸不着的，但时时刻刻都在发生作用，特别以影响力的方式存在，而经营方式是看得见的、多变的路径。这是西部地区实体店必须分辨清楚的问题，也是转型必须时刻关注的问题。许甲子、马赈辕以台湾诚品书店为例，认为该书店转型升级成功的关键是能够增加与书籍相关衍生品的销售，即将阅读推广、阅读消费体验，转变为集阅读、休憩、审美等功能融为一体的、

---

[1] 高竞艳. 城市文化体验建构下的实体书店 [J]. 出版广角，2020，(4)：43-45.
[2] 兰庆庆. "去实体化"还是"实体化+"实体书店多重价值探讨 [J]. 编辑之友，2020，(11)：71-74.

美学和文化消费空间。这一观点抓住了实体书店转型升级从符号消费迈向体验消费的大趋势,特别是在体验式消费有可能对阅读产生喧宾夺主的情况下,以提升书店图书质量这个关键因素,反哺图书阅读的路径[①]。这为西部实体书店结合当地文化、人们的审美习惯等,通过营造体验式阅读环境,进而转型升级,提供了很有借鉴价值的路径思考。徐振云、王璐璐以服务型社区实体书店为研究对象,总结出其良好发展的模式依赖于共享经济下政策支持、技术支持等特有的地缘性优势[②]。这为西部实体书店通过在社区设置分店,通过社区群众大量、集中阅读推广,从而转型升级提供了发展思路。

4. 基于阅读本质回归的实体书店转型升级

强烈的阅读需求,进而产生购买行为,这是实体书店必须认识到的问题,也必须通过这样的认知转型升级。如果读者没有强烈的阅读需求,即便通过"互联网+""社交+""文化+"的外在销售行为的反复演变,也无法真正实现实体书店的转型升级。换句话说,只有当消费者意识到自身技能、道德、修养等方面存在严重缺失,确实需要通过阅读去弥补这个痛点,才会产生强烈阅读需求,甚至有消费行为。这是西部地区每个实体书店生存的根本,也是其发展的初心,更是经营的原点。而真正能让这些痛点得以解决的方式,并不是互联网上碎片化的阅读。因为一个痛点的解决,需要全面、系统、长期的过程,甚至需要静修式的"苦行"才可以得到。互联网快捷方式往往只能满足我们即时性的阅读需求,由此带给阅读者更多的浮躁和焦虑,这不是解决痛点的有效方法。相反,实体书店可以有效解决这些困境,譬如,实体书店首先能提供给我们安静的阅读角落,让我们在喧嚣中通过静心阅读,祛除焦虑,舒缓或解决心境问题。谭宇菲、赵茹从空间体验到文化理性,比较清晰地梳理出了实体书店经营转型之路,同时也指出空间设计、"书店+"等实体书店转型中存在的问题[③]。不足之处是,作者从宏观层面进行梳理,缺乏深入、具体、案例式细究,缺乏提炼式、规律性、路径化的把握。这也为进

[①] 许甲子,马赈辕.多元化体验经营在实体书店中的实践探索——以诚品书店为例[J].出版广角,2019,(2):62-64.

[②] 徐振云,王璐璐.服务型社区实体书店建设的必要性与可行性研究[J].出版科学,2019,(1):82-85.

[③] 谭宇菲,赵茹.从空间体验到文化理性:实体书店精英转型的发展进路[J].编辑之友,2019,(11):75-79.

一步研究，提供了选题的空间。

5. 基于"图书+"复合式发展路径的实体书店转型升级

近年来，随着线上、线下、引流、前端和后端概念以及消费现象的流行，很多实体店转型升级也被带入其中。譬如，表面看经营一家书店，实际上不能以卖书为主，而要通过阅读、喝茶、聊天等作为前端引流，吸引读者在后端消费。譬如，樊登读书会不是一上来就卖书，而是分享各种碎片化阅读内容，让你在听书过程中产生购买图书的欲望。因此，"图书+"正是迎合了这种发展趋势产生的转型模式。付国帅从"书+社会责任""书+跨界合作""书+购物中心""书+人文情怀"等角度，提出实体书店发展新路径[1]。这种观点比较符合当今人们关于附加值、场域、温度的阅读新需求，也为西部书店转型升级模式构建提供了参考，但西部实体书店究竟采用哪种模式，或者哪种模式更适合实体书店转型升级，这需要结合当地实际考量，单纯照搬模式解决不了根本问题。连娜认为，"社群是解决实体书店商业模式的必然选择"[2]，这也是实体书店转型升级的融合性思维体现。

6. 基于场景的实体书店转型升级

阅读需要场景，只有在合适的场景中，才能沉浸下来进入阅读的境界。李淼从传播学角度切入，认为移动传播其本质是基于时空情景的场景服务，新媒介环境中实体书店转型升级核心要激活"场景"[3]，这正是商业利润至上的实体书店所欠缺的，也正是移动互联网时代，利用网络传播的关键。田沙沙运用环境行为学相关理论，从特色书店设计切入，对读者行为模式以及心理需求进行相关理论分析，为实体书店转型升级提供参考[4]。归根结底，改善读者阅读环境，设计特色书店，目的是营造适合读者阅读的场景。西部地区实体书店普遍缺少场景化营销模式的构建，单调的书架排列，商业化的操作，无法让读者在此体会网购带来的便捷、舒心等良好的体验感。这虽然是西部地区实体店的弱点，但也是改进经营策略并发展壮大的机遇。

7. 基于电商的实体书店转型升级

为节省管理和运行成本，提高信息传播速度，电子商务交易催生网上书

---

[1] 付国帅."书+X"：实体书店符合式经营发展新路径[J]. 出版广角，2018，(3)：55-57.
[2] 连娜. 基于社群的实体书店商业模式研究[J]. 编辑之友，2016，(6)：73-76.
[3] 李淼."去书店"：基于场景的实体书店转型策略与实践[J]. 编辑之友，2018，(11)：37-41.
[4] 田沙沙. 基于环境行为学的特色书店设计研究[D]. 西南交通大学，2016.

店如雨后春笋般出现，并爆发出蓬勃力量。以喜马拉雅听书、朗读者和视频号、抖音、快手、B站、小视频卖书等为主要载体的网上书店经济效益得到大幅提升。陈颖以网上书店研究为命题，从网上书店构建、客户交易界面设计、营销策略的实施、物流配送实施等多角度出发，对网上书店发展提出对策[①]。虽然该论文主要研究的是网上书店，但其较为成熟的理论模式为实体书店转型升级提供了思路。王晶以台湾诚品书店成功模式为案例，以新华书店转型升级为中心，提出新华书店需在连锁而不复制、创意多元、融入新媒体新内容、摒弃传统经营方式，付诸创建网络书店等方面下功夫进行转型[②]，这也是目前诸多实体书店转型升级正在探索的路径。其实，如果没有做到第一，第二几乎失去了市场份额，这就是商业竞争的实质。时刻以第一为实体书店生存和发展的根本目标，这种营销意识和策略是西部地区实体书店始终要坚守的原则。所以，台湾诚品书店成功模式其参考意义并不大，如果很多实体书店继续以此模式为创新路径，市场机遇不会很大。值得庆幸的是，网络以及电商的浮躁使网上书店出现的平台期得到了重视。祝安琪提出实体书店和网上书店应由竞争走向融合、取长补短[③]。这种观点比较客观地看到了网上书店和实体书店各自优势，符合目前大众网上快速消费、实体书店习惯性怀念和品味的习惯。甚至有研究者提出实体书店，如新华书店更加具体、协作共赢的O2O转型升级模式，比如"书店+影院""社区体验店""书店+借阅卡"三种探索路径[④]。这和"图书+"融合发展模式具有异曲同工之妙，都满足融合发展思路。朱寒以武汉市新华书店为研究对象，从O2O模式发展现状、O2O电子商务模式探究等方面着手进行研究，对武汉市新华书店O2O电子商务实施提出策略[⑤]。这是O2O模式下实体书店转型升级比较翔实的研究。无论是线下实体书店还是网上书店，最终都应该以品牌形式呈现才可能形成持久影响力。秦艳华、路英勇为实体书店向品牌转型提供了比较清晰的路径，即品牌经营是实体书店打造核心竞争力的重要手段，并从品牌定位结合企业

[①] 陈颖. 我国网上书店发展研究 [D]. 武汉大学，2005.
[②] 王晶. 新华书店生存困境与转型路径研究——基于台湾诚品书店的成功模式 [D]. 山西大学，2013.
[③] 祝安琪. 实体书店和网络书店的比较分析及融合对策 [D]. 黑龙江大学，2016.
[④] 王喜荣. 移动互联网时代新华书店O2O模式研究 [D]. 北京印刷学院，2016.
[⑤] 朱寒. O2O模式下新华书店电子商务实施策略研究 [D]. 华中师范大学，2015.

文化、品牌与经济效益和社会效益结合、品牌扩展与发展战略结合这三个方面阐释了品牌经营之道①，这也是很多企业品牌经营之道。目前来看，线上+线下书店融合经营，适合互联网时代书店发展需求。对西部实体书店来说，其实无论怎么转型，都要紧紧围绕消费者这个根本，从消费者多样需求出发多方面考量。谢巍、张梦一抓住了这个根本，认为消费者到实体书店是因为图书需求，所以图书内容至关重要，帮助消费者选择图书是实体书店营销策略实施的关键所在②。

综上所述，学者们关于实体书店转型升级实践案例探讨较多，且取得了丰硕成果；实体书店转型升级理论模型运用显得陈旧，理论创新研究还处于起步阶段。笔者发现，在实体书店转型升级研究探索中，存在一些值得商榷的问题，主要有四点：一是基于实体书店转型升级方式、路径研究较多，但基本围绕特定案例阐述，对于适合更多实体书店转型升级的路径和方法提炼、归纳得不够；二是抓住读者阅读或购买图书这个根本，探讨实体书店转型升级的研究比较欠缺；三是围绕发达地区或国内有名的实体书店转型升级研究较多，对西部欠发达地区这一区域的研究较少；四是基于阅读推广的西部实体书店转型升级研究更是少之又少。当然，每个研究都无可避免会有不完善之处，但可以明确的是实体书店应该以提供优质图书、服务读者为根本，而不是为了构建路径以及模式本身。

（四）国营新华书店

关于新华书店的研究，笔者选择"新华书店"主题，在中国知网搜索近十年的核心期刊论文、项目阶段性论文、硕士和博士论文，经过细分、挑选，剔除无用文献，选出文献103篇，再选择典型文献作为综述的主要内容，主要侧重于经营绩效、转型升级、品牌建设、多元合作、网上书店、智慧服务、物流配送等领域，可以归纳为七个方面。

1. 新华书店的经营绩效研究

王峥认为新华书店应当加强与出版商、技术商合作，组建电子书城，应对数字化冲击。林中笛以文化领先为视角，提出了经营方略上改革机制。余

---

① 秦艳华，路英勇. 实体书店品牌经营之道［J］. 中国出版，2016，(21)：15-17.
② 谢巍，张梦一. 基于消费行为的实体书店营销策略分析［J］. 传媒大讲坛，2016，(12)：14-15.

乃良认为，新华书店需要加强与民营出版公司的合作，增强常销书的营销灵活度。曹宇引用以内岛核、核心层、紧密层、松散层为主要内容的同心圆模式，发展图书主业与其他副业结合的营销结构。罗华琛在借鉴"诚品"模式的基础上，指出新华书店应创建综合体、经营生活方式、营造阅读氛围。王忠义认为，要坚持图书主业发展，依靠信息科技平台、物流支持，建设连锁经营的社区书店。周正兵指出，新华书店需要在微观重组上着力，推进连锁经营。这方面的研究在注重书店传统业务发展的同时，关注到电子书产业的发展问题，提出可行性的对策，但对新技术、新媒体环境下的融合营销关注不够，缺少对综合体营销模式的深度研究。新媒体下的融合营销是西部地区新华书店值得探索的发展路径，因其紧跟了数字经济和自媒体快速发展的快车道，有更多机会在网络展示书店的图书，毕竟这个时代，每个人都是一个媒体人，都有值得分发的独一无二的内容；每个人也都是内容的推广者，包括阅读推广者。

2. 新华书店的品牌建设研究

吴永贵、牛婷婷从"战时"新华书店的特殊作用，归纳出新华书店的品牌效应。崔波阐述了延安新华书店的首家分店历史。江林泽认为新华书店在抗美援朝运动中发挥了宣传、捐献、募集书刊、组织文化服务队为志愿队提供精神食粮等重要作用。于建嵘认为，应加强新华书店品牌建设。李东华认为，应以人为本、提升创新能力，打造文化品牌、塑造新华品牌形象。刘鸿浩认为，新华书店要通过理念、营销、宣传实施品牌化经营。在这一领域，对历史上新华书店的价值研究可圈可点，新时代新华书店品牌影响力的提升问题，虽然有相关研究，但深度还不足，需要进一步加强研究。西部地区很多图书馆还缺乏品牌建立意识。事实上，所谓品牌，就是第一时间占据顾客心智。在互联网时代，谁能第一时间占领顾客心智，谁便在巨大的市场中占有了一席之地。

3. 新华书店的转型升级研究

石建锋提出建立新华书店转型升级的标准、形成多元化发展的理念、构建传统与创新相结合的产品、多方式多渠道筹措资金。王文双建议通过产品、服务、体验、价格、通路五个方面，探寻图书异质化营销的蓝海市场。林疆燕从全渠道、数字化、用户体验等方面提出转型升级的策略。刘晓宇以读者俱乐部为例，从政策争取、机制完善、环境营造、典型培育、队伍培养五个方面指出新华书店发展新业态的方向。这一领域的研究有点有面、成果丰富，但从一个行业的系统性视角来考量，还缺少立体性、系统性的实证研究。数字化发展是西部地区新华书店转型升级的必然选择，因为这种发展方式不仅适应快节奏、高效化、便捷化的发展需求，更能突破传统购书的种种局限和障碍，真正能满足公众多方需求。

4. 网上新华书店的建构研究

胡松杰、贾业增围绕信息流、资金流、物流三个方面，选取新华书店与当当网进行比较分析，认为基于电子商务的网上书店是一种必然的趋向。苟德培、谢华萍认为新华书店要以电子商务为重点，拓展文化产品供应链条、丰富产品种类，打造品牌、培养客户。吴树勤、杨学坤认为应该设计个性化的阅读推广策略，与民营书店合作建设中小型书店，打造非书类产品品牌，发展O2O网上图书营销渠道。苟德培以文轩在线为例，指出新华书店网上营销产业链及拓展中小学数字图书馆的成功经验。此类研究基本的出发点，以当当、亚马逊等成功案例，指出新华书店陈旧的运营模式与困境，具有一定的批判意义；但就西部地区众多的新华书店未能实现网上经营的体制机制问题探讨还比较欠缺。西部地区新华书店应当抓住网上营销图书的风口，采用短视频讲书、直播等形式为新华书店创造全新的营销模式。

5. 多元经营理念与实践的研究

曲柏龙以黑龙江新华为例，提出做强主业、调整结构、多元化经营的思路。吴平、李德全认为，书业多元产品形态包括文化Mall、教育装备、特色文创产品、书房定制服务，新华书店应重构产业链条件、创新管理模式、拓展服务内容。季爱平、金小力在关注浙江新华70年发展历程基础上，提出以用户为中心，打造"书店+"文化生态圈的理念。茅院生以新华书店总店探索出的"文化+资本+资产""线上+线下""互联网+文化+教育""品牌+文化+文创""资本+文化+品牌"为例，指出未来应以服务为主，推广"互联网+""+互联网"发展模式。这一领域的研究，归结起来就是做加法，放之四海而皆准的模式，是否与西部欠发达地区的实际相契合，有待进一步探究。

6. 新华书店与社会机构合作的研究

刘红认为，可以通过店社合作、开发细分市场、重建消费者情感联系，实现新华书店的品牌活化。曹磊以新华文轩为例，指出"图书销售企业向上游出版领域的扩张"[①]为主要内容的后向一体化战略实施历程、经验和意义。王云石、王祎认为，新华书店与公共图书馆可以开展深度合作，开展读者采选文献借阅服务模式。钟厦、刘洋、刘善斌认为新华书店高校书店应注重体验、个性化、多元化设计。这一领域的研究，多集中于新华书店与出版社、公共图书馆、高校的合作问题，对新华书店服务农村群众的问题提及不多，在乡村振兴视域下，对农村地区图书市场、物流配送、全民阅读等问题的研究还有待拓展，这为我们研究西部地区新华书店功能发挥，提供了非常有价值的视角。

7. 智慧服务与图书配送研究

李漓运用波特五力模型，分析了新华书店存在的困境，指出注重读者体验、介入出版产业、做强信息与智慧服务的三轨并行策略。刘念、闫玉刚认为，新华书店的智能化发展应当实施智慧、OMO、场景及共享四大策略，从实用性、体验性、价值联想三个方面探寻智能化路径。苟德培针对网络书店的威胁，建议新华书店开展图书检索与快递运送、重点图书推介、个性化出版等业务。刘红梅以湖南新华为例，分析了点轴式协同配送和轴辐式配送的优劣。这一领域的研究，提出了新华书店未来发展的趋向，新技术的应用程度、是否自建物流成为争论的焦点，对于西部欠发达地区而言，面对交通、乡村的实际，还需要结合具体情况来分析。

综合分析以上研究成果，学界从不同方面对新华书店的连锁经营、转型升级问题展开了探讨，研究领域宽、理念新、成果多，业界也有了众多较为成熟的案例，为本研究提供了借鉴和启发。从欠发达的西部地区实际来看，如何对待新环境、新技术下的新理念，发达地区的新做法能否照搬套用，这些问题仍值得进一步探讨。从这个意义讲，还缺乏系统的实证研究，这也是本研究关注的一个重点问题。

（五）农家书屋及乡村图书馆

关于农家书屋的研究跨度较大，笔者选取近十五年作为开展综述的时间

[①] 曹磊. 国有发行集团的后向一体化战略——以新华文轩为例 [J]. 编辑之友，2012，(7)：44-45.

节点，检索到 2005 年至 2021 发表的相关核心期刊论文、博士、硕士毕业论文，再剔除重复、无用的文献，查阅漏缺文献，共得到相关论文 400 多篇，选取具有代表性的文献，经过对研究主题的阅读、整理，可归纳为十三个方面的研究。

1. 研究农家书屋的成果

薛调指出，2011 年之前的五年，农家书屋的研究主要集中于特色书屋、社会力量协助方式及持续发展的机制。于蓓莉、张仙认为，农家书屋研究应避免一味迎合政策，应当注重解决实际问题。孙喜梅指出，农家书屋的研究缺乏深入的调查和可操作性强的建议。鄂丽君、程文艳认为，农家书屋缺乏服务方式的研究。陈渊、瑚小雪、谢欢、刘宇认为，农家书屋研究存在区域研究不足的问题。李显志、邵波认为，应当加强欠发达地区、多民族地区和数字农家书屋的研究。通过梳理农家书屋综述的研究成果，显而易见的是关于欠发达地区研究相对欠缺，对于西部地区来说，这也是未来研究农家书屋、乡村图书馆的关注点。

2. 农家书屋制约因素的分析

钱新峰、唐晓芳认为，建立农家乐"农家书屋角"是培育特色农家书屋的有效方式，物流压力、书屋空间小是制约发展的短板。汪强指出，农村图书馆面临的政策、制度、需求、规模和功能被分解的困境。黄体扬指出，农家书屋存在整体性推进、形式化管理、村民消极化管理等"单向度发展"的问题。张芳蕊、杨智慧指出，农家书屋面临农民阅读习惯没有养成、阅读氛围没有形成，导致屋空书闲，图书更新跟不上阅读需求增长，表现为流通、服务和维护资源短缺。关于农家书屋存在的困境研究，在各类文献中均有提及，学者们指出了存在的共性与个性问题，但对西部地区留守老人的阅读问题探究不多，这是西部地区阅读推广方面研究的空白。

3. 农家书屋可持续发展的应对策略

卢红指出，投入、产业、资源和管理人员是巩固和发展农家书屋的重要因素。徐石从制度、资金、队伍、文献等方面提出可持续发展的对策。杨智慧、张芳蕊、张伯男，借鉴国外的乡村图书馆建设经验，提出农家书屋发展的对策。罗彩红针对农民群众的实际阅读需求，提出与公共图书馆合作的对策建议。文芳、吴青林、黄慧琳在精准扶贫视角下，指出农家书屋的发展策略、路径和绩效反馈机制。陶爱兰、王岗提出民族地区农家书屋的发展策略。张晓梅、李晓瑞、蒙进军提出宁夏地区农家书屋发展对策。陈洪亮指出，农家书屋应探索产业化发展，与实体联合经营，探索生存之道。孙鹏、李岩认为，农家书屋信息化需要政策、资金、技术、人力和资源支撑。张万有指出，应加大资金扶持、创新服务方式、建立考评机制、加强队伍建设。可持续发展是有关农家书屋研究中最为广泛的一个选题，研究成果较为丰富，关于农民群众阅读需求、图书采选措施与流转配送模式方面的研究缺乏系统性。西部地区农家书屋发展更是缺乏系统化的机制支持，农家书屋和其他阅读平台阅读推广基本没有进行有效对接，导致阅读推广功能发挥单一。事实上，将各大阅读平台阅读推广功能通过联建机制的整合，不仅可以节约资源和成本，也能充分发挥综合效应。

4. 公共图书馆主导农家书屋建设的建议

黄诗南指出，可以通过图书馆与农家书屋大馆带小屋的挂钩帮扶机制，实现图书的流转。闫朝霞认为，公共图书馆的服务模式可以用于农家书屋的阅读推广。蒋焕琴主张，公共图书馆可以推行"一屋多用"等助推农家书屋的发展模式。张劲芳认为应当发挥公共图书馆采购、管理、服务方面的经验优势，推动农家书屋发展。李强认为，欠发达地区农家书屋应理顺体制，纳入农村图书馆建设范畴。孙勤、张广明介绍了公共图书馆主导农家书屋建设的经验。王频、喻又进、胡兴荣主张，农家书屋应由文化部门管理，发挥基层图书馆的应有作用。李世敏认为，农家书屋的重新定位，应通过与乡村文化活动中心及图书馆的联通，融入公共文化服务体系中来。学者们对公共图书馆助力农家书屋建设提出的措施可资借鉴，就西部欠发达地区众多的县级公共图书馆而言，理论上也具有上述的功能定位，但实践过程中受图书、经费、人员、车辆、交通、机制等因素的困扰，很多良好的对策建议都难以落实。针对欠发达地区的实际情况，还需要进一步探讨落实的举措。

5. 图书配置结构优化与流通模式

周小敏强调流动的农家书屋与图书漂流的借阅理念。谢敏仪建议设立流动的社区农家书屋，在乡镇范围内推动图书漂流，实现图书通借通还。陈春云探讨了基于需求的农家书屋图书配置标准化策略。姚芳提出将农家书屋作为美丽乡村建设的一部分，提高管理员待遇和图书利用率。这一领域的研究，重点关注行政管辖区域范围内的图书如何流通，对于图书配置雷同导致的无效流通、物流体系不足以支撑农村地区图书的流通等问题，相关的研究相对较少，而西部欠发达地区，目前更无相当的财力和人力支持图书配置和物流体系。

6. 农家书屋联盟与合作

王亚南认为，农家书屋要加强与学校的合作，以实现资源共享。杨智慧在分析各地建设模式特点的基础上，提出构建农家书屋联盟的构想。姚秀敏认为，建立新闻出版、文化、教育部门并行的管理体制，是建构区域图书馆联盟、推行图书馆专业援助的基础。路程、姚秀敏、樊会霞指出，公共图书馆、高校图书馆参与的农家书屋联盟可为文献资源建设提供采访、编目等技术支持和共建共享的保障。刘小斌强调，各部门都应参与农家书屋建设，实现与文化信息资源共享工程的结合。房慧认为，农家书屋在互联网+、整合资源的基础上，可以与公共图书馆、文化站、乡村中小学、少年宫、乡村商店联办，避免孤岛效应。农家书屋联盟与合作机制问题，得到了学者的重视，集中于国家政策导向下自上而下的体系建构，从西部欠发达地区农家书屋发展的实际状况来看，还缺少更高层面的、行政主导的融合模式建构问题，需要体制机制层面的合理建构、推动、落地。

7. 农家书屋数字化发展的探讨

姚秀敏指出，农家书屋建设应整合资源，建立图书馆联盟，加快数字化发展步伐。赵虹、徐跃权认为，农家书屋应注重儿童阅读培养、建立联盟，推进数字化改造。樊会霞主张，应建立农家书屋绩效考核责任制、打造数字农家书屋、推进图书馆总分馆体系建设。关于农家书屋的数字化问题，学者们在新媒体迅速发展的背景下，提出了建设性的意见建议，具有推广的意义与价值。就西部地区而言，面对留守的老年人、未成年人群体，如何形成用得上、无危害的数字化发展模式，需要区别对待、逐步深化、稳步实施。

8. 农家书屋转型升级的研究

黄体扬认为，农村图书馆应当发挥集文化中心、交流中心、学习中心为一体的社区文化中心职能。王宏鑫、仝亚伟、周云颜、陈辉玲、龙文，以河南省信阳市平桥区农村图书馆的发展模式为例，具体阐述了农家书屋升级的发展策略，具有一定的借鉴意义。杨扬指出，台湾地区农家书屋的定位是风俗博物馆、乡村俱乐部、乡村第三空间、儿童"悦读园"、文化传习所，提升措施有空间再造、运营推广、融入生活。西部地区农家书屋功能单一，风俗、文化、快乐阅读理念欠缺，并不利于农家书屋功能的整体发挥，因此，可以借鉴这些经验，以多措并举的方式，促进群众参与、联动发展、共建共享。关于这一领域理念、实践的研究，基本模式是融合、整合，以图书馆、文化活动中心的职能于一体为多，呈现出建设农村第三空间的趋向，就乡村图书馆的建设问题，还需要在乡村振兴的背景下提升关注度，探讨未来发展的路向。

9. 构建长效的资金保障机制

黄健平认为，农家书屋融入公共图书馆服务体系，应解决好财权所有权与管理权之间的关系。王乃琴指出，应将农家书屋所需运行资金纳入预算，归口图书馆管理。周正兵在借鉴西方财政支持图书馆发展经验的基础上，主张以财政的功能设计与机制引入，提升公共图书馆的服务效率。宦咏梅、杨玉麟强调建立面向西部地区均等化的财政体制与立法保障机制。关于农家书屋的建设资金问题，是学者们最为关注的问题，形成的共识是列入预算，由公共财政保障。就西部欠发达地区而言，财政保障的能力有限，需要在东西部协作、乡村振兴、新时代文明实践中心等政策框架下寻求建言献策的聚焦点，提出民建官补等切实可行的保障措施。

10. 农家书屋的服务模式研究

武渝生提出建立县级图书馆为依托、乡镇图书馆为网点、农家书屋作为终端的服务模式。杨智慧、张芳蕊、张伯男认为流动农家书屋、联盟、总分馆是农家书屋连锁服务的三个模式。王岗、张明乾、李刚主张，以文艺活动带动农家书屋阅读推广。姚秀敏主张，建立农家书屋固定网点、流动服务和网络服务，构建经费保障、资源更新和均等服务的体系。谢敏仪提出，流动的农家书屋四个阶段：简单的图书流动、社区型农家书屋、总分馆服务体系、统一建设与管理主体的总分馆体系。淳于森泠、李春燕、兰庆庆，从农家书屋服务对象、管理、内容、设施四个维度提出"四维一体"的服务模式。陆爱斌提出，组建农民读书会，以提升农家书屋利用率的思考。周正兵以乌兰牧骑为例，指出民族地区流动服务的农家书屋发展模式。这一领域的研究多点齐发、内涵丰富、外延宽广，形成了可以借鉴的多个模式，然而在有声阅读的背景下，如何促进农村老年人听书的阅读模式，这方面的研究还比较欠缺。西部地区很多农村的留守老人，生活相对闭塞，认知相对落后，对新鲜事物了解较少，数字化设备操作并不熟练，这就导致先进的听书阅读模式并不能真正快速走进他们的日常生活。因此，健全数字化设备，开展数字化设备培训等成为这一群体提升阅读效率的关键。

11. 真人图书馆理念运用于农家书屋的探讨

梁秀玉、罗昌娴探讨了真人图书馆助推农家书屋发展的可能性。王永芳系统研究了农家书屋开展真人图书馆（Human Library）的可行性与实施方案。刘敏、张颖、林琳认为，真人图书馆在农家书屋服务的可行性较强，提出了具体的方案，就需要注意的问题提出了对策。作为一种新的阅读理念，真人图书馆的作用如何延展，成为新的关注点。西部农村地区目前并没有启动真人图书馆项目，真人图书馆适合不适合该地区，这是一个全新的话题，有待继续研究。更为重要的是，在留守老人、留守儿童、留守妇女居多的西部农村地区，如何发挥真人图书馆具有的交流、倾诉、沟通作用，需要在实证研究的层面进一步推进。

12. 农民群众阅读需求表达与阅读习惯培养

刘丽在 ATM 的视角下，指出农民对农家书屋服务的易用性、有用性、感知的重要性。龚主杰认为，农家书屋可以多种经营并重，从孩子抓起，培养农民阅读习惯。申研围绕区域发展、弱势群体、持续发展等关键词，指出农家书屋应关注弱势群体的需求表达。陈庚、李婷婷认为农家书屋应以农民需求为导向，进行资源配置，加强共建共享、联合互动是提质增效的策略。学者们普遍对自上而下的选书配书机制提出质疑，农民群众的阅读需求调查成为较为普遍的研究方式，在补充更新、提档升级的视域下，需求侧与供给侧的矛盾问题如何破解，个性化的需求如何通过平台建设、选书机制、物流支撑的方式来实现，这方面的关注度还不够高。

13. 健全政府宏观调控与管理体制机制

刘晓云主张接通网络、电视、购书、通借通还的统一管理模式。魏建琳认为，应探索农民阅读的权利保障及农家书屋的经费、资源配置和管理机制保障问题。朱维华、赵永红强调，建立政府、社会、市场三位一体的农家书屋支撑体系。时菁提出建立农家书屋测评体系的构想。李晓文指出应通盘谋划、构建馆室屋三级网络，提高后续管理科学化水平。郯爱萍、吕霞、刘艳苏认为，改善农家书屋利用率不高的状况，需要建立考核监督体系。陆和建、涂新宇、张晗认为，农家书屋助力精准扶贫，需要建立阅读需求反馈与效能评价机制。体制机制与财政保障具有同样的关注度，学者们之间的争论相对较大，从建设、管理、指导的主体，到考核、评价的责任体系，都有不同的新提法。就西部地区而言，首位的问题还表现为政府的职能作用、管理员的待遇落实方面，这些具体事项，还需要再探讨、再研究。

通过综合分析以上研究成果，发现当前农家书屋的研究集中在可持续发展方面，就新时代背景下农家书屋如何转型升级，如何在乡村文化振兴中发挥应有的作用，这些方面的研究还不够深入，需要在乡村文化振兴的视域下，进一步拓展关注农家书屋的视角，在新的起点上推进农村阅读推广活动。理论界、主管部门和社会各界应该关注农村阅读体系的建构，围绕农家书屋的基础设施提升、农村公众阅读习惯的培养、农村阅读环境及文化生态的优化、阅读推广活动范式的形成等方面，开展实证研究和实践探索，进一步延展农村阅读活动的理论研究架构，持续加强对农村阅读推广的实地考察、调查研究。基于这样的思考，笔者结合工作实际，多次开展实地调研、用户访谈、问卷调查，通过文献检索、收集资料、解析数据、图表对比，并运用SWOT分析法，致力于优势、劣势、困境和对策探析，力图形成优化农村阅读推广活动的策略。

（六）基于"双减"与课后服务的校园阅读

2021年7月发布的《关于进一步减轻义务教育阶段学生作业负担和校外培训负担的意见》，引起了全社会对中小学生的再次关注，相关的研究正在展开。笔者在查询前期研究成果的基础上述评如下。

1. 农村学校

丁颖阐明了课后服务体系的内涵，选取中部地区一所农村寄宿制学校作为研究对象，开展了详细的调查，提出组织架构弱化、家长参与制度缺失、偏重课业辅导、忽视生活指导、指导教师不足、课后服务缺乏针对性评价等现实问题，建议推行柔性化管理、开辟多种资源的课后服务、完善课后服务评价体系。卢长春选取一所农村学校作为研究对象，在调研课后服务现状的基础上，指出目标定位模糊、内容形式单一、学校资源匮乏、评价体系缺位的问题，提出家校合作、校校联盟、有偿服务机构适度介入的对策。赵吉祥选取5所学校作为研究对象，指出阅读服务处在初级阶段的普遍问题，更为关注教师的权益问题，在经费筹措与保障机制方面提出了相应的策略。三位研究者均树立问题导向，为西部地区小学开展课后服务过程中规避同类型的问题指明了方向，有借鉴的价值。但对学校、家庭、社会等多方协作的研究比较薄弱。

2. 城市学校

尹苏通过访谈、问卷、实地调研等方法，分析了一所城市学校的课后服务现状，提出存在认识错位、内容形式单一的问题，提出了求同存异的差异化策略。张文超认为课后服务要横向分类、纵向分层、立体化推进实施。邱连英强调将校本课程纳入课后服务之中，加强地域文化的传播。这些研究提出了针对课后服务起步阶段存在问题而采取的对策，但就学生课后服务中阅读长效机制与阅读经典的问题，还涉及的比较少。

3. 语文素养

姜舒婷在语文素养的视角下，提出学生的分享交流意识差、阅读兴趣低、阅读习惯差，提出重视男女性别差异，开展阅读活动。林淑萍指出应该通过群文阅读与分享，提高阅读的能力与水平。夏丹丹指出可以创设阅读情境，拓展审美能力。要军红强调通过阅读经典美文，培养阅读习惯。这些研究的学科属性较强，但缺少贯通意识，就学校、班级整体推进阅读推广的研究还需要加强。

4. 阅读空间参与课后服务

晋文婧指出书店、图书馆都可以参与课后服务。吴波认为应当营造良好的阅读环境，采用进阶阅读方式，规定不同年龄段学生的阅读时间，开展必要的阅读推广活动。殷彩丽建议开设阅读兴趣班，在课后服务中开展课外阅读训练，提升阅读能力。张之福建议设计特色课程内容，开展社团活动，以提升阅读实效。这些研究，丰富了课后服务的形式，然而怎样通过顶层设计，引导社会组织参与课后服务，还需要再探究。

总而言之，研究者普遍认为，基于"双减"政策的课后服务，是解决课外阅读问题的契机，在农村、城市、语文课及社会层面的研究中，都强调要重视课外阅读，提出了可行性较强的应用对策。下一步，在主管部门、学校、教师、学生、家长、社会多层面的合作机制与方式上,还需要进一步研究,这也是笔者立论的基础。

三、研究思路

(一) 提升阅读推广绩效的策略

阅读推广需要全社会的共同努力,针对不同的读者群体,应当有不同的阅读推广策略。既要考虑成年人的阅读需求,也要关注未成年人的阅读倾向,同时还需要做好弱势群体读者的服务工作。西部地区的图书馆需要树立读者至上的理念,关注不同读者群体的阅读需求,开展必要的引导、指导,发挥社会教育职能作用,履行对文化发展的应尽责任。第一章至第四章,以阅读推广与图书馆营销关系为基础,以 A 市图书馆、J 图书馆和 J 县、C 县、X 县、Z 县总分馆为例,以实证研究为主,通过开展调查研究,探究阅读推广的问题、成因与对策;围绕国家政策导向,提出针对弱势群体开展阅读推广的基本思路;就城乡阅读推广人培育的模式和保障机制,提出具体的发展方向;围绕引导社会力量参与阅读推广活动等方面提出对策,探究构建总分馆、理事会运行的体制机制,以期为西部欠发达地区进一步促进阅读推广提供借鉴。

(二) 探寻学校在课后服务过程中开展阅读推广活动的途径

文化教育主管部门、学校、教师、学生、家长及书店、图书馆等社会组织是开展阅读推广的六个维度,在社会各界共同开展的阅读推广工程中,未成年人的阅读推广是重要的关切点。以未成年人为主要人群,学校利用课后服务时间开展阅读推广活动,家庭与社会教育互为补充,也是社会各界共同合力推进的工作。第五章至第七章,在后现代阅读、中华优秀传统文化传承发展、"双减"视域下,选取学校为例,通过开展调查研究与六个维度的具体分析,就西部欠发达地区学校开展未成年人阅读推广活动的定位、未成年人阅读活动开展、引导社会力量参与阅读推广活动等方面提出对策,为大学生开展分校阅读推荐专业书目,总结疗愈等新理念在高校推广的基础书目。以传承优秀传统文化为目标,探究开设未成年人文化公开课的可行性路向。进一步探究培养未成年人阅读习惯的意义,提出学校与公共图书馆联合开展阅读推广的举措，探讨文化与教育界阅读推广活动的融合发展点，使公共图书馆社会教育职能和学校教育职能得以有机融合，有效地发挥阅读推广的综合效应，以期为西部欠发达地区进一步发展未成年人教育事业提供借鉴。

（三）阅读推广视域下新华书店转型升级实证研究

新华书店成立于1937年，是国有文化企业、国家的官方书店，承担着国家刊物发售、图书发行、全民阅读、书香社会氛围营建等职责，也是开展未成年人阅读推广的主要阵地。八十多年来，西部地区各级新华书店在图书发行、阅读推广等领域不断探索，网点遍布城乡，奠定了发展基础，通过市场化的改革，形成了稳定的经营模式，但也面临着市场定位不准、经济效益不佳、阅读活动的社会影响力有待提升等困难与问题。第八章至第十一章，围绕西部欠发达地区新华书店提升阅读推广实效，选取B书店、C市新华书店为实证案例，开展两个连锁经营的新华书店市场成长性分析、转型升级实证研究，以此印证提出的发展思路，期望为西部欠发达地区公立书店阅读推广提供路径选择。

（四）破解乡村阅读推广困境的探讨

农家书屋是国家为提升农村地区群众精神文化生活水平而主导建设的一项惠民文化工程，"截至2018年底，全国共建成农家书屋58.7万家，农民人均图书拥有量达到1.63册"[1]。目前，农家书屋已经实现了有条件的行政村全覆盖，为农村地区开展阅读推广构建了一个平台，对于推动乡村文化发展具有重要的意义。对于西部欠发达地区来说，农家书屋加强了乡村文化阵地建设，填补了农村地区阅读推广机构的空白，为建设书香乡村提供了可能，服务实践中也取得了一定的成效。

从农家书屋运行的问题导向来看，由于西部地区经济欠发达，农家书屋后续发展投入不足，管理员报酬难以落实，图书流通的物流体系和体制机制不够成熟，农家书屋日常管理和服务的困境逐渐显现，成为当前亟待解决的问题。西部欠发达地区农家书屋自建立之后发展极其缓慢，仍然处在一种相对落后的状态之中，与其经济发展滞后有不可分割的关系。正因为该地区地

---

[1] 梁言顺. 凝聚起农家书屋改革创新的强大力量——在农家书屋工作领导小组会议上的讲话［EB/OL］. http://www.zgnjsw.gov.cn/booksnetworks/contents/412/400369.html.

域辽阔、人员分布不均衡、经济发展滞后、偏远山区交通不便、网络覆盖不完全等原因，农家书屋在基础设施、管理、服务、创新和后续资金投入等方面存在的制约因素，导致了农家书屋发展进程的迟滞，甚至出现了难以正常运转的境况。

西部欠发达地区只有将传统的农家书屋进行一系列改革，才能保证其正常运转下去。第十二章至第十五章，通过对西部地区部分农民、农家书屋管理员及乡镇有关负责人进行走访调研，广泛收集省、市、县三级农家书屋的相关资料，结合工作实践，对农家书屋发展现状进行调查分析，总结归纳出制约发展的因素，提出破解当前困境的对策建议，并对乡村图书馆、"农民选借新书、公共财政买单"进行了前瞻性研究，期望能为西部欠发达地区提供借鉴。

（五）阅读推广问题贯穿于课题研究全过程

课题选取了图书馆、学校、新华书店、农家书屋作为研究主体，既有公益性质的学校、图书馆与农家书屋，又有社会效益第一、兼顾经济效益的新华书店，但整体上都以解决阅读推广的困境为出发点和落脚点，从现状、问题到对策的研究思路，贯穿于整个研究过程。四个部分之间，由阅读推广的线串联起来，互相交融、相互促进、密不可分。阅读推广的问题，社会各界的关注度极高，当然公众阅读习惯培育难这一困境的破解，提升阅读的效果，需要全社会的共同努力，图书馆、学校、新华书店、农家书屋都应该发挥好这一职能作用。为此，选取A市图书馆、J图书馆、P市学校、B书店、C市新华书店及G地农家书屋、F县农家书屋和C县、J县、X县、Z县总分馆等案例开展分析，对西部欠发达地区如何提升阅读推广的绩效，进行了一些积极思考，选取图书馆、学校、新华书店、农家书屋这四类政府主导、主办的阅读推广主体，以开展实证研究为主，旨在提出对策探讨，期望为西部地区的阅读推广提供借鉴。同时，也将成人群体阅读作为课题研究的重点之一，通过多种形式的阅读推广活动梳理和研究，旨在为成人有效开展阅读推广提出对策。最后，期望通过未成年人群体和成人群体阅读现状和对策较为全面的把握，对西部欠发达地区阅读推广现状和未来发展空间予以系统性关注。

（六）图书馆与学校、书店及农家书屋四方交叉研究的思路

阅读推广的主体责任是政府，课题选取的研究对象图书馆、学校、新华

书店、农家书屋都是政府管理的、具有阅读推广职能的文化教育机构，四者之间具有密切的关系。这种交叉研究、互补提升的思路，对于弥补阅读推广工作的部分空白具有一定意义。新华书店与图书馆作为城市的阅读推广主体，可以开展多种合作，譬如，建构相互融通的图书管理平台，开展读者现场选借新书业务，可以为新华书店增加销售额度，也可为图书馆提升图书借阅率。书店、公共图书馆可以与学校合作开展阅读推广活动，在"双减"政策下合作开展课后服务，通过多种方式扩大未成年人读者的参与面。新华书店与学校、图书馆共同以未成年人为主要服务对象，开展经典图书推介业务与主流阅读推广活动，打造未成年人导读示范基地，可形成与家庭、学校及其他社会机构互为补充的局面。

在广大的西部农村地区，多数新华书店承担着学校教材教辅读物、农家书屋出版物补充更新的业务，新华书店作为国有的品牌文化企业，图书甄选代表着经典、正版与主流的价值观，可作为学校、农家书屋图书流通与配送的主体，可在学校建立校园书店，也可以与图书馆的资源一体融通设立图书馆的选借新书窗口，还可以通过自建物流或与同为国企的邮政公司合作，定期开展图书配送业务，为农村读者选借用得上的图书提供可能。

农家书屋工程实施十五年来，图书馆实际上承担着农家书屋的业务指导工作，在多数地区图书馆主导着农家书屋的业务建设。图书馆的众多成功范式，为农家书屋的提质增效，提供了可以借鉴的经验。目前，学校承担着未成年人的阅读推广重任，图书馆具有配合未成年人群体的课外导读职能。西部的农村学生数量在减少，但农村的未成年人学生仍然需要校内阅读与课外阅读，因此西部欠发达地区农村的学校图书馆（室）与农家书屋、乡村图书馆等阅读推广阵地应当坚守和加强。如果像前几年的撤点并校一样，再失去这一块的阵地，那么在西部农村地区人口锐减的基础上，文化教育生态会更加恶化，乡村振兴战略的实施会面临更为深层的难题。近两年来，国家十部委联合出台了《农家书屋深化改革创新提升服务效能实施方案》，国家主管部门也明确了每年每个农家书屋补充更新图书的种类和资金。在利好的政策推行基础上，前瞻性地提出乡村图书馆建设的构想，在有学校的乡镇、村社共建乡村图书馆，试图探索解决农村公众阅读率不高这一问题的办法。

四、研究体系

本课题在整体架构上，以 A 市图书馆、J 图书馆、P 市有关学校、C 市新华书店、B 书店、G 地农家书屋、F 县农家书屋和 J 县、C 县、X 县、Z 县总分馆为例开展实证研究，以期为西部欠发达地区阅读推广提供借鉴。分为四个部分：第一部分，探讨西部欠发达地区图书馆阅读推广定位与图书馆营销的关系、不同群体读者服务、阅读推广人培育、总分馆及理事会运行的理念，在阅读模式优化、活动开展方面提出一套适宜推广的策略。第二部分，探讨学校开展未成年人阅读推广定位、活动开展、文化公开课的可行性路向，探究培养未成年人阅读习惯的意义，在"双减"政策下提出从文化教育主管部门、学校、教师、学生、家长、社会组织六个维度开展校园阅读推广活动的方法，推出大学生分校阅读与疗愈阅读书目，为文化与教育界阅读推广活动有机融合提供借鉴。第三部分，围绕新华书店的责任、商品、经营、宣传、品牌、管理，开展转型升级实证研究，建构"破冰、引渠、筑池、建网"有效模式。第四部分，通过对农家书屋现状实地调查研究，归纳出制约因素，提出后续发展对策，并对乡村图书馆、数字乡村图书馆、"农民选借新书、公共财政买单"进行前瞻性研究。

第一部分：提升图书馆阅读推广绩效的策略。探讨阅读推广与图书馆营销的关系，在此基础上，分析成年人、弱势群体阅读推广定位与活动开展的可行性路向和保障机制，探索阅读推广人培育模式，探究建构总分馆、理事会运行的体制机制。包括四个章节，《阅读推广与图书馆营销》《图书馆开展阅读推广的思路：以 A 市为例》《乡村振兴背景下面向弱势群体开展阅读推广的路向》《阅读推广的保障机制：总分馆与理事会》。

第二部分：提升校园阅读水平的探讨。探讨学校开展未成年人阅读推广定位、文化公开课的可行性路向、未成年人阅读习惯培养及"双减"背景下六方合作推广校园阅读的方法，以期助推文化与教育界阅读推广活动有机融合。包括三个章节，《后现代阅读方式下学校提升未成年人导读效能的举措》《关于校园阅读推广的几点建议》《优秀传统文化传承视域下的青少年文化公开课》。

第三部分：阅读推广视域下新华书店转型升级实证研究。围绕新华书店的责任、商品、经营、宣传、品牌、管理等方面，就连锁经营的转型升级问题开展实证研究。包括四个章节，《新华书店连锁经营状况与制约因素》《图书零售市场走势与成长性分析：以 B 书店为例》《西部地区新华书店转型升级的思路》《新华书店转型升级实证研究：以 C 市为例》。

第四部分：破解乡村阅读推广困境的对策。围绕农家书屋升级版——乡村图书馆建设，将实体与网络进行有机地结合，推行"农民选借新书、公共财政买单"服务，从而探索出一条破解农村地区阅读推广的办法。包括四个章节，《调查分析制约农家书屋的因素：以 F 县为例》《保障农家书屋正常运转的建议》《西部地区乡村阅读推广定位的 SWOT 分析》《关于推进农家书屋升级版——乡村图书馆建设的设想》。

五、研究方法、理论基础及可能的创新点

本课题主要的理论基础为定位理念、文化形态的有序演进理论、文化发展的整体发展理论、文化发展的情境主题理论、文化浸染理论及文化自觉、教育自觉理念。选取文化与社会发展的视角，引入布迪厄的社会实践理论三要素——场域、惯习、资本，提出文化场域、文化惯习、文化资本的概念，对阅读推广的社会学原理进行剖析。从营销理论的发展历程（4PS—4CS—4RS），服务对象的基本需求 5W1H（什么人、为什么、何处、何时、使用了什么、如何使用）、STEP 分析法（社会、技术、经济、政治因素），营销组合 7PS（产品、价格、通路、推广、人、过程、实体实现），探究"关联、反应、关系、回报"的营销宣传模式，构建与服务对象互助、互求、互需的关系，将阅读场域打造成为"第三空间"。

本课题结合近年的阅读推广实践、典型案例、工作经历，以实地走访、调查问卷、查阅资料等方式，以文献研究分析、问卷调查研究、个案实证研究、归纳演绎法为基础，开展 SWOT（优势、劣势、机会、威胁）分析，结合社会学、教育学、图书馆学、文化学、产业经济学、信息技术等学科的研究方法，开展多学科的综合研究，具有交叉学科的性质，形成四个创新点。

第一，在市场经济高度发展的现实社会中，针对受众、区域差异，基于分众化的阅读推广理念，在乡村文化振兴的背景下提出统筹城乡的阅读推广人培养方案，打造不同的阅读推广范式与阅读活动品牌。引用布迪厄的社会

实践理论三要素——场域、惯习、资本三者之间的关系，对阅读推广的社会学原理进行了剖析，提出适应社会发展的文化价值、参与者的文化自觉和引导者的文化责任，是阅读推广的三大要素，是阅读活动的推进器和催化剂。探明阅读推广与图书馆营销的关系基础上，选取 A 市图书馆和 J 县、C 县、X 县、Z 县总分馆为例，通过开展调查研究、实证分析，探究基于总分馆和理事会的有效、持久保障机制，以期为公共图书馆、学校、广播电台以及便于开展阅读推广的酒店、蛋糕店、农家乐、菜市场等潜在的阅读场域构建提供必要的支撑和保障。专题探讨了面向成年人和弱势群体读者开展阅读推广的现状、问题、成因与对策，为西部欠发达地区图书馆开展导读服务提供现实选择。

第二，当整个社会经典阅读式微，千万家庭面临孩子碎片化、屏幕化阅读的难题，有必要正本清源，从优秀传统文化中汲取精神养料。立足研究选取的某一市县，放眼整个西部欠发达地区的阅读场域，承接《关于实施中华优秀传统文化传承发展工程的意见》提出的新要求，其应该承担怎样的社会教育职能与作用？带着这样的思考，经过调查研究，进一步探究培养未成年人阅读习惯的意义，提出在"双减"背景下从六个层面开展校园阅读推广的举措，为大学生分校与疗愈阅读推荐书目。以有关学校、图书馆为例，指出西部欠发达地区阅读推广应当探索文化与教育融合机制、研究地域优秀文化进学校进图书馆路径、构建分类阅读与文化传播模式、构筑数字文化信息生态系统，形成文化与教育界阅读推广活动的融合发展点，使公共图书馆和学校阅读推广得以有机融合，有效地发挥综合效应。直面后现代阅读方式的影响，开展实证调查分析，在推荐书目设计、阅读模式优化、活动提升等方面形成一套适宜推广的模式，以传承优秀传统文化为目标，探究开设文化公开课的可行性路向，把中华优秀传统文化成果渗透到阅读推广全过程。

第三，在信息化高速发展的市场经济大潮中，立足选取的实证研究区域，展望西部欠发达地区新华书店面对纸质图书需求低迷、网络书店冲击、数字化阅读竞争、一般图书经营亏损、依赖教材发行艰难生存的境况，加之现有的连锁经营灵活性差，图书及相关产品经营"一口价式"的死板营销，呈现出复制连锁、陷入僵化的局面。如何破局？围绕这一问题，就西部欠发达地区新华书店连锁经营的转型升级，选取两个书店开展市场成长性分析和实证研究，通过 B 书店数据分析，试图解剖一个个"麻雀"，通过 C 市新华书店升级策划，以期豹窥一斑西部欠发达地区新华书店连锁经营状况，寻求转型升级之路。笔者认为，西部欠发达地区新华书店担负着优秀文化传承和阅读推广的使命，建议实施"破冰—引渠—筑池—建网"工程，打造一个个"和而不同"的多功能卖场，通过连锁经营的转型升级实践，实现社会效益、经济效益的"双效统一"，建构新华书店连锁经营转型升级的有效模式，为西部欠发达地区阅读推广提供借鉴或路径选择。

第四，当前农家书屋已经实现行政村建设全覆盖，如何使之可持续发展？这不仅是业界长期讨论的问题，也是在了解掌握西部地区农家书屋发展状况，开展 F 县农家书屋实地调查研究过程中持续思考的问题。就整个西部欠发达地区农家书屋后续的发展而言，可以在农家书屋出版物补充更新常态化、农家书屋数字化、农家书屋管理员报酬机制化的基础上，大胆探索乡村图书馆建设，改善农村地区阅读推广的基础设施条件。提出借鉴农家书屋在甘肃、贵州试点的经验，在乡村振兴、城乡一体化进程中，积极探索乡村图书馆建设试点。

组织形式上，通过总分馆的架构，将市级图书馆、县级图书馆、乡镇综合文化服务中心、农家书屋或村级文化服务中心连成一线，在市级图书馆设立中心馆、县级图书馆设立总馆、乡镇综合文化服务中心设立分馆、在农家书屋设立服务点，形成由市州—县区—乡村图书馆构成的服务体系。

建设模式上，可将实体与网络进行有机结合，在实体层面以图书馆分馆的形式，把宣传、文化、科技、教育资源集合起来，建设好文化阵地。建议通过多种方式推进建设——中央转移支付、分级投入、政府购买服务方式促进发展、支持新乡贤或者社会力量创办，由图书馆的工作团队开展乡村图书馆业务指导，提供人员、资源、业务指导与服务。

具体标准上，规定每个馆的建设经费不低于 230 万元，建成后每年运行经费不低于 10 万元的标准，列入财政预算。"根据《公共图书馆建设标准》规定，服务人口在 3 至 10 万人的乡镇，图书馆建设面积应在 800~2300 平方米"，选址应综合考虑学校、街道、集市、乡镇政府和交通等因素，安排在中心位置，可以规定占地面积 3000 平方米以上，建筑面积不低于 900 平方米，有条件的地方可以建得更大一些，但必须按照统一的规划、标准和图纸，进行基础建设和设备购置。书刊配置上，可以规定分馆图书达到 6 万册以上，期刊达到 40 种以上，报纸达到 30 种以上，由分馆报计划，文化主管部门统一采购、配备。管理人员上，配备一名科级待遇的管理人员，业务人员可以结合"四支一扶"等民生就业实施项目，从大学生中招聘图书馆管理员，帮扶期满后列入事业编制，统一安排到大学图书情报专业的院系进行三至五个月培训，安排到总分馆建设工作先进的发达地区实地学习，然后分配到各馆开展工作，成为各馆的业务骨干。也可以通过公益性岗位，招聘贫困家庭人员就业，开展一些基础性的辅助业务。

在网络建构上，分众化构建数字乡村图书馆，针对老年人和不适宜玩手机的未成年人群体，借鉴广播电视"户户通"的形式，由移动通信技术支持，接入电视端口，受众在家中即可通过遥控器在电视机上点击阅读、听书、观看视频。针对中青年农民这一群体，建构"农村文化云服务平台"，开发手机 App，安装无线服务器，一部手机相当于一个移动图书馆，用户根据喜好下载分享数字资源；或者引进数字文化企业，建构专业的信息化平台，通过为各分馆、服务点配置数字文化设备，将数字阅读服务延伸到乡村，公众在分馆扫描二维码，即可获得海量资源。

在图书更新配送上，基于云平台支撑，开发手机应用平台，结合新华书店基层站点建设，开展"农民选借新书、公共财政买单"和"群众一键选借、邮政定期送达"业务，事先规定适宜农村的经典书目、杜绝复本选借，农民读者需要选购的新书，选准后现场办理借阅手续，所选图书归还至对应乡村图书馆，实行选借新书、手机 App 阅读积分兑换奖励实用物品的模式，对不遵守约定者扣除积分或者给予一定时期的限制选借措施。

在功能发挥及应用推广上，可以整合远程教育、共享工程、电子阅览室、综合文化中心等设备与功能，发挥图书馆的文化传播、社会教育、信息共享等综合功能，在乡村文化振兴的视角下可以在家谱编写、民间文化抢救保护、非物质文化遗产的传承方面发挥应有的作用。可以开设 MOOC 信息素养课、开展信息素养考核，通过平台预约、订单式活动参与、一站式服务、个性化推送等方式，促成与群众需求的无缝对接，提升应用率，从而探索出一条破解农家书屋阅读推广困境的办法。

笔者认为，农家书屋升级版——乡村图书馆、"农民选借新书、公共财政买单"和"农民一键选书、邮政定期送达"业务，是一项创新性的工作，应该充满期待，作为西部经济欠发达地区在其他领域短期内难以实现弯道超车，在乡村图书馆的试点建设上可以借鉴农家书屋试点的经验提前谋划建设，经过探索，推出一条可推广、可复制的乡村图书馆建设之路。乡村图书馆如能和农家书屋在甘肃、贵州试点一样，在西部欠发达地区率先试点建设，进而提升到国家战略的层面来推广，可探索出一条破解农村地区阅读推广困境的办法。

第一部分　提升图书馆阅读推广绩效的策略

中国西部地区，包括甘肃省、青海省、陕西省、四川省、贵州省、云南省、宁夏回族自治区、新疆维吾尔自治区、西藏自治区和重庆市10个省区市，地域比较辽阔，人口没有东部沿海地区密集，是中国经济欠发达、需要加强开发的地区，这一区域的阅读推广做了大量工作，阅读推广活动在延伸、拓展、常态化发展上有了很大提升，但由于起点低、底子薄、经济欠发达、投入不足等多方面因素的影响，阅读推广的发展相对还较为缓慢，活动的组织、管理尚未形成完整的运行体系，活动开展相对保守、不够深入，经费支持、政策保障还有待加强，活动绩效也需要进一步提升。可以说，西部欠发达地区阅读推广发展任重道远又充满机遇。

阅读推广需要全社会的共同努力，图书馆是开展阅读推广的主体之一。各地促进全民阅读的政策中、学术界关于阅读的各类专题研究以及阅读推广的实践中，关于各类读者，比如未成年人、成人、女性、弱势群体等主题词比较火爆，当然针对不同类型的读者群，需要提出不同的阅读推广方案。这一部分，以A市图书馆和J县、C县、X县、Z县总分馆实证分析为例，通过开展调查研究，探究阅读推广与图书馆营销的关系，探讨成人阅读推广的问题、成因与对策；围绕国家政策导向，提出针对弱势群体开展阅读推广的基本思路；就城乡阅读推广人培育的模式和保障机制，提出具体的发展方向；围绕引导社会力量参与阅读推广活动等方面提出对策，推荐分类、分众化地阅读书目，探究构建总分馆、理事会运行的体制机制，以期为西部欠发达地区进一步促进阅读推广提供借鉴。

第一章 阅读推广与图书馆营销

阅读推广是图书馆或其他文化部门开展的以培养公众阅读意愿或阅读能力，促进公众阅读行为的服务。因而，有必要探讨图书馆营销与阅读推广的关系，以营销的理念提升图书馆阅读推广水平。

一、阅读推广的概念

图书馆营销与阅读推广的关系，需要通过名词梳理与理论对比展开。阅读推广有两种较为常见的解释，普遍认为阅读推广是指图书馆或其他文化部门开展的以培养公众阅读意愿或阅读能力，促进公众阅读行为的服务。还有一种说法，认为阅读推广属于阅读的管理和服务，它是政府、社会团体或个人为促进阅读或改善阅读行为而采取的一种干预阅读的措施。

关于图书馆的阅读推广，王波认为，是指"机构和个人开展的旨在培养民众的阅读兴趣、阅读习惯，提高民众的阅读质量、阅读能力、阅读效果的活动"[1]；于良芝、于斌斌认为，主要指"以培养一般阅读习惯或特定阅读兴趣为目标而开展的图书宣传推介或读者活动"[2]；范并思认为，当代图书馆服务中的阅读推广大致包括两类不尽相同的图书馆服务或活动："一是图书馆营销，二是新型图书馆服务"[3]。阅读推广的服务目标，主要是"引导缺乏意愿的人喜欢阅读，训练缺乏阅读能力的人学会阅读，帮助阅读有困难的人跨越阅读的障碍，以优质的阅读服务提升公众阅读的效率"[4]。2010年以后，阅读推广这个当时不为主流图书馆学关注的领域，经过王余光、范并思、徐雁等

---

[1] 王波. 阅读推广、图书馆阅读推广的定义 [J]. 图书馆论坛, 2015, (10).
[2] 于良芝, 于斌斌. 图书馆阅读推广 [J]. 国家图书馆学刊, 2016, (6).
[3] 范并思. 拓展图书馆阅读推广的理论疆域 [J]. 图书情报知识, 2016, (6).
[4] 范并思. 论图书馆阅读推广的理论体系 [J]. 图书馆建设, 2018, (4).

专家学者的开拓引领，已成为我国图书馆学理论研究中最活跃、影响力最大的领域之一。当前，图书馆阅读推广已经成为图书馆主流服务，成为"国际组织和图书馆行业协会评价图书馆服务的主要指标"[1]。

图书馆阅读推广的分类：①荐书类阅读推广（包括新书推荐、优秀读物推荐、阅读疗法等）；②诵读类阅读推广（包括讲故事、集体诵读等）；③交互类阅读推广（读书会、作者见面会等）；④比赛类阅读推广（如知识竞赛、作文比赛、猜谜等）；⑤手工制作类阅读推广（如剪纸、种养活动、烹饪等）；⑥表演类阅读推广（如绘本剧、诗朗诵等）；⑦讲座与展览类阅读推广；⑧其他类型的阅读推广（如真人图书馆、图书漂流等）[2]。

公共图书馆主要通过提供资源、空间和服务，举办人文讲座、学术报告、座谈培训、特色展览、真人图书馆、沙龙，推出一系列创新品牌服务，如图书流动车服务、城市学习中心、读书节、市民学堂等打造阅读推广品牌。

二、阅读推广需要注重的三个维度

为了从不同维度更好地理解阅读推广的属性，有必要从文化与社会发展的视角，选择相关理论作为研究的基础，譬如，文化形态的有序演进理论、文化发展的整体发展理论、文化发展的情境主题理论、文化浸染理论，在这些理论基础上延伸出的文化自觉、教育自觉理念，在阅读推广过程中至关重要。笔者选取文化与社会发展的视角，引入布迪厄的社会实践理论三要素——场域、惯习、资本，提出文化场域、文化惯习、文化资本的概念，对阅读推广的社会学原理进行剖析。笔者认为，阅读推广应当构建独特的文化场域，应当重视读者的文化自觉，应当重视文化资本的转化，适应社会发展的文化价值、参与者的文化自觉和引导者的文化责任，是阅读推广的三大要素，是阅读活动的推进器和催化剂。

（一）阅读推广的第一重维度：文化场域

法国社会学家布迪厄，在社会实践理论中认为场域"是一个相对独立的

---

[1] 范并思. 拓展图书馆阅读推广的理论疆域 [J]. 图书情报知识, 2016, (6).
[2] 范并思. 论图书馆阅读推广的理论体系 [J]. 图书馆建设, 2018, (4).

社会空间、是一个客观关系构成的系统"①,"场域中相互面对的各种特殊力量之间有距离、鸿沟和不对称关系"②。韩笑认为,"场域是由客观关系构成的系统"③。也就是说,场域就是一个个场所,一个个空间。譬如,读者进入公共图书馆或书店,会感受到图书馆、书店这种特定空间的文化氛围,吸引其静下心来阅读。

从社会系统来看,阅读推广需要有适宜社会发展的文化价值。阅读推广需要注重阅读场域在社会场域的位置。阅读推广需要构建一个独特的文化场所,这一场所需要具有符合阅读推广的文化价值和文化氛围,这种独特的文化氛围要能促进阅读活动的开展。因此,阅读推广的开展,需要构建独特的文化场域,这种阅读场域的存在,也需要特定文化价值的存在。

(二) 阅读推广的第二重维度:文化惯习

布迪厄认为,惯习是"性情系统、心智结构"④,需要有存在的地方,与社会发展、体制机制和个体自身都有关系。人类的文明史,就是通过文献的生产、传播链条而成的。人类随着社会经验的不断积累,影响不断强化的同时,也极大地促使了文化不断发展而演进,而文化通过书本传承,被一代又一代人接受理解、总结和发展后,又反作用于社会经验的积累和强化。作为文化传播与交流的一种重要方式,阅读就是这样的一种社会惯习。在阅读推广领域,最终结果是,通过文化惯习的力量,使不同的读者群体自觉接受并团结在某一种文化之下,认可并强化延续这种准则。因此,文化惯习是读者的一种实践观念。

从阅读推广行为的表面来看,阅读推广活动本身是由文化个体向文化群体演化的过程。而从内部来说,阅读推广活动的发展,必须取决于活动参与者——不同读者群体对待文化阅读的态度,也就是说,阅读推广重在培育文化自觉度,阅读推广的实现程度取决于读者的文化自觉。

---

① 倪代川,季颖斐. 布迪厄场域理论视域下的大学图书馆场域探析 [J]. 图书馆工作与研究, 2013, (7): 17-20.
② 龙欢. "黑彩"场域的逻辑 [D]. 厦门大学硕士学位论文, 2007, (7).
③ 韩笑. "场域"理论视域下小学语文口语交际教学的实践研究 [D]. 长春师范大学硕士学位论文, 2014, (1).
④ 郎玉林,徐锐,栾荣. 基于文化社会学的全民阅读发展研究 [J]. 图书馆建设, 2016, (10): 5-5.

阅读推广需要重视惯习理论特质。布迪厄认为，惯习是一种生成性结构，而不是宿命。阅读推广要发挥引导者、参与者的能动性。譬如，公共图书馆开展的阅读推广活动，需要与不同的时间点、重大主题相配合、相衔接，需要通过图书推荐、专题培训、主题活动等形式，培育读者的良好阅读习惯，也需要通过对家长的培训、指导，提升家庭阅读指导成效，形成学校、家庭与公共图书馆的良性互动。通过惯习的研讨，进而注重培育读者的文化自觉，具有至关重要的作用。也就是说，阅读推广应当重视读者的文化惯习，需要注重读者对待文化的一种意识、一种理念、一种觉悟的形成，也称为文化自觉。

（三）阅读推广的第三重维度：文化资本

在布迪厄看来，资本是积累的劳动，更是建构的方法，从形式上来划分，有经济、社会、文化三个类别。经济基础决定社会地位，经济资本与社会地位密切相关。社会资本是主体在组织中的位置，在体制化的网络中，体现为关系网。文化资本可以理解为主体拥有的文化优势，在具备一定条件的基础上，有可能向经济资本转化，也就是常说的功利性文化，市场经济视角下的品牌文化、文化品牌。

纵观世界各国，阅读推广活动都是在政府主导之下开展的，可以说，政府就是基于社会正义层面的文化规划者，是经济、文化、社会资本的握有者，是"人格、互动、社会"[1] 框架的组织者。政府主办的教育机构、公共图书馆、少儿图书馆和新华书店、农家书屋等阅读场域，则是阅读推广活动的主要执行者。因此，阅读推广的基础，不能脱离主体责任意识。阅读推广应当重视文化资本的转化，文化资本是文化发展的主要内容，而其握有者又能够通过经济资本与文化资本的互相转换，从而主导阅读推广活动的方向。阅读推广的意义在于参与主体的文化责任，资本持有方对阅读活动基于社会正义方面的发展定位及方向把控。公共图书馆需要以读者为核心，关注不同读者群体的阅读需求，开展必要的引导、指导，发挥公共文化机构的社会教育职能作用，这是对读者的一种文化责任，也是对文化发展的一种责任。

---

[1] （美）欧文·戈夫曼. 日常生活中的自我呈现［M］. 冯钢译，译. 北京：北京大学出版社，2020，（11）：206.

综上所述，阅读推广活动是一项群体性社会文化的实践方式，它的核心要素就是文化自觉、文化责任和文化价值，阅读推广活动和这三个要素一样，处于一个动态的空间内，这三个要素也是开展阅读推广活动的推进器和催化剂，对阅读推广活动的长效发展，能起到积极推动作用。阅读推广的实现程度，取决于参与主体的文化自觉，也就是群体对阅读行为自愿接受和认可的程度。从社会文化角度分析，阅读推广要有适宜社会发展的文化价值，阅读场域的文化价值也需要不断强化。目前，先进、发达地区与后进、欠发达地区的文化冲突、矛盾依然严峻，导致在文化自觉程度上出现很大的不同。因此，对于西部欠发达地区而言，需要提升政府相关部门等资本持有者的责任意识，形成公共图书馆等阅读场所良好的文化价值和氛围，进而培育不同读者群体阅读经典的文化自觉，为公共图书馆开展阅读推广活动，创造良好的条件。

三、图书馆营销

（一）营销理论的发展

菲利普·科特勒认为，营销是个人和群体通过创造并同他人交换产品和价值，以满足需求和欲望的一种社会和管理过程。营销理论的发展历史可以概括为三个阶段：

第一阶段 4PS：产品（Product）、价格（Price）、位置（Place）、提升（Promotion）。产品与价格很好理解，位置与提升指为使产品送到目标顾客手中、宣传产品优点和说服目标顾客购买所采取的各种活动。

第二阶段 4CS：顾客（Customer）、成本（Cost）、便利（Convenience）、沟通（Communication）。同顾客进行积极有效的双向沟通，建立基于共同利益的新型关系。不再是单向的促销和劝导顾客，而是在双方的沟通中找到能同时实现各自目标的途径。

第三阶段 4RS：关联（Relevancy）、反映（Respond）、关系（Relation）、回报（Return）。美国的一位大学教授舒尔茨提出了4Rs营销新理论，阐述了一个全新的营销四要素。

1. 关联：与顾客建立关联，形成一种互助、互求、互需的关系。
2. 反映：站在顾客的角度及时地倾听希望、渴望和需求，及时答复，提升市场反应速度，满足顾客的需求。

3. 关系：关系营销越来越重要，沟通是建立关系的重要手段，与顾客建立长期而稳固的关系，从交易变成责任，从顾客变成用户，从管理营销组合变成管理和顾客的互动关系。从经典的 ADA 模型"注意—兴趣—渴望—行动"来看，基本上可完成前三个步骤，而且平均每次和顾客接触的花费很低。

4. 回报：回报是营销的源泉，更是营销的落脚点。

（二）图书馆营销

图书馆营销是一种新的图书馆服务，在我国又称图书馆宣传推广，目的是让公众知晓图书馆。图书馆营销与读者阅读没有直接联系，或者说图书馆宣传不能直接促成公众形成阅读意愿或提升阅读能力，但图书馆营销让公众知道图书馆是什么、图书馆在哪儿、图书馆做什么，因而它对公众利用图书馆进行阅读具有促进作用。

图书馆营销目前还没有一个准确界定的概念，主要观点如下。

1. 美国图书馆协会（ALA）1983 年出版的"图书情报学词汇表"中，将图书馆营销定义为图书馆和信息服务的提供者针对服务的实际用户和潜在用户而进行的一系列有目的的活动，其范围涉及提供的产品、服务成本、服务方式和服务推广的技巧。

2. 图书馆营销是指以读者为中心的管理哲学，图书馆根据实际读者与潜在读者之需求及行为，拟定可执行的行销决策，使图书馆的各项产品及服务能满足读者的需求，同时也达成图书馆保存资讯及传播资讯的任务[①]。

3. 图书馆营销借用企业营销观念，确立"绝对顾客导向"之经营原则与政策，密切配合读者的需求与期望，善用营销企划与实务技巧发展馆藏、办理活动以型塑图书馆成为知识与信息传播者的形象，建立图书馆与读者间良好关系，发挥图书馆服务读者的功能[②]。图书馆营销应该是研究引导和促进图书馆资源和图书馆服务，从图书馆到用户所进行的一切组织活动[③]。

4. 图书馆信息服务营销应是对其信息产品和服务进行分析、调研、计

[①] 林彦君. 行销概念运用于公共图书馆之探讨. 台湾大学图书资讯学系暨研究所硕士论文，1992.
[②] 图书馆行销［EB/OL］. htp：//wwwlib. Tshilc. eduw wwwlib/dm/staff carlos /sell. htm.
[③] 柯平，李琼. 大学图书馆数字资源营销策略研究——以南开大学图书馆为例［J］. 晋图学刊，2007.

划、组织、促销、分销，实现与用户的价值交换，满足用户信息需要的一系列过程[①]。

5. 2010年的《IFLA 公共图书馆服务指南》出版，公共图书馆营销内容独立成为第 7 章，进一步强化了公共图书馆营销的理念[②]。图书馆营销不仅要考虑组织自身的因素，而且要考虑组织与环境的关系与互动。具体包括营销观念、调查与预测、环境分析、市场细分与选择目标市场、营销策略（如 4PS）的选用、营销战略的选择等。图书馆营销应该以读者为中心，在审视环境基础上，根据读者需求，拟定营销计划，综合运用营销策略，从而与读者交换图书馆的各项产品及服务，同时也实现图书馆目标。

（三）图书馆营销的作用

通过引入营销思想和理念，可以让公众更全面地了解图书馆的建设、服务、发展和运营情况，以使读者与图书馆建构良好的理解、支持与合作的关系，在图书馆建设和运营中，使读者成为图书馆重要的参与者和支持者。概而言之，就是为了更多地使用、更好地决策、建立更好的伙伴关系、维持中心地位、获得更多的资金、立法者更好地理解与支持。

图书馆通过导入营销策划、推广和宣传，能够建构与读者之间良好的沟通桥梁和纽带，使读者正确和深入认知图书馆的服务目标和服务宗旨，获得读者更多的认同，也能获得政府部门、企业及其他组织的多方面支持，树立图书馆良好形象，获取可持续发展。

图书馆营销的根本价值在于满足读者需求。一方面，可以增强图书馆运营的展示和推广；另一方面，能倾听消费者对图书馆建设和运营提出的意见和建议，有效识别和预测读者的需求规模和结构，通过市场细分确定图书馆的目标读者群，并结合目标读者群开发和设计符合读者需求的信息产品、服务和项目，以满足读者的需求。

夏皮罗在 1973 年主张将营销理论中的营销组合（4Ps）、目标市场、市场细分等，应用到非营利组织的经营。他强调所谓"价格"不一定限于"金钱"的层面，非营利组织所追求的"获利"，可以是时间、劳力、爱心、尊重

[①] 昆雄. 基于信息营销的图书馆业务流程重组研究 [J]. 中国图书馆学报. 2004.
[②] 范并思. 阅读推广的服务自觉 [J]. 图书与情报. 2016,（6）.

及友谊之类非金钱的回馈。此外，也特别指出非营利组织不但要满足服务对象的需求，赞助者也是很重要的顾客，也需要重视他们的需求。

（四）图书馆营销在阅读推广中的应用

图书馆营销理论的应用，主要表现为公共关系协调、品牌运营管理、渠道推广营销、阅读推广活动评估。图书馆可以利用大众传播媒介、图书馆自身媒介和活动媒介协调公共关系。传统的大众传播媒介包括报纸、杂志、电视、广播，网络成为新兴大众传播媒体。图书馆自身的媒介可以有馆刊与馆讯、信函、专书介绍或小册子简介、公关执行小组、编制多媒体图书馆出版物、图书馆网站、微博、微信公众号、视频号、抖音、快手、B站等等。

品牌营销是市场营销的重要组成部分，认清品牌价值是做好品牌管理工作的前提，图书馆品牌是无形的价值（文化、属性、价值、广告等）。图书馆品牌营销依据特定流程展开，一般可简单分为三个部分：策划、宣传、维护。可以发布通知公告，开展频繁宣传。譬如，东莞图书馆的品牌营销产品有：阅读联盟、易读、书友会、读书会、如何成为工作的主人——《深度工作》主题拆书分享会。图书馆品牌营销与阅读推广活动还必须开展评估，主要分为内容评价与过程评价。内容评价主要包括产品、价格、推广、场合渠道。成功的阅读推广服务过程评价应遵循四个流程：用户调研、制定方案、方案执行、活动反馈。

四、图书馆营销的案例

（一）国际图联重视图书馆营销工作

1997年国际图联（IFLA）营销与管理部成立，由来自世界各地的从事图书馆营销与管理具体实践以及从事相关培训的图书馆员、教学人员组成，其宗旨诠释图书馆营销、为教学提供指南、为专业人员的发展以及使营销图书馆理念在全球范围内得到更广泛的接受作出努力。该部门成立以后，举办了年会、组织培训、创办出版物、业务通信等。为了更好组织与推动世界范围内的图书馆与信息服务，国际图联在2001年设立国际图联3M国际奖。

20世纪末国际图联开始关注营销问题。1998年国际图联成立"管理与营销委员会"，2001年将"营销"一词写入《公共图书馆服务国际图联/教科文组织发展指南》，即该书第六章"公共图书馆管理与营销"。2010年修订指南时"公共图书馆营销"独立成章。明确指出："营销不仅仅是广告、销售、推销或推广。营销是一种经过实践检验的、实实在在的系统方法，它依赖于根据客户的需求和期望来设计服务或产品，并以客户满意为目标。"

2018年OCLC发布美国公共图书馆营销研究报告，系统揭示美国公共图书馆营销现状，报告指出96%的图书馆使用社交媒体进行营销，40%的图书馆制定沟通策略，25%的图书馆拥有市场营销专业员工。美国图书馆协会（American Library Association，简称ALA）在图书馆营销方面起到重要的推动作用，在2001波士顿国际图联（IFLA）年会上发起了名为"@ your Library Advocates Campaign"运动，此倡议得到IFLA及15个国家图书馆协会的响应。ALA在2015年发起了一项新的公共图书馆运动，即"图书馆转型"。该项目试图把"图书馆没什么用或者有个图书馆倒也不错"观念转变为"图书馆是必需的"，并且把"图书馆只是一个安静的用于研究、查找图书阅读的地方"这种观念转变为"图书馆是社区的中心：在图书馆员和他们所提供资源帮助下进行学习、创造与分享的地方"。"图书馆转型"宣传活动目的是增加公众对于图书馆的价值、影响和专业人员所提供服务的认知。

（二）国内图书馆营销的经典案例

1. 武汉大学图书馆的微天堂真人图书馆：微天堂真人图书馆是由武汉大学图书馆与学生社团阅微社合作主办的项目。本着"每个人的经历都是一本书"的理念，努力寻找各种有趣和有着特殊经验的人，并以采访、编写分类、制作海报、在图书馆微信公众号和主页发布等方式呈现，将值得阅读的"书籍"推荐给读者，基本宗旨是："每个人都是一本书"，有值得读的故事。

2. "千家万户"阅暖工程——佛山邻里图书馆项目：2020年国际图联新闻阅读器国际营销奖获胜者揭晓，广东佛山市图书馆摘得桂冠。讲好佛图故事，展示佛山文化风采，佛山市图书馆一直致力于扩大在国际业界的影响力，"千家万户"阅暖工程——邻里图书馆项目成为中国首个发布于国际图联"世界图书馆地图"可持续发展目标故事平台的项目，与世界各地的图书馆共享了优秀的服务案例。邻里图书馆项目是佛山市图书馆于2018年推出的全新阅读推广项目，自上线起便广受关注。目前，已有529个家庭加入邻里图书馆大家庭，从图书馆借书4万册，转借图书1万多册，开展活动200余场，服务读者近万人。

佛山市图书馆通过制定参与激励政策、家庭遴选规则、科学管理制度、绩效考评机制等措施，鼓励家庭将藏书纳入公共图书馆的资源供给中，参与公共图书馆服务。在公共图书馆藏书和自有藏书的基础上，这些家庭将具备为邻里提供阅读服务的能力，成为"邻里图书馆"的一员。"邻里图书馆"项目在推广家庭阅读、促进知识交流、推动社区融合的同时，还能为公共图书馆服务供给主体多元化和服务体系发展路径提供新的探索。

条件：①仅限于个人家庭申请；②需提前一年开通"二代身份证"借阅功能或办理"一卡通"证，且借阅记录超过 3 次；③借阅记录良好，借阅证当前无欠费；④有固定的居住场所，室内阅读环境清洁卫生，需提供 2 张家庭阅读环境照片；⑤愿意对邻居、亲人、朋友服务，有爱心。

权利：①总借阅 200 本书，还书期限为 365 天的借阅权限；②自主命名自家邻里图书馆的权利；③可以自行决定服务对象的权利，服务对象包括但不限于邻里、亲人、朋友等；④获得邻里图书馆官方授牌；⑤享受馆舍资源服务的权利，如玩具馆专场活动、小型阅读活动进驻等。

义务：①加盟至少 1 年；②每年为不少于 10 个家庭提供借阅服务；③每年组织阅读分享活动不少于 3 场；④图书转借总量需达到 30 册次。

3. 其他经典案例：苏州图书馆智慧图书馆、早教项目世界知名，东莞的图书馆城项目，嘉兴"三三三"阅读推广人培育项目，温州的城市书房，深圳的南书房，河南的乡村图书馆，杭州的"一键送达"及主题图书馆、内蒙古的"彩云服务"，西固的图书小站，多个图书馆的知识超市，等等。

五、图书馆营销分析方法

营销规划过程中，最重要的是评估图书馆所处环境的机会与风险。SWOT 和 STEP 两种分析方法和营销组合 7PS，可以帮助我们厘清图书馆和信息服务的市场定位，明确图书馆营销的流程。

（一）SWOT 分析法

SWOT 是竞争优势分析，是由四个英文单词的首字母组成的：S 是 Strength（优势）、W 是 Weakness（劣势）、O 是 Opportunities（机会）、T 是 Threats（威胁）。竞争优势分析是先从图书馆的内部分析开始，找出图书馆所提供服务的优势和劣势，再找出可能的机会和威胁。优势和劣势指的是图书馆所处的内部环境分析的内容，而机会和威胁则是外部环境分析的内容。

（二）STEP 分析法

可以用 STEP 分析来帮助系统分析环境，S 是 Social，社会因素，包括人口变迁，如年龄结构的改变、家庭组成变化等；教育程度的普遍提高，以及社会风气与社会习惯的改变。T 是技术，如 Internet、图书馆自动化、信息媒体的多样化与普及化程度等。E 是经济因素，包括对个人和对图书馆的影响因素。P 是政治因素，包括法律方面，如版权和知识产权，以及一般的政治思潮。

借助 SWOT 和 STEP 分析，可以明确图书馆的优势和劣势、机会和威胁；可以重新评估图书馆的使命及目标是否实际可行，是否需要修正。

在开展分析的基础上，还需要了解竞争对手。与图书馆提供类似服务的组织当然就是竞争对手。只要是与图书馆争夺读者时间的，就是图书馆的竞争对手。

（三）营销组合：7PS

1. Produce（产品）
2. Price（价格）
3. Place（通路）
4. Promotion（推广）
5. People（人）
6. Process（过程）
7. Physical presentation（实体实现）

真正具有营销观念的组织会将消费者深植在每一个员工心中。基于这一理念，图书馆的一切政策、程序、产品和服务都要围绕读者这一中心开展。7PS 的营销并不难，应当在实施中改变传统图书馆的组织系统导向（以组织为中心，读者必须适应图书馆的各种安排，如分编系统的设立，书库布局以及馆藏的发展），需要改变以下常规观念与传统意识。

①认为提供的服务是人人所需要的；②如果服务未被使用，就责备读者无知或不重视读者研究；③认为营销就是促销；④认为图书馆没有真正的竞争对手；⑤图书馆的服务不是建立在读者的特定需要基础上，而是建立在专

业人员主观认定的读者需求上；⑥认为信息的价值不言自明，读者不来是他们的问题，不是图书馆提供的资源与服务不好，也不是因包装、成本等不合读者所需等原因；⑦认为评判一个图书馆的标准就是馆藏丰不丰富，而不是方不方便使用，投入大量的人力物力在采访编目上，很少努力编制方便读者利用的专题书目与导读书目，很少进行读者分析与研究，很少指导读者使用资源，从读者角度出发不够，提供可有可无的服务。

在营销策略的实施过程中，需要建立图书馆的目标与使命，构建以读者为中心的服务导向，动用专业方法分析现状，制定营销目标，开展需求调查，重视读者研究。一般来说，开展读者研究基本的问题可以概括为 5W1H：①Who——什么人使用图书馆；②Why——为什么使用图书馆；③Where——在何处使用图书馆；④When——在何时使用图书馆；⑤What——使用图书馆的什么信息；⑥How——如何使用图书馆。在需求调查上，可以采用问卷、访谈、观察、文献分析、小组约谈等方式开展。研究表明，最有帮助的是各种手册/传单，其次是图书指示性或导引性的标识，以及咨询服务台的馆员。

六、图书馆营销组合

图书馆的营销应当以读者细分为基础，公共资源有限，必须用在最有回报的地方。首先必须找出最肥沃的土地来播种，要找出最肥沃的那块土地，就必须将可利用的土地分等级，这就是细分的观念，每一个细分群体，是一群具有共同需求或相同喜好的公众。区分越细，图书馆越能针对性地满足该区间群体的需求。以信息素养课程为例，图书馆应将乡村未成年人作为重要的目标群体之一。原因是当前乡村读者的信息素养非常欠缺，严重制约阅读推广的发展。图书馆的营销可以从内部、外部与互动三个方面开展分析。

（一）图书馆内部营销

图书馆的内部营销是将图书馆员工视为内部顾客，期望通过如外部营销中针对读者所设计的营销策略与活动，创造内部馆员的满意，进而建立馆员的读者服务意识，实现外部读者的满意。另一种表述是：内部营销就是馆方将营销技巧运用在全体馆员身上，重视与肯定其在组织中存在的价值与重要性，并将馆方所设计规划的内部产品，营销给内部顾客，通过员工满意度，实现及提高读者满意度。内部产品所包含的范围有图书馆服务理念、组织文化、工作设计、使命与目标等。

1. **全面细致的重视与关怀。**可以开展培训课程（继续教育）、读书会、业务学习与讨论、专家讲座、参观学习等，让员工在学习成长中体会到单位的重视与关怀。

2. **按需所设的工作设计。**了解员工本身的需求与期望，以便在设计工作内容与人员安排上能人才相适。调整工作内容以满足员工需求的策略，使每一位员工都能胜任自己的工作，并能在岗位上发挥所能。

3. **安全有效畅通的沟通渠道。**沟通渠道的畅通，有助于强化向心力与认同感，重要的是实现双向交流，安全无虑，下情上传，并能得到适当回应。可以采取的方式有征求意见、问卷调查、电子邮件、访问等。

4. **公平公正的激励制度。**构建以具有高度事业心的工作态度、娴熟的业务技能、丰厚的工作业绩作为优秀与否的评价标准，形成较为合理的评价体系。

5. **建构使命目标体系。**公共图书馆的十二项重要使命：①建立和加强儿童的阅读习惯；②支援各阶段的正式教育和自我教育；③提供个人发展的机会；④鼓励儿童和成人的想象力和创造力；⑤推广对于文化遗产的认识，以及对艺术、科学成就和创新的欣赏；⑥提供各种表演艺术的文化表现；⑦培养文化对话和对多元文化的支持；⑧支持口语的传统；⑨确保市民可以取得社区的各类信息；⑩为地方企业、社团组织提供适当的服务；⑪促进信息与电脑素养的发展；⑫支持和参与各年龄层基本能力提升的活动与计划。

（二）图书馆外部与互动营销

外部营销涵盖了图书馆与读者间的所有沟通，包括信息传递的渠道、馆员的服务态度、图书馆的推广活动、广告、馆长的讲演、网站传递的信息、新媒体回复、图书馆实体设备、服务人员等。外部营销是图书馆为建立读者期望所做的努力，是图书馆对读者所做的服务承诺。图书馆成功的营销活动，一般会以互动的方式开展，也称为互动营销，以实现对读者的服务承诺，满足读者需求。

（三）图书馆营销的组合

图书馆的营销要取得成功，必须将内部营销、外部营销、互动营销相结合，三管齐下，少了金三角的任何一边都不行。成功的图书馆营销从了解读者开始,然后根据读者需求,向读者许下服务承诺;建立愿景共识,使全馆每个人都愿意实现服务承诺;再通过与读者的互动服务过程,实现服务承诺。图书馆的营销可以采取产品策略、定价策略、通路策略、促销策略,形成营销活动的整体组合,提供有形的产品与无形的产品。图书馆所提供的产品包括有形的人、物及无形的观念、构想,有形的产品如馆藏书刊、各种数据库等,无形产品如服务、咨询等。

图书馆的营销要特别注意读者所花费的成本问题,包括实际成本、机会成本与心理成本。①实际成本:主要指读者所花费时间、金钱与精力。假如提供的产品有许多不方便使用之处,所花的实际成本更多。②机会成本:指参加图书馆相关活动时,使用者必须牺牲其认为有价值的其他活动。读者参加图书馆的推广活动时常会考虑机会成本问题。③心理成本:包括读者的自尊、隐私、恐惧感等感受。读者在使用参考咨询服务、参加阅读推广活动时,这种成本较高。减少实际成本,图书馆可以采取预约、网上续借、馆际互借、文献传递、编制导航、读者手册、宣传单、汽车图书馆等服务。减少机会成本,图书馆举办阅读推广活动时要针对目标受众,强调服务产品或活动对读者有哪些具体的帮助,设计出可供选择的不同时段。这样一来,读者虽然会考虑机会成本,但仍有可能选择参加图书馆的活动。比如,图书馆的用户教育,考虑对读者的帮助。降低读者的心理成本,可以选用专业素质高、服务态度好、具有亲和力的员工承担参考咨询台工作、开展阅读推广任务、不公开读者在意的隐私等方式,从而降低读者心理成本,鼓励读者利用此项服务、参加相关活动。

图书馆是非营利机构,应当鼓励服务项目坚持"使用最大化"的原则上免费开放、提供服务。无法免费的,各种收费项目(复印、打印等)应根据顾客的意愿与能力,细分市场进而实现最低收费。以文献传递为例,可以根据不同的服务方式(传真、电子邮件、一般邮寄),或不同的对象制定不同的收费标准。

图书馆在营销过程中,可以运用 4P 营销组合:产品策略(Product)、定价策略(Price)、通路策略(Place)、促销策略(Promotion)。产品、定价策略容易理解,重点需要在通路和促销策略上做文章。

通路是获得产品或服务的地方,将图书馆服务产品,通过适当的途径传递给读者，如图书借阅、馆际互借、影印服务等。可以分为实体通路、电子通路、电话通路。通路策略在使产品从生产者手中传递到使用者手上起到关键作用。传统上，通路指图书馆的实体建筑，读者可以在其中找到所需的图书资料。现在，除了实体建筑外，通路的概念延伸到电话线路和电脑网络可以到达的任何地方。实体通路要考虑总馆、分馆与服务点的地点与数量及其资源分配问题，另外要考虑馆内布局，还要重点考虑在各通路中资料的陈列方式及服务方式与内容的设置。电子通路的考量中，图书馆网站作为图书馆与顾客沟通的桥梁之一，设计网站时，要以通路简单、结构清晰、易于理解、交互性强、动态性强等为原则。虽然互联网的更新换代仍在持续之中，但电话通路还不能忽略，通过电话、短信请馆员代查书目、代查预约资料的服务仍然要坚持开展。除此之外，还有更具体的方式，譬如东莞用16年时间，配备图书流通车102个，遍布32个乡镇，形成了一种新的通路策略。

所谓促销，指组织为宣传其产品的优点，并说服目标顾客购买而执行的各种活动。促销组合包含4种主要的工具：广告、销售促进、公共关系、人员推销。在形式上，可以运用海报、电子广告栏、刊物、广播、接受访问、发布新闻、投稿等传播媒体，传递服务信息，争取读者市场，还可以通过印发小册子、出版刊物及举办展览、演讲、研讨会等各种活动以带动读者参与。对于馆员而言，在借阅、参考咨询、文献传递等服务过程中，应以专业技能与知识，亲切地为读者提供服务，争取读者的认同、信赖，满足读者需求。

七、图书馆公共关系

公共关系是指使公众对组织产生好感，建立并维持信赖感的系列活动。图书馆公共关系是图书馆运用传播手段使自己与公众相互了解、相互协调的一种行为。具体来说，图书馆公共关系是图书馆通过有目的、有计划的行动，了解公众对图书馆的态度和要求，促进相互间的了解与合作，对内不断加强团结、对外不断扩大图书馆的影响力，树立图书馆的良好形象，争取社会的支持与协助，可以为图书馆的生存与发展创造有利条件。

（一）公共关系的三大构成要素

1. 社会组织——开展公共关系的主体。社会组织是构成宏观大社会的特定集合，这种集合的特定性包括其有计划、有领导、成员间有明确分工和职责范围，有一套运行制度等。公共关系必须围绕着社会组织的总体目标，以制订自身的特定目标。

2. 传播——公共关系的手段。人与人、人群与人群通过传播形成关系。公共关系作为关系的一种，自然也是通过传播来传递信息、协调公众行为、塑造良好的组织形象。

3. 公众——公共关系的客体。公共关系的客体是公众，不同的社会组织有不同的公众。

（二）图书馆形象

组织形象是公共关系的理论基石。就图书馆而言，图书馆形象是读者对于图书馆的总体评价，是图书馆的表现与特征在读者心目中的反映。由总体特征与风格，认知度、美誉度与和谐度，形象定位三个方面构成。

1. 图书馆的总体特征与风格。塑造社会组织美好形象，争取相关公众的支持、理解与合作，是图书馆最为显著的、能代表整体情况的一些特点，是读者对图书馆及其行为的概括性认识，包括两个方面。一方面，指内在的总体特征和风格（构成组织形象的"软件"），构成软件的条件有：精神风格（实事求是、精诚合作）、凝聚力（共同的价值观，归属感）、实力（资金、技术、人才的实力等）、办事效率、服务对象的选择和风格的选择。另一方面，指外在总体特征和风格（"硬件"），构成硬件的条件有：组织建筑的布局、房屋的装饰、技术设备状况、卫生及环境保护、员工的仪表、着装、办公用品设施中独特的色彩与标志，特有的包装装潢。内在特征风格是外在特征风格的支柱与根据，它决定了外在特征的取向。外在特征风格是内在特征风格的直接表现，易形成第一印象。在塑造图书馆形象时，两者不可偏废。

2. 图书馆的认知度、美誉度与和谐度。认知度是一个图书馆被读者所认识、知晓的程度，包括被认识的深度与被知晓的广度。美誉度是一个图书馆获得读者赞誉的程度，是图书馆形象受读者美丑、好坏评价的舆论倾向性指标。认知度是中性的，而美誉度是褒贬倾向性统计指标。和谐度是一个图书馆在发展运行过程中，获得读者态度认可、情感亲和、言语宣传、行为合作的程度，是图书馆从读者出发，维护公共关系获得回报的指标。

3. 图书馆形象定位。是图书馆在读者心目中确定自身形象的特定位置，是图书馆与同类相比较而确定的。因而图书馆形象定位要根据自身特点、同类图书馆的情况和读者的情况三个要素来考量。

（三）公共关系对图书馆的功能

公共关系对图书馆的功能主要包括：协助图书馆塑造良好的组织形象；通过塑造形象，建立信誉，协助营销工作；推动相关法案的通过，协助与公众的良好沟通，推动公益性服务，紧急危机的应对与处理，调节内外环境的机制。

1. 内部关系。良好的公共关系应从内部做起，图书馆的目标要想获得外界的支持合作，首先要获得馆内的理解和支持。图书馆工作本身是一个大系统，是由许多相关的子系统组成的，他们之间也需要相互合作与协调。主要是领导与工作人员、工作人员与工作人员、部门与部门之间的沟通，避免摩擦和误解，以达到上下左右通力合作。必须充分注意人的价值和人的需求，重视内部人员对图书馆的凝聚力和归属感，重视内部沟通工作。沟通应从两方面入手：一方面让职工了解物质利益方面的信息，另一方面让职工了解满足其精神需要方面的信息，为工作人员提供一个健康、融洽、充满温暖和友谊的环境，使工作人员强烈体验到在集体中的安全感、满足感、幸福感和责任感。同时，还需要为工作人员提供最佳人事环境，激发工作人员工作潜力和劳动积极性，根据职工各自特点，扬其长而避其短，充分让各自的能量得以发挥，这样个人之长就能形成整体合力。

2. 外部关系。是指与图书馆发展有利害关系的，除内部外的全部组织与公众。它包括：服务对象、政府部门、企业、新闻媒介、社区组织、新华书店、出版社、邮局、协作者、竞争者、银行税务部门等众多关系。①服务对象：与服务对象的关系是图书馆最重要、最常见的一种关系。运用公共关系满足服务对象的需求使图书馆与服务对象处于一种和谐关系之中。②政府部门：是国家权力的执行机关，是对社会进行统一管理的机构、图书馆应当服从政府对社会的统一管理。政府部门对图书馆所产生的影响主要是颁布政策、法律、规定、拨给经费。图书馆只有引起政府领导的重视，才会得到更大的支持。③企业：既是图书馆的服务对象，又是图书馆争取其资金赞助的主要目标。④新闻媒介：包括一切大众传播手段。利用新闻媒介可以传播自己的意向，促进社会对图书馆的了解，是图书馆事业生存与发展中不可缺少的宣传工具。⑤社区：是人们共同活动的一定区域。周围相邻的工厂机关、学校等等，这些单位虽与图书馆不一定发生直接的经济、业务往来，却是图书馆外部环境的重要组成部分，对图书馆生存与发展有着重大影响。⑥书店、出版社、邮局：这些都是图书馆的物质支持部门。如果关系不好，会影响图书馆工作，反之，会促进图书馆工作，为图书馆发展创造更好的社会条件。⑦协作者：对图书馆事业发展支持合作、协同的组织或个人。⑧竞争者：指与图书馆有相同功能的其他信息组织和其他社会公益事业团体。⑨银行税务部门：图书馆与财务税收部门的管理关系。

八、图书馆品牌营销

如果一个图书馆能够通过自己的某种独特性，或一定的信息产品，或某一特色服务，在同行业中形成一种差别优势，那么这种优势就是图书馆品牌。品牌是图书馆服务在读者心目中的形象，图书馆要改变缺乏策划、包装、经营与宣传的服务意识，尽力增强图书馆的可见度、吸引力与凝聚力，打造特色服务品牌。图书馆打造特色品牌，就是要让读者能够清晰识别并记住品牌的个性和价值，使品牌在读者心目中占有无法替代的位置，从而扩大品牌的知名度。譬如，树立"点亮阅读、启迪人文、弘扬文化""书香为伴的日子、永远不会孤单""在独处时读书""读书不止在此时此刻"等专题阅读品牌形象，通过提供核心阅读资源与优质服务，开展互动营销、体验营销、关系营销、口碑营销，拓展阅读类品牌的影响力。

图书馆营销工作中，可以尝试运用微博、微信公众号、视频号、抖音、快手、B站、网站开展营销，开辟直接获取用户需求的新渠道，建立良好的用户关系，实现借阅流程、馆舍布局、学习氛围、工作实况、特色资源、参考咨询等资源点对点的营销，树立图书馆行业影响力和号召力。譬如，清华大学图书馆以"爱上图书馆"为主题的系列视频和排架游戏营销，获得第10届国际图联营销奖第一名。电子科技大学图书馆沙画宣传片、纪录片《纽约公立图书馆》和手机游戏《图书馆的初遇》等你来玩儿，都是比较成功的图书馆品牌营销案例。

第二章 图书馆开展阅读推广的思路：以 A 市为例

公共图书馆的阅读推广以公共图书馆利用率的提升为目标，以读者的阅读兴趣、能力、习惯培育和阅读质量、效果的提升为主线，是"利用不同资源，开展的各种读者工作"[①]。

为了较为全面地分析西部欠发达地区图书馆开展阅读推广活动的状况，笔者选取与读者服务水平相关的项目，对 A 市 8 家图书馆进行了调查分析，主要通过实地走访、查阅年报、问询核实等方法进行，在调研分析的基础上，提出阅读推广的对策建议。

一、阅读推广现状调查：以 A 市图书馆为例

表 2-1：A 市公共图书馆基本情况调查汇总表一（2020 年度数据）

序号	图书馆	购书专项经费（元）	新购藏书量（册）	购买报刊种类（种）	有效借书证数	书刊外借册次（册次）	开展活动次数（次）	开展活动参加人次（人次）
1	A 图书馆	0	614	160	3804	19274	22	664
2	B 图书馆	150000	3266	270	1662	66646	12	754
3	C 图书馆	0	2200	137	4516	34078	14	3520
4	D 图书馆	0	0	64	1300	51470	14	1500
5	E 图书馆	0	4938	104	2160	10056	8	1885

[①] 屈义华，张萌，张惠梅，陈艳，张妍妍，黄佩芳. 阅读政策与图书馆推广[M]. 朝华出版社，2020.

续表

序号	图书馆	购书专项经费（元）	新购藏书量（册）	购买报刊种类（种）	有效借书证数	书刊外借册次（册次）	开展活动次数（次）	开展活动参加人次（人次）
6	F图书馆	100000	2426	56	3570	52473	5	219
7	G图书馆	0	1000	108	1120	18000	4	360
8	H图书馆	700000	10920	404	17552	332385	90	7400
	合计	980000	25364	1303	35684	584346	169	16302

说明：开展活动次数=组织各类讲座次数+举办展览次数+举办培训班次数

表2-2：A市公共图书馆基本情况调查汇总表二（2020年度数据）

序号	图书馆	建筑面积（m²）	总藏量（册）	流通总人次（人次）	是否有独立自习室	是否设有图书专架	是否有本馆推荐书目	工作人员
1	A图书馆	790	48652	12832	是	是	否	8
2	B图书馆	2247	173868	108310	是	是	否	23
3	C图书馆	500	88158	34594	否	是	否	7
4	D图书馆	1500	72000	34720	是	是	否	10
5	E图书馆	1320	65749	8220	是	是	否	6
6	F图书馆	1572	69233	69289	是	是	否	11
7	G图书馆	750	74038	20000	否	是	否	8
8	H图书馆	6600	452520	163569	是	是	否	48
	合计	15279	1044218	451534				121

表2-3：A市公共图书馆基本情况调查汇总表三（2020年度数据）

序号	图书馆	阅览室面积（m²）	阅览室座席数	少儿阅览座席数	开架书刊	志愿者人数	视听文献	分馆数量
1	A图书馆	200	120	45	23790	27	0	23
2	B图书馆	591	373	77	124596	8	2212	20
3	C图书馆	130	55	33	83619	12	240	18
4	D图书馆	200	122	40	54000	9	50	0
5	E图书馆	400	100	48	0	16	28	15
6	F图书馆	371	158	82	26836	11	4000	5
7	G图书馆	400	70	30	47500	10	255	6
8	H图书馆	1080	500	55	392424	48	4200	0
	合计	3372	1498	410	752765	141	10985	87

以上三表的数据从一个侧面反映了A市公共图书馆开展阅读推广服务的基本状况，结合图书馆现行评估定级标准，就具体情况分析如下。

（一）各级图书馆重视阅读推广工作

通过实地调查发现，A市所有公共图书馆都已实行免费办证制度，有效借书证达到35684个，占到A市常住人口的1.06%，占到A市城市人口的2.6%。总藏量达到1044218册，人均0.7册，外借书刊584346册，年文献流通率55.96%，年员工人均流通量4829册，流通总人次451534人（次），年人均读者到馆量为0.25，达到较好水平（评估标准由高到低依次为0.5、0.25、0.1、0.05、0.01）。在读者服务方面，能科学地制定管理办法，力求既可操作、便于管理，又方便读者借阅。譬如，各图书馆提供视听文献10985件，6个公共图书馆设有独立自习室，所有公共图书馆都设有读者阅览专架，积极开展图书推荐活动，供读者自主选择，开架书刊达到752765册。各公共图书馆都能加强与社会各界的联系，了解读者阅读需求，做好图书信息介绍和导读工作，及时主动地提供服务，引导广大读者入馆阅读，取得了良好的社会效益。

（二）通过开展活动吸引广大读者入馆阅读

各公共图书馆以世界读书日和全民阅读活动为重点，结合当地持证读者、自习读者和潜在读者的阅读需求，开展经典图书推荐，邀请各界人士入馆参观，引导读者参与丰富多彩的阅读活动，较好地满足了不同群体读者对文化知识的需求。从表 2-1 可以看出，2020 年 A 市公共图书馆共组织开展各类讲座、展览、培训班等活动 169 场（次），参加活动的公众人数为 16302 人（次），实地走访得知，参加活动的主要群体以未成年人、退休干部和热心市民为主，各类活动为公众了解图书馆提供了机会和平台。

二、存在的主要问题

（一）部分图书馆硬件设施薄弱，服务能力不足

从表 2-2 的数据可以看出，A 市 8 个公共图书馆总建筑面积为 15279 平方米，结合实地调研的情况来看，大部分县级公共图书馆阅读场馆面积较小，除 H 图书馆 6600 平方米、B 图书馆 2247 平方米外，其他 6 个公共图书馆建筑面积均低于 2000 平方米，其中 2 个公共图书馆建筑面积低于 1000 平方米，按照第六次全国县级及以上公共图书馆评估细则规定，县级公共图书馆最低建筑面积应为 2000 平方米。通过实地察看，面积狭小的图书馆，相对应的环境氛围也较为单调，基础设施落后，信息资源短缺，服务能力不足。A 市 8 家公共图书馆共有持证读者 35684 人，占服务人口的 0.009%（计算方法为，持证读者数/服务人口数×100%，评估标准从低到高依次为 0.005%、0.01%、0.02%、0.05%、0.1%，达到 0.5%，加 2 分；达到 1%，加 5 分），刚超过最低标准。8 家公共图书馆中，没有 1 家公共图书馆年文献外借量达到评估最低标准 8 万册以上（从低到高依次为 8 万、10 万、12 万，达到 20 万册次，加 5 分；达到 40 万册次，加 10 分；达到 60 万册次，加 15 分）。目前，A 市的 8 个公共图书馆阅览室面积总和为 3372 平方米，设有阅览座席 1498 个，其中 6 个公共图书馆设有未成年人阅览室，2 个公共图书馆因基础设施条件制约，未设置未成年人阅览服务室，仅限于设置服务未成年人的阅览书架。8 个公共图书馆共设少儿阅览座席 410 个，5 个公共图书馆的少儿阅览座席在 50 个以下，7 个公共图书馆的少儿阅览座席在 80 个以下，这与当地有利用公共图书馆需

求的未成年人数量相比，还有很大的差距，甚至部分未成年人读者因为抢占不到座位，而无法享受公共图书馆的服务。从持有公共图书馆借书证的读者看，能坚持利用图书馆资源的还达不到三分之一，这说明 A 市公共图书馆还需要在阅读推广服务上加强和提升。

（二）新购书刊偏少，馆藏针对性和吸引力不强

2020 年，A 市 8 个公共图书馆总体新购图书较少，有 5 个公共图书馆无专项购书经费，3 个馆新购图书在 2000 册以下，个别图书馆三至五年内未批量购置图书。A 市的 8 个公共图书馆中，有 2 个公共图书馆实行闭架管理，6 个公共图书馆有开架书刊 752765 册，有视听文献 10985 册。H 图书馆新购图书 10920 册、报刊 404 种，E 图书馆新购图书 4938 册、报刊 104 种，其他 6 个图书馆共新购图书 9506 册，每馆平均 1584 册，购买报刊 724 种，每馆平均 132 种。通过实地调查发现，新购图书较多的图书馆基本是以书商提供的目录为主，缺乏对读者意见建议的征求、采纳，均未采用"读者选借新书、图书馆买单"为内容的新型方式采购，实地调研还发现大部分图书馆采选图书时，未能更多地兼顾不同读者的阅读需求。这种状况导致馆藏图书对读者吸引力不强，许多读者选择"赖"在书店读书，对图书馆认同度不足。

（三）调查研究和宣传力度有待进一步加强

笔者在开展的读者调查活动中发现，A 市公共图书馆对调查研究不是非常重视，未就阅读推广问题开展过课题或项目性质的研究，也没有开展过专题的阅读统计、调查分析，尚未发表过一期阅读调查报告。市县两级公共图书馆之间，关于阅读推广的相关数据无法共享，信息无法采集、处理、加工，无法形成自有的阅读数据采集、加工和分析体系，从而无法对阅读推广活动进行统一的调查研究和理论指导，对阅读推广活动的深入开展形成了制约。

从调查中可以看出，许多未到过公共图书馆的公众普遍认为，实体书店与公共图书馆没有多大区别，只是实体书店有更多的新书可读，同时有很多公众不了解公共图书馆的功能和职能。这一现象，从一个侧面说明公共图书馆营销与宣传工作的重要性，A 市公共图书馆对服务职能的宣传，尤其是免

费开放政策措施和相关活动方面的宣传还不足,有待开拓方式,加大宣传力度,引导更多的未成年人和家长走进公共图书馆参与阅读活动。在现有的宣传方式上,各图书馆普遍注重推荐各种活动信息在报纸、电视等平台进行宣传,馆内的宣传以微信公众号为主,在视频号、抖音、快手、B 站、网易等直播平台和喜马拉雅、简书拆书等读书写作平台的宣传还比较少见,没有形成完整的宣传运营体系,需要进一步通过宣传打造阅读推广品牌,发挥文化品牌的转化效应,提升公共图书馆的社会效益。

(四) 针对不同群体读者的推荐阅读和用户教育环节缺失

A 市各公共图书馆还没有把不同群体读者利用图书馆的需求,作为提升办馆层次、水平的重要方向,未来需要把阅读推广服务作为提升的重点,特别需要在图书推荐服务上打造亮点。通过实地调查发现,A 市各公共图书馆现有的图书推荐业务,线上主要以微信公众号为载体,依托专业公司,定期或不定期发布新书、经典图书推介链接,线下主要以宣传栏、展板等形式,推荐某一类的几本图书信息,都没有形成专业的分群、分级阅读推荐目录,都未建成经典阅览室或经典图书室。由于图书都按照中图法标准进行分类,除了红色、时政、地方文献等图书设有专架外,适宜不同群体阅读的经典图书专架也难以看到。从采访到的不同群体读者来看,独立到图书馆借阅图书的读者群体,除了有研究需求和特别爱好的读者群体,大部分读者选借或阅览图书缺少目的性、针对性。A 市 8 家公共图书馆有分馆 87 个,都以乡镇文化站为依托,没有实质性地开展阅读服务活动。8 家图书馆共有志愿者 141 人,专业阅读推广人缺乏,开展的 169 场阅读推广活动,大部分是与社会团体联合举办的,3 个馆全年阅读推广活动低于 10 场次,7 个县级馆全年阅读推广活动均低于 24 场次,平均每月开展活动低于 2 次,为读者推荐阅读书目的电视栏目等适宜推介方式还相对欠缺,加上现有的阅读推广活动内容、服务方式单一,社会参与程度不高,阅读活动效果一般,致使公共图书馆引导读者参与深度阅读的职能作用未能得到充分发挥。

三、提升阅读推广水平的策略

西部欠发达地区各公共图书馆开展阅读推广,需要围绕书刊资源推荐、主题阅读活动设计、阅读空间氛围营造、社会力量合力推进等诸多方面,开展有针对性的阅读指导服务。

(一) 争取地方立法，构建良好的全民阅读环境

西部各地应当在《公共文化服务保障法》《公共图书馆法》《全民阅读促进条例》三个国家级法律法规的框架下，借鉴发达地区为阅读推广出台阅读条例等地方性法规的做法，出台符合地域实际的保障性政策法规，为阅读推广提供必备的保障。在公共图书馆导读服务标准的制定上，需要明确辅导培训的次数、达到的绩效和政府资金的投入等标准，逐步消除西部地区与地区图书馆之间，因人力、资源、资金的差异，而导致的"馆际鸿沟"和个别公众难以入馆阅读的"受众鸿沟"[①] 问题。在社会力量参与阅读推广方面，需要明确可参与的范围、奖励补贴的措施等关键点，提供明晰的政策支持措施。

(二) 争取经费支持与社会力量资助，为阅读推广提供资金保障

如前所述，政府是经济、社会和文化资本的持有者，政府需要担负应有的文化责任。公共图书馆开展针对不同读者群体的阅读推广，开设文化公开课等举措的落实，都需要充足的经费保障。西部地区的公共图书馆都是财政全额拨款的事业单位，均等、公益、开放、普惠、共享是其主要特点，绩效衡量主要以社会效益为主，没有直接创造经济效益的功能，目前依靠国家和省市县各级拨付的免费开放经费保障正常开放。多年以前"以文养文"模式的失败，足以证明需要坚持公共图书馆纯公益属性长期不变。因此，西部各地公共图书馆在落实免费开放资金的基础上，在确保正常开放的前提下，应当结合业务发展需要，进一步争取当地政府的关注支持，力争财政将图书馆运营、书刊购置、阅读推广及场馆维修等事项列入经费预算，并积极通过发改、工信等渠道，争取数据库、数字智慧图书馆云平台、大数据物联网中心等人工智能项目，提升图书馆基础设施和数字化建设水平。

正因为公共图书馆的纯公益属性，加上社会各界对全民阅读问题的较高关注度，社会上一些有意于公益服务的组织、个人，愿意与公共图书馆合作，或者独立主持开展某一项阅读推广活动。因此，西部欠发达地区的

---

① 吴南，刘萍，张妮妮. 现代图书馆学热点研究 [M]. 北京：知识产权出版社，2014，(6)：40-54.

各级公共图书馆,可以通过开展各类活动,赢得社会力量的帮助,提供必要的经费资助,为公共图书馆开展读者服务拓宽经费筹措的渠道。公共图书馆与社会力量有两个方面的合作,一方面是社会公益组织资助公共图书馆开展阅读推广活动,这类活动需要为相关企业、组织提供冠名、广告等回报;另一方面是公共图书馆支持社会组织举办的阅读推广活动,譬如,为阅读会组织开展的阅读推广活动,提供场地、资源、人员等便利条件。不论是吸引公益组织的投入,还是支持阅读推广组织开展活动,都需要公共图书馆认真组织实施,体现公共图书馆的责任担当和文化使命,以赢得社会各方力量的信赖与认可。

(三)开发休闲功能,建设城市书房

更新文化资源信息共享工程所配备的信息化设施,优化公共图书馆电子阅览室环境,为读者提供免费的网络服务,以健康的、适宜读者观感的网络内容,为不同群体读者"三观"的形成提供良好的养料。实施基础设施改造,提供更加宽敞、开放的活动空间,开设更为多元、更为开放的服务窗口,为读者提供良好的图书借阅、自修环境和便捷的体验项目。

着眼于后现代理念越来越深入人心的趋势,面对不同读者群体要求公共图书馆延长开放时间的现实诉求,建设城市书房,引进图书馆理事会成员单位经营,加盟国际品牌,作为增加服务时长、延伸服务触角、提升服务水平的有效切入点,充分体现公共文化服务的创新之举,建设城市的"文化灯塔"。

在建设模式上,设置休闲体验区、文献借阅区、文创产品展示区,新购适宜的经典书刊,配备自助办证机、自助借还机,设置阅览座席,提供低收费的日用品、文创产品、茶水、咖啡、果汁、冰激凌、点心、面包和水果等产品,为读者提供便捷的服务。在城市书房,安装图书自助借还系统,设置图书馆大数据展示平台,实时展示图书馆动态,引导读者咨询、体验,在城市书房推广图书馆微信公众号,进而宣传图书馆服务项目,推荐适合不同读者群体阅读的图书。

在位置选择上,城市书房可以设在图书馆,也可以设在广场、公园、酒店、市场、蛋糕店、奶茶店,还可以在旅游景点设置流动图书车、流动图书点、流动书吧、读者小屋等设施。譬如,设在公园的城市书房,公众在游玩的同时,可以进入城市书房休憩,品尝一杯咖啡、奶茶的同时感受

书香氛围。

城市书房由第三方经营,其开放时间可以是全年每天开放,夜间也可以开放,尤其是在图书馆闭馆的时段正常开放,可进一步延长服务时间,满足广大上班读者晚上等休息时段的阅读需求。城市书房除了提供借阅服务外,还能使读者被轻松休闲的良好氛围所吸引,成为群众日常学习和生活向往的去处,可以进一步提升公共图书馆的认知度。

(四)与新华书店合作开展读者选购活动,提升书刊利用率

突出按需供给理念,尝试读者在新华书店选借经典图书、公共图书馆买单的服务模式,这种模式有三个实现途径:一种是联合新华书店通过云平台技术支撑,开展选借业务;另一种是大胆尝试在公共图书馆内开办新华书店网点,通过把新华书店服务点开在公共图书馆,形成公共图书馆与新华书店结合体的模式开展选借业务;第三种是吸纳新华书店代表成为公共图书馆理事,通过共商、共享、共建的模式开展选借业务。这种按需供给的借阅模式,可以使公共图书馆采购到读者愿意阅读的书籍,还可以提升新华书店的销售绩效,而且可以有效带动公共图书馆、新华书店目标人群覆盖率的提升。

在具体业务流程设置上,持图书馆的读者卡到书店选择需要借阅的新书,经过简单加工(盖印章、贴条码、加磁条),当场就可以借走图书,新华书店与公共图书馆通过云平台、大数据技术联动控制、核算。参照发达地区和西部地区已经开展的"馆店合作新书选借"情况,有三种模式可以借鉴,当然各公共图书馆实施过程中,可以与当地新华书店进行洽谈,商定折扣或优惠比率,实行差异化的方案,形成符合各自实际的发展模式。

紧密合作型:譬如,内蒙古图书馆的彩云服务,安排购书经费的60%用于从新华书店购进读者选借的新书。宝鸡市图书馆的选借业务规定,每名读者可以在新华书店选借两本指定的新书,图书馆每年列支5万元资金用于该业务。

共存共生型:譬如,铜陵市新华书店与当地学院图书馆共生共存,共同为读者服务,读者可以从新华书店借走图书馆没有的书籍,不仅可以方便读者借到需要的图书,还可以增加新华书店的利润。

深入介入型:譬如,宁波市新华书店加入公共图书馆理事会这种深入介

入的合作模式，参与图书馆规程制定，反馈新华书店的意向，形成需求方与供给方之间互商、共建的模式。

（五）建立地域分享阅读推广模式，开展系列阅读活动

1. 建立地域拆书分享帮阅读推广模式

在"互联网+"的影响以及"微时代"碎片化阅读新趋势下，读屏、读图的特征对传统阅读方式有着一定的影响，需要倡导阅读经典式的深阅读，地域文化的研究与地方文献的推广更需要深度阅读与挖掘。地方文献的保存可以用中图法来排架，对于丛书分散各处、学科定位模棱两可、查找效率低下等问题，也可以将"方志、年鉴类文献按地区排架，本土作家专著按姓氏排架，名人建立专题区、馆中馆"① 的方式排列，以便读者查询，更好发挥地方文献的作用。西部各地可以围绕独特的地方文献资源，线下"举办讲座沙龙、乡邦读书会、拓印体验、走读之旅等活动，编印导读刊物，打造地方文化名人长廊，形成展览、约读、音乐、约书"② 为一体的地方文献推广模式。随着时代的发展、信息技术的进步，读书媒介发生转型的这一趋向已经不可逆转，持之以恒地开展传统纸质图书深阅读推广，会使一部分读者产生逆反心理，并不利于以地域文化为主体的阅读推广活动效能提升。因而西部欠发达地区各公共图书馆针对分众化读者群体的阅读推广，需要准确把握形势，加以正确地引导，以调动读者的阅读兴趣。应当把握新媒介阅读是新兴读者群体的主要特点，提供经典的地方文献电子读物，尝试开展简书拆书分享阅读活动。拆书，是简书平台上一种通过阅读图书，提炼核心观点，结合自己实际，再进行理解的阅读写作模式，目前在国内众多阅读平台中影响较大、受众很多。在地方文化背景下，围绕阅读经典等内容开展的拆书活动，目前在西部欠发达地区公共图书馆较少出现。因此，西部欠发达地区公共图书馆应探索建立自己的拆书帮，通过拆书，获得一定的点赞量、阅读量，通过经济效益刺激，带动阅读习惯培养，由功利性阅读，逐渐向非功利性阅读过渡，由功利性拆书帮，向公益性阅读推广模式发展。在宣传推广方面，可以通过

---

① 王以俭，廖晓飞，夏飞凤，黄蓉. 地方文献与阅读推广 [M]. 北京：朝华出版社，2020，(2)：40-54.

② 凌冬梅，郑闯辉，朱琳，林肖锦. 分地阅读读物联通文脉 [M]. 深圳：海天出版社，2020，(1)：167-190.

图书馆微信公众号、读者微信、微博，将拆书行为进行转发、分享，建立地域文化阅读推广大环境。在推广队伍上，可以通过招募以社会力量为主体的志愿者，建立主要由社会力量构成、公共图书馆提供文献的"微"阅读运营团队，负责阅读效益推广和维护，逐步探索出较为成熟的、富有地方特色的拆书阅读推广模式。

2. 开展"家谱撰写"展览展示及评选活动

家庭在一个人成长的过程中，起着打基础、利长远的关键作用。目前，注重家庭，注重家教，注重家风，已经成为全社会的基本共识。历史上出现了一批家风家训方面的经典著作和名言名句，譬如，《颜氏家训》《诫子书》《勉谕儿辈》《朱子治家格言》《了凡四训》《曾国藩家书》《傅雷家书》，成为学习借鉴优秀家风家教的典范；"欲治其国者，先齐其家""忠厚传家久，诗书继世长"，这些耳熟能详的经典名句、治家理念更是深入人心。

家庭、家族成员的成就，往往能给一个人带来强烈的自豪感，而取得成就的家庭成员大部分都喜欢读书，或者不排斥读书，或者注重引导下一代读书。公共图书馆一方面要做好当地非物质文化遗产、家谱等相关地方文献的收集与保存工作，做好"资料搜集、口述史抢救性记录、整理编目、检索利用与研究"[①] 工作，特别珍贵的可以借鉴国外"参与式电影"[②] 影像保存办法，拍摄制作专题片、纪录片，建立永久保存的数字资料中心。另一方面，还可以发挥资源优势，组织引导有兴趣的读者，通过参阅、学习家谱写作方式，翻阅大量文献，开展社会调查，与家族成员一起罗列家族中有成就的先辈、当下的成员，为自己家族撰写一本简单的家谱。通过家谱写作，带动家族成员共同参与阅读、参与调查、参与撰写活动，提升凝聚力、荣誉感、自豪感。图书馆可以组织开展家谱展览，将读者参与撰写家谱，由培养一个兴趣，向拥有一技之长推进，由功利性的满足，向充实的获得感推进。在此基础上，还可以组织开展"最美家风"评选活动，引领家谱展览展示及评选活动持续开展。

---

① 国家图书馆中国记忆项目中心. 国家非物质文化遗产代表性传承人抢救记录十讲 [M]. 北京：国家图书馆出版社，2017，(6)：114-139.
② (斯洛文尼亚) 娜嘉·瓦伦丁希奇·弗兰. 国家图书馆中国记忆项目中心, 译. 非物质文化遗产的影像记录与呈现 [M]. 北京：清华大学出版社，2019，(7)：34-89.

3. 开展书香社会建设系列阅读活动

以地域范围内的书香社会建设为主打品牌，在世界读书日等重要的阅读节点，策划开展阅读类专题晚会，提升阅读活动及品牌的影响力。图书馆可以与媒体、社会组织共同合办电视读书节目，推选明星领读人并开展有影响力的阅读示范项目。组织开展全民阅读系列名家讲座、秀馆秀家乡、领读人荐书、阅读推广论坛、读者信息素养提升、阅读马拉松挑战赛、雕版印刷、古籍装帧、碑拓与拓印体验、图书馆寻宝、跟着期刊看世界等特色活动，举办科技成果展、珍贵书影展、珍贵古籍展、古籍修复成果展、文化名家肖像展等主题展览，组织征文、书法、绘画、摄影、家谱、老照片、诵读音视频等作品征集、评奖、展示展播活动，以党委、政府名义评选"书香社区""书香单位""书香校园""书香家庭""优秀阅读推广团队""阅读之星"，推进传统文化经典宣传推广，通过线上有奖竞答、问卷调查、分享有礼、资源展示等形式，推广数字阅读资源。

（六）加强馆员培养，提升整体服务水平

1. 更新服务理念，重点培养青年馆员

馆员是阅读推广工作成败的关键。现代社会对图书馆员的要求越来越高，从事阅读推广服务的工作者，需要尊重读者，提供更加人性化的服务，为农民工、残障读者提供更多的人文关怀，保障不同类别读者的阅读权益。图书馆员更需要重视教育学和心理学等相关知识的学习，掌握新的阅读理念和阅读方法，练就扎实的信息检索技能，不断开发和利用网络信息资源，把一些经典著作置于网络领域，以便喜欢网络阅读的读者更方便、快捷地阅读。

西部各地的公共图书馆在人才队伍建设方面，由于经济整体欠发达，加之受编制有限、对口专业人才紧缺等客观条件限制，一般很难通过引进人才的办法实现馆员队伍素质整体提升。同时，西部各地公共图书馆除国家和地方拨付的免费开放经费、购书经费外，基层馆很少有其他经费预算，在招聘人才方面，提供不了更高的收入待遇，很难吸引高素质的人才到馆工作。面对上述困难重重的客观条件，对现有馆员进行有计划的培养、开展有针对性的培训，成为西部各地公共图书馆的现实选择。

笔者认为，在培养对象上应该以青年馆员为重点，因为青年馆员工作经

验欠缺，但思维活跃、容易接受新事物，可以取得良好的培养成效。培养形式上，可以采取"传帮带"式的帮扶培训，成立青年馆员培养工作小组，制定年度青年馆员培养计划，规定至少一年时间的期限，开展"传帮带"培养。譬如，可以采取结对帮扶或课题小组的办法，帮助青年馆员提升业务能力。在分组安排上，以部室或服务窗口为单位，成立若干个青年馆员培养专题学习小组，确定有经验的馆员为组长，青年馆员为组员，共同开展学习、培训活动。

2. 设立固定的培训日，开展综合知识培训

根据各服务窗口岗位需求和青年馆员自身特点，各小组需要制定科学、系统的培训方案。在实施过程中，注重在各个环节征询青年馆员对培训内容、培养方式的意见建议，把读书会、互动讨论、座谈研讨、成果展示、参观交流等方式加入培训之中，开展灵动多样的培训活动。

在专题培训上，可以每月确定一天时间，作为固定的馆员培训日，规定培训地点和召集人。在培训内容安排上，可以组织学习图书馆业务讲座，集中学习结束后，组长根据课程中大家不懂的问题进行答疑，并结合单位实际，向所有馆员讲授实际工作中所需的业务知识，授课内容需要根据本馆实际，有侧重点地选择主题。譬如，政策解读、应急管理、读者信息素养教育、数字资源建设、优秀传统文化与阅读推广、未成年人阅读服务、图书馆参考咨询、读者服务实践等等。也可以邀请当地相关领域专家、学者，开展新闻写作、服务礼仪、消防、急救等综合知识培训，并穿插进行互动体验、馆藏整理、业务练兵项目，通过学习培训、岗位练兵，使馆员加深对业务知识的学习，了解图书馆基础业务、工作流程，更新知识、拓宽视野、掌握技能、增强本领，通过久久为功地努力，循序渐进地提升综合素养。

在日常工作中，可以开展业务图书"荐读"活动，"通过书目推荐、馆长书单等形式，每年向青年馆员列出有价值的专业书籍、文献目录"①，建立青年馆员学习群，在学习群和公示栏公布，规定馆员全年选择阅读的数量，由各组负责人指导、督促小组成员学习，记写业务学习笔记，撰写学习书评或心得体会，定期调阅。除规定学习篇目外，各小组通过建立微信学习群，推

---

① 许蕴茹. 基于队伍结构特点的图书馆员分级培训模式研究——以辽宁省图书馆为例 [J]. 图书馆学刊, 2013, (11): 14-15.

送与图书馆服务密切相关的传统文化、心理咨询、未成年人教育、法律援助、就业指导等领域发展动态和视频资料，倡导馆员利用业余时间自行下载学习，引导各组之间开展讨论，增加学习时长，拓宽学习领域。

3. 组织申报课题，形成钻研业务的氛围

申报课题、撰写论文对于图书馆员而言，是科学探究、信息交流、知识传播的过程，更是图书馆专业人员一种积极的态度和情怀。西部各地公共图书馆可以邀请高校教授、社科部门负责人，以青年馆员为重点，开展课题申报、论文撰写技能培训。鼓励有一定研究水平的馆员作为课题负责人，带领专题培养小组成员，组成课题组，申请国家社科、中国图书馆学会、省级哲学社会科学、人文社科、文化旅游课题和市级哲学社会科学课题，通过课题申报、实施，提升学术研究水平。针对馆员不同的知识、技能层次，扩大覆盖面，设立馆本级课题，规定未争取到高一级课题的专题培养小组，每年至少申报一项馆本级课题，至少形成一篇论文，通过课题申报、论文撰写，培养青年馆员专业学习与研究的能力，形成钻研业务的意识和氛围。树立"严谨求实的学风态度、扎硬寨打死仗的苦功态度、理论与实践结合的解决问题态度、追求朴实的文风态度"[1]，开展"青年小组论坛"活动，将线上线下的学习与讨论结合起来，加强青年馆员之间学术交流，探讨内容可以包括行业领域的热点问题、前沿研究成果，开展馆员学习心得分享与交流，以专业的阅读、探讨，促进专业的学术研究。在此基础上，组织参加各级各类学会、年会论文征集活动，对入选、获奖论文作者在培养考核中给予加分鼓励，调动青年馆员参与学术研究的积极性。

4. 开展竞赛践习活动，提升业务技能

依托业务能力讲座的授课内容和"荐读"材料编制试题库，组织开展业务能力提升知识竞赛、演讲比赛、主题征文比赛、青年馆员风采展示活动，接受过学历教育的馆员每人每月阅读一本地方文献或一本上榜经典图书，写出书评或读后感，开展面向馆员、读者的书评、荐书征文活动，成绩列入培养考核内容，引导青年馆员参加比赛或展示活动，通过展示比赛活动，为各学习小组提供互相交流学习的平台。

---

[1] 王子舟. 图书馆学研究法学术论文写作撷要[M]. 北京：北京大学出版社，2020，(12)：147-158.

在学习成果应用上，以服务窗口为单位，由各学习小组组长负责，开展馆员岗位践习活动，主要包括熟悉图书馆基本职能、发展情况、业务部室的工作职责、工作流程，突出图书馆精神与文化的培养，分配践习任务，从计划、实施到总结，交流践习经验，培养团队协作能力，引导形成团队精神，增强集体归属感。积极与图书馆合作的传统文化促进会、心理学会、阅读会等相关团体联系，组织青年馆员在心灵家园公益性阅读推广基地、青少年文化公开课、心理辅导等特色服务活动中，带着任务开展实习与实践，结束后提交践习报告。各组组长对本组馆员特点和现状进行分析，总结培养工作中的经验及不足，发现工作中存在的困难与问题，指导青年馆员及时改进，并结合实际，提出提升服务水平的对策，通过培养工作，推动各窗口业务提升。

5. 实行学分制，增强培养的系统性

"分设必修课与选修课，实行学分制，设置学分分值，在学习群、公示栏公布，馆员依据自己的兴趣、特长选择选修课，培训结束后通过认定计入年度总学分"[①]。年度培养工作结束后，各组长提供培养方案、授课教案、阶段小结和培养总结；参加培养培训的青年馆员按照学习培训各阶段量化要求，提供业务学习笔记、学习书评或心得体会、业务技能竞赛成绩或展示作品、论文或课题成果、践习报告和学习总结等过程性资料。建立健全青年馆员培养考核办法、评估机制，将总学分与年终考核、评先选优、职称晋升、岗位竞聘挂钩，通过考核评比、成果展示，形成学、比、赶、超的良好氛围，体现出学习培养对业务工作的促进作用。

四、基于分类阅读理念推荐的书单

公共图书馆的图书分类排架，多以《中图法》22个大类为规则；在实际的阅读推广过程中，可以根据工作需要，按照主题、地域、作者、时代、风格等多种分法推出有特色的专题。2014年开始，深圳开展"南书房家庭经典阅读书目"推荐活动，注重人文性、经典性和可读性，具有一定的示范意义。经过研究统计，被推荐的中国著作排在前十名的依次是《诗经》《庄子》《论语》《韩非子》《左传》《史记》《老子》《孟子》《楚辞》《荀子》。被推荐的

---

① 郭媛. 公共图书馆青年馆员发展现状及培训对策研究——以广西壮族自治区图书馆为例 [J]. 图书馆界，2017，(3)：72-73.

外国著作排在前十的是莎士比亚作品、《对话录》《物种起源》《哈克贝利芬历险记》《草叶集》《圣经》《荷马史诗》《战争与和平》《红与黑》《神曲》。在学习借鉴的基础上，现就哲学、文学、历史、艺术、经济、心理学、科普、旅行等学科分类阅读推广，提供一些推荐书目。①

（一）推荐哲学类书单

表 2-4：推荐哲学类书单

普及类	《苏菲的世界》《你的第一本哲学书》《西方哲学史：从古希腊到当下》《中国哲学史》《哲学的故事》《西方哲学简史》《你不可不读的西方哲学故事》《织梦人：一个男孩穿越现实的哲学之旅》《大问题：简明哲学导论》《哥德尔、艾舍尔、巴赫：集异璧之大成》《西方哲学简史》《皇帝新脑》《哲学家的故事》《中世纪文艺复兴时期哲学》
入门类	《西方哲学原著选读》《理想国》《形而上学》《第一哲学沉思集》《作为意志和表象的世界》《人类理解论》《用几何学方法作论证的伦理学》《查拉图斯特拉如是说》《小逻辑》《纯粹理性批判》《老子》《庄子》《大学》《中庸》《宋明理学教程》《印度宗教哲学概论》
进阶类	《人类理解研究》《心的分析》《纯粹现象学通论》《存在与时间》《存在与虚无》《逻辑哲学论》《疯癫与文明》《科学革命的结构》《中国现代哲学通论》《中国哲学十九讲》《对莱布尼茨哲学的批评性解释》《科学发现的逻辑》《声音与现象》《真理与方法》《实践理性批判》《判断力批判》《精神分析引论》《列子》《论衡》《传习录》《近思录》《肇文校释》
高阶类	《弗兰西斯·培根：感觉的逻辑》《解释的冲突：解释学文集》《哲学论稿：从本有而来》《现代性的哲学话语》《自由的深渊》《命名与必然性》《西方的多副面孔》《哲学和自然之镜》《心灵哲学》

---

① 周燕妮，唐曦，石莹，王碧蓉. 分类阅读读物优化气质 [M]. 深圳：海天出版社，2020，(1)：57-65.

（二）推荐文学名著导读类书单

表 2-5：推荐文学名著导读类书单

《中国古典文学名著导读》《中国文学名著导读》《永远的乌托邦：西方文学名著导读》《欧美文学名著导读》《一生的读书计划》《文学回忆录》《蒋勋说文学之美》《给孩子的古诗词》

表 2-6：中外文学奖名单

诺贝尔文学奖，龚古尔文学奖（奖励每年最佳的用法语书写的想象性散文作品），普利策小说奖（颁给美国国籍的作家），芥川奖（纯文学奖）和直木奖（大众文学奖），埃德加·爱伦·坡奖，美国国家图书奖，雨果奖（科幻成就奖），布克奖（英语小说界的最高奖项），塞万提斯奖（西语世界的诺贝尔文学奖），国际IMPAC都柏林文学奖、卡夫卡文学奖；茅盾文学奖、鲁迅文学奖、老舍文学奖、曹禺戏剧文学奖。

表 2-7：文学好书榜名单①

《中国文学选读书目》《中国文学精要书目》《中学适用之文学书目》《中国文学基本书目》《十部中国国文源头书书目》《中外文学书目答问》《中国语言文学系学生阅读书目》毛姆推荐的"欧美文学书目"，海明威推荐的文学阅读书目，费迪曼和梅杰推荐的"西洋名著百种"，美国国家人文科学促进委员会推荐的《中学生必读文学著作书目》
近三十年中国（1980—2010）的"文学好书榜"："中学生当代小说、散文、诗歌类必读好书""中学生中外文学名著必读书目""1949—1989四十年来影响我们最深的书籍""20世纪中文小说一百强排行榜""百年百种优秀中国文学图书评选""1979—2009三十年间最好的长篇小说"书目

---

① 徐雁. 阅读的人文与人文的阅读 [M]. 北京：科学出版社，2014，(07)：57-65.

（三）推荐历史类书单

表2-8：推荐历史类书单

研究类：《中国历史研究法》（钱穆）《中国历史研究法》《梁启超》《治史三书》《论历史》《历史的观念》
中国通史类：《吕著中国通史》《白话中国史》《国史大纲》《中国史纲》《中国近代史》《简明中国历史读本》《剑桥中国史》
世界史类：《全球通史：从史前史到21世纪》《新全球史》《丝绸之路：一部全新的世界史》《海洋与文明》
其他类：《中国历代政治得失》《万历十五年》《简明中国历史地图集》《枪炮、病菌与钢铁》《人类简史：从动物到上帝》
延伸阅读：《历史学是什么》《为历史学辩护》《读史阅世六十年》《蒙文通学记》《中国史学史》《国史要义》《中国近代思想与学术的系谱》《中国思想史》《中国文明起源新探》《中国封建社会》《古史甄微》《从爵本位到官本位：秦汉官僚品位结构研究》《开放的帝国：1600年前的中国历史》《东晋门阀政治》《马丁·盖尔归来》《蒙塔尤：1294-1324年奥克西坦尼的一个山村》《蒙元入侵前夜的中国日常生活》

（四）推荐艺术类书单

表2-9：推荐艺术理论类书单

艺术理论类：《艺术的故事》《美学散步》《马蒂斯论艺术》《走自己的路：巫鸿论中国当代艺术家》《艺术哲学》《美的历程》《西方美学史》《欧美现代艺术理论》《艺术史的终结：当代西方艺术史哲学文选》《中国绘画美学史》《杜尚访谈录》《视觉文化》

表2-10：推荐美术类书单[①]

美术类：《世界美术名作二十讲》《建筑的意境》《二十位人性见证者：当代摄影大师》《中国工艺美术史》《王世襄集：锦灰堆》（全4册）《启功给你讲书法》
绘画类：《最美中国画100幅》《丰子恺漫画全集》（全9册）《中国绘画史》《写给大家的西方美术史》《沿着塞纳河到翡冷翠》《画家生涯：传统中国画家的生活与工作》《贝蒂的色彩》《伯里曼人体结构绘画教学》

[①] 徐雁. 阅读的人文与人文的阅读 [M] . 北京：科学出版社，2014，(07)：57-65.

续表

建筑类：《中国建筑史》《中国古代建筑与艺术》《不只中国木建筑》《贝聿铭全集》《走向新建筑》《造房子》《建筑，从那一天开始》《解读建筑》
摄影类：《论摄影》《世界摄影史》《摄影的艺术：摄影的本质、观察与创意》《照片的本质》《美国（国家地理）125年伟大瞬间》《在漫长的旅途中》《美国纽约摄影学院摄影教材》《数码摄影后期高手之路》
工艺美术类：《设计的觉醒》《20世纪的设计》《新视觉：包豪斯设计、绘画、雕塑与建筑基础》《中国陶瓷史》《中国石窟艺术：莫高窟》《百年衣裳：20世纪中国服装流变》《妆匣遗珍：明清至民国时期女性传统银饰》《写给大家看的设计书》
书法类：《极简中国书法史》《书法的形态与阐释》《永字八法：书法艺术讲义》《汉字书法之美》《傅山的世界：十七世纪中国书法的嬗变》《中国书法：167个练习》
篆刻类：《篆刻学》《篆刻五十讲》《印学史》《印章名作欣赏》《篆刻技法百讲丛书》（全4册）

表2-11：推荐音乐、影视、戏剧类书单

音乐类：《听音乐》《想乐：聆听音符背后的美丽心灵》《认识古典音乐的40堂课》《西方文明中的音乐》《来自民间的叛逆：美国民歌传奇》《乐迷闲话》《古乐之美》
影视戏剧类：《认识电影》《水墨戏剧》《世界电影史》《看电影的门道》《对白：文字、舞台、银幕的言语行为艺术》《风流绅士：伍迪·艾伦的电影与人生》《赖声川的创意学》《戏剧的故事》《旧戏新谈》《昆曲日记》

（五）推荐经济类书单

表2-12：推荐经济类书单

通俗类：《牛奶可乐经济学》《好奇者的经济学》《王二的经济学故事》《斯坦福极简经济学》《风险与好的决策》《弗里德曼的生活经济学》《伟大的博弈》《货币野史》《魔鬼经济学》
教材与经典类：《经济学》《经济学原理》《国富论》《微观经济学》《就业、利息和货币通论》《货币金融学》《博弈论》《资本论》《纯粹经济学要义》《政治经济学及赋税原理》

续表

管理类：《管理学》《卓有成效的管理者》《原则》《从优秀到卓越》《罗伯特议事规则》《执行》《蓝海战略》《第二曲线》《影响力》《营销管理》
投资理财类：《聪明的投资者》《通向财务自由之路》《公司理财》《期权期货及其他衍生产品》《主动投资组合管理》《富爸爸穷爸爸》《资产配置的艺术》《热门商品投资——量子基金创始人的投资真经》《彼得·林奇的成功投资》《投资中最简单的事》

（六）推荐心理阅读类书单

表2-13：推荐心理学类书单

心理学史：《心理学史》《现代心理学》
内容心理学派：《人类与动物心理学论稿》
行为主义心理学派：《人类的学习》《心理与教育的测量和评价》《科学与人类行为》《超越自由与尊严》《社会学习理论》
格式塔心理学派：《感觉的分析》《认识与谬误》《格式塔心理学原理》《拓扑心理学原理》
精神分析心理学派：《梦的解析》《性欲三轮》《精神分析引论》《心理学与文学》《现在灵魂的自我拯救》《分析心理学的理论与实践》《人类及其表征》《理解人性》《生活的科学》《自卑与超越》《我们时代的精神症人格》《精神症与人们的成长》《精神病学的人际理论》《逃避自由》《在幻想锁链的彼岸》《童年与社会》《同一性：青少年与危机》《生与死的对抗》《弗洛伊德主义与文学思想》《拉康选集》
皮亚杰心理学派与新皮亚杰派：《智慧心理学》《心理学与认知论》《儿童心理学》《发生认识论原理》《智慧的发展》
人本主义心理学派：《动机与人格》《人性能达的境界》《爱与意志》《分裂的自我》
认知心理学派：《语言与心理》《学习的条件》《教育心理学：认知观点》
社会文化历史学派：《活动、意识、个性》
发展心理学派：《自我的发展》《发展的自我》
其他学派：《记忆：一个实验与社会心理学研究》《心灵、自我与社会》《梦的真谛》《情绪心理学》《走出抑郁》《变态人格分析》

表 2-14：推荐心理阅读类书单

认识自我类：《社会心理学》《我们都是自己的陌生人》《心理学与生活》《心智成熟的旅程》《叔本华的治疗》
应对挫折与压力类：《失败的逻辑》《自控力：和压力做朋友》《自愈的本能：抑郁、焦虑和情绪压力的七大自然疗法》《身体从未忘记：心理创伤疗愈中的大脑、心智和身体》
生命教育类：《生命教育：与孩子一同迎向人生挑战》《孩子的世界：从婴儿期到青春期》《婴儿、儿童和青少年》《语言本能：人类语言进化的奥秘》《追寻记忆的痕迹》
人际关系类：《非暴力沟通》《沟通的艺术》《社会冲突：升级、僵局及解决》《亲密关系》
职业生涯规划类：《自知力》《决策与判断》《思考，快与慢》
其他类：《穿越孤独：精神分析师眼中的孤独与孤单》《重新认识你自己》《自我观察：第四道入门手册》《棉花糖实验：自控力养成圣经》《自控力》《关键对话：如何高效能沟通》《沟通圣经：听说读写全方位沟通技巧》《谈话的力量》《如何实现有效社交：做一个高段位的沟通者》《人际沟通技巧》《爱的五种语言：创造完美的两性沟通》《如何在爱中修行》《有限理性：适应性工具箱》《羡慕与嫉妒：深层心理分析》

（七）推荐科普类书单

表 2-15：推荐大众科普书单

科学史：《万物简史》《从一到无穷大：科学中的事实和臆测》《那些古怪又让人忧心的问题》《冷浪漫》《魔鬼出没的世界：科学，照亮黑暗的蜡烛》《科学的旅程》《什么是科学》
数学、物理学、天文学、化学：《啊哈！原来如此》《上帝掷骰子吗：量子物理史话》《时间简史》《迷人的材料：10种改变世界的神奇物质和它们背后的科学故事》《几何原本》《数学简史》《数学之美》《阿哈，灵机一动》《物理世界奇遇记》《〈三体〉中的物理学》《上帝与新物理学》《寻找薛定谔的猫：量子物理的奇异世界》《时间的形状：相对论史话》《趣味地球化学》《视觉之旅：神奇的化学元素》《分子共和国》《大师说化学：理解世界必修的化学课》
生命科学：《所罗门王的指环：与鸟兽虫鱼的亲密对话》《自私的基因》《人类简史：从动物到上帝》《生命的跃升：40亿年演化史上的十大发明》《三磅宇宙与神奇心智》《人工智能简史》《海错图笔记》《鸟有膝盖吗：鸟的百科问答》
其他：《癌症·真相：医生也在读》《寂静的春天》《俯瞰地球：观察世界的全新思维》《大气：万物的起源》

（八）推荐旅行类书单

表 2-16：诠释旅行意义的图书

《旅行的艺术》《撒哈拉的故事》《我读天下无字书》《带一本书去巴黎》《在漫长的旅途中》《理想的下午：关于旅行，也关于晃荡》①

（九）推荐书评类书单

表 2-17：书评类图书

《书评面面观》《槛外评说》《读书是永远的》《中国阅读大辞典》

（十）推荐四季分时书单

表 2-18：四季阅读推荐

春季：《论语》《诗经》《泰戈尔诗集》《约翰·克利斯朵夫》《悲惨世界》
夏季：《庄子》《湖滨散记》《李清照词鉴赏》《渴望生活——梵高传》《红楼梦》
秋季：《老子》《宽容》《花间集》《陆游诗词选评》《孤筏重洋》《陈忠实纪念集》
冬季：《孟子》《查拉图斯特拉如是说》《世说新语》《七里香》《陶庵梦忆》

（十一）推荐中老年阅读书单

表 2-19：推荐中老年人阅读书单

中年：《当呼吸化为空气》《苏东坡传》《智慧书》《安然于行的幸福》《默克家庭医学手册》《栽种之乐：阿克曼的花园》
老年：《往事》《漏船载酒忆当年》《周有光百岁口述》《梅子青时》《多少往事烟雨中》

---

① 蔡思明，江少莉，陈欣. 分时阅读读物愉悦性情 [M]. 深圳：海天出版社，2017，(4)：122-125.

（十二）媒体推荐的好书榜

在分类阅读的视角下，图书馆也应兼顾大众化阅读的需求，关注《中国阅读大辞典》整理的书目（表2-20)[1]、各类媒体评选的综合类好书榜（表2-21），为读者推荐心仪的图书资源，形成"为人找书、为书找人""人人学会阅读、人人服务阅读""小众带大众、大众带社会""力推全民阅读、建设书香社会"[2]的良好氛围。

表2-20：中国阅读大辞典整理的书目

影响世界历史的16本书、影响中国历史的30本书、北京"小学生基础阅读、推荐阅读"书目、"中学生阅读行动指南"中的基本阅读及拓展阅读书目、"文津图书奖"获奖书目及推荐阅读书目、"陶风图书奖"获奖书目、"深圳读书月"年度"十大好书"、"东亚人文100导读"书目、"悦读经典"：南京大学通识教育之中外经典悦读书目、"书之书"：中外书籍文化史典藏书目、中外文学作品的影视改编目录、塑造现代文明的110本书、塑造中华文明的200本书、影响历史进程的100本书、最有影响的书（哈佛大学113位教授推荐）、改变世界的12本书、最低限度之必读书目（梁著国学入门）、国学名著200种、经典常谈、不必读书目、百年百种优秀中国文学图书、30年中国最具影响力的300本书、北京大学教授推荐我最喜欢的书、博导榜：影响中国社会科学院博导的五种书、梁小民阅读推荐书单、汤一介推荐的书、勒·克莱齐奥的书单、熊铁基教授推荐阅读书目、一生难忘的47本书、一生必读的60本书、好书书目、清凉的书眼：书摘（名家荐书）精粹、我读过的99本书、1978-2008：私人阅读史、教你读文学的27堂课、最有价值的阅读：西方视野中的经典、阅读日记：重温十二部文学经典、漫读经典、文学·传奇：法国现代经典作家与作品、一生的文学珍藏（外国小学读本）：影响了我的二十篇小说、读书随记、爱上阅读、理想藏书、中国读者理想藏书、向公众推荐的106本优秀科普图书、向全国推荐优秀古籍整理图书目录、向社会大众推荐的15种中医药文化科普书、他们都在看：中国企业家基础阅读书目·导赏手册、财富杂志推荐的75本经商必读书、推荐给海峡两岸暨香港的99种书、中国图书商报社及中国阅读学研究会发起的"阅读城市·城市阅读"书目、北京万卷图书宣传中心推出的"在自己房间里旅行"推荐书目、纽约时报年度十大好书、2010-2013年度大众喜爱的50种图书

---

[1] 王余光，徐雁. 中国阅读大辞典 [M]. 南京：南京大学出版社，2016，(4)：1419-1488.
[2] 李焕龙. 阅读者 [M]. 安徽：安徽文艺出版社，2021，(9)：287-288.

表 2-21：各类媒体评选的综合类好书榜

南书房年度 30 本经典图书、中国家庭理想藏书、中外推荐书目一百种、中国读者理想藏书、哈佛书架：100 位哈佛大学教授推荐的最有影响的书、清华北大教授推荐的 120 本必读书、北京大学教授推荐我最喜爱的书

哈佛大学 113 位教授推荐最有影响的书[1]、理想藏书、中华读书报十大好书、新京报年度好书、南方都市报十大好书、第一财经年度图书、经济观察十大好书、中国美术报网十佳艺术好书、中国摄影图书榜、中国社会科学网十大好书、豆瓣读书年度榜单、凤凰年度好书、新浪好书榜年度十大好书、腾讯华文好书年度十大好书、百道好书榜、深圳读书月年度十大好书、北京"阅读之城"年度请读书目、中国好书、中国出版年会 30 本书、中华优秀科普图书榜、当年度好书榜、亚马逊图书销量排行榜

（十三）数字阅读资源导航

表 2-22：文档、图片及音视频资源节选

类别	数字阅读资源
文档	百度文库，搜狗，读秀，豆丁网，道客巴巴
图片	百度图片、必应图片、搜狗图片、FindIcons、搜图网、昵图网、千图网
音频	百度音乐、搜狗音乐、网易云音乐、库客数字音乐图书馆、心声·音频馆、中国古曲网、华音网、搜谱网及国外音乐资源网站（https://www.music-scores.com、www.classiccat.net、www.sheetmusicsearch.com、www.virtualscore.com、www.eclassical.com、www.8notes.com、www.makemusic.com、Hcl.harvard.edu、www.operabase.com）
视频	百度视频、搜狗影视、知识视界、超星视频、网上报告厅、中经视频、央视教育视频资源库、上业百科视频、美国探索教育视频资源平台、数图教育视频资源共享平台、ASP 学术视频在线、优酷视频、搜库、爱奇艺、腾讯视频、乐视视频

---

[1] 钱军，蔡思明，张思瑶.书香满园校园阅读推广［M］.深圳：海天出版社，2017，(4)：122-125.

表2-23：报纸、期刊、图书、论文、古籍、诗词及工具书资源节选

类别	数字阅读资源
报纸	中国重要报纸全文数据库、中国报纸资源全文数据库、瀚堂近代报刊数据库、PressReader、AB报、8点报、搜报网
期刊	知网、万方、维普、全国报刊索引、大成老旧期刊全文数据库、Cambridge Journals Online、Emerald 管理学期刊数据库、Wiley Online Library、Science Direct 全文数据库、吾喜杂志网、读览天下、龙源期刊网、博看网、读者、Vista看天下、中国国家地理、中国科技期刊开放获取平台、中国科技论文在线精品论文
图书	汇雅电子书数据库、中华数字书苑、书香中国、畅想之星电子书、读秀网、超星电子书、World Book Library 电子图书、MyiLibrary 电子图书、Early English Books Online EEBO 早期英文图书在线、Eighteenth Century Collections Online ECCO 十八世纪作品在线、Wiley 电子教材、E书联盟、Making of America、Posner Memorial Collection、Bartleby.com、Online Library of Liberty、Perseus Digital Library、古登堡项目（www.gutenberg.org）
论文	中国博士论文数据库、中国优秀硕士学位论文全文数据库、万方学位论文数据库、ProQuest 学位论文全文数据库、CALIS 学位论文中心服务系统、国家科技图书文献中心的学位论文库、中国知网会议论文库、万方会议论文库
古籍	中国国家数字图书馆古籍资源库、天一阁藏古籍数字资源库、瀚堂典藏、殆知阁、四库全书、古籍在线
诗词	古诗文网、诗词在线、全唐诗库、八斗文学、爱诗词
工具书	汉典、中华在线词典、查字典、字典通、C书词典、中文助手、中华博物网、爱词霸、Cambridge Dictionary 剑桥在线词典、Longman Dictionary of Contemporary English 朗文在线词典、High Beam 百科全书、语言学词典

表2-24：数字阅读网站与软件节选

类别	数字阅读资源
读书频道	新浪读书、搜狐网读书频道、凤凰网读书、光明阅读、人民网读书、网易云阅读、腾讯文学

续表

类别	数字阅读资源
阅读网站	中国全民阅读网、全民阅读网、深圳读书月全民阅读网
原创文学	起点中文网、红袖添香网、晋江文学城、榕树下、小说阅读网、潇湘书院
听书	搜音客、静雅思听、博客思听、懒人听书、酷听、天方听书网、凤凰FM、喜马拉雅
手机阅读	掌阅、QQ阅读、云中书城、多看阅读、豆瓣阅读、熊猫看书、咪咕阅读、百度阅读、塔读文学、Flipboard、ZAKER、网易云阅读、知乎日报
阅读交流	豆瓣读书、读写人、榕树下、天涯论坛"闲闲书话"
知识问答	百度知道、天涯问答、新浪爱问、知乎、分答
线上百科	互动百科、百度百科、中国大百科全书数据库、中华百科全书、维基百科、不列颠百科全书、哥伦比亚百科全书、加拿大百科全书
自媒体阅读	博客：新浪、网易、搜狐、腾讯 微博：新浪、腾讯 微信公众号：为你读诗、不止读书、六根、绿茶书情、小刀崔、新周书房、做书、Across穿越、楚尘文化、拇指阅读、鲤newriting、东西文库、读易洞、逻辑思维、爱范儿、慢书房、读首诗再睡觉
资源订阅	一览阅读、深蓝阅读、Google Reader、InoReader、Feedly
文摘收藏	360doc个人图书馆、易集网、掰棒子、抽屉网、百度搜藏
网络笔记	印象笔记、有道云笔记、百度云记事本、麦库、xNote记事本、云笔记
资源存储	腾讯微云、百度云网盘、360云盘、115网盘、VDISK威盘网
资源搜索	网盘搜搜、搜盘网、ZhaoFile、veryCD电驴大全、麦库搜索、我的盘

第三章　乡村振兴背景下面向弱势群体开展阅读推广的路向

随着西部地区经济、文化、信息发展以及人们对图书馆信息文献的共享诉求日益增强，图书馆事业发展呈现多向发展路径，为弱势群体服务成为学界研究公共图书馆发展路向的话题之一。本章对近年来西部地区为弱势群体服务的情况做了归纳和总结，对西部地区为弱势群体服务路径研究提出建议。在此基础上，指出乡村阅读氛围不浓、示范带动作用不强等现实困境，制约着全民阅读活动的全面开展，针对乡村公众仿效意识较强的特点，探讨培育阅读推广人的作用机理，指出培育阅读推广人是推进乡村文化振兴的智力支持、增强乡村文化自信的利器、焕发乡村文化新气象的举措、促进全民阅读深入开展的保障、提升乡村图书设施利用率的手段，并提出培育模式和举措。

一、图书馆开展弱势群体读者服务的发展情况

（一）西部地区公共图书馆弱势群体服务的演变概况

西部地区公共图书馆为弱势群体服务受到了英美等国为弱势群体服务概念的影响，同时也受到了国家政策的影响。为了更好地了解西部地区公共图书馆为弱势群体服务的相关状况，有必要了解英美等国图书馆界对弱势群体的定义，同时以西部地区公共图书馆为弱势群体服务发展路向作为考察点，为西部地区公共图书馆为弱势群体服务研究找到理性发展思路。

1. 弱势群体服务及公共图书馆为弱势群体服务相关概念界定

20世纪60年代，弱势群体在英美等发达国家图书馆界被广泛使用。弱势群体包括残障人、文盲半文盲、社会底层群体、妇女、儿童、病人、老人等。图书馆为弱势群体服务指"在一般的图书馆服务之外或者替代一般的图书馆

服务而进行的活动或项目，旨在延伸到或者服务于某类弱势群体。"① 由此可见，为弱势群体服务在英美等国已被内化在延伸服务中。图书馆为弱势群体服务发展经历了"服务—延伸服务—为弱势群体服务"这样的逻辑位置和重要环节。应该说，图书馆为弱势群体服务和延伸服务并没有形成"替代使用"② 特征。在强调延伸服务的话语背景下，为弱势群体服务的提出更加具体，它的意义指向也更明确。

2. 西部地区公共图书馆弱势群体服务概况

在我国，弱势群体所包含的人群和英美等国有交叉，学界把弱势群体分为两类：生理性弱势群体和社会性弱势群体。主要包括"丧失或无劳动能力以及依赖性人群，如儿童、孤儿、老年人、残疾人、精神病人、长期病患者等特定群体"的生理性弱势群体，以及"由社会变迁、社会文化和结构因素造成的那些在就业和社会生活中长期处于不利环境的社群，如：下岗职工、贫困农民、进城的农民工、较早退休的'体制内'人员等"③。近几年来，随着图书馆延伸服务的大力提倡，为弱势群体服务从以生理性弱势群体为主向社会性弱势群体延伸。西部各地的公共图书馆无论在馆舍设置、设备购置、图书采购、服务方式和内容等方面都在积极探索，不断完善之中。从问题导向来看，西部地区很多公共图书馆所在地经济、文化比较落后的现状，决定了图书馆对弱势群体服务的定义很大程度上局限于生理性弱势群体方面，即使将社会性弱势群体划归于弱势群体行列，为他们提供的服务和一般生理性弱势群体服务没有本质区别。囿于弱势群体的定义局限性以及这些公共图书馆生存现状，西部地区公共图书馆尤其是一些少数民族聚居区、县级公共图书馆对弱势群体服务没能及时有效地制定服务方案，落实服务项目。部分地区公共图书馆虽然为弱势群体服务设有专门阅览室、借书架等，但鉴于为弱势群体服务是一项社会性活动，资金、资源、设备等无法有效保障，因而显得力不从心，无论生理性还是社会性弱势群体服务都不能得到切实保障。

---

① Lipsman C K. The disadvantaged and Library Effectiveness [J]. American Library Association, 1972.
② 王素芳. 国外公共图书馆弱势群体服务研究述评 [J]. 中国图书馆学报, 2010, (3)：95-107.
③ 李菁. 图书馆为弱势群体服务的思考. 图书馆服务与资源共享 [M]. 湖北科学技术出版社, 2011, (1)：293-299.

（二）图书馆在乡村文化振兴中开展弱势群体服务的职能作用

公共图书馆为弱势群体服务和乡村文化振兴有直接的关联，乡村文化振兴是图书馆为弱势群体服务活动的某种延伸。公共图书馆如何助力乡村文化振兴，让这一惠及农村群众的好政策真正发挥作用，成为一个摆在基层图书馆界面前亟待解决的新课题。

从文化视角出发，开展乡村文化振兴，首先应该找到该项行动发展的平台，在具体实践中，乡村文化振兴不能仅仅局限于宣传党的路线方针政策、国家法律、法规和党委政府的重大决策部署，更要了解群众诉求，解决现实困难，深入细致分析阻碍任务完成的各项不利因素或者亟待完善之处，推广"终身学习的理念，支持公民获得教育权的实现，帮助乡村公众成为学会学习的人，支持书香村社建设"[1]，在自我职能范围内发挥文化平台的最大效应。脱贫攻坚行动中已脱贫户或监测户大多数为老弱病残，缺乏或无劳动能力，文盲、半文盲者居多，缺乏文化产业、文化富民的意识，他们是真正的弱势群体。以困难群体为主要对象，在基层政府帮助支持下，集中深度开展文化宣传，致力于扶志、扶智，激励群众树立主体意识，公共图书馆无疑具备此项职能。

二、服务弱势群体的路径——分众阅读理念的推广

乡村振兴是脱贫攻坚的延伸，乡村文化振兴视角下公共图书馆为弱势群体服务路径应为：建好用好乡村图书馆，保证弱势群体享受阅读权利，开展课外阅读指导，促进农村儿童学习成长，开展主题培训活动，满足农民求知致富的基本需求，利用好视障阅览设施，保证残障人士阅读权益，开展送图书下乡，宣传文化政策及阅读理念，提供人才支撑，促进帮扶地区经济发展。

（一）建好用好乡村图书馆，保证弱势群体阅读权利

乡村图书馆理应作为乡村文化振兴的重要建设内容之一，尤其需要得到各级政府的高度重视，一批乡村图书馆的建成使用，如果再有一套良好的管理服务方式，肯定会对乡村文化振兴起到积极促进作用。从乡村图书馆赖以

---

[1] 蒋永福.图书馆学基础简明教程[M].北京：知识产权出版社，2012，(6)：206-208.

发展的基础条件农家书屋来看，有相当一部分村庄的农家书屋在热热闹闹挂牌后，就日渐门庭冷落了。造成农家书屋冷落的原因主要有，管理不到位，导致利用率不高。部分图书的内容陈旧，书刊更新速度慢，更新难度大。结合乡村文化振兴，政府主管部门、图书馆和各级基层组织应打破传统框框的束缚，大胆创新，勇于实践，从而摸索出一套搞好乡村图书馆的办法。一是开辟经营渠道，将乡村图书馆与村委会、学校、商店等结合，营造休闲娱乐环境，吸引更多村民特别是年轻人，让村民在轻松、愉快的氛围中，增加阅览书籍的兴趣。二是确定专人负责，提高管理服务水平，如基层政府和帮扶单位付给管理员一定的工资补贴，稳定管理队伍。三是推行县级图书馆统一指导业务的管理模式，定期组织管理员进行业务意识和业务技能培训，实行借书交纳押金和归还期限制度，保证图书财产安全，最大限度地发挥图书的使用效益。四是探索尝试以卫星、有线广电网络、移动平台等传媒技术推进"数字乡村图书馆"建设，也可构建"互联网+乡村图书馆"发展模式，逐步提高数字化水平。

（二）开展课外阅读指导，促进农村儿童学习成长

乡村文化振兴是乡村振兴战略的重要组成部分，文化要靠教育传承，教育离不开文化的积淀。在农村文化建设中理应看到教育的贡献，培育文明乡村风尚，离不开文而化之的力量，也应该发挥农村学校的作用，提升校园图书馆（室）建设水平。在乡村文化振兴中，各级文化部门、公共图书馆可以采取一系列有效措施，帮扶学校提高图书室利用率。一是向帮扶学校赠送适合未成年人阅读的馆藏资源。有针对性地精心挑选一批未成年人喜爱的文献，譬如绘画版、卡通版、电视剧版的改编名著，使未成年人在愉快的阅读中受到名著的熏陶。二是为帮扶学校设置未成年人经典读物专架。打破《中图法》编目规则，设立未成年人读物专架，并按年龄进行分排，避免儿童读书的盲目性。三是分类别分层次编制儿童推荐书目。推荐书目，是针对某一特定读者群或特定的目的，围绕某一专门问题，对文献进行选择性地推荐，以指导自学或普及知识而编制的书目。以教育部大纲规定的必读篇目为基础，结合学校藏书实际，编制校本推荐书目。四是通过集中培训使未成年人学会阅读。未成年人阅读推广工作，既要"授之以鱼"，更要"授之以渔"。可以通过举办课外阅读知识专题讲座，指导未成年人熟练掌握浏览、跳读、质疑和评价

等阅读技巧，养成摘录、制作读书卡片等良好的读书习惯。五是指导学校举办富有创意性的读书活动。比如与学校合作举办读书节、经典诵读活动，开展好书互换、推荐好书、未成年人读书会、阅读故事大赛等读书交流活动，引导未成年人读者阅读他们感兴趣的书籍。

（三）开展主题培训活动，满足农民求知致富的基本需求

乡村文化振兴就是要解决农村基层设施匮乏，尽力满足农民求知致富和丰富其精神文化生活的愿望。因此，应探索基层文化管理的新模式，重视农村文化队伍建设，积极引导爱好文艺的农民自觉地参与各种文化体育活动，有针对性地培训优秀的农村"乡土明星"等文艺人才，积极组织农民开展健康向上、丰富多彩、喜闻乐见的群众性文体活动，从而真正让村级文化阵地充分发挥作用。可以发动热心村里事务、具备文化素养和某项技能的乡村文化能人，尤其是具有美术、音乐、摄影、书法、剪纸和手工制作等专长的乡土人才，引导他们利用空闲时间参与村级文化活动、未成年人读书辅导、本地信息资源的收集整理、活动策划等工作，为本村文化建设服务。图书馆可以利用人才荟萃的优势，针对农村性别观念根深蒂固、留守妇女多、阅读领域不宽的问题，推荐适宜的书目（表3-1、表3-2），推动更多女性与书结缘，与书为友。开展多种帮扶活动，也可以与其他帮扶项目结合起来，邀请农业、水利、司法等相关部门到村文化活动室，开展丰富多彩的实用种养技术培训、法律知识、安全、生活、消费方面的专题帮扶讲座活动。通过开展各类活动，引导更多的农民走上求知致富的路径。

表3-1：推荐给女性的综合书单[①]

《第二性》《卡耐基写给女人一生幸福的忠告》《红楼梦》《简·爱》《居里夫人传》《飘》《围城》《苏菲的世界》《追忆似水年华》《查特莱夫人的情人》《一个陌生女人的来信》《我们仨》

[①] 万宇，王奕. 分众阅读读物给养头脑［M］. 深圳：海天出版社，2020，（1）：142-162.

表 3-2：推荐给女性的自传类书单[①]

杨步伟回忆录《杂记赵家》，《苏雪林自传》，毛彦文回忆录《往事》，任桐君《一个女教师的自述》，《我与悲鸿：蒋碧微回忆录》，董竹君回忆录《我的一个世纪》，《冰心自传》《丁玲自传》《王映霞自传》，陈学昭回忆录《天涯归客》《浮沉杂忆》《如水年华》，吴似鸿回忆录《浪迹文坛艺海间》《黄慕兰自传》《萧红自传》，杨绛回忆录《我们仨》，黄哲渊回忆录《离乱十年（1937—1946）》，刘德伟回忆录《一粒珍珠的故事》，张若冰回忆录《我的岁月我的歌》，范小梵回忆录《风雨流亡路：一位知识女性的抗战岁月》，高诵芬回忆录《山居杂忆》，林海音回忆录《城南旧事》，罗兰自传"岁月沉沙三部曲"《蓟运河畔》《苍茫云海》《风雨归舟》，苑茵回忆录《往事重温：叶君健和苑茵的人生曲》，杨静远《让庐日记》，李茵回忆录《永州旧事》，柳溪回忆录《我的人生苦旅》（重印时更名为《往事如烟》），《陈香梅自传》，聂华苓回忆录《三生影像》，新凤霞回忆录四部曲《童年纪事》《梨园引旧影》《艺海博览》《人世琐忆》，董冰回忆录《老家旧事：李準夫人自述》，张玱回忆录《水流云在：张元济孙女的自述》，杨小燕回忆录《我在中国的十九年：世界桥牌皇后自述》，乐黛云回忆录《四院·沙滩·未名湖：60年北大生涯（1948—2008）》，《人在旅途：於梨华自传》，方蕤回忆录《凡生琐记：我与先生王蒙》，杨勋回忆录《心路：良知的命运》，郁黎民自传《我这一生》，张戎自传《鸿：三代中国女人的故事》。

（四）利用好视障阅览设施，保证残障人士阅读权益

近几年，特别是国家实施图书馆免费开放政策以来，各级公共图书馆都非常注重弱势群体服务，探索为残障人士服务的路径，大部分图书馆都与民政局或残联等部门联合建成了残疾人阅览服务中心、视障阅览室或视障图书阅览专架，开展为残障读者上门服务，积极推介盲文图书，截至目前在弱势群体服务方面，已经显示了初步成效，拥有固定的残障读者且形成一定的社会效应。在乡村文化振兴中，千方百计改善农村地区残疾人生活生存条件的同时，也需要重视满足广大残疾人日益增长的文化需求，特别注重残疾人儿童阅读问题，推荐适宜的书目（表3-3、表3-4）。坚持为视障读者提供免费借阅、送书上门等帮扶活动，为他们提供真正的无障碍阅读，让更多的弱势群体享受到阅读的快乐。

[①] 徐雁. 秋禾行旅记 [M]. 南京：南京师范大学出版社，2009，(9)：300.

表3-3：推荐给特殊需要儿童的书单①

推荐给视障儿童书单	《一本关于颜色的黑书》《幸福在哪里》《面条乔闯世界》《来，闻闻大自然的味道》《杜莱百变创意玩具书：触摸想象大探险》《你是我最好的朋友》《彩虹汉字丛书（盲文版）·触摸阳光草木》
推荐给听障儿童书单	《听，什么声音》《大声回答"哎"》《我们要去捉狗熊》《听说小猪变地瓜了》《"可爱的鼠小弟"系列》《点点点》《谁藏起来了》《米莉的帽子变变变》《"14只老鼠"系列》《小蝌蚪找妈妈》《菲菲生气了》《自己的颜色》《威利和朋友》《这是我的!》《小种子》《地图》《中国童谣》《走进奇妙的数字世界》《向着明亮那方》
推荐给自闭症儿童书单	《"低幼感统玩具书"（全11册）》《"奇妙洞洞书"系列》《跟着线走》《小泥人》《"I SPY视觉大发现"（全8册）》《好饿的毛毛虫》《棕色的熊、棕色的熊，你在看什么?》《语言图鉴（全4册）》《地下100层的房子》《鳄鱼怕怕 牙医怕怕》《"相对关系概念图画书"（全12册）》《第一次上街买东西》《第一次去图书馆》《我爱幼儿园》《我的地图书》《哈利去医院》《抱抱》《脸，脸，各种各样的脸》《我的情绪小怪兽》《妈妈，我真的很生气》
"图书馆与自闭症儿童——阅读箱子计划"推荐书单	《啪!》《贝贝熊系列丛书》《44个有助于专注·平静·放松的亲子正念练习和游戏》《跑步，该怎么跑?》《会说话的海豚》《了不起的猴子》《法国最美科学艺术启蒙》《人体迷宫》《环游世界迷宫》《人体城市》《看!我的条纹》《多多的鲸鱼》《不一样也没关系》《喵星人都有阿斯伯格综合征》《发育障碍儿童诊断与训练指导》《数字在哪里》《田鼠阿佛》《自己的颜色》《彼得的椅子》《下雪天》《不可思议的朋友》《亚斯的国王新衣》《来自星星的约翰》《我的哥曾变身》《打开心中的那扇窗》《世界上最好的弟弟》《"可爱的鼠小弟"系列》《我的后面是谁呢?》《月亮，晚上好》

① 万宇，王奕. 分众阅读读物给养头脑[M]. 深圳：海天出版社，2020，(1)：142-162.

表 3-4：推荐给儿童情绪疗愈绘本解题书单节选

（按"书名—针对情绪—情绪困扰问题类型"排列）[1]

1.《妈妈的红沙发》——不安——灾难后重建新家园过程中的忧虑与不安；2.《小恩的秘密花园》——不安、寂寞——寄宿在外的寂寞与不安感；3.《大猩猩》——寂寞——单亲父母无暇陪伴；4.《开往远方的列车》——开始新生活的焦虑——14 位孤儿被送往新的居住地面对新生活；5.《小鲁的池塘》——悲伤、失望——同学过世的失落感；6.《爷爷有没有穿西装》——悲伤、失落——亲人过世的不解与失望；7.《獾的礼物》——亲人亡故的悲伤——长者离世衍生的难过情绪；8.《爷爷的天使》——学会感恩——爷爷对一生际遇的讲述带来的感悟；9.《爷爷变成了幽灵》——亲人亡故的悲伤——面对亲人过世；10.《爸爸的围巾》——感受父爱——对离世父亲的爱的感悟；11.《没有人喜欢我》——寂寞——无法融入同伴群体的孤独感；12.《没关系没关系》——成长——慰藉心灵、呵护；13.《和猪奶奶说再见》——悲伤、不安——面对亲人即将过世的恐惧与不安感；14.《再见了，艾玛奶奶》——悲伤、不安——面对亲人即将过世的不安；15.《长大做个好爷爷》——亲人亡故的悲伤——面对亲人过世的悲伤；16.《一片叶子落下来》——生长、死亡——一片叶子的生命，如何看待生命、生死；17.《何莲娜、老鼠和巨猫》——恐惧——面对恐惧的情绪；18.《我要来抓你啦》——悬疑、好奇、恐惧——面对恐惧的情绪；19.《第五个》——恐惧——面对黑暗与未知的恐惧；20.《鳄鱼怕怕，牙医怕怕》——恐惧——面对牙医的恐惧；21.《你睡不着吗?》——恐惧——面对黑夜的恐惧；22.《我的壁橱里有个大噩梦》——恐惧——对黑暗与未知的恐惧；23.《小凯的家不一样了》——手足关系——面对新家庭成员的到来；24.《彼得的椅子》——手足关系——面对新家庭成员的到来；25.《我要大蜥蜴》——与父母沟通——渴望饲养宠物遭到拒绝的烦恼；26.《生气的亚瑟》——愤怒——面对愤怒的情绪；27.《菲菲生气了——非常、非常的生气》——愤怒——面对愤怒的情绪；28.《小阿力的大学校》——担忧、不安——面对因新环境而衍生的不安情绪；29.《生气汤》——愤怒——面对愤怒的情绪；30.《是蜗牛开始的》——责备、愤怒——遭受他人恶言辱骂而产生的愤怒；31.《凯能行!》——自信、勇气——自信、勇气；32.《勇气》——自信、勇气——自信、勇气；33.《壁橱里的冒险》——恐怖、冒险——恐怖、冒险、反抗、友情；34.《梦的守护者》——未知、梦境——有关未知世界、梦境；35.《一个黑黑的、黑黑的故事》——悬疑、好奇、恐惧——悬念、好奇、恐惧、探索。

（五）开展送图书下乡，宣传政策及阅读理念

乡村文化振兴任务之一是宣传政策，让群众知晓帮扶政策及文化意义，这是开展后续工作的首要之举。问题是，脱贫攻坚行动中，已脱贫的群众以

---

[1] 陈书梅. 儿童情绪疗愈绘本解题书目 [M]. 台湾大学出版中心，2009，(12).

文盲、半文盲者居多，因此，应该选择简单易懂，容易宣传又贴近政策需要、农户需要的图书，才能达到预期效果。可以将党的政策、市情、文化以及技术等编成儿歌，易懂好记，将这些儿歌编成图书更能发挥长久效应。公共图书馆可以利用资源优势，挑选《12316三农致富实用技术》等系列图书，并积极开展阅读实用性宣传，使群众看到阅读的实际利好，改变阅读无用、浪费时间的观念。同时，将党委政府下发文件材料中政策性、文化性题材，以灵活的形式展开宣传，使农户很快明了乡村振兴的实质内容，起到事半功倍的宣传效果。

（六）提供人才支撑，促进农村地区经济发展

乡村振兴不是朝夕之事，需要很多方面因素的支撑，有针对性地为群众提供项目、电商和农业实用技术等信息，需要专门人才开展服务。图书馆作为文化传播机构，应该在发挥自身职能，开展文化活动的前提下，通过图书馆理事会等机构，协调相关部门，组织一批能提供相关实用知识、信息等服务的新型人才，组成文化义工队伍，共同开展阅读活动，既能使乡村文化振兴落到实处，又能拓展图书馆为弱势群体服务，尽到图书馆的责任。

总之，乡村文化振兴视角下公共图书馆为弱势群体服务是一个值得研究的课题。作为公共图书馆，应结合时代发展要求，在建设服务设施、完善服务职能、健全管理制度特别是对弱势群体服务等方面不断拓展，积极创新，关注弱势群体需求，将为弱势群体延伸服务作为图书馆建设与服务职能提升的重要组成部分，真正让乡村文化振兴成为传播和谐文化、学习科技知识、培训农村实用人才的惠民政策，真正发挥支农、惠民、富农的载体作用。

三、乡村振兴背景下阅读推广人培育模式的构建

实施乡村振兴，推进脱贫攻坚与乡村振兴的有效衔接，建设美丽乡村，是国家的重要发展战略。乡村文化振兴是乡村振兴的重要组成部分，文化自信的提升、文化生态的改善，都需要开展一系列阅读推广活动为支撑，农村公众的效仿力较强，建立健全阅读推广人的培育机制，发挥典型带动作用，是推进乡村阅读推广的有力举措。

（一）乡村文化振兴与培育阅读推广人的作用机理

1. 推进乡村文化振兴的重要智力支持

乡村文化振兴是乡村振兴的重要组成部分，乡村文化振兴首先需要良好的文化生态环境，而阅读场域的构建与阅读氛围的形成，是不可或缺的。经过多年的基础建设，乡村阅读的基本条件已经形成，但长期以来形成的实用主义理念，对阅读氛围的形成构成了受限因素。在众多受限因素中，阅读推广人的缺乏、缺失，成为乡村阅读推广的难题。从这个意义上看，培育阅读推广人，对推进乡村文化振兴具有一定的促进作用。

2. 增强乡村文化自信的重要利器

乡村文化振兴的一个重要方面，就是要引导农村公众提升对社会主义文化的认同感，树立高度的乡村文化自信。也就是说，文化自信的提升，需要以高度的文化自觉为基础条件。以重视教育、尊重乡贤、推崇民俗文化为基础的乡村文化弘扬，离不开以图书、阅读与活动为主体的阅读推广所发挥的作用。在广大的农村地区开展阅读推广具有一定的难度，需要熟悉乡情、文化与当地群众习惯的一批阅读推广工作者，这是开展阅读推广人培育的要义所在。

3. 焕发乡村文化新气象的主要举措

新时代需要新的文化气象。培育一批阅读推广人，发挥典型带动作用，整理、挖掘当地特色文化，开展图书荐读，引导文明乡风，通过"乡村图书馆+农业合作社""农家书屋+业态体验""学校+阅读活动"等方式，引导形成乡村阅读的良好风尚，把乡村阅读场所打造成农村公众的交流平台与"第三空间"，从而提升公共文化的正能量。

4. 促进全民阅读深入开展的重要保障

近年来，全民阅读连续九次被写入政府工作报告，全民阅读活动在政府与社会各界的合力推动下，取得了良好的效果。打造书香城市、书香校园、书香单位、书香社区的号角全面吹响，以城市为主体的阅读活动全面展开。但在广大农村地区，特别是西部欠发达地区，乡村阅读状况堪忧，影响着全民阅读工作的广度与深度。因而，更加注重乡村阅读推广，推动阅读活动进乡村，培育阅读推广人，成为推进全民阅读活动在更大范围开展的重要方向。

5. 提升图书设施利用率的重要手段

近十五年来，乡村阅读设施的建设得到了长足发展，以乡镇文化站、综合文化服务中心、农家书屋、乡村中小学图书室、新华书店乡村网点等项目工程为支撑，开展乡村阅读推广的基础条件初步具备，然而众多的阅读设施、图书和数字资源闲置的问题，长期以来也未能得到有效的解决。重点培育乡阅读推广人，大力开展乡村阅读推广活动，是破解这一困境的重要举措。

（二）培育阅读推广人的模式探讨

开展阅读推广人培育工作，需要党委、政府建构良好的工作机制，需要宣传、文化、教育部门的合力推动，也需要公共图书馆发挥应有的作用。换言之，乡村振兴，关键在乡村文化振兴；乡村文化振兴，公共图书馆先行。在以市级中心馆、县级分馆、基层服务点为重要组成节点的公共图书馆体系中，应当以市级馆为重点，发挥辐射带动作用。

1. 加入中图学会阅读推广人培育项目

承担阅读推广人培育的市级公共图书馆，应当加入中国图书馆学会的会员单位，只有加入会员单位，才可以参加一些培训活动，才有资格承办一些活动，获得中国图书馆学会线上的免费分享资源。市、县级公共图书馆的骨干成员可以申请个人会员，积极参加学会的高级别阅读推广人培训，为阅读推广人的培育提供条件和基础。

2. 成立地域阅读推广人培育机构

成立图书馆学会、阅读推广人协会，争取得到文化旅游、民政、社会科学界联合会等部门的支持、批复，制定章程，成立理事会，选出真正热爱阅读、热衷分享、善于协调、管理运营经验丰富的贤达人士担任理事长，公共图书馆、大中专院校图书馆、各县区图书馆、新华书店、各级学校为成员，召开成立大会，每年安排一次年会，开展论文、案例、经验交流，结集发给各单位、各乡镇、各村社。也可以加强与有关业务单位的联系，争取省级文化主管部门、省级图书馆的支持，在"三区"人才培训、文化工作者支持艰苦边远地区和基层一线专项培训等经费保障下，按照不同类别人才成长的评价条件要求，组织业务技能培训、比赛、评奖，以浅显易记的知识、经验交流与分享为重点，开展有利于学术、业务、实践融合的交流活动，促进基层人才培养，为基层人才成长提供交流的平台，以发挥公共图书馆的桥梁纽带作用。

3. 成立阅读推广人培育学术委员会

成立阅读推广人培育学术委员会，这一项工作有利于整体业务水平提升、学术氛围营造、科研成果转化与推广应用。在成立图书馆学会、阅读推广人协会的基础上，鼓励学会、协会成员依托自己的专长和研究成果，制作课件，参照国家和省市级先进的人才培育模式，在业务培训会上授课，主要参与成员为院校图书馆、新华书店、中小学图书室、农家书屋的部分代表和社会各界推荐的阅读推广人。课件先请委员会审定，进行试讲，成熟以后，予以安排。机制形成以后，不仅可以培育阅读推广人，经过几年的坚持，可以形成一项培育阅读推广人的模式，打造融合人才培养与读者服务业态于一体的图书馆体系。

4. 开展信息素养教育

公共图书馆有一项开展信息素养教育、指导公众怎样更好地利用图书馆和阅读指导的工作，这是给馆员的业务工作。可以考虑让具备条件的职工在图书馆讲课，主要对象为阅读推广人。可以利用报告厅、会议室等设施，打造周末阅读推广讲坛，以阅读推广人为主要对象，也可以动员各方面的志愿者共同参与，以构建推荐经典图书、阅读指导示范基地、乡村阅读推广业务提升的专业课堂为目标，指导他们更好地开展阅读推广，可以与学校、社会团体联办，坚持做几年，也可以形成一项阅读推广人培育的范式。

5. 开展研讨交流活动

积极参与中国图书馆学会的培训、交流和研讨活动，争取"阅读推广人"培训等一些全国性的活动，提升影响力。开展以主题图片、专题图书、地方文献、活动照片、非遗名物、特色旅游文化为主要内容的专题展览，组织阅读推广人参观优秀案例，开展交流探讨，开阔视野，借鉴先进经验，结合当地实际，改进提升并加以利用推广。

6. 培育阅读推广人队伍

制作邀请函、H5并推出公众号专题栏目，发放阅读推广人申请表，发动社会各界，寻找阅读推广人，只要喜欢阅读、乐于分享、普通话较标准、谈吐举止大方的各界人士都可以成为阅读推广人。为了打开局面，可以组织图书馆员工共同推荐、邀请有特长的人士加入，特别是围绕白名单的校外非课程类培训机构，邀请文化艺术类不同行业的专业人士加入阅读推广人队伍，为开展丰富多彩的阅读推广活动提供可能。可以通过定制、特约等方式剪辑阅读推广人宣传片，开展有吸引力的展播活动，为乐意参加的阅读推广人提供利于个人形象的展播服务。譬如，组织开展"爱阅之城、我光荣"阅读推广人短视频拍摄制作工作，主要推广某一本（或一至三本）本人喜欢的、积极向上的、大众接受的经典图书，或者以采访阅读经验，或者分享书本内的经典片段，或者推荐阅读方法、心得，或者介绍家庭藏书、阅读环境等内容，通过展播吸引更多的有识之士加入阅读推广人队伍。制定阅读推广人管理办法，实行参与活动与服务积分制度，对于优秀的阅读推广人及志愿者给予奖励与回馈。

7. 实行严格的培训考核及认证制度

开展阅读推广人专题培训，购买中国图书馆学会阅读推广人培训教材，探索分级制度，譬如，基础级阅读推广人的资格认证，可以通过培训积累学分加考试的方式，考核合格后颁发证书；提高级阅读推广人的资格认证，则要求必须参与观察、考察与研讨交流，提交有价值的阅读推广课程视频，或开展一场阅读推广活动，通过现场活动考察与考核后，再颁发证书。研究级的阅读推广人资格认证，可以设立课题、开展命题研究等方式，将现实工作中的困境作为研究方向，形成推动解决现实问题的应用型研究成果。建立阅读推广人信息库与社交群，在阅读推广活动中，通过邀请、自荐等方式，推荐最理想的阅读推广人参与活动，达到预期的活动效应。还可以坚持"一次考核认证、逐年培训提高"的方式，对于在库的阅读推广人，开展常态化的培训工作。对于考核通过、认证资格的阅读推广人，为其颁发证书与徽章，实行证书号网上查询制度，体现阅读推广人的权威。

（三）保障阅读推广人开展活动的配套措施

1. 学习借鉴优秀发展模式

学习借鉴平度模式，推行"行走的书箱"图书流通办法，在调查农民阅读需求的基础上，邀请专家推荐图书，主要配备文学、科技、家庭营养等类别图书，交由阅读推广人开展普及、荐读活动。学习借鉴"阅动全家·书香嘉兴"模式下的好宝贝、好家长、领读者三堂标准化课程的"三三三"课程设计[①]，推进儿童、家长和阅读推广人三者密不可分的发展模式。建立图书馆

---

① 许大文，胡萍，陆艳芳，郑昀. 公共图书馆乡村学龄前儿童阅读推广实证研究——以"阅动全家　书香嘉兴"为例 [J]. 图书馆杂志，2020，(6)：67-76.

驻村制度，推行无差别、普惠化的全民阅读，推行个性化、知识化的信息服务。参照中图学会书香社区指标体系等标准，建立基于欠发达地区实际的乡村阅读推广实践标准①，明确基本框架与专业标准，形成理念共识，指导乡村阅读推广活动的规划和实施，从整体上提升乡村阅读推广服务的绩效。推行"图书+民宿"的发展模式，建设乡村主题图书馆。譬如，主题旅游图书馆、主题报纸展览馆，促进旅游点与阅读点的结合，联项目、帮创建，打造民宿书屋、旅图驿站等项目，通过项目化发展，一方面提供就业岗位，创造经济效益，增强阅读的吸引力；另一方面提升社会效益，阻隔阅读盲区的代际传递。

2. 开展特色专题阅读指导服务

建设适宜乡村阅读的专题资源，以数字图书馆为依托，免费提供远程网络服务，建设农业生产主题信息资源、乡村经济发展资源、乡村振兴专题和农民工专题资源。联资源、帮解困，引导缺乏阅读意愿的人喜欢阅读，训练缺乏阅读能力的人学会阅读。动员大学生开展社会实践活动，组织开展"寻找阅读推广人"随拍比赛、"读书致富故事"征集比赛、主题诵读比赛等活动，挖掘民俗文化、原生态文化、"非遗"的特色，制作视频短片，把乡土艺人、实物、场景有机融合，开展高质量的研学活动。将乡村教师作为阅读推广人，组织未成年人开展绘本故事会等阅读、学习活动，提升阅读技能。联爱心、帮发展，开设乡村振兴大讲堂，以发放光盘、巡讲、直播和互动相结合的方式，提升乡村公众的信息素养和知识水平。推动特色数字文化产品下沉落地，拓展服务广度，围绕地域农村农业和特色产业发展实际，提供阅读信息、阅读咨询与阅读指导服务。

3. 提升信息技术利用的水平

以推进脱贫攻坚与乡村振兴衔接、公共数字文化转型升级为契机，正视乡村知识内容供给与信息服务方面的差距，对接信息化主体，打造乡村振兴服务平台，促进现代农业信息的整合，实现供给与服务的结合，联平台、强管理，探索统一标准、互相联通的云平台，统一标准、集中管理、平台共享、

---

① 刘丹. 图书馆阅读推广标准的建立构想［J］. 图书馆杂志，2020，（8）：82-87.

资源互通①，实现数字服务的转型升级，以促进西部欠发达地区服务效能的跨越式提升。在信息进村入户的均等性已经初步实现的基础上，以西部欠发达地区受教育程度较低的群体为重点，提升普惠式信息获取和文化传播的均衡度，建设乡村振兴图书馆、农民爱悦读图书馆，以解决农业农村发展中的知识盲点和关键技术需求等问题。

4. 探索适宜乡村的阅读推广理念

乡村阅读推广应当树立不仅是读书，还应读物、读人的理念，也应当树立社会教育和终身学习的理念。以推广主流价值观念为目标，破除普遍的标准化、均等化式的大水漫灌，在特色产业、经济基础、文化氛围、人力资源等多维度分析的基础上，实现知识和信息服务的精准滴灌。破除赠送财物式的授人以鱼机制，探索授人以渔式的发展动能撬动，在业务指导、培训与阅读技术支持上下功夫，提升阅读习惯，增强发展动能，激发内生动力，融入现代生活，实现精神与文化上的富裕。破除一对一帮扶的单兵作战模式，利用互联网、数字平台、5G技术，吸纳社会力量，实现跨行业合作、跨地域联动，推动资源和服务的合力攻关与一体运行。

---

① 薛卫双. 建立图书馆阅读推广专业标准及标准框架的构想与思路[J]. 图书馆理论与实践，2021，(2)：96-101.

第四章 阅读推广的保障机制：
总分馆与理事会

西部欠发达地区公共图书馆阅读推广的全面展开，必须有一套运行机制实现城乡之间、公共图书馆与社区之间的互联互通。社会力量参与阅读推广，政府应当明确进入渠道、参与方式、支持措施，这就需要讨论总分馆的建设与理事会的组建问题，以良性的体制机制，保障阅读推广活动的有序开展。

一、社会力量参与阅读推广的机制

（一）坚持正确导向，明晰社会力量参与阅读推广的方式

我国目前的阅读推广政策规定，国家或地方政府主要采取政府购买服务、税费优惠、冠名、表彰等方式，对社会各方力量参与阅读推广予以鼓励。随着国家关于阅读政策的出台、实施，各地也制定了适合区域实际的阅读条例、相关法规，从不同角度设置吸引、鼓励和引导社会各方力量开展阅读推广活动的条款。各个层面的法规、政策，为社会各方力量参与阅读推广提供了政策依据，凸显了社会各方力量参与阅读推广的地位和作用，更重要的是明确了阅读推广主体的法律责任、参与方式和奖励措施。

1. 组建社会化组织，自筹建设阵地

按照建设对象划分，社会各方力量参与阅读推广的方式有两种，一是组建公益性质的阅读推广社会化组织或者基金会；二是自筹资金组建阅读推广主体，国家法律规定可以自筹资金组建图书馆。

2. 捐赠资金，实施阅读项目，主办阅读活动

社会各方力量可以向阅读推广机构、组织捐赠资金或阅读服务，也可以实施基础设施建设、文献资源建设、阅读推广平台建设项目，还可以主办阅读推广活动。

3. 提供场地、设备或物品

社会各方力量可将自有的场地、设施或物品，通过转借、免费开放等方式，用于开展阅读推广活动。

4. 参与阅读推广活动的运营与管理

《公共文化服务保障法》明确支持社会各方力量参与公共文化场馆的运营与管理，西部地区可以依据法律、政策的指引，将社会各方力量参与运营、管理的条目，纳入本地公共文化服务实施办法、全民阅读条例之中，结合当地实际进行适当拓展，支持社会力量开展阅读推广活动。

5. 参与法人结构治理

《公共图书馆法》明确规定，公共图书馆法人结构治理工作，可以吸收社会各方力量参与决策、管理与运营，这一规定为社会各方力量参与公共图书馆决策、提案、监督提供了依据，也为阅读推广活动开拓了更为多元的渠道。

6. 志愿者服务

《公共图书馆法》鼓励社会各方力量为阅读推广活动提供志愿者服务，通过志愿者服务推广阅读理念、开展阅读活动、助力书香社会建设。开展志愿者服务也可以为公众提供一个参与社会实践活动、实现自身价值的平台，通过志愿者服务活动，自然而然地助力阅读推广活动的开展。

7. 参与阅读推广的监督与考核

《公共图书馆法》明确规定公共图书馆应当接受社会各方的监督，应当吸纳社会各方力量参与服务质量、服务水平的考核。社会各方力量参与公共图书馆的监督、考核、评估，客观、公正地考核公共图书馆阅读推广的效能，对于规范阅读推广流程、完善服务机制是具有积极意义的。

引导社会各方力量参与阅读推广，最根本的目的，在于为读者提供更优质的阅读服务，提升全社会引导公众阅读的能力与效益。西部各地公共图书馆在与社会各方力量共同开展阅读推广活动时，需要把正确的导向贯穿始终，坚持以人民为中心、社会效益至上的导向，在政府主导、监管之下，对社会力量提供的阅读服务，特别是围绕未成年人开展的阅读推广活动，必须把意识形态审核作为前置条件，用经典的图书、正能量的活动、主文化的思潮引领阅读风尚，占领阅读推广主阵地，发挥时政宣教功能，开展思想宣传教育工作。

（二）依托社会各方力量，推行小连锁阅读推广模式

公共图书馆与社会各方力量合作开展阅读推广的前景广阔，并已进行了很多有益的探索。由于不同行业有不同的服务人群，社会各方力量在经营主业的同时，与公共图书馆合作，可以使阅读融入群众生活的方方面面。通过学习成功经验，选取几种模式，以期为西部欠发达地区各级公共图书馆提供借鉴。

1. 图书馆分馆进主题酒店模式

北京市西城区图书馆与皮影文化酒店开展书香酒店合作项目，提供基于手机 App 的适宜电子期刊，配置突出地域文化特色的专题纸质文献资源，定期举办主题读书活动，以公助民营的模式为读者提供阅读服务。

2. 图书馆分馆进菜市场模式

上海市虹口区图书馆注重农民工子女的教育服务，在多家菜市场安装专业服务器，以免费连接 Wi-Fi 的方式，提供教育视频、经典影视、主题讲座和适宜阅读的电子书刊等资源。

3. 图书馆分馆进蛋糕店与奶茶店模式

浙江省绍兴市越城区图书馆在多家综合式蛋糕、奶茶店，安装图书自助借还设备，开展图书的通借、通还业务，读者在蛋糕店、奶茶店休憩的同时，通过手机扫描二维码，即可完成书刊借阅，形成了轻松、快乐的阅读模式。

4. 图书馆分馆进农家乐与景区模式

浙江省临安市图书馆探索书刊资源进农家乐和景区模式，在星级农家乐布设图书角，在小巧、精致、适宜休憩的景区布设读者小屋，按照游客数量的不同，制定图书角或书屋面积、书刊数量、人员规模等标准，与当地其他农家乐、相关景区、农家书屋或县级图书馆，每三个月开展一次书刊交换、流动。

5. 图书馆进广播读书节目模式

湖北省武汉市图书馆与当地广播电视台合办的"悦读武汉"主题读书节目，开展一系列主题阅读推广活动，由图书馆负责提供节目内容，广播电视台实施阅读节目的技术编创、持续播出和后续服务，节目创意与传播的效果良好，收听率实现不断提升，广受读者青睐。

6. 图书馆进网络品牌直播模式

四川省图书馆与网络品牌直播企业合作，推广基于主题讲座的网络直播服务，直播结束以后，随时可回放收看收听，解决了图书馆开展的线下传统主题讲座时间、空间受限问题，发挥了专家、学者主题讲座内容的最大价值，收视率比较高。公共图书馆通过与品牌线上企业合作，运用网络直播的方式开展阅读推广活动，也是一种基于互联网技术、新媒体平台，与图书馆主题内容建设有机融合的有益尝试。

上述六种公共图书馆拓展阵地的发展模式，也是近年来把"互联网+"的理念落实到"图书馆+"①的实践范例，西部地区的公共图书馆可以结合各地实际，引导社会各方力量，寻求体现特色的思路，探索行之有效的途径，推动图书馆进驻主题酒店、菜市场、蛋糕店、奶茶店、农家乐、旅游景区、广播读书节目、网络品牌直播，建设新型的、小连锁式的阅读推广阵地。

（三）构建良好公益环境，激励社会力量参与阅读推广

阅读推广事关社会各个方面，仅靠公共图书馆是难以推开的。这就需要西部各地政府部门通过公益环境的构建、激励保障机制的建立、开放包容评价理念的树立、丰富多彩主题活动的开展等举措，激发社会各方力量参与阅读推广的原动力。西部欠发达地区的各级政府需要借鉴发达地区的经验，重视社会公益环境的培育，从体制机制和顶层设计上体现出对投身公益性阅读活动社会力量的支持导向，让关注社会教育、从事阅读推广的社会各方力量，得到应有的精神鼓励、舆论支持、荣誉奖励等回报，通过看得见的利好措施，鼓励、支持、吸纳各方力量参与公共图书馆阅读推广，为各方力量参与社会教育提供政策、环境等基本条件。

西部各地应当对公益性的社会各方力量，参与阅读推广活动采取包容心态，在开展正能量的阅读推广活动前提下，只要社会力量要求的回报是合法的、合理的、正当的，就应当考虑给予回应，保护、鼓励各方力量参与阅读推广的积极性。应当建立开放、包容的公益动机评价观，承认各方力量参与

---

① 张惠梅．"图书馆"公共图书馆创新发展的案例分析［J］．河南图书馆学刊，2018，（01）：27-29．

阅读推广的动机差异性，采取开放、公正的态度评价公益行为动机，在此基础上进一步加强沟通、交流，以期达到更多目标的一致性。同时，应当建立科学、合理的激励机制，通过社会肯定、价值认可、精神激励等途径，满足社会各方力量参与阅读推广的回报需求。譬如，尊重投身阅读推广公益活动的企业、阅读组织、社会机构意愿，实施"一事一议"的回报事项，通过典型宣扬、荣誉表彰、机构冠名、提供专业支持、吸纳为图书馆理事会理事、宣传企业文化特色等合法合规、合情合理的激励方式，以达到良好的激励效果，形成社会各方力量参与阅读推广活动的良好氛围。

西部欠发达地区的各级公共图书馆在组建理事会或与各方力量合作开展阅读推广过程中，也应当树立包容、开放的公益理念，破除绝对化的公益思维，让出资或付出的社会各方力量不要回报，完全体现慈善的义举、大爱，是比较理想化的模式，但不会放之四海而皆准。在市场化的经济时代，特别是西部经济欠发达地区，甚至是脱离实际的，拿理想化的大爱、义举来要求资助者，容易造成不可持续的局面。在工作实践中，公共图书馆需要改变有多少免费开放经费，就办多少阅读推广活动的思维，主动与社会各方力量联系，将有意于参加阅读推广的企业、阅读组织、有识之士纳入理事会成员，或者邀请开展座谈交流活动，尊重社会各方力量的意愿，以交流、认同、互信为前提，以平等、协商、互利为基础，在听取各方力量助力阅读推广的意向基础上，制定图书馆活动计划，提供企业、组织、个人需要的专题服务，以换取公益投入，真正找准共同目标的"公约数"、多元共赢的"交集点"，提升引入社会各方力量参与阅读推广的现实可行性。

（四）吸纳社会力量进入理事会，共同开展阅读推广

如前所述，《公共图书馆法》规定，公共图书馆法人结构治理可以吸收社会各方力量参与决策、提案、监督，这一规定为社会各方力量参与公共图书馆决策、运行提供了依据，也为阅读推广活动开拓了更为多元的渠道。理事会机制可有效调动图书馆及社会各方力量的创造性与主动性，提升阅读服务的效能，因而在西部地区公共图书馆推广势在必行。

西部各地公共图书馆在理事会的组建上，需要健全运行机制，明确理事会在决策、执行、监督各个环节的权责和工作方式，规范职责、职权及工作制度，选择理事会成员，制定理事会《章程》，召开理事会议，选举产生理事

长、监事长，明确决策事项、决策权限、决策形式，提供一套包含目标、任务、内容、措施的系统方案。

从当前成立的公共图书馆理事会来看，理事包括社会各方力量，有的来自高校，有的来自科技协会，还有的来自当地知名企业。笔者认为，西部地区各级公共图书馆理事会的代表，还应加入来自新华书店、图书馆分馆、乡村图书馆及农家书屋等密切相关的代表。可以将图书馆街道社区分馆、新华书店作为城市阅读推广服务的主要平台之一，将乡村图书馆、农家书屋作为农村阅读推广的主阵地，开展阅读推广服务。图书馆分馆、新华书店、乡村图书馆、农家书屋等代表的加入，可以为阅读推广活动提出更为合理的意见建议，助推阅读推广活动的多元化开展。

由理事会主持开展阅读推广活动，是公共图书馆运行方式转变的产物，可以使阅读推广实现常态化、逐步机制化。理事会在公共图书馆组织开展的各项活动，能调动有关力量参与阅读推广的积极性，提高公共图书馆的服务效能。因此，西部欠发达地区可以选择组建理事会，作为社会各方力量参与阅读推广的有效模式。

西部欠发达地区各级公共图书馆可以发挥理事会作用，引导社会力量参与阅读推广，通过理事会成员、开展合作的各方力量，带动该区域内学校、新闻媒体、协会、企业、个人等社会力量参与，通过开发文化公开课，传承优秀传统文化，推广地域特色文化，推进中华文化新媒体传播，共建成熟的阅读推广模式。

沿海发达地区公共图书馆很早就建立了公共图书馆理事会，并发挥了应有作用，西部地区公共图书馆建立理事会的单位还不多。以率先建立理事会的P市图书馆为例，通过理事会成员，带动该地区企业、学校、新闻媒体，利用各个节点、阅读节等，搭建长效、成熟的阅读推广模式，为西部地区社会各方力量参与阅读推广提供了借鉴。譬如，P市图书馆吸引社会各方力量参与，为传统文化促进会、心理研究学会、家庭教育学会及开办城市书房的企业，提供必要的场地、人力、经费等支持，邀请密切合作的社会组织、协会、企业入驻图书馆，开展紧密型的合作，打造"周末家庭教育讲坛""心灵家园""心理辅导"等公益性主题实践活动，成为学校、单位、个人主动参与阅读推广的特色品牌，体现了主动性、公益性、常态化的良好社会效应。

二、西部公共图书馆总分馆建设的机制

(一) 现状与困境

1. 公共图书馆总分馆的由来及发展

阅读推广的全面展开，需要一套运行机制实现城乡之间、公共图书馆与社区之间的互联互通，总分馆是当前公共图书馆建设中的热点问题，也是较难解决的问题。总分馆起源于20世纪中后期，美国、英国、日本等发达国家在城市公共图书馆实行总分馆制的运行模式，这一模式由于特有的体制机制，比较成功。改革开放以来，我国经济发展较快的大城市，在不改变公共图书馆行政隶属关系的前提下，以建立业务指导、图书流通的机制为主要内容，形成了具有中国特色的公共图书馆总分馆模式。目前，这种公共图书馆总分馆建设机制，在大多数一、二线城市被推广应用，在城市范围内形成了比较成功的运营模式。

2. 西部各地网络层面总分馆体系的建构

西部地区公共图书馆总分馆建设工作，按照国家五部委《关于推进文化馆图书馆总分馆建设的意见》要求，2017年以后各地都出台了建设意见和方案，基本的建设模式是以市州级图书馆为中心馆、县区级图书馆为总馆、在乡镇的中心村，或者条件较好的行政村，依托乡镇综合文化服务中心、农家书屋建设图书馆分馆，不具备建设分馆条件的行政村以农家书屋为基础保留服务点。在这种建设模式下，技术平台、分类指导由市级公共图书馆负责，统筹调配、业务培训由县级公共图书馆负责，硬件建设、人员配备、日常运行由乡镇政府负责。

从网络层面的总分馆体系建构来看，在实际运行中，西部各地通过委托专业公司建设网上阅读平台，在城乡各服务点配置电子借阅机等方式，有一些成功的尝试。这种运行模式，投资数十万元，就可以实现数十万册电子书刊、几万个音视频资源的网上共享，这样的资金投入体量平均到城乡的各个服务点，每个服务点的花费就几千元。以西部的J县、L县为例，可以说明这一问题。J县所在的市政府与各县区签订总分馆制建设目标责任书，市县两级财政投入94万元，为乡镇分馆配送图书、书柜、桌椅等借阅设施，采取召开推进会、举办培训班、外出学习考察等措施，推进总分馆建设。J县总分馆建

设，重点实施乡村阅读计划，以县级图书馆为总馆、乡镇综合文化服务中心为分馆、行政村和社区为服务点，为160多个乡镇分馆和行政村、社区服务点配置阅读机，提供24小时无障碍、无边界的网络下载阅读服务。从投入来看，J县基于总分馆理念的网上服务模式，由财政列支15万元，通过公开招投标，选择专业公司，委托开发全民阅读云平台，实现12万书刊、2万音视频资源共享，公众可在160多个服务点注册账户、接入平台，实现免费阅读。县级财政投入的资金，平均到每个服务点不到1千元。L县总分馆建设中，县级财政投入30万元，购买专业阅读共享服务软件，建立了图书馆总分馆业务自动化管理系统，获取近21万图书文献、音视频等资源的免费阅读授权，在141个行政村的农家书屋安装电子借阅机，公众在电子借阅机上选择需要阅读的图书，通过扫描二维码的方式，实现在手机App上免费阅读。通过实例数据分析，可以看出这种模式的优点在于投入小、有成效、可推广。弊端在于，基于网络平台共享的数据是专业公司以追求利润最大化为前提，通过各种渠道汇集的书刊和音视频资源，这些资源一般会在全国各地重复购买使用，但并不一定符合地域实际、图书馆意向和各方面读者的需求。

3. 网络层面的总分馆模式，并不适宜在未成年人群体全面推广

从未成年人阅读推广的角度来看，这种基于手机App扫描电子借阅机二维码，实现电子资源共享阅读的模式，在西部地区未成年人群体中推广的普遍程度并不高。主要有三个方面的限制。一方面，西部地区的大多数农村地区，未成年人群体普遍没有手机，在大规模传染病传播等一些特殊时期，西部地区的广大农村学校，都无法实现全员网上教学，足以说明这一方面的限制。另一方面，从未成年人的成长来看，收听具有正能量的公开课、网课，需要使用手机，也可以使用手机，但长期读"屏"的阅读方式，对未成年人的健康成长会带来较大的负面效应。同时，专业公司以盈利为出发点，制作的数据资源，虽然在监管部门的约束下，内容建设的意识形态导向性，不会出现大的偏差，也有一些传统的经典名著，但缺少课外阅读所需要的经典图书资源。因此，对于未成年人群体而言，这种模式并不是可以全面推广的典范。

4. 西部图书馆总分馆体系建构还不成熟，农村地区缺少阅读资源

在实体层面，国内真正成功的公共图书馆总分馆模式，多集中于经济发达地区或者城市社区，除了地方财政丰厚的资金保障、城乡一体化程度较高的优势之外，主要得益于便捷的交通网络、发达的物流网络体系，因此实现了中心馆、总馆与分馆之间的图书统一配置、统一管理、互相流动和通借通还。从实体层面的建构来看，西部各地的公共图书馆总分馆建设，在城市通过小连锁的形式，形成了可复制、可推广的模式。譬如，X县公共图书馆总分馆建设中，通过安装自助借还设备的方式，在城市的各街道、各社区分馆建立自助书屋，通过便捷的交通和物流，实现了图书的通借通还服务。Z县公共图书馆总分馆建设中，与民营企业合作，委托社会力量参与总分馆服务管理，在街道、社区建起多个城市书吧，这种小而精的服务方式，深受市民欢迎，由于低收费的服务模式，也广受游客好评。L市选择人流密集的公园、广场、社区建成了6个城市读者书房，每个书房投资115万元，配备图书5000册，每年更新一次，图书由公共图书馆提供，资金由政府投入，建成后通过政府购买文化服务的方式，将服务和活动外包给专业公司，规定每周开放的时间，配备自助借还设备，安排人员值守，要求每年开展活动20至25次，实现了通借通还，参与阅读活动的读者较多，每个书房每年服务群众6万余人次。在人口较少的街道社区，建设读者书柜，每个书柜投入6万元，配备图书500余册，并要求每年开展3场活动，资金由政府提供，实现了家门口有书读的良好局面。L市还尝试由文化企业建设读者小站，利用企业的资源优势，开展多种文化活动，取得了良好的成效。

  然而，在广大的西部农村地区，由于未能破解图书流动、通借通还和管理人员待遇的问题，这几个难点的存在，使得乡村尤其是偏远村的阅读推广问题，至今未得到有效解决，也可以说是较难实现的一个运行机制问题。究其原因，西部地区由于经济欠发达，基层公共图书馆除了固定的免费开放经费、有限的购书经费外，基本没有其他经费预算，即使国家配备了流动图书车，但没有专项经费保障的情况下，多用于城区的有关活动，或者有限的图书下乡等主题活动，很少有基层公共图书馆能将其用于城乡之间常态化的图书流动、通借通还业务。

  以L县公共图书馆总分馆建设为例，依托16个乡镇综合文化服务中心建成图书馆分馆，依托141个行政村的农家书屋作为图书馆服务点，将乡镇、行政村的图书资源录入县级馆数据库，实现了资源、平台、编目、借还和服务的五个统一，初步实现了21万册图书的通借通还。在图书借阅方面，为分馆和服务点配备电脑、图书借还扫描设备一套，实行全县统一的借书卡，读者在总馆、分馆选借的图书，可以在服务点还书，在服务点选借的图书，也可以在其他服务点或者总馆、分馆归还。从实际运行的情况看，由于L县为高海拔的民族地区，以图书流动车为通借通还保障的运行模式，出现了不可持续的局面。开始每个月配送、流通1次图书，坚持四个月后，变更为两个月流通1次，一年后又变为半年1次。出现这种境况的关键原因在于，县财政为公共图书馆总分馆建设一次性投入30万元后，每年再未预算用于总分馆运行的专项经费，加之好多行政村图书流动车无法到达，又面临无专职司机等一系列问题，因此维持起来特别艰难。从借书卡办理情况看，由总馆统一设计的借书卡，分馆、服务点和总馆一样，公众办理借书卡需要缴纳一百元押金，调研的1个分馆、3个服务点中，办理借书卡的人数平均为3至5名，多为乡村干部或学生，实际办理中并未缴纳押金。从图书借阅情况看，借书的读者多为中小学学生，但利用率并不高，实地调研的1个分馆、3个服务点，均是总馆精心挑选的、条件比较好的点，运行一年来，2个服务点无借阅记录，1个处于乡政府所在地的分馆，仅有3名乡镇干部和管理员的借阅记录，另一个服务点所在村有学校，出现了21名读者的借还记录；调研中询问得知，21条借阅记录，是分馆在学校进行宣传，与学校开展合作，免除押金，由学校负责图书收回，在这样的人性化、个性化引导下，出现了学生正常借阅图书的情况。

  从这个角度说，实体层面的总分馆建设，还存在数量不多、质量不高、实效不好的问题，还停留于发文、挂牌、试点的层次。在调研中发现，在总分馆制建设中，有的地方将人、财、物等困难和问题，抛给没有解决能力的图书馆，责任角色错位，致使总分馆建设难以落实。个别县统计显示已经全面完成任务，但在实地询问图书馆负责人时竟称"这项工作没有开展"。其实，对总分馆建设的重视不够、缺乏强有力的经费保障，这些并不是总分馆在阅读推广中的核心问题，举步维艰的关键在于图书物流配送和管理人员两个方面的缺项。一方面，印刷本阅读资源和服务向乡村的延伸还没有到位，也就是说没有解决好图书流动的问题，核心问题是没有物流的支持，使得通借通还的业务无法常态化开展。另一方面，是农村公益性文化岗位的落实还不到位，表现在人员、报酬、职责三个方面的不到位，或是未配置公益性文化岗位人员，或是图书管理员的岗位移作他用，或是因为农家书屋无人问津，职责无从发挥，这一问题将在第四部分具体分析，这里不再赘述。

从乡村学校图书室的建设来看，随着前几年撤点并校政策的实施，许多学校的图书室由于合并，图书的总量增加了，符合教育均等化验收的数量标准，但因为所合并的学校，原有图书配置基本雷同，合并后仅仅增加了复本的数量，达标后就不再添置新书，多数乡村学校采购新书失去了政策、经费支持，而原有的图书比较老旧，不符合未成年人的阅读意愿。在西部没有学校的众多农村，仅有村村雷同的一千余册农家书屋图书，适合未成年人阅读的书刊较少，加上多年以来不再流通，也未大规模补充、更新，这种境况使广大农村地区，特别是偏远地区适宜课外阅读的资源短缺问题依然存在。

5. 西部各地总分馆资源共享的状况

首先，图书资源层面的共享。目前，西部各地的公共图书馆总分馆业务建设，在电子资源目录方面实现共享的程度较好，电子资源、自建数据库都已实现共享，或者正在建构共享的平台，或者有实现共享的条件，即政府列支数十万元即可实现共享。各类图书目录数据初步实现共享，在资金投入力度较大的地区，读者可以在网上平台找到某一本所需图书的版权信息和所藏图书馆名称，即使投入较少的地区，至少在省级馆能通过自助查询设备，查到某一本所需图书的相关信息。但对于印刷本图书、文献资源而言，虽然可以查找到总馆、分馆的藏书分布情况，但馆藏资源的电子化程度较低，纸质图书漂流、文献资源通借通还的问题，还没有得到较好的解决，需要读者到所藏馆借阅。

其次，设备技术层面的共享。由于现代网络信息技术的发展，网络层面的总分馆体系建设，相对比较容易实现，实现程度与地方政府的支持力度成正比，也与资金投入额度成正比。笔者曾参与某个省的公共图书馆总分馆调研，在调研基础上召开了全省的建设推进会，从调研与反馈的情况看，纳入总分馆的各服务点，都可以使用总馆的阅读服务平台，在服务器和设备等方面，也都可以实现共享。

再次，服务模式的共享。通过对已经实现的总分馆建设模式调查，分析其特点可以发现，总馆与分馆之间形成了基本相同的服务模式，各种活动多以自上而下的方式开展，主要形式为传统的讲座、展览、征文、知识竞赛、演讲比赛，以联合开展的方式，能够贯通县乡村三级，提升公众的参与度。

（二）思路与机制

笔者结合农村物流配送、人员配置的现状，在开展专题调研的基础上，提出建设公共图书馆总分馆体系的初步思路。

1. 以小连锁的经营方式，在街道社区建设城市书房或自助读者小屋

制定"书香城市"建设指标体系[①]，形成总分馆基础保障机制、阅读推广活动与氛围营造的体系化目标。在城市街道和社区图书馆总分馆建设上，可以通过安装自助借还设备的方式，在城市的街道、社区分馆建立自助书屋或读者小屋，或者推动图书馆进驻主题酒店、菜市场、蛋糕店、奶茶店、旅游景区，建设新型的、小连锁式的阅读推广阵地。在这些阵地建设上，以图书馆为主体，配置一批适宜阅读的书刊，通过便捷的交通和物流，可实现图书的通借通还服务。也可以在公共图书馆理事会的框架下，将街道社区负责机构、有关民营企业吸纳为理事会成员，由街道、社区提供建设用房，提供必备的水电暖设施等基础条件，委托社会力量参与总分馆管理服务，以小连锁的形式，在街道、社区建起城市书房，注重配置符合课外阅读的漫画、图画、绘本和文学、科幻类经典图书，提供低收费的水果、糕点、饮品，通过小而精的服务方式，为市民服务。

2. 开展"读者选借新书、公共财政买单"业务

从发展的眼光来看，随着国家对农村文化建设工作的重视，未来农家书屋的升级版——乡村图书馆的建设势在必行，可以把农家书屋升级工程——乡村图书馆建设成为公共图书馆分馆，推行图书借阅"一卡通"服务。由公共图书馆的理事、合作伙伴新华书店拓展建设基层站点，在图书更新配送上，由邮政公司负责图书流动的物流业务，开展"读者选借新书、公共财政买单"项目，从而探索出一条西部农村地区开展阅读推广的解决之路。

在公共图书馆总分馆架构上，将市级图书馆、县级图书馆、乡镇综合文化服务中心、农家书屋连成一线，在市级图书馆设立中心馆、县级图书馆设立总馆、乡镇综合文化服务中心设立分馆、农家书屋设立服务点，形成由市

[①] 周燕妮，聂凌睿，马德静. 书香社会全民阅读导论［M］. 深圳：海天出版社，2017，(4)：238.

州—县区—乡村图书馆和服务点构成的公共图书馆总分馆体系。在场馆面积上，中心馆、总馆的建筑面积应当根据其服务人口比例确定，可以参照《公共图书馆建设标准》（建标108-2008）执行。乡村级分馆的建筑面积、各类功能用房使用面积，在国家未明确乡村图书馆建设标准之前，可以参照乡镇综合文化服务中心建设标准。

在人员配备上，中心馆和总馆按服务人口2.5万人（"标准为1万人—2.5万人"①），配备1名工作人员，其中专业技术人员占在编人员的75%以上。分馆一般应配有2名以上具备从业能力的专职工作人员，有条件的可配备2名兼职协管员。行政村服务点，为每个村落实1名公益性文化岗位，由县级财政拨付专项经费，发放岗位补贴。在服务内容上，中心馆和总馆服务内容按公共图书馆评估定级标准要求落实。乡村分馆结合实际，应当量化规定服务内容。譬如，可以规定每天服务时长不少于2小时，每周至少5天。

在运行模式方面，在西部各地政府的主导推动下，由财政、文化、教育、邮政部门和新华书店联合发文，明确乡镇人民政府作为建设主体，提供建设用房和必备设施，财政给予新华书店一定的经费补贴，新华书店在各乡镇开设门店，除正常的教辅等图书销售外，选择一批正版、经典的课外阅读图书，开展"读者选借新书、财政买单"业务，读者选借新书后，直接可借走，新华书店与公共图书馆通过网络云平台，实现借阅记录共享，并将借阅记录提供给学校，由学校负责催收图书，未成年人学生将图书归还至图书馆分馆或村级服务点。在图书流通上，则由邮政部门通过物流配送的方式，将图书配送至图书馆分馆或服务点。选借的图书成本、物流配送成本由县级财政承担，由文化行政主管部门提供金额，财政部门将资金拨付给新华书店、邮政公司。这种模式，可以使分馆、服务点图书更新常态化，逐步实现县图书馆总馆、乡镇分馆、村级服务点三者之间的图书通借通还。

3. 发展以"乡村阅读计划"为载体的数字阅读服务

西部欠发达地区总分馆建设应当注重软件建设，可以引进数字文化企业，开展专业的信息化平台建设，购置有关数字文化设备，将数字阅读服务延伸到乡村，创建国家公共文化服务示范项目。结合公共图书馆总分馆建设，由

---

① 金武刚. 全面构建现代公共图书馆制度——关于《中华人民共和国公共图书馆法》的学习与研究 [J]. 图书与情报, 2018, (1): 14-14.

省级统筹设备经费，市、县级财政保障资源更新和设备维护经费，在市级图书馆实施智慧图书馆、AI智能化、"智慧云"数字公共图书馆平台建设项目，建设公共图书馆大数据中心及物联网智慧平台，为图书馆总分馆提供平台支撑和技术保障，统筹制定总分馆制建设标准、服务标准、技术标准和数字资源建设标准，落实资源优化配置、分类指导等职能，面向分馆人员提供业务辅导，开展分层次、有梯度的信息技术知识培训。

在县级图书馆建设图书馆总分馆业务自动化管理系统，同步配套阅读共享云平台，实现与乡村的互联共享，为乡镇（街道）、行政村（社区）配置公共电子阅读设施和手机终端。在乡镇（街道）分馆，设置图书自助借阅机；在行政村（社区）服务点，建立"微阅读"手机客户端，供成年人使用。

如前所述，当前推行的网络层面总分馆模式，并不适宜在未成年人群体中全面推广，主要原因是适宜未成年人的资源少，长期"读屏"会对未成年人成长带来负面影响，西部地区广大农村的众多未成年人没有手机。正因为如此，在未成年人群体的服务上，西部地区可以借鉴广播电视"户户通"的形式，由通信部门提供技术支持，将阅读资源接入电视机，提供未成年人适宜的内容，打造未成年人数字服务平台，满足未成年人阅读需求。

4. 探索推行公共图书馆分馆进景区的模式

西部有条件的公共图书馆，可以在旅游大景区建设读者驿站，提供游客休憩的饮品、用品，征集诗歌、散文、小说、地方史、摄影、歌曲、戏曲等类别的地方图书，精选本土书画作品、民间工艺品、音像光碟制品，与作者或拥有者签订代售协议，代售具有西部风情的地域文创产品，构建当地市民与游客共享的阅读空间、文化产品展销中心。也可以在乡村旅游点建设图书馆服务点，设置书咖区、旅游特产区、扶贫产品区，展示地域特色文艺、书画和民俗文化作品，提供优质的阅读服务、丰富的旅游纪念品和平价的绿色农副旅游产品。西部各地应当鼓励公共图书馆对游客免费开放，引导旅游人群走进公共图书馆参展、观赏、休息、体验、阅览，实现为游客服务的公益性模式，进一步提升服务效益。

5. 重视资源整合，建立延伸至基层的服务机制

西部图书馆总分馆建设，目标是推动阅读资源下沉，增加农村资源总量，为乡村群众提供更多、更优质的阅读服务。公共图书馆总分馆在农村地区的推行，重点需要破解当前物流配送、管理员配置、经费保障等制度瓶颈，拓展面向乡村的、提供优质阅读服务的途径与渠道，从而保障城乡群众普遍、均等地享受基本公共文化服务的权利。

在资源利用体系建立上，应当坚持把提升阅读资源的服务效益放在首位，整合县域内的阅读资源，由政府推动新华书店和邮政公司参与总分馆建设，新华书店建设基层发行门店，借助邮政公司的物流配送体系，将资源向乡村下沉，由总馆主导，统筹调配，增加乡村的图书资源，面向分馆、服务点，推行与总馆贯通的服务项目。

在管理员队伍建设上，分馆应当增强工作力量，为乡镇分馆配备馆长，可由已经配备的综合文化服务中心主任兼任，升格为事业管理七级待遇，从乡镇事业干部中调剂配备1至2名馆员，开展分馆各项业务工作。在村级服务点，至少配备1名公益性文化岗位人员，负责服务点的图书管理与服务，由县级财政拨付专项资金，支付岗位补贴。在提高馆员待遇、稳定队伍的同时，由总馆加强对分馆馆员和服务点公益性文化岗位人员的培训、业务指导，不断提升阅读服务的组织能力。也可以积极发挥文化志愿者的作用，参与分馆管理、服务和文化活动，调动单位和公众的积极性，促进文化共建共享。

在投入保障体系建立上，应当贯彻落实《公共图书馆法》，依照公共图书馆服务事权、支出责任，加大对总分馆的资金支持力度，纳入省市县三级财政预算，落实总分馆制建设的投入保障。同时，鼓励企业、社会公益组织、个人等社会各方力量，通过自筹建设阅读推广场馆、捐赠资金、参与阅读项目、主办阅读活动，提供场地、设备或物品，参与阅读推广活动的运营和管理，参与法人结构治理，开展志愿者服务，参与阅读推广的监督与考核等方式，参与总分馆的建设与管理、运行与服务，增强多方筹措资金的能力，拓展资金投入的渠道。

在考核体系建立上，坚持政府主导，上移建设主体，优化顶层政策设计，设立考核权重，推行绩效化管理，对公共图书馆总分馆建设提出具体要求，整合各方面资源，调动各方面力量，创新服务方式，提升运行效能。

总而言之，西部欠发达地区公共图书馆总分馆体系的建设，需要以点带面、循序渐进、持续推广，逐步扩展到各地区的每一个乡村和街道社区。

第一部分小结

近十五年来，全民阅读九次被写入政府工作报告，凸显了国家对阅读推广工作的重视。目前，许多地区都已形成了有效的阅读推广运行体制。但西部地区由于自然条件和经济原因，文化发展相较东部经济发达地区落后，作为阅读推广主要阵地的图书馆等文化机构资源配置不均衡，阅读推广服务基本在低层次徘徊。如何紧跟时代步伐，准确研判数字时代公众的阅读心理与阅读行为，主动做好阅读引领、推动全民阅读工作，是值得研究的重要问题。

这一部分，以阅读推荐与图书馆营销的关系为基础，通过分析现状、梳理问题、提出策略构建各节，具体以A市图书馆阅读推广为例，通过调查阅读现状，指出推动阅读推广开展的动力为阅读场所的重视和活动的吸引，同时对存在的硬件设施不完善、文献资源偏少、调查研究和营销宣传力度不大等存在的问题进行了具体分析。从后现代阅读方式、乡村文化振兴的背景切入，以开展阅读推广的主阵地——图书馆、广播电台以及便于开展阅读推广的酒店、蛋糕店、农家乐、菜市场等为基本场域和平台，探讨了主要面向成年人和弱势群体读者开展阅读推广的现状、存在的问题并提出解决策略。

一、阅读推广与图书馆营销

以阅读推广概念、分类与营销理论的发展历程（4PS—4CS—4RS）为基础，探讨图书馆营销的作用，探究了图书馆营销在阅读推广中的应用问题。随着国际图联越来越重视图书馆营销工作，国内图书馆营销的经典案例也频频出现。学习借鉴先进经验，关注服务对象的六个基本需求（5W1H：什么人、为什么、何处、何时、使用了什么、如何使用），通过运用SWOT（优势、劣势、机会、威胁）和STEP（社会、技术、经济、政治因素）图书馆营销分析方法精准定位，开展7P营销组合（产品、价格、通路、推广、人、过程、实体实现），通过建构良好的内外部公共关系，图书馆内部、外部、互动营销，形成"关联、反应、关系、回报"的品牌营销宣传模式，打造"注意—兴趣—渴望—行动"格局，建立与服务对象互助、互求、互需的关系，将图书馆建构成为公众的"第三空间"。

二、阅读推广需要注重的三个维度

选取文化与社会发展的视角，引入布迪厄的社会实践理论三要素——场域、惯习、资本，提出文化场域、文化惯习、文化资本的概念，对阅读推广的社会学原理进行剖析，提出阅读推广的三大要素，认为阅读推广应当构建独特的文化场域，应当重视读者的文化自觉度，应当重视文化资本的转化，适应社会发展的文化价值、参与者的文化自觉和引导者的文化责任，成为阅读活动的推进器和催化剂。

从文化场域、文化惯习和文化资本三个维度出发，进一步阐述提升阅读水平的策略，论证了阅读推广在场域构建、读者的文化自觉、文化资本三个维度需要坚持的原则。对于西部欠发达地区而言，需要提升政府相关部门等资本持有者的责任意识，形成公共图书馆等阅读场所良好的文化价值和氛围，进而培育不同读者群体阅读经典的文化自觉，为公共图书馆开展阅读推广活动创造良好的条件。

三、提升阅读推广水平的策略

将阅读推广从城市和乡村两个区域分别进行研究，以 A 市公共图书馆为例，将阅读推广纳入公共图书馆社会教育范畴，从现状、问题和策略三个维度对阅读推广进行具体分析。认为西部欠发达地区各公共图书馆开展阅读推广，需要围绕书刊资源推荐、主题阅读活动设计、阅读空间氛围营造、社会力量合力推进等诸多方面，开展有针对性的阅读指导服务。包括：争取地方立法，构建良好的全民阅读环境；争取经费支持与社会力量资助，为阅读推广提供资金保障；开发休闲功能，建设城市书房；与新华书店合作开展读者选购活动，提升书刊利用率；建立分享阅读推广模式，开展"家谱撰写"活动；加强馆员培养，提升整体服务水平。

四、乡村振兴视角下服务弱势群体的路径

为弱势群体服务是图书馆发展路向研究话题之一，呈现多向发展路径，尤其在公共图书馆免费开放政策的影响以及图书馆与社区、弱势群体、信息数字鸿沟、信息贫穷、社会排斥等联系日益紧密的情况下，与图书馆发展路向研究有关的辩论也随之而起，在某种程度上引发了关于图书馆发展路向的理性思考，日益成为图书馆界研究的重点和热点课题之一，近年来引起学界广泛关注。探讨了图书馆在乡村文化振兴中开展弱势群体服务的职能作用，明确提出乡村振兴是脱贫攻坚的延伸，公共图书馆为弱势群体延伸服务是应有之义。

较为全面地总结了西部地区公共图书馆为弱势群体服务的概况、发展路向和关键问题。在此基础上，对西部地区公共图书馆为弱势群体服务路向研究提出建议。服务路径应为：建好用好乡村图书馆，保证弱势群体享受阅读权利；开展课外阅读指导，促进农村儿童学习成长；开展主题培训活动，满足农民求知致富的基本需求；利用好视障阅览设施，保证残障人士阅读权益；开展送图书下乡，宣传政策及阅读理念；提供人才支撑，促进农村地区经济发展。

五、阅读推广人培育模式的构建

乡村阅读氛围不浓、示范带动作用不强等现实困境，制约着全民阅读活动的全面开展，针对乡村公众仿效意识较强的特点，探讨培育阅读推广人的作用机理，指出培育阅读推广人是推进乡村文化振兴的智力支持、增强乡村文化自信的利器、焕发乡村文化新气象的举措、促进全民阅读深入开展的保障、提升乡村图书设施利用率的手段。

公共图书馆在乡村振兴中的作用发挥，延伸了公共图书馆在乡村职能有效发挥的链条，从而使原本在城市图书馆进行的阅读推广人培养，也成为乡村文化振兴必不可少的关键环节。以统筹城乡发展、服务乡村文化振兴的理念，提出培育阅读推广人的可行模式为：加入中图学会阅读推广人培育项目，成立地域阅读推广人培育机构与学术委员会，开展信息素养教育及研讨交流活动，打造培育阅读推广人队伍，实行严格的培训考核及认证制度。提出保

障阅读推广人开展活动的配套措施有：探索适宜乡村的阅读推广理念，学习借鉴优秀发展模式，开展特色专题阅读指导服务，提升信息技术利用的水平。

六、总分馆与理事会是阅读推广的两个重要保障机制

明晰了社会力量参与阅读推广的方式：组建社会化组织，自筹建设阵地，捐赠资金，实施阅读项目，主办阅读活动，提供场地、设备或物品，参与阅读推广活动的运营与管理，参与法人结构治理，开展志愿者服务，参与阅读推广的监督与考核。

西部公共图书馆总分馆建设的机制构建上，认为网络层面的总分馆模式，并不适宜在未成年人群体全面推广，西部农村地区缺少阅读资源，总分馆体系建构还不成熟，需要构建良好公益环境，吸纳社会力量进入理事会，共同开展阅读推广。提出西部各地总分馆资源共享的思路：推行小连锁阅读推广模式，在街道社区建设城市书房或自助读者小屋，推行图书馆分馆进主题酒店、进菜市场、进蛋糕店与奶茶店、进农家乐与景区、进广播读书节目、进网络品牌直播的多维立体阅读推广模式。开展"读者选借新书、公共财政买单"业务，发展以"乡村阅读计划"为载体的数字阅读服务，重视资源整合，建立延伸至基层的服务机制。

总之，无论是以不同对象，还是以不同区域、不同方式分类，阅读推广始终需要以政策作为最强大、最有效且最持久的保障机制，而总分馆和理事会的建立，对于阅读推广机制尚不健全的公共图书馆、学校、广播电台以及便于开展阅读推广的酒店、蛋糕店、农家乐、菜市场等都是非常有效的保障。现状是，西部欠发达地区的图书馆目前绝大部分已经在政策推动下建立了总分馆、理事会保障机制，但在乡村以及其他单位此种机制仍然未能实现系统化，这将是我们未来研究的重点内容，也是亟待解决的现实问题。

第二部分 提升校园阅读水平的探讨

在阅读推广工程中，未成年人的阅读推广尤为重要。未成年人群体是学校阅读推广的重点人群。各地促进全民阅读的政策中、学术界关于阅读的各类专题研究中、阅读推广的实践中，未成年人阅读推广的主题词比较火爆，业界对18岁以下的读者有多种称呼，如青少年、少年儿童、未成年人等，本课题研究过程中将其称为未成年人。虽然未成年人是对一类阅读推广对象的表述，但在具体问题的探讨中，在学校的工作实践过程中，还需要对未成年人进行年龄细分，有针对性地面向未成年人开展各类阅读推广活动。在阅读服务领域，未成年人可以分为婴儿和学步儿童、学前儿童、学龄儿童、青少年。本课题研究过程中，学前儿童、3岁以下的婴儿和学步儿童阶段涉及较少，重点选取青少年阶段作为研究对象，兼顾学龄儿童阶段。

就西部欠发达地区而言，未成年人阅读推广目前仍然存在不少难题，受手机、网络、电视等媒介影响，分散未成年人阅读关注点的现象普遍存在，特别是以读图、读屏、快餐式、碎片化为特征的后现代阅读方式对未成年人的影响越来越大，已经影响到未成年人的生活方式、思维方式和成长走向。未成年人不读经典的现象已经司空见惯，未成年人阅读导向的问题，已经成为全社会关注的焦点问题，与全社会一起推进未成年人阅读引导，成为学校、图书馆、书店等多个领域的重要使命。

这一部分，在中华优秀传统文化传承发展、后现代阅读、"双减"视域下，选取有关学校、图书馆等社会组织为例，通过开展调查研究，就未成年人阅读推广定位、活动开展、引导社会力量参与校园阅读推广活动等方面提出对策；推荐适宜大学生分校阅读的专业图书，尝试疗愈等新理念在高校的推广；在"双减"背景下，从文化教育主管部门、学校、教师、学生、家长及书店、图书馆等社会组织六个维度，探索学校利用课后服务时间开展阅读推广活动的形式，探究学校与有关方面联合培养未成年人阅读习惯进而开展阅读推广的方法，旨在形成文化与教育界联合开展阅读推广的融合发展点。以传承优秀传统文化为目标，探究学校、图书馆开设青少年文化公开课的可行性路向，旨在有效地发挥阅读推广的综合效应。

第五章　后现代阅读方式下学校提升未成年人导读效能的举措

当今世界，许多发达国家通过一系列阅读推广政策和制度，将未成年人阅读提升到国家战略的层面，美国、英国、日本、德国等发达国家，未成年人的阅读推广活动都具有鲜明的特色和良好的成效。中国的未成年人数量占全世界未成年人总数的近五分之一，近年来我国尤为重视未成年人课外的阅读推广，在国家阅读政策如《全民阅读促进条例》的"全民阅读开展""全民阅读保障"两部分中，对未成年人阅读服务作出了具体规定。在政策推动、各方力量合力促进之下，未成年人阅读推广工作取得了长足的发展。

从问题导向来看，以城市中未成年人为对象的阅读调查结果显示，"10%的城市家庭所藏图书中，适宜未成年人阅读的图书在5本以下，40%的城市家庭每年为未成年人购买的图书在10本以下。而中学生阅读调查结果显示，近一半的未成年人认为课外阅读不太重要，85%的未成年人选择玩手机、泡网络、看电视代替课外文本阅读"[1]，以上数据表明，还需要各方力量久久为功的引导，来改变这种堪忧的阅读状况。

一、后现代阅读方式对未成年人的影响

（一）良莠不分的网络阅读对未成年人价值观造成冲击

后现代主义，是20世纪上半叶以来，反对主体性的一种哲学思潮。后现代阅读与传统阅读方式有所不同，主要表现为内容、载体、形式方面，包括图片与文字、网络与书本、片段与完整的明显差异。内容上，后现代阅读以

---

[1] 李娜. 国内阅读推广研究知识图谱分析[J]. 图书馆工作与研究，2018，(2)：10-10.

图形替代了传统阅读的部分文字内容；载体上，以网状的超级文本形式替代了纸质文本；形式上，以碎片式的信息结构，替代了完整的文本结构，可以概括为"图片替代文字、超文本替代纸本"①的一种阅读方式。后现代阅读方式下，未成年人读者注重追求海量的阅读信息，阅读不再是追求经典、品味式的深阅读，而是碎片化的、快餐式的轻度浏览，走马观花式的信息诉求，代替了追求知识的传统阅读模式。这种阅读方式下，未成年人注重阅读信息的广度，但浅阅读的现象十分突出。互联网、手机所提供的便捷信息平台，使快餐式阅读成为可能，未成年人可以根据自己的阅读爱好，从网上找到无数感兴趣的文章，网络信息量大、迅速、便利，但同时也是一把双刃剑，网络阅读资源质量参差不齐，混淆了未成年人对未知世界的判断，影响他们世界观、人生观、价值观的形成。近些年来，各级政府行业主管部门净化网络环境的举措在持续加强，特别明显的问题已经得到解决，现在的问题是，许多灰色地带的隐忧无法短期内解决，甚至很难用技术手段去根除。譬如，一些言情、暴力类的庸俗电子书刊，经常在学生之间流传，对未成年人的健康成长造成了一定的影响。纸质文本类的书刊，即使导向方面出现偏差，在学校、家庭、社会机构的教育引导之下，管教措施容易发挥作用，可以明显地减少危害。而开放式的网络阅读资源，则难以监管。未成年人接受教育的过程中，需要利用网络的有益资源，完全杜绝未成年人利用网络，与教学要求和未成年人成长的规律相违背，而灰色的网络资源也是随手可即。在难以监管或无从监管的情形下，未成年人更为迷恋本质上不健康的网络阅读资源，这种阅读倾向对未成年人的"三观"形成，带来众多负面影响。

（二）热门书籍打破了传统的阅读审美模式

后现代阅读方式下，一些作者为了进入未成年人出版物市场，选择未成年人感兴趣的创作导向，有的甚至把吸引眼球作为至上追求、最高准则，在更多考虑未成年人读者阅读倾向、兴趣点的理念之下，主流经典、内容至上、安全为要的基本要求则被忽视甚或抛弃，而过分注重吸引未成年人读者的注意力、满足其关注点。在这种理念主导的氛围影响下，以未成年人读者兴趣为主，推行的未成年人热门阅读书籍如《魔女孙悟空》《麻雀要革命》《别惹

---

① 张苏梅．浅析后现代阅读方式 [J]．中北大学学报（社会科学版），2010，(1)：32-35.

我,我是叛逆期女生》,等等。主题以调侃、颠覆传统的理念为主,这样的书籍借阅率持续走高,足以说明未成年人的阅读倾向偏差问题,而此类书籍持续大规模的传播,会导致传统的理念不再被欢迎、接纳,甚至成为嘲笑、呕吐的对象,在未成年人群体中形成以反传统、后现代为时尚的不良倾向。譬如,以改校服裙、唱卡拉 OK 等情节包装下的人物形象,成了追求的时尚。笔者以为,热门的图书并不意味着会成为经典,这种追求热门图书的倾向,对课外阅读来说存在着一定的隐忧。面对这一问题,学校不可能杜绝出版社印制此类书刊,这与文化大发展大繁荣的理念是相违背的。即使选择购书,面对海量的资源信息,家长也很难做到精准选择,同时学校图书馆也不具备教育的诸多手段。在这种情况下,既要扩大未成年人群体的阅读面,保护这一群体学习求知的积极性,又要引导广大未成年人阅读经典,共同帮助他们形成正确的世界观、人生观、价值观,解决好这一对矛盾,是学校面临的一个重要课题。对于西部地区的各级学校而言,更需要认真探索,持续引导,逐步改进。当然,这一课题的破解,也是教育界应用型实证研究、对策研究需要加强的领域。

(三)过分"读图""读屏"影响着未成年人健康成长

后现代阅读方式下,有一个重要的特征是读图、读屏。这一特征在新兴阅读媒介相继走热的趋向下,表现得更为明显。读图、读屏的阅读特征固化,从技术层面看,是在快速发展的科学技术、信息技术基础上实现的;从心理层面看,是现代城市生活节奏的持续加快,课业负担、竞争考试激烈度的持续加大,未成年人没有更多时间慢品式地深阅读,厌倦了学校课堂、补习班中的知识灌输。然而图片式的书刊和手机、电脑、电视屏幕的五花八门、精彩纷呈,刺激着未成年人的眼球,调动了他们好奇的探索欲望。这样就不难理解"85%的未成年人,用玩手机、泡网络、看电视代替课外经典文本阅读的现象了"[1],不少未成年人对图片和屏幕产生了强烈的依赖,阅读经典书刊的兴趣大幅降低,甚至完全失去。这种现象的出现,造成经典文本的阅读缺失、阅读能力低下,影响着写作水平、人文素养的提升。对图像、屏幕的过度依赖,也导致未成年人语言表达能力,受到很大的抑制,出现大幅下降的

---

[1] 李娜. 国内阅读推广研究知识图谱分析. 图书馆工作与研究, 2018, (2): 10-10.

趋向。许多未成年人，除了用一些苍白的网络语言之外，无法进行很好的表述。大多数未成年人学生的假期空闲时间，用于手机看视频、上网、玩游戏，形成了典型的"霸屏"模式，除了老师布置的阅读任务和家长的督促，少有未成年人主动将闲暇时间用于经典图书阅读。长年累月低头触屏的结果是，视力下降、焦虑甚至抑郁成为常见现象，形成严重的思维惰性者也不少见。

二、未成年人课外阅读的偏失问题

后现代阅读方式下，读图、霸屏式的阅读，杂乱、失控的海量信息，使好奇心比较强、自控力相对较弱的未成年人，难以专注于指定的经典阅读内容，在有限的课外阅读时间内，难以出现较高的阅读效能，而乱翻、胡点的过程中，接受一些导向性不健康信息的指引，好不容易形成的道德规范会受到冲击，进而迷失自己。在学校的阅读推广实践中，占比超过一半的课外阅读没有目标，只图好玩、开心，与经典阅读的要求相差甚远。主要体现在以下三个方面。

（一）主动阅读的意识不强

在调查中了解到，大部分未成年人课外阅读是为了找乐趣，在书店、图书馆选借或者翻阅书刊，有相当一部分未成年人是为了换一个环境，缓解学校的重重课业压力。以这一动机为出发点，开心、快乐就成为重要的阅读目的。笔者在参与A市一所中学组织的家长讲堂活动时，在初二的一个班同步开展过调查，50%的学生有兴趣才去图书馆阅读，40%的学生每月会去一次，7%的学生几乎不去，3%的学生在家长、老师安排时才会去一次。这一调查虽然不够精确，但可以反映出未成年人主动利用图书馆的意识还不强，特别是开展课外阅读的比率还较低。从图书馆接待学生的实际情况来看，到馆自习的群体主要是为了提升成绩，这一群体由于分数需要，为了准备考试，因此纷纷到图书馆占座，享受免费的水电、网络、备考资料等基本服务，往往呈现出一座难求的局面。而以课外阅读为目标的未成年人群体，到图书馆开展阅读、自习、参与活动的人数，相对比较少。

（二）自主选择阅读作品的能力较弱

随着出版物市场的繁荣发展，关于未成年人的出版物数量持续增多，在这些出版物当中，以优秀、经典的青少年读物居多，但也存在一些不适宜未成年人阅读，又符合出版政策的读物。在这种情况下，要使辨别能力较弱的未成年人群体自主地选择经典书籍，是一项要求过高、又理想化的标准，大多数未成年人往往很迷惘，在老师、家长、图书馆（室）管理员未作出引导的情况下，则会以标题和图书推荐词等作为选择标准，目前许多图书的标题、推荐词与内容有着较大差异，以这两项作为指标，并不能百分之百地选出经典的书籍。因此，针对未成年人的阅读指导非常关键，正确的阅读建议、指导，会使未成年人知道读哪些书，怎样读书。

以问题视角来看，有的高年级学生还沉浸于阅读绘本，有的迷恋"漫"阅读，对与课业有关的经典作品关注较少；有的未成年人只是凭着兴趣阅读，欣赏与评价能力相对缺乏。部分未成年人未形成良好的阅读习惯，通过调查发现，有些未成年人不制定课外阅读计划，而且在阅读过程中没有科学的阅读方法和良好的阅读习惯，大部分未成年人不主动记写读书心得和随笔，有些则主要做简单摘抄，有些甚至不做任何记录，阅读质量不高。这些现象的存在不同程度地影响着阅读成效、文化素养的提高。因此，学校在阅读推广中，需要与家庭、社会教育相配合、相协调，有针对性地提出书刊资源分级阅读的推荐意见，开展未成年人阅读指导服务。

（三）课后阅读指导服务还有待加强

从阅读的内容来看，家庭教育多以读好书为标准，这种泛化的读好书标准，忽视了按照不同年级、不同年龄段的不同选择标准，任由未成年人阅读漫画、绘本等图片式书刊，导致阅读趋向发生结构不平衡的问题。从未成年人自身来看，课外阅读随大流的心态比较普遍，在利用图书馆（室）的过程中也有盲目的地方，突出地表现在从众、赶时髦的现象，阅读内容趋向以休闲、娱乐、畅销书刊为主，一段时间普遍流行的读物，对大多数未成年人都有着较强吸引力，抢购、借阅此类流行图书，出现复本不足的现象。譬如，从"金庸热"，到"琼瑶热"，再到"韩寒热"，以及当前基于手机 App 热点文章的偶像作家，不断有新热点出现。从学校教育来看，老师推荐的图书，多以教育部门规定的不同年级指定书目为主，当然这种推荐基本算是经典、主流的代表，在选购教育部门推荐的图书上，需要备足复本，为广大学生提供应有的服务，指导学生经典阅读活动的有序开展。近年来通过走访、调查发现，学校书店、图书馆少有专门针对未成年人的、比较系统化的推荐书目，在针对未成年人的阅读指导服务上还处于顺其自然的状况，这一领域还有许多值得加强和改进的地方。

三、提升未成年人导读服务水平的策略

（一）构建良好的阅读场域，为未成年人提供更多阅读时间

1. 建立未成年人阅读时间保障机制

从课外阅读时间上看，未成年人在校期间的学习任务较重，课后要参加各类以加强提升、兴趣爱好为名义的培训班，难以挤出时间开展课外拓展阅读，阅读的时间难以保证，甚至难以提上周末、节假日的日程安排。加之未成年人普遍具有的泡网络、刷手机、看电影、追电视剧等"刚性需求"，以经典书刊为载体的传统深阅读深受排挤。在这种状况下，课外阅读时间的保证、阅读习惯的形成、静心阅读的氛围营造，都需要学校、家庭和图书馆、书店等机构作出不懈的努力。这就需要西部各地政府通过出台条例等立法措施，从制度层面为课外阅读提供保障，使未成年人真正有时间阅读经典书刊。

2. 构建适宜未成年人的良好阅读环境

开展未成年人阅读推广活动，需要营造未成年人喜欢的环境氛围。学校及图书馆在少年儿童阅览室、阅读体验室、心理辅导室、现代技术体验室等为未成年人服务的功能用房建设上，尽可能改造为大空间，选用彩色涂料粉刷墙壁，需要开展活动的场所通过安装木质隔音门等方式隔音。在少年儿童阅读活动室布置上，可以设置适宜未成年人不同成长期的经典标语，将可以体现各年龄段未成年人参与的活动照片，制作宣传片，在电子屏上滚动播放，在场馆布设、实践活动、阅读情景中体现活力、时尚、童趣等文化元素。在氛围营造上，设置未成年人喜欢的卡通、漫画等主题，运用虚拟现实（VR）、增强现实（AR）、混合现实（MR）等技术，把虚拟的场景叠加到现实场景中来，呈现在未成年人眼前，把未成年人亲身参与的真实场景叠加到虚拟场景中去，通过3D建模等方式，对未成年人阅读场所进行主题装饰，营造出符合未成年人特质的环境氛围，使未成年人爱上这一特定的阅读场所。

（二）设立阅读服务部，设置经典读物专架

1. 设立阅读服务部

学校需要积极与教育部门衔接沟通，争取将阅读纳入课后服务项目，落

实课后阅读服务的机构、经费、人员保障。增设专门服务于课后阅读的部门，抽组一批有经验的教师，专门负责阅读活动的策划、组织和专题文献的采选、推介，可以"有效发挥资源优势，投入小、见效快"[1]。第18次全国国民阅读调查结果显示，"九岁以前的儿童有亲子共同阅读习惯的家庭占到71.7%，每名家长每天平均用25.81分钟时间陪孩子阅读"[2]。因此，学校及图书馆针对低龄群体，可以设置单独的阅览区、模拟家庭的阅读场所，提供"亲子可以共同阅读的空间"[3]，营造共同阅读的空间氛围，促进家长与低龄未成年人间的阅读交流。

2. 采购适宜未成年人阅读的书刊资源

根据第18次全国国民阅读调查结果可以看出，不同年龄段的未成年人群体阅读需求不尽相同，具体情况如表5-1[4]。

表5-1：各年龄区间未成年人群体阅读率统计表

年龄区间	人均阅读量（册）	阅读量同比增长（册）	阅读率（%）	阅读率同比增长（%）
18岁以下	10.71	0.35	83.4	0.5
14岁至17岁	13.07	0.28	89.7	0.6
9岁至13岁	9.63	0.3	8.7	0.8
8岁及以下	10.02	0.48	71.4	0.8

在将中小学生课外指定阅读书目购齐进足的基础上，需要根据各年龄区间的未成年人群体阅读需求，确定不同体量、不同层次的图书采购计划。在针对未成年人群体的文献采选过程中，应当征求不同年龄区间儿童的意见建

---

[1] 林松柏. 公共图书馆未成年人阅读推广研究——以长春市为例 [D]. 东北师范大学硕士学位论文. 2015，（5）：8-18.

[2] 中国新闻出版研究院. 第十七次全国国民阅读调查报告 [EB/OL]. http://www.199it.com/archives/1040053.html.

[3] 许欢. 儿童传统经典阅读推广研究 [J]. 图书与情报，2011，（2）：13-16.

[4] 中国新闻出版研究院. 第十七次全国国民阅读调查报告 [EB/OL]. http://www.199it.com/archives/1040053.html.

议,"掌握最新出版动态"①,依据图书市场资源和实际的阅读需求选择图书名录,实现所采购的图书有读者借阅。譬如,可以在每年开展图书采购、报纸杂志征订业务之前,设计调查问卷,或者在网站、微信公众号发布公告,公开征集学生的阅读意愿,通过征集书刊目录,通过集中采购、现场采选、线上找书等多种方式,采购一批未成年人喜欢、用得上的经典书刊,使未成年人在愉快的阅读中受到经典名著的熏陶。

3. 分类别分层次编制推荐书目

这里提到的推荐书目,是为满足某一类学生的需要,就特定专题"对文献进行选择性的推荐"②,形成的推荐书刊目录,主要作用是分享知识、推广阅读、服务学生。西部欠发达地区各级学校及图书馆应当将义务教育和高中阶段课外阅读指定书目作为重点,吸收众多经典书目的优长,实施优秀未成年人读物征集、评选活动,听取不同领域、各方面专家的意见,编制差异化的、各具特色的推荐书目。关于经典借阅室、藏书室建设与推荐书目的编制,可以考虑参考一些推荐书目,譬如,表5-2所列内容。也可以借鉴深圳南书房的模式,依托经典借阅室,定期发布经典阅读书目,形成经典图书推荐品牌。当然,公共图书馆的文献资源理应兼容并包,在未成年人阅读推广工作中,需要对"即时资源(灰色文献或地下文献)"③妥善保存,以不影响未成年人读者的健康成长为底线。

表5-2:推荐书目参考标准

推荐书目	主编	出版社	出版时间
中国读书大辞典	王余光、徐雁	南京大学出版社	1993年
中国读者理想藏书	王余光	光明日报出版社	1999年
中外推荐书目一百种	邓咏秋、李天英	陕西师范大学出版社	1999年

---

① 高峰. 后现代阅读方式下公共图书馆未成年人服务能力提升的对策——以平凉市公共图书馆为例[J]. 甘肃科技, 2017, (23):68-68.
② 马兰. 论高校图书馆学科性导读资源的构建[J]. 河南图书馆学刊, 2012, (5):17-19.
③ 朱硕峰. 世界各国图书馆数字资源发展政策精要[M]. 北京:国家图书馆出版社, 2016, (5):29.

续表

推荐书目	主编	出版社	出版时间
中国家庭理想藏书	刘忠义	三联书店	2013年
《全国中小学图书馆（室）推荐书目》	教育部		

4. 设置未成年人经典读物专架

西部的广大学校及图书馆，在无力建设未成年人经典借阅室的情况下，可以考虑按照分级阅读的原则，挑选经典图书，以年龄区间排架，搭建未成年人经典图书专架，辅以专业教师推荐引导，以解决未成年人进入开架书库后盲目选借图书的问题。可以按照学生的年龄分段，制定分级阅读的推荐书目。譬如，参考权威研究机构发布的小学生基础阅读书目、儿童分级阅读参考书目和幼儿基础阅读书目，为不同学生群体提供适宜本年龄段阅读的一百本图书书单，按三七开的比例，分为基础图书、推荐图书，可以按几个不同的年龄阶段推荐，每一段又按比例细分为基础图书和推荐图书。也可以按高、中、低不同学段，精选推荐不同类别的图书。西部欠发达地区各学校及图书馆在工作实践中，还可以将未成年人分为几个阶段，分别用赤、橙、黄、绿、青、蓝、紫、粉红、桃红、橘红表示，通过测量身高对应相应的颜色，对应相应的一批读物，使学生和家长知道如何根据不同年龄段来选择阅读的书刊。

（三）倡导阅读经典书刊，打造三方协作的导读示范基地

1. 倡导阅读经典书刊

培养阅读习惯的黄金时期是青少年时期，把握住这一时期，对于一个人终生的阅读习惯形成会产生不可估量的作用。一般来说，青少年时期处在美好的阅读氛围之中，受到专业的阅读指导，步入社会之后极容易形成热爱阅读、终身学习的良好习惯。正因为如此，笔者认为西部各地的学校及图书馆应当把阅读推广作为提升工作层次的突破口，把终身学习理念、阅读习惯培育作为这项工作的切入点，把经典纸本图书的阅读引导这件看似不起眼的小事做细、做实，改变以往常规借还的模式，形成主动介入阅读推广的良好氛围。这里所谓的阅读经典，是指阅读纸本图书，经典是指那些经过历史检验的、具有一定价值的、被普遍认可的书刊。西部各地的学校及图书馆，可以学习借鉴先进经验，尝试建设少年儿童经典借阅室，采取多种的宣传、示范和鼓励、引导，形成学生借阅纸本经典图书的风尚，使课外阅读中更多关注真、善、美的图书，远离色情、虚幻类的消极书刊，把图书馆（室）建成主管部门认可、家长放心、学生喜欢的导读示范基地。

2. 打造导读示范基地

学校应与新华书店加强合作，开展选借经典新书等阅读推广活动。之所以选择新华书店开展未成年人读者选借经典新书的服务模式，是因为新华书店是老字号国有品牌文化企业，选购图书时特别注重内容的甄别，能被列入新华书店上架范围的图书，一般都代表着正版、经典、规范。学校与新华书店合作，从新华书店的上架图书目录中，选择并规定了课外选借新书的名单后，设置未成年人经典读物选借专架，可以放心让未成年人去选借。推行这种模式，旨在针对学校倡导学生课外阅读，中小学生阅读中盲从而导读环节缺失，家长唯恐灰色书籍影响子女成长的普遍心理，学校与新华书店共同担负起对未成年人阅读引导的职责，开展多种形式的导读服务，增加适合阅读的图书资源，分类别分层次编制新华书店推荐书目，倡导文本阅读和经典意识，通过集中培训使亲子学会选择阅读经典，联合举办富有创意性的读书活动，打造家长放心的阅读示范基地。

3. 开展"我爱我家"家风家教实践活动

父母阅读的榜样，亲子共同阅读的习惯，形成的典范，是最好的家风之一。在时长有限、免费开放、受众无法固定的图书馆阅读活动中，虽然可以在阅读理念、点滴的读书经验方面有所触及，但在未成年人阅读习惯的培育方面，还难以达到理想的效果，如果能与家庭的阅读引导相配合，就可以取得"四两拨千斤"的效应。因此，西部各学校及图书馆开展家庭教育公益讲座等亲子共同参与的活动，收效往往会深远一些。在家风家教基地打造方面，赢得家庭支持的基础上，还可以在"5.15国际家庭日"前期，文化教育部门与当地妇联合作，开展"给孩子的一封信""给家人的一封信"征文等主题亲子活动，建设家教家风塑造的实践中心，打造成为相关部门认可的家庭教育创新实践基地。

（四）开展灵动多样的阅读活动，打造公开课阅读推广品牌

1. 开展高水平的读书征文及辅导服务

西部各学校及图书馆应当以教育部推荐书目为指定阅读图书，开展征文活动，提升推荐书目的权威性，吸引更多的学生品读经典。可邀请文联专业作家开展读书感悟系列讲座或读者见面会，鼓励未成年人与作家面对面交流，通过合作与分享，养成阅读和思考的习惯。同时，组织评选读书小状元征文评奖活动，将未成年人的优秀读书笔记和感悟文章进行展示、宣传，促使未成年人爱上阅读，感知阅读的魅力。

2. 与各部门联合举办富有创意性的阅读活动

为了在广大未成年人群体中形成"好读书、读好书"的良好阅读氛围，西部欠发达地区各学校及图书馆应当注重阅读引导，与有关部门联合开展多种形式的阅读推广活动，形成载体多端、内容多元、形式多样的活动体系。在阅读活动的策划中，应当将未成年人群体的兴趣点融入各环节。譬如，与家委会、协会代表联系，在学校及图书馆开展主题读书活动，使活动主题鲜明、形象生动，用活动引领读书。在活动内容安排上，可以安排公益讲座、诗歌朗诵会、演讲诵读比赛、文艺表演、电影展播、小小图书管理员体验、图书采购意见征集等多种形式的活动，进一步使未成年人喜欢阅读，真正将阅读变成"悦"读。也可以组织开展讲故事分享活动，通过为未成年人讲故事，鼓励将听到的故事画出来，使其产生深刻的体验。还可以举办读书游园会、青少年寻书比赛、创意坊、折纸才艺比赛等一系列可供未成年人参与实践的阅读推广活动，激发未成年人阅读兴趣，推进未成年人阅读活动由读书借阅、公益讲座等基本活动向多形式、多载体、更大范围、更高层次、更深内涵发展。通过开展竞赛活动，评选月度或季度的冠军，奖励少儿书籍、文具用品、玩具等予以鼓励，激发参与阅读活动的兴趣。

3. 打造青少年文化公开课阅读推广品牌

在青少年文化公开课的品牌打造上，坚持以公开课为平台，秉持"弱有所扶"的理念，提供"开胃、提神、醒脑"的云平台课程，打造"第二课堂"文化服务项目，为中小学、幼儿园学生提供参考咨询、社会实践、文献资源和展演平台等服务。譬如，邀请当地计算机编程方面的专家，或计算机编程专业的大学生作为主讲老师，开展 scratch 编程（终身幼儿团队）、3D 建

模公开课活动,形成系列专题,专场面向未成年人开放。中小学及图书馆也可以联合党校、大中专院校以及传统文化促进会、心理学会、诗词协会等社会团体,发挥行业优势,邀请知名学者、社会贤达、专业人士等开展系列主题活动,建立以公开课为主打品牌的心灵家园公益性阅读推广基地,传承优秀传统文化,推广地域特色文化,助力阅读推广品牌的形成。开设青少年文化公开课的具体内容将在第七章中探讨,这里不展开。

(五)紧扣数字时代发展趋向,开展分享式主题阅读

1. 探索经典"漫"阅读模式

"漫"阅读方式,是读"图"的一种表现,了解这一阅读现象,需要追溯图画书的渊源。图画书产生于欧美国家,经过三百多年的发展历程,产生了多种存在形式,当代文化发展氛围中的图画书、漫画书和绘本图书,已逐步形成了一种新的文化形态。究其原因,市场经济条件下消费社会的来临,为图画书、漫画书和绘本图书的发展提供了社会物质条件。城市生活节奏的加快,为图画书、漫画书和绘本图书的发展提供了现实空间条件。开展未成年人阅读推广,很有必要探讨当代文化发展氛围中的图画书、漫画书和绘本图书的发展方向。如前所述,后现代阅读方式下,读"图"的特征,与读"屏"的结合,使未成年人传统纸质经典文本阅读受到很大冲击。在关注图画书、漫画书和绘本图书过程中,笔者真切地感觉到,这不仅反映出未成年人的兴趣所在,更是一种阅读方式的革命性转变,对未成年人阅读纸质文字图书造成了相当大的冲击,而"图""漫"系列的书籍已有庞大的未成年人读者群,已经形成规模化的阅读方式,从另一个侧面说明读"图"和"漫"阅读,对未成年人也有很多益处,需要用多维、多重的视角去看待这一现象,也需要用辩证法、三分法去理解这一文化心理,不可因噎废食,一概批判。正因为未成年人需要,更应该研究、关注这一阅读形式,用经典的内容引导未成年人获取正能量的信息资源。

从问题导向看,当前文化发展中的图画书、漫画书和绘本图书,作为一种向主流文化逐步靠拢的新文化方式,存在着诸多有待开发的潜力,而现阶段这一领域面临的困境也是多种多样的。譬如,对"图""文"形式的认识不足,受众定位不准,文化个性被外来因素冲击。促进图画书、漫画书和绘本图书健康发展,需要更包容的理念,更深入地挖掘中华优秀传统文化和地

域特色文化的趣味性，开发出更多的文化功能，通过培养原创人才，提升原创作品的质量，使其更有新意。在编辑和读者的良性互动之上，使图画书、漫画书和绘本书籍市场呈现欣欣向荣的局面，而不是一味地扮演"出版工厂"的角色。

笔者通过大量调查发现，阅读图画书、漫画书、绘本图书和幽默笑话等，是目前流行的阅读趋势，也是未成年人感兴趣的阅读内容。基于流行的阅读趋势和内容，西部各地小学、幼儿园、图书馆、书店应当大胆探索，采购一批具有正能量的漫画书、图画书、绘本图书，开辟专门的"漫"阅读场所，以漫画书、图画书、绘本图书中的人物或动物形象为主题，开展漫画阅读、图画创作、绘画交流等各种"漫"阅读系列活动，开展各类"漫"阅读比赛，以调动未成年人阅读兴趣，满足阅读获得感。

2. 与广播电视台联办阅读节目，推动公开课等活动进入网络直播

表 5-3：各年龄区间未成年人群体听书率

年龄区间	听书率（%）
18 岁以下	32.5
14 岁至 17 岁	32.3
9 岁至 13 岁	31.1
8 岁及以下	33.5

依据第 18 次全国国民阅读调查数据，未成年人选择数字化阅读方式的比率持续提升，其中听书比率更高，如表 5-3[①]。可以说，听书是一种新的阅读风尚，正在成为一种主流的阅读方式，并且已经成为一部分未成年人的阅读习惯。从听书的内容来看，虽然网络上有为数众多的听书资源，但真正适宜未成年人聆听的资源并不多，存在未成年人难以选择和家长不易掌握导向的问题。西部各地的中小学、幼儿园、图书馆、书店应当注重未成年人分级阅读推广，在开发青少年文化公开课教材、做好公开课内容建设的同时，需要

---

① 中国新闻出版研究院．第十七次全国国民阅读调查报告［EB/OL］．http://www.199it.com/archives/1040053.html．

设计分级阅读能力培养课程，改变传统的课程传播思维，注重传播模式的创新，可以利用新媒体平台，通过微信视频号、抖音、快手、B 站等 App 平台直播公开课，开展宣传推介，加快传播交流速度，扩大受众面和知晓率。在实践中，微信视频号、抖音、快手、B 站等视频形式，关注粉丝数量增多后，会出现收看中不可持续的各种问题，也不宜回放，公众难以下载存储。鉴于此，可以与中国知网、喜马拉雅、网易等平台合作，通过交付一定的费用，积极探索适宜的模式，可以在第三方平台收看或收听，也可以上传在公众号栏目上，推广公开课，增加公众号的粉丝，开展公开课高质量直播、点播、重播业务，不断扩大受益人群。在未成年人阅读推广活动举办方面，可以与电视台、广播电台、党报等媒介，联合举办读书节目，由学校提供内容，广播电视台负责节目编排及播出，开展针对中小学、幼儿园学生的广播电视阅读服务。

（六）加强宣传与培训，提升未成年人文化自觉度

1. 培育未成年人的文化自觉度

学校开展阅读推广，需要与家庭及社会教育相配合、相衔接，需要通过图书推荐、专题培训、主题活动等形式，培养未成年人的良好阅读习惯，也需要通过对家长的培训、指导，提升针对孩子的家庭阅读指导成效，形成学校、家庭与社会的良性互动。也就是说，阅读推广需要注重未成年人对待文化的一种意识、一种理念、一种觉悟的形成，称为文化自觉。也可以认为，这里的文化自觉就是一种文化习惯、阅读习惯，未成年人阅读推广的主观动力，在于这一群体的文化自觉、文化习惯、阅读习惯。

2. 广泛宣传课后阅读服务职能

目前，未成年人主动阅读的意识还比较薄弱，好多学生和家长甚至认为课后服务与做作业没有什么区别。因此，西部欠发达地区各学校应当进一步开展宣传，印制宣传册、宣传短视频，通过网络上传这些宣传词条和短视频，让公众了解课后服务是以书育人、知识补充及阅读活动的时间，是名副其实的第二课堂。结合新兴媒体的发展趋势，学校不仅需要利用广播、电视、报刊进行宣传，也需要在网站、微博、微信公众号、视频号、抖音、快手、B 站等媒介上，策划生动、吸引眼球的文案，以阅读活动的图片为主，主动向学生和家长宣传课后阅读活动的职能作用和措施。

3. 通过集中培训使未成年人学会阅读

西部各地的学校、幼儿园、图书馆、书店需要开展未成年人阅读指导与基本素养教育，有针对性地开展培训项目，使未成年人具有相应年级的阅读能力。同时，呼吁学校、图书馆开展学生利用图书馆（室）的知识教育，提高利用图书馆（室）的意识。在利用图书馆（室）的信息素养教育方面，可以结合青少年文化公开课，在开讲前安排一刻钟的信息素养提要介绍，或制作"如何利用图书馆"教育课件，刻录成光盘、视频，向未成年人介绍图书馆的职能、功能室分布、图书查阅办法、借还书注意事项、公开课的安排，并同步发放问卷，征询未成年人对图书采购、活动举办、公开课内容安排方面的意见建议。还可以安排专题公开课，通过专题培训，指导未成年人熟练掌握精准查找、选择图书及吟诵、精读、略读、制作思维导图、记写印象笔记、先读书评后读原著和鉴别、欣赏经典图书的技巧，还可以通过组织读书卡、阅读心得体会交流展览等方式，引导未成年人形成深阅读、慢阅读的良好习惯。

第六章　关于校园阅读推广的几点建议

　　学校因其教育职能，决定了阅读推广成为各级各类学校应该承担的社会责任。为确保推广活动取得实效，有的学校从完善、优化阅读推广机制着手，通过和书店、图书馆等阅读平台联办读书会、增强学校运行活力，进而拓宽阅读推广运行渠道；有的学校从培养阅读推广人着手，通过线上、线下、主题或系列培训，强化阅读推广人综合素质，增强阅读推广人在活动中的作用；有的学校从不同阅读对象入手，通过对家长、未成年人等不同阅读对象制定不同推广策略，使阅读推广活动更聚焦。这些阅读推广活动虽然取得了一定成效，但无法回避的一个问题是，未成年人阅读习惯培养并没有完全达到预期效果。本章以解决未成年人自主阅读中经典缺失的问题为出发点，从文化教育主管部门、学校、教师、学生、家长及书店、图书馆等社会组织六个维度出发，梳理出存在的盲点，提出共同开展校园阅读推广的思路，进一步探究培养未成年人阅读习惯的策略，为学校与社会各界在阅读推广领域的合作提出方案，并就"双减"背景下，在课后服务中开展阅读活动提出方向，这是西部地区有关学校目前应该考虑的问题。

一、问题的提出：未成年人课外不读经典已经司空见惯

　　笔者以T图书馆作为研究对象，围绕18岁以下的未成年人读者文学类图书借阅情况，选取2010年10月1日至2020年10月1日十年间的借阅排行数据，进行统计分析，排名前40位的图书依次罗列如下（表6-1）[①]。

[①] 高峰. 后现代阅读方式下公共图书馆未成年人服务能力提升的对策——以平凉市公共图书馆为例 [J]. 甘肃科技, 2017, (23)：68-68.

表6-1：未成年人喜欢阅读的图书调查表（以T图书馆为例）

序号	图书名称	外借次数
1	《小王子》	263
2	《两生花瓣凉若水》	139
3	《绿山墙的安妮》	138
4	《三国演义》	132
5	《桃花劫又劫》	129
6	《网游之小叶花开也倾城》	123
7	《正太骑骑马》	123
8	《公子不承欢》	121
9	《草房子》	118
10	《师父在下寡人在上》	113
11	《同学之间》	110
12	《聊斋志异》	109
13	《双面月天使》	109
14	《马老师喜欢的》	105
15	《魔女封印》	104
16	《三个傻瓜》	104
17	《云殇倾城》	103
18	《网游之见入佳境》	101
19	《与大神组队的日子》	101
20	《百万英镑》	100
21	《憨豆纪事》	98
22	《网游之一见情深爱上你》	98
23	《爸爸的忏悔》	97
24	《被打的好学生》	97

续表

序号	图书名称	外借次数
25	《酱油女官》	97
26	《平凡的世界》	97
27	《绅士击击剑》	97
28	《发脾气的枕头》	96
29	《美人凶猛》	96
30	《网游之绝版爱情，非你不行》	96
31	《公主公主　女巫女巫》	95
32	《小鸟大冒险》	95
33	《Cinderella 蜜桃梦恋曲》	94
34	《芭比宝贝向前冲!!》	94
35	《钦点死神暧昧序曲》	94
36	《妖妃乱》	94
37	《执子三生　与子千年》	93
38	《关门弟子是个宝》	92
39	《快乐地长大》	92
40	《倾国寒歌》	92

笔者经过查阅以上四十本图书，并多方检索出版信息和主要内容，发现外借册次排在前四十位的图书中，有 8 本可以归类为相对经典的图书，占总数的 20%。未成年人喜欢阅读的图书，主要是言情、爱情、搞笑、秀逗、玄幻、卡通类书籍，可以看出，轻松诙谐的奇幻类小说、另类的校园小说和后现代网络文学更受未成年人的热捧，不读经典的情况已经司空见惯。从社会教育职能作用发挥的角度来看，也存在针对未成年人群体的经典阅读推广乏力状况，更多表现为由于人员、经费等因素制约，无力开展经典阅读的推广活动。因而，图书馆也应当承担起未成年人阅读推广的职责，加强与学校的合作，使"第二课堂"的社会教育职能回归，打造以经典阅读、主流阅读为

特点的课外导读示范场所。

二、校园分级阅读书目及方法

西部地区特别是农村阅读资源有限，中、小学阅读推广的最大问题，是注重合格率、优秀率等成绩，普遍存在阅读时间少、指导不到位、对经典阅读的推广主动性不强，课外阅读限于语文为主的学科类，以全校普遍开展阅读为标志的书香校园氛围还没有形成。学校图书馆的图书更新、开放业务还有待加强，怕丢失、怕损坏、怕麻烦、怕影响学习的问题长期存在。征文、朗诵等阅读活动普遍表现为蜻蜓点水式的瞬时效应，阅读活动的时效性比较强，无法形成长效机制，对学生的阅读习惯培育难以产生持久的影响力。

针对这一现状，中小学可以成立工作专班，建立阅读文化长廊，编选经典阅读校本教材，编写阅读刊物，组织读书笔记展览、读书报告会、读书交流会等阅读活动。要求学校管理层人员带头阅读经典、记写笔记，为每一名教师和学生提出阅读经典的数量要求，每个教室设立图书角，每个年级、每学期开展一次图书互换分享阅读活动，开展班级星级图书角、优秀阅读小组、阅读小明星评选活动。

（一）推荐分级阅读书目

西部地区应当借鉴国外 26 个级别的指导性分级阅读、最高 1700 分的蓝思（莱克赛尔）分级系统、美国 K-3 优先阅读计划、德国的阅读测量尺等分级模式，学习国内部分地区分级阅读推广的做法，参照教育部各学段阅读建议，坚持阶段性、安全性、多样性、平等性和便捷性服务原则，探索建立适宜地域实际的未成年人分级阅读内容选择、参考和评价标准。在书目标准上可以参考安徒生奖、纽伯瑞等儿童文学奖（表 6-2）和接力分级阅读体系、鹏声分级阅读、哈丽·波特分级阅读、阅读树系列丛书、"彩虹"系列、经典文学分级阅读文库、海绵儿童分级阅读等（表 6-3）已有经验与成果。通过政府主导与推动，以公益性、权威性、科学性、可行性为前提，以分众、分级、分类、分时为原则，为不同年龄段的孩子量身定做一套适宜的阅读书目，实现书目与读者群体的匹配，将分级阅读推向实践应用阶段。

表 6-2：儿童图书奖名单

安徒生奖、纽伯瑞儿童文学奖、凯迪克大奖、凯特·格林纳威奖、卡内基文学奖、德国绘本大奖、博洛尼亚国际儿童书展最佳童书奖、德国青少年文学奖、奥地利儿童青年文学奖、拉萨里罗奖、瑞士儿童图书奖、澳大利亚儿童图书奖及少儿最佳图书奖、加拿大图书馆协会儿童图书年度奖和青少年图书奖、野间儿童文艺奖、胡金霍特南非儿童文学奖、林格伦文学奖、布拉迪斯国际插画双年展大奖、全国优秀儿童文学奖、宋庆龄儿童文学奖、陈伯吹国际儿童文学奖、冰心儿童文学奖、丰子恺儿童图画书奖

表 6-3：中英文分级阅读资源[①]

英文	中文
牛津大学出版社分级读物系列	世界经典文学分级阅读文库
牛津书虫图书馆读物系列	海绵儿童分级阅读书丛
牛津阅读树系列	中国儿童分级阅读参考书目
培生英语系列	中国幼儿基础阅读书目（100种）
彩虹分级阅读	中国小学基础阅读书目（100种）
ABCtime 美国小学图书馆	亲近母语儿童分级阅读书目

随着数字阅读的深入开展，少年儿童购买电子读物的比重达到八成以上，第18次全国阅读调查结果显示，未成年人数字化阅读接触率为72.3%，成为数字阅读的"原住民"。在数字化分级阅读领域，可以与玩具、点读笔、移动设备、在线阅读平台相结合，通过未成年人参与互动地图、早教机、分级阅读馆、儿童有声故事、儿童书包、有声绘本图书、双语分级阅读软件等具体的分级在线阅读项目。或者通过中少快乐阅读平台、国家少儿数字图书馆、小书房、红泥巴村、虫虫阅读网、国际儿童数字图书馆等线上平台，利用丰富的在线分级数字资源开展阅读推广。

西部地区在少年儿童图书馆建设与发展过程中，可以参考借鉴五种国际分级阅读体系（表6-4）和中国幼儿基础阅读书目、中国小学生基础阅读书

[①] 尹士亮，李海燕，王成玥. 分级阅读读物提升幸福 [M]. 深圳：海天出版社，2020，(1)：95-105.

目、中国儿童分级阅读书目（0-12岁）、中国小学生分级阅读书目、儿童心智发展与分级阅读建议、中国儿童分级阅读参考书目等权威推荐书目的基础上，考察学习深圳少年儿童图书馆开发的"上业宝宝智库""贝贝国学教育""才智天地""达尔文星球全息"和杭州少年儿童图书馆开发的"乐于学少儿多媒体""中华连环画数字阅览室"、厦门市少年儿童图书馆开发的"少儿多媒体图书馆""中少快乐阅读平台"等分级阅读数字资源与阅读推广经验。坚持"小手握大手、大手牵小手、阅读伴成长"理念，开展家庭分级阅读、亲子共读榜样评选活动，使分级、分众、分类、分时阅读的理念推广普及、深耕发芽、开花结果。

表6-4：五种国际分级阅读体系

指导阅读体系（A-Z分级法）、莱克赛尔体系（蓝思分级法）、阅读发展评价体系（阅读DRA）、阅读校正体系、阅读能力等级计划

在具体的阅读推广过程中，中小学、图书馆都可以学习借鉴专业机构研制的分级阅读推广书目（表6-5）、专业图书（表6-6）、科普用书（表6-7）、少儿百科全书（表6-8），教师与馆员也可以参考《老舍谈写作与阅读》[1]《我的语文生活》[2]提出的阅读经验、了解经典名著、获得读书方法，开展更有针对性、实效性的阅读指导、服务与活动。

表6-5：面向未成年人的阅读推广参考书目

书目名称	研制单位或作者
中国幼儿基础阅读书目、中国童书榜优秀童书获奖书目、中国小学生基础阅读书目	新阅读研究所
中国儿童分级阅读书目（0~12岁）、中国小学生分级阅读书目	亲近母语研究院

---

[1] 老舍. 老舍谈写作与阅读[M]. 北京：商务印书馆，2021，(8)：181.
[2] 陈军. 我的语文生活[M]. 北京：商务印书馆，2021，(8)：138.

续表

书目名称	研制单位或作者
儿童心智发展与分级阅读建议（含书目样本）、中国儿童分级阅读参考书目	接力儿童分级阅读研究中心
儿童情绪教育绘本书目	陈书梅著作《儿童情绪疗愈绘本解题书目》
儿童图书阅读推荐、父母阅读推荐书目100种	新东方家庭教育中心
中学生阅读行动指南	中国教育学会中学语文教学专业委员会
中学生课外文学名著导读	人民文学出版社
《培育"读书种子"的中外少儿读物书目》	徐雁
《让孩子着迷的101本书》《给孩子100本最棒的书》《松居直喜欢的50本图画书》中推荐的图书	阿甲、萝卜探长，安妮塔·西尔维著（王林译），松居直（郭雯霞、杨忠译）

表6-6：面向未成年人的阅读推广专业图书

《朗读手册：大声为孩子读书吧》《打造儿童阅读环境》《帮助孩子爱上阅读：儿童阅读推广手册》《亲子阅读》《世界儿童文学阅读与经典》《阅读儿童文学》《图画书应该这样读》《世界图画书阅读与经典》《绘本有什么了不起》《幸福的种子：亲子共读绘本书》《打开绘本之眼》《共读绘本的一年：孩子如何在故事里探索世界》《喂故事书长大的孩子》《培养孩子的英文耳朵》《与最合适的绘本相遇》《阅读障碍与阅读困难：给教师的解释》《不会阅读的孩子：如何帮助阅读障碍儿童》《预防阅读困难：早期阅读教育策略》《我可以克服阅读障碍》《绘本阅读时代》《亲近母语儿童阅读指导丛书》《我的图画书论》《阅读的力量》《大量阅读的重要性》《美国中小学读写教学指导译丛》《善生悦教系列》《这样读系列丛书》《幼儿园早期阅读活动设计》《家园同步开展早期阅读教育的实践研究》《早期阅读发展与教育研究》《幼儿图画故事书阅读过程研究》《孩子的早期阅读课》《绘本赏析与创意教学》《经典绘本的欣赏与讲读》《0～12岁英文原版书阅读力进阶指南》《绘本之力》《享受图画书》《世界儿童文学理论经典书系：书、儿童与成人》《亲近图画书》《绘本阅读》《图像时代的早期阅读》《好绘本，如何好》《0～8岁宝宝阅读计划》《享受亲子阅读的快乐：1～6岁儿童选书阅读全方略》

表 6-7：推荐面向未成年人的科普用书

科学绘本：《神奇校车（桥梁书版）》（全 20 册）《法布尔昆虫记（注音版）》（共 10 册）《"美丽的数学"系列》（全 5 册）《走进奇妙的数学世界》（全 3 册）《力学原来这么有趣》《DK 万物运转的秘密：给青少年的物理世界入门书》《小小自然图书馆》（全 40 册）《我家门外的自然课》（全 4 册）《森林报》（全 4 册）《自然图鉴》（全 5 册）《我的野生动物朋友》《酷虫学校》（全 36 册）《可怕的科学》（全 63 册）《拉鲁斯趣味科学馆》（全 7 册）《地图（人文版）》《万物简史：少儿彩绘版》《这就是二十四节气》《牙齿大街的新鲜事》《肚子里有个火车站》

表 6-8：推荐少儿百科全书名单

百科全书：《大英儿童百科全书》（全 16 册）《HOW&WHY》（全 13 册）《德国少年儿童百科知识全书：什么是什么》（全 120 册）《大英儿童漫画百科》（全 30 册）《DK 百科全书系列》《十万个为什么》（全 18 册）《中国少年儿童百科全书》（全 10 册）《中国儿童地图百科全书》（全 4 册）

西部各地中小学、图书馆在未成年人的阅读推广活动中，还需要注意地方文献的阅读推广，尝试选择或编印优秀地方文献阅读推广教材，弘扬地方优秀历史人物精神，激发未成年人爱祖国、爱家乡的情怀。当前，数字化学习资源，"缺乏对方向的控制，忽视学习过程性信息的重要性，导致资源散乱生长、养料流失"[1]，有必要实施地方文献的数字化，实施数字资源的扫描、识别、分类、标引，"把具有参考价值和检索意义的标引词标识出来，用分类语言进行描述，使数字资源获得分类标识"[2]，实现资源检索功能，为读者提供多途径、多类型的检索，为未成年人提供可靠的学习资源。使地方文献伴随孩子们学习、工作、生活的历史，引导未成年人读者通过一生持续关注地方文献，旨在"追寻共同体，寻找故乡认同"[3]，打造以地方文献为基础的阅读推广与学习交流中心。

---

[1] 杨现民. 泛在学习时代的资源建设——走向生成与进货[M]. 北京：电子工业出版社，2016，(12)：72-73.

[2] 武三林，韩雅鸣. 基于技术融合的图书馆数字资源利用服务机制研究[M]. 北京：科学技术文献出版社，2017，(3)：167.

[3] (美) 本尼迪克特·安德森. 想象的共同体[M]. 吴叡人，译. 上海：上海人民出版社，2020，(4)：17.

（二）推广科学对路的阅读方法

阅读方法的重要性，对于学生群体来说，是显而易见的。教师、馆员在阅读推广工作当中，可以学习借鉴阅读方法类图书（表6-9），用不同的方法指导阅读相应的图书，以提高阅读的效能。

表6-9：阅读方法类的图书

名称	作者	内容
《如何阅读一本书》	莫提默·J.艾德勒、查尔斯·范多伦著，郝明义、朱衣译	基础、检视、分析和主题阅读
《如何有效阅读一本书：超实用笔记读书法》	奥野宣之著，张晶晶译	笔记式读书法
《实用性阅读指南：把读到的知识转化成能力》	大岩俊之著，陈怡萍译	运用"思维导图、二八法则、艾宾浩斯曲线"定律，探讨如何提高阅读效率
《高倍速阅读法》	保罗·R.席列著，佳永馨译	影像阅读法
《快速阅读法》	印南敦史著，王宇新译	碎片化阅读法
《超级阅读术》	斋藤孝著，赵仲明译	上班族阅读习惯与方法
《深阅读：信息爆炸时代我们如何读书》	斋藤孝著，程亮译	五个读书习惯、十倍增强读书力的方法
《如何阅读一本小说》	托马斯·福斯特著，梁笑译	以200多部小说为例，指出阅读方法
《阅读与写作》	叶圣陶、夏丏尊	中学生阅读与写作方法
《什么是杰作：拒绝平庸的文学阅读指南》	夏尔·丹齐格著，揭小勇译	文学阅读
《老舍谈写作与阅读》	老舍	经典名著阅读经验
《我的语文生活》	陈军	语文教学与读书方法

表 6-10：未成年人数字阅读资源节选①

类别	数字阅读资源
幼儿	中少快乐阅读平台之乐悠悠婴儿馆（zss.dglib.cn/lyy.aspx）、红袋鼠幼儿馆（zss.dglib.cn/hds.aspx/）、国家少儿数字图书馆之学前学习馆（org.ndolela.com）、学前图书馆（org.ndolela.com）
小学	中少快乐阅读平台之小学低年级馆（zss.dglib.cn/cd.aspx/）、小学高年级馆（zss.dglib.cn/xg.aspx/）、国家少儿数字图书馆之小学学习馆（org.ndolela.com）、小学图书馆（org.ndolela.com）
中学	中少快乐阅读平台之初中馆（zss.dglib.cn/cz.aspx/）、高中馆（zss.dglib.cn/gz.aspx/）、中学生读书网（www.fox2008.cn）
全年龄段	三叶草故事家族（www.3yecao.org）、小书房（www.dreamkidland.cn）、红泥巴村（www.hongniba.com.cn）、中文在线少儿阅览室（kids.chineseall.cn）、中国儿童文学网（www.61w.cn）、虫虫阅读网（www.ccread.cn）、儿童资源网（www.tom61.com）、小鸭子儿童乐园（www.littleducks.cn）、六一儿童网（www.61ertong.com）、国际儿童数字图书馆（en.childrenslibrary.org）、彩虹花公益小书房

三、"双减"背景下校园阅读推广的六个维度

教育部出台的课程标准规定，课外阅读不少于 260 万字，要求每年度阅读 2~3 本名著。长期以来，课外阅读标准之上立起的标杆效应与升学成绩考核之下的"阅读时间荒"，这一对矛盾难以破解。近两年来，"双减"在义务教育阶段的推行与课后服务的全面推开，为校园阅读推广提供了新的契机。如何解决课外阅读任务要求与学生课外没时间阅读的问题，需要从教育主管部门、学校、教师、学生、家长、社会组织六个维度展开分析。

（一）教育主管部门层面：搭建阅读平台，增强教育行政推动的引力

"双减"在全国推行后，课后服务在西部的一些地区呈现出课堂化、活

---

① 陈亮，连朝曦，张婷. 书香在线数字阅读导航［M］. 深圳：海天出版社，2017，(4)：183-205.

动化倾向，服务内容责任主体不明确，科任老师轮流值班，出现了偏重课业辅导而忽视生活指导、阅读指导、活动指导、心理辅导的问题，家长对学校课后服务及阅读推广的参与热情和参与度较低，家校间对课后服务的认识有差异①。专项调查表明，仅有3.25%的家长认为课后辅导的意义在于解决没有时间辅导孩子的问题；近三分之二的家长希望孩子在校完成家庭作业，得到更为全面的辅导，以提高成绩；四分之一左右的家长认为课后服务应当培养学生兴趣。近一半老师认为课后服务主要是缓解家长没时间辅导的问题，因此主要以开展辅导、提升本学科的成绩为主。认为培养学生兴趣的教师也占到四分之一左右。通过调查发现，大部分学校的课后服务，主要以辅导作业为主，这样便于管理学生，教师跟班能实现学生在校期间的安全。实际上，等于延长了课堂时间，有利于合格率、优秀率的提升。从问题导向来看，不利于学生的全面发展与身心健康。从阅读推广的角度来看，没有安排丰富的课后服务活动，以阅读为主要内容的校本课程是更加难以实现的。有的学校以作业为主、兴趣为辅的方式开展。譬如，某校以"作业辅导为主+X套餐为辅"②的形式开展课后服务，X套餐中与阅读推广有关的设置有阅读与写作小组、经典诵读班，活动时间为40分钟。从实际运行情况来看，以作业辅导为主，兴趣小组有放任自流的趋势。从更高层级的课程化方面来看，还存在目标弱化、内容碎片化、实施简单化、评价缺失化等问题，甚至个别乡镇中小学课后服务的目标以"安全看护"或"提升学业"③为主，服务内容个性化不足。

针对这些问题，建议西部各地实行柔性化管理，借鉴美国的阅读、音乐、绘画、雕塑、体育活动、社会劳动服务、家庭参与活动等以学生兴趣为主的托管课程设置经验，学习北京的"课后一小时（体育、艺术'2+1'项目工程）"、重庆渝北的"培育一项兴趣特长和提升阅读表达、艺术审美、生活生存三项能力"④等做法，形成"超越文化课与兴趣课的动态生成性校本课程"

---

① 陶小翠.乡村文化振兴背景下农村校园文化建设研究——以当涂县石桥中心学校的调研为例[D].安徽师范大学硕士学位论文，2020，（4）．

② 尹苏.H小学课后服务的问题与对策研究[D].湖南科技大学硕士学位论文，2020，（6）．

③ 赵吉祥.乡镇小学课后服务实施现状及对策研究——以临沂市Y县五所小学为例[D].鲁东大学硕士学位论文，2020，（5）．

④ 张文超.学校课后服务实施理念倾向与改进路向[J].教学与管理，2021，（7）：9.

"构建知识、技能、文化三位一体的内容框架"①。从顶层设计上研制课后服务管理办法，引导社会力量参与课后服务，以发挥非行政组织的作用，鼓励家长参与，制定可选择的校本课程，邀请公益机构或公益人士来校参与阅读推广活动，逐步走向"校本课程+延时托管+课后活动"②新模式，实现家校合作、校校联盟、公共服务机构助力、有偿服务机构适度介入的机制。通过开设读书班，开办"跳蚤市场"分享优秀的书籍，举办阅读成就展览、演讲征文、文艺汇演、诗词歌咏、体育竞赛等形式多样的体验活动，把阅读推广与思想教育、文化活动、情境体验、情感交流结合起来，将阅读场所打造成为温润心灵、涵养情怀、培植信仰的幸福港湾和精神家园。

优化顶层设计，联合制定阅读推广工作规划，与对应学生特质的三五年规划、年度计划，以学校为单位，与图书馆合作，实施"一定规模以上学校有个图书馆、规模以下学校有个图书室、班班有个图书角"的校园阅读基础设施建设工程，为校园阅读推广提供基础保障。联合搭建校园读书节，每年策划实施两季读书月，开展"共读一本经典图书、上好一堂课后阅读服务课、开一场阅读分享会、办一张阅读手抄报"③等系列活动，促进读书与教学、活动、教研相结合。通过行政引领，链接公益组织，实施捐建行动，创建阅读推广实验学校，开展以媒体宣传、读书讲座、阅读演讲、诗文诵读、朗诵比赛、作文竞赛、征文比赛、知识竞赛、书法比赛、国学竞赛、家长开放日、读书成果展、表彰奖励、课本剧展演、主题辩论、报刊展评、专家讲座、读书活动展评、优秀绘本讲故事、领读者展示、儿童阅读论坛、刊登优秀读书体会、组织读书知识竞赛、介绍经典书目、我的居家阅读等为内容的区域范围内书香校园创建系列读书活动，使校园阅读致用、致美、致在。

（二）学校层面：创设阅读时间，提升阅读推广的保障能力

西部各地的学校应当重视阅读，通过扩展图书馆、建设图书室，努力使教师和学生有专门阅读的地方，营造一个个布置雅静、氛围安静的图书馆或

---

① 邱连英．小学课后服务中的校本课程［J］．教学与管理，2021，（5）：9-10.
② 卢长春．农村小学课后服务现状、问题与对策研究——以固始县F校为例［D］．扬州大学硕士学位论文，2020，（6）.
③ 曹三及，张惠霞．读书让精神更丰盈：平凉市儿童阅读推广研究会成果集［M］．2020，（11）：2-140.

图书室等阅读场所。建议以班级或年级为单位，将阅读课安排在图书馆开展。增加学校图书馆的藏书，有自主采购图书的权限，是基础要素。在"双减"的政策环境下，在课后服务时段，安排专门的阅读课程，安排有专门的阅读时间，是培植阅读内生动力的极好做法。学校还可以编印经典阅读、诵读、图书馆素养类校本教材，开展利用图书馆与阅读素养培训，创设图书馆阅读氛围。安排班级在图书馆的阅读时间，制定读书角的具体实施办法，全天开放阅览室、廊角设置开放式图书柜、创建阅读文化长廊。开展领读人表彰活动，每个学校都有品牌阅读活动，每个年级都有阅读之星、阅读示范者。安排阅读课或诵读课，通过日有所诵、好书推荐、阅读内容介绍、讲述情节、分享心得等阅读经典的环节，以品味经典、分享美文、体会交流、诵读诗文、读书方法大擂台等形式展开，倡导自主阅读，使阅读推广与"双减"同步推进。应当特别关注留守儿童阅读问题，开设集阅读、游戏、活动为一体的阅读场所，使特殊青少年群体的阅读服务课程化、机制化。

（三）教师层面：带头阅读，开展专业化阅读指导

朱永新认为，学校阅读最为关键的是教师。抓住这一群体，发挥教师的引导作用，校园阅读推广的成效才能真正提升。一部分教育工作者觉得工作繁忙，没有阅读的时间，更多地注重成绩，对继续教育与终身学习、自主阅读不够重视。在"双减"政策背景下，有的教师甚至占用了学生的课外时间，导致学生没有充分的时间去对阅读心得进行交流和分享，家长对课外阅读关注度低，学生的阅读兴趣有待培养。教师带头读书，教师有了阅读习惯，学生的阅读自然而然就实现了，阅读指导的能力也就提升了。学校可以倡导校长读书引领示范，培育阅读种子教师，规定教师每两个月至少阅读一本书、记写一千五百字的阅读笔记，每年形成一篇高质量的心得或论文、课件，从而破解校园阅读推广源头性问题。笔者以为，改善阅读与教学"两张皮"的现象，最佳的办法应当是把阅读与课堂教育结合。7~13岁是培养学生阅读兴趣的最佳时机，可以分类分级布置阅读篇目[①]。阅读兴趣的培育，先从低龄儿童对绘本的好奇开始。中年级写作与阅读相互促进，高年级在读透作品的基

---

① 姜舒婷．小学生语文阅读素养调查研究——以Z校四年级及以上学生为例［D］．江苏大学硕士学位论文，2018，（6）．

础上，可以组织师生共写剧本，编排课本情景剧，培育学生口才，构筑起理想的课堂，营造良好的阅读环境、创设阅读情境，拓展阅读审美能力。

（四）学生层面：树立终身阅读理念，深度开展课外阅读

树立阅读与教育无缝对接的思维，通过群文阅读的方式，在某个话题的学习上，开展一系列的相关阅读，在有限的时间里拓展阅读面。通过阅读分享，锻炼学生的表达能力，促进课外阅读再提升。校园阅读应当实现横向分类、纵向分层，规定不同的阅读时间，提供差异化的读物。根据目前的改革趋向，"未来将有15%的学生因缺少时间而完不成语文高考题，这就对学生的阅读时间与效率提出了更高要求。而目前的状况是，近七成的中小学学生课外阅读少于一小时"[1]。在中小学的课后服务中，可以成立阅读兴趣班，开展默读、朗读及阅读工具、读书笔记训练，使学生的阅读能力得到提升。在高中则应当开展精读、速读、表达能力训练，精准推荐书籍，引导养成独立思考的能力。譬如，推荐高中学生阅读《诗经》《庄子》《论语》《韩非子》《左传》《史记》《老子》《孟子》《楚辞》《荀子》、莎士比亚作品、《对话录》《物种起源》《哈克贝利芬历险记》《草叶集》《圣经》《荷马史诗》《战争与和平》《红与黑》《神曲》及郭沫若、鲁迅、茅盾、巴金、老舍、曹禺等作品，为学生的全面发展奠定基础。同时，还应关注学生的心理与热门话题，引导学生们积极阅读、踏青寻韵、亲近经典、传播书香、浸润人生。

（五）家长层面：以亲子共同阅读为基础建构书香家庭

专业调查表明，目前仅有三成家长陪伴孩子阅读，学校图书馆、公共图书馆都有带动家庭阅读的职能，最为关键的是搭建书香家庭的评价展示传播、亲子阅读的公共服务平台与阅读指导常态化机制的建构。以教育部发布指导书目为基础，推荐适宜孩子分级阅读的书单，设计亲子阅读活动清单，以专业书箱、专题书包等形式提供阅读资源，开展书香家庭评选、家庭书架展评、读书好少年、亲子阅读榜样学习等有推动力的活动，学校带动家庭，图书馆服务家庭，让公共图书资源活起来、动起来。通过阅读唤醒图书的生命，实现在图书角、家庭书架上都有可读性强的图书，推动家长与孩子共读图书的理念，深入每个义务教育阶段孩子的家庭。譬如，在幼儿园和小学低年级，

---

[1] 殷彩丽. 让学生阅读能力在课后服务中蜕变[J]. 安徽教育科研，2021，(3)：61-62.

坚持引导孩子由绘本爱上阅读的理念，倡导家长带着孩子读绘本，有条件的学校可以建设绘本阅览室，可以定期或长期举办绘本课堂、亲子讲故事、"爱绘本、爱阅读"亲子读书会，邀请不同的"故事家长"与亲子家庭共同分享绘本故事的乐趣；还可以举办孩子动手制作绘本书、舞台情景剧表演、青少年绘本制作大赛等有创意的延伸活动。三至四年级，家长陪着孩子读，培养带笔读书的习惯。在疫情防控等特别时期，家庭阅读成为新的课题，家庭助力阅读的问题需要更深入地研究与探讨，可以组织开展"疫情难阻书香、阅读润泽心灵"居家阅读活动，形成常态化、系列化、持续化的阅读推广长效机制。

（六）社会力量层面：优秀的阅读理念传播与图书捐赠并行

教育"双减"政策实施后，图书馆和书店的未成年人读者多了，青少年课外读物销售与借阅量普遍增长，公共阅读空间参与课后阅读服务成为图书馆、书店等行业关注的一个新话题。全民阅读活动是中宣部等十多个部门联合部署开展的一项长期的惠民工程，在实际的阅读推广过程中，书店、学校与图书馆的阅读推广多数为独立开展，合作属于偶尔行为。图书馆得不到赞助，学生难以参加图书馆的周内阅读推广活动，学校的活动得不到阅读推广行业的支持与配合。针对现实的困境，建议整合各方力量，借鉴美国与英国的做法，"统一开展阅读推广活动，图书馆发挥主力军作用，各有关部门给予赞助与图书支持，邀请学生参与图书馆的阅读推广活动"[1]，盘活各类阅读资源，联合建构馆校、店校合作的阅读协作机制。学校与图书馆都可以成立有必要条件保障的阅读推广常设机构，制定阅读推广评估体系，用前沿理论指导阅读推广活动。在激励社会组织方面，教育、文化部门联合制定有利于公益组织投身阅读推广的激励机制，引导公益组织为已有规模的学校图书馆捐赠图书，向没有图书馆的学校捐建图书室，给班级设立图书角。邀请公益人士参与读书活动，推广优秀的阅读理念，示范普及阅读方法，联合开展阅读研习活动，探讨绘本、群文、童话、整本书阅读的策略，开展故事课、阅读课、读书讲座等分众化的阅读推广活动，形成未成年人想读书、会读书、乐于读书的良好氛围。

---

[1] 王波. 图书馆学及其左右邻舍 [M]. 北京：海洋出版社，2014，(3)：260-261.

四、关于大学分校阅读的建议书单

对于大学生而言，培养文化自觉、形成人文教育、给予人文关怀、养成人文精神显得非常重要，注重人文背景知识的阅读，离不开学校构建良好的阅读环境、教师引导正确的阅读方向、学校图书馆构建阅读平台，开展丰富而有内涵的阅读推广活动。

（一）综合大学的阅读推广

综合类大学的阅读推广应当树立校本阅读的理念，开发阅读推广评价系统，建立阅读共享空间，开发校本阅读推广教材，编制经典阅读书目（表6-11），编印导读报刊、开发新媒体阅读平台、探索开展游学型阅读推广。以分众化的设计、深度融合的新媒体宣传、协同共建的阅读推广人队伍，策划深而广的阅读推广范例，开展小而精的阅读推广活动，迎合不同读者群体的阅读需求，形成"一校一书""一校一品牌"的品牌化、特色化、深入化格局。应当重视通识教育，兼顾通行与补缺，可以开展读书节、读书月系列活动，打造具有品牌效应的校园电视阅读节目、讲坛、讲座，组建、提升校园读书会，开辟信息及学习共享空间。编制校本报刊，开设阅读专题课程，尝试疗愈式阅读方法，利用新媒体开展阅读推广宣传及线上活动，提升学生的科学与人文素养，构建领导带头读、教师领读、师生共读的良好格局，形成"人人溢书香、处处有书香、时时闻书香、好书飘书香"的书香校园氛围。

表6-11：制订部分学科推荐书目参考资料

全国大学生经典阅读征文荐书榜、文学类专业学生阅读书目导读、经济学学生阅读书目、高等学校中文系本科生专业阅读书目、中文专业本科生百部阅读书目导读

（二）高职院校的阅读推广

高职院校一般会根据借阅量的排行开展传统的推荐，缺少校本特色的书目设计，院校图书馆缺少馆办刊物等长期有机制化的阅读推广机制，一部分学生缺乏对阅读的认知，包括自习室在内的图书馆设施利用率还有待提升。

开展的已有阅读活动，缺乏与校外机构的合作，宣传与推广仅局限于学校之内，难以形成有影响力的阅读推广局面。破解这些困境，应当本着缺什么、补什么的原则，编制不同学科的经典书目，开展精品图书进校园系列活动，成立爱心书屋、发放爱心书卡，为家庭困难学生免费提供经典图书。可以开展名著阅读知识竞赛，在互动答题的过程中，引导经典阅读与传播文化知识。可以开展玩转经典、论语大会等中华传统文化经典立体阅读活动，引导学生以游戏的角色进入经典，以心阅读、真心阅读、用心阅读。可以开展"一书共读、一人领读、相约一小时"活动，构建三位一体阅读平台。还可以通过同龄示范、明星馆员、阅读推广人、数字资源宣传等方式促进阅读。也可以结合校史校情，发挥实践优势，组建阅读社团，开展与多部门合作，扩大阅读推广活动的范围，提升阅读对学生的影响力。

（三）理工类院校的阅读推广

理工类院校人文类课程仅占10%左右，对阅读推广不够重视，现有的也是局限于有助于学术上的提升等较窄的领域，以座谈、培训、展览、比赛等传统的阅读活动形式为主，体量比较小。理工类高校图书馆大部分没有成立专业的阅读推广部门，人文气息不足，人文阅读推广的比重较小。理工类院校坚持问题导向，应当注重创新、科普类阅读推广，营造书香校园的氛围，探索学校图书馆与大学所在地公共图书馆的合作机制，开展具有理工特色的阅读活动，同时注重与人文阅读的结合，提升人文阅读在理工专业中的融合度，拓展学生的知识面。可以学习借鉴校园书香精品案例，结合实际开展系列阅读活动。譬如，开展借书不限量、阅读新星评选、微书评大赛等活动，开展通识教育、阅读书籍、撰写心得、赢得书券活动，引导学生们参与构建"四位一体"教育模式。开展经典推荐、主题征文、泛在阅读讲座、名家名作朗诵会、"寻宝"文献管理体验、中文在线碎片化、阅读分享会、阅读情景剧等参与式活动，形成阅读生态体系。开展读览天下纸书、智赢未来数字图书、经典励志视频图书、名家点津真人图书、榜样引领、悦读永恒社团风采、我演经典创意表演、读书分享会、读者及优秀服务之星评选为内容的"阅推荐、悦互动、越便捷、乐成长"阅读系列活动，使课外阅读从消遣变为有益于能力培养。

（四）师范类院校的阅读推广

师范类院校的阅读推广，缺乏持续的阅读指导课程，学科不够平衡。在关于师范类大学生的专项调查中，学生不知道该读哪些书的占比本科、硕士、博士依次为40%、26%、14%，70%以上的学生希望得到图书推荐与阅读指导。从学科看，注重教育、文学、艺术类学科的阅读推广，自然科学、理工类学科相对较弱。师范类院校的毕业生大部分会从事中小学教育工作，肩负着未成年人的阅读推广重任，因而需要加强这一领域的培训与指导。可以与未成年人阅读推广相衔接，探索师范类专业大学生的阅读与毕业后从事工作的结合点，均衡人文与科学、艺术门类的比重，评选阅读模范人物，尝试分众化的、分时段的、分类别的阅读推广，形成通才式、规范式的阅读推广模式。可以开展精彩纷呈的创意悦读活动，譬如，寻找阅读推广大使、阅读推广人，引导学生们快乐阅读、同伴分享、多向推广，开展通识性主题导读、学术性专家导读、特藏导读、文明阅读导读，为特殊教育学校送去过刊资源，延伸服务功能。开展学前教育专题阅读体验活动，将游戏引入阅读过程中，组织学校与公共图书馆联合制作阅读推广光盘、合办导读刊物等形式多样、有实质效应的阅读推广活动。

（五）医学类院校的阅读推广

医学类院校的阅读推广方式比较传统，多侧重于采取展览、培训、征文、竞赛、图书推荐等形式，一般利用读书节、读书周、读书日等节庆开展，过了点节又回归正常，没有形成持续的阅读推广效应。虽然是专业的院校，但在专业领域的阅读推广还比较少，缺少专门的机构与栏目、阅读推广队伍和机制保障，难以调动师生的阅读兴趣，即使非专业的、非强迫性的读书也比较少。针对这些问题，医学类院校在阅读推广中应当"厚植人道主义、人文主义精神，推广具有人文关怀的经典书目（表6-12）"[1]，可以采取微阅读、"轻阅读、轻参与"[2] 等灵活的方式，利用零碎的时间段、随时随地开展轻松的阅读，通过较短篇幅的阅读内容推广，医学类院校引导组织医院与公共图

---

[1] 王一方. 一张书单的由来 [M] //张大庆. 中国医学人文评论（第二卷）. 北京：北京大学医学出版社，2008：85-86.

[2] 徐雁，张思瑶，张麒麟，冯展君. 分校阅读读物增益才华 [M]. 深圳：海天出版社，2020，(1)：122-125.

书馆、院校图书馆建立一种重视质量的、互利互助的合作关系,加强文学、历史、哲学、宗教类经典图书的阅读推广,形成多元、互动、立体的阅读推广模式。譬如,开展学生参与度较高的阅读推广活动,学习借鉴特色范例,可以开展"读书、读人、读己"① 深度式阅读、大学生讲坛、微课堂、微拍电子书、话剧比赛阅读推广、真人图书馆、积分兑换礼物、以书评促进阅读,形成"活动+内容+平台+阅读"的创意悦读体系,使有用的知识在愉悦的活动中传播。

表6-12:建议医学专业大学生阅读书单(人文关怀类)

《探究哲学就是学习死亡》《论想象力》《塞亚岛的风俗》《论身体力行》《论残忍》《雷蒙·塞邦赞》《论父子相像》《屈打成医》《飞翔的医生》《多情的医生》《浦尔叟雅克先生》《死屋手记》《第六病室》《魔山》《癌症楼》《日瓦格医生》《鼠疫》《太阳照常升起》《最年轻的科学》《细胞生命的礼赞》《水母与蜗牛》《相约星期二》《最后的尊严》《雅致的精神病院》《疾病的隐喻》《呻吟中的思考》《解剖刀下的风景》《病魔退却的历程》《病隙碎笔》《妞妞:一个父亲的札记》《昆仑殇》

(六)军队院校的阅读推广

需要兼顾大众与小众群体需求,有参与度,又有挑战性,多渠道获取需求,分众化建设阅读资源库,建设校本阅读体系,提升阅读推广水平。譬如,可以组织开展主题阅读活动推广,开展新生共读,在阅读体验中,引导融入充满书香的军队院校生活。还可以开展师生共读一本书活动,将教官老师的宝贵阅读经历,分享给学生,引导共读一本书,形成共读、共写、共生活式的阅读训练营,构建多元体验的阅读模式。

(七)大学生心理问题的阅读疗法

关注大学生的心理焦虑等问题,借鉴《大学生心理问题的阅读疗法金字塔体系书方配伍实证研究》(王秀红、徐振宇)和《"读书身健方为福"——情绪疗愈绘本解题书及其对学校图书馆开展阅读疗法的启示》等研究成果,

---

① 陈进,李笑野,郭晶.高校图书馆阅读推广案例精编[M].北京:海洋出版社,2017,(1):304-313.

以阅读疗愈的方式预防、减轻大学生心理困扰问题（表6-13、表6-14）[①]。

表6-13：给大学生推荐的常见心理问题预防书单

《菜根谭》《苏东坡传》《美好的人生》《快乐的人生》《哲学的慰藉》《最后的演讲》《相约星期二》《幸福之路》《心灵鸡汤》《一杯安慰》《生命的重建》《自己拯救自己》《幸福的方法》《伯恩斯新情绪疗法》《读书疗法：女性生活各阶段的读书指南》《芒果街上的小屋》《小王子》《心灵密码》《阅读疗法》《地下铁》《大家都有病》《追风筝的人》《挪威的森林》《往事》《此世双人难全》《无怨的青春》《致无尽岁月》《最好的时光在路上》《晚秋》《平凡的世界》《如何抢救我的神经病》《向前一步》

表6-14：给大学生推荐的常见心理问题对症书单

减轻求学焦虑的书：《遇见未知的自己》——了解自己，开发潜能；《奇妙的自我心理暗示》——增强自信；《拖延心理学：向与生俱来的行为顽症宣战》——战胜拖延的毛病；《47楼万岁》——创造美好的大学生活。
超越困境、激励志向的书：《汪洋中的一条船》《极限人生》《我与地坛》《钢铁是怎样炼成的》《假如给我三天光明》《人生不设限》——激励残障同学；《我把青春献给你》——激励缺乏自信的同学；《士兵突击》《阿甘正传》——激励资质一般的同学；《老人与海》《鲁滨逊漂流记》——激励身处逆境的同学；《花逝》——激励女同学。
克服交际困难的书：《人性的优点》《人性的弱点》——认识人性；《自卑与超越》——超越自卑。
学会享受寂寞的书：《让寂寞来，让寂寞走》——认识寂寞；《孤独六讲》——认识孤独；《孤独者的心灵漫步》——摆脱孤独；《善待失意活出诗意》——走出失意；《瓦尔登湖》——享受寂寞；《星空》——在寂寞中认识自我。
令人流泪减压、平静心态的书：《平凡的世界》——为生活感动；《活着》《许三观卖血记》——为命运感动；《东京塔》——为母亲感动；《现在很想见你》——为妻子感动。

[①] 中国图书馆学会阅读推广委员会阅读与心理健康分委员会. 面向大学生的常见心理困扰对症书目[EB/OL]. http：//www. lib-read. org/doc/worksshow.jsp？id＝1446.

续表

减轻抑郁症的书：《我的十年抑郁奋斗史》《我的抑郁症》——学习抗抑郁经验；《与快乐牵手——让抑郁的心阳光起来》——缓解抑郁症；《抗抑郁处方——当抑郁症遇上韦小宝》——从小说人物身上找良方；《伯恩斯新情绪疗法》——认识抑郁，自我疗治。
认识爱情、减轻恋爱苦恼的书：《爱的艺术》——认识爱，学习爱；《像邦妮一样爱你》《放下爱》《恋爱中的女人》——认识恋爱；《恋人絮语——一个解构主义的文本》《你们我们他们》——感悟恋爱；《傲慢与偏见》——端正恋爱态度；《水仙乘鲤鱼去》《简·爱》——让无人恋者共鸣、鼓勇；《千江有水千江月》——让朦胧爱者共鸣、释怀；《一个陌生女人的来信》《神雕侠侣》《飘》《了不起的盖茨比》《霍乱时期的爱情》——让苦恋者共鸣、释怀；《失恋33天》——让失恋者共鸣、释怀；《蝴蝶梦》《荆棘鸟》——爱情有风险，入戏须谨慎；《红楼梦》——了解爱情的复杂性；《爱情故事》《手札情缘》——相信真爱。
克服求职恐惧、减轻就业压力、树立创业信心的书：《人人都能成功》——树立信心，开发潜能；《奋斗》——感性地认识创业的艰辛；《杜拉拉升职记》——感性地认识公司生存法则；《沧浪之水》——感性地认识仕途生存法则；《谁动了我的奶酪》——学会适应变化；《创业圣经》《女性创业》《创业者的赚钱系统》——学习创业；《一分钟管理人》《创业管理》——学习管理；《永不言败》《基业长青》《杰克韦尔奇自传》《史蒂夫乔布斯传》——志在成功。

第七章 优秀传统文化传承视域下的青少年文化公开课

2017年1月国家发布的《关于实施中华优秀传统文化传承发展工程的意见》[①]，提出实施中华文化新媒体传播工程，通过开展系列活动，传承中华优秀传统文化。中华优秀传统文化传承发展工程，为开展未成年人阅读推广提供了重要机遇，从另一个意义上说这些要求也是学校及图书馆必须完成好的目标责任，完成这一目标体现着应有的文化使命和责任担当。

本章围绕学校开展优秀传统文化传承弘扬、发挥引导教育职能作用，就开展未成年人阅读推广活动过程中，开设文化公开课的必要性、可行性和内容、途径等问题展开初步探讨。

一、在未成年人群体中传承优秀传统文化的意义

青少年是祖国的未来，学习传承优秀传统文化的主体人群应当是未成年人群体，优秀传统文化在未成年人的教育中，起着至关重要的作用。以优秀的传统文化为主要内容，通过开展针对未成年人的社会教育，把爱国主义的种子从小就深深埋入未成年人的心灵，是一种对中华优秀传统文化的传承、保存和积淀，因此应该重视未成年人在优秀传统文化传承中所扮演的重要角色。

一个没有忧患意识的国家，注定存在长远的隐忧。由于诸多的原因，当前出现了不少错误的价值观，西方文化中的极端成分、后现代的生活方式、极致娱乐、一切向钱看的观念，导致了未成年人的世界观、价值观、道德观偏失。一些未成年人比较自私自利，少有为他人着想的思想；一些未成年人

[①] 中共中央办公厅、国务院办公厅印发《关于实施中华优秀传统文化传承发展工程的意见》. http://www.gov.cn/zhengce/2017-01/25/content_5163472.htm.

不知道感恩，不尊重老师，不尊重其他同伴，没有学会宽容和忍让，缺少责任感和正义感等等。因而，绝不能再把对优秀传统文化的漠视传导给未成年人。应当树立问题导向，增强对未成年人传承优秀传统文化的忧患意识，对中华传统文化怜惜之、热爱之、保护之，唤起社会各界对中华优秀传统文化的关注，提升未成年人对传统文化传承的意识，万众一心才能传承好祖先留给我们的宝贵文化遗产。

中国历史上流传下来的传统美德是宝贵的精神财富，社会主义道德教育就是对中华民族传统美德的继承和发展，在未成年人中开展传统美德教育，有利于弘扬中华民族精神，关系到民族未来。注重未成年人文化习惯的培养，使未成年人受到优秀传统文化的熏陶，有利于提升未成年人的文化自觉度，树立正确的价值观。从优秀传统文化的学习中，引导教育未成年人明白对与错、荣与辱，为未成年人树立优秀传统文化中的榜样，鼓励未成年人学习榜样的优点，通过学习让未成年人明白一个人应该做哪些事，不能做哪些事，知道应该做一个怎样的人，才能"择其善者而从之，其不善者而改之"，从这个角度来说，传承优秀传统文化有利于培养未成年人明辨是非的能力。通过优秀传统文化的熏陶，还可使未成年人认知促成行动，行动养成习惯，习惯塑造性格，有利于提高未成年人对当前一些不良环境的抵抗能力。正因为如此，学校通过开设青少年文化公开课等有针对性的阅读推广活动，使未成年人在传统文化的滋养中成长，对于健全人格、培养良好道德情操是非常有必要的。

二、在未成年人群体中开展优秀传统文化教育面临的困境

虽然传统文化教育普遍受到重视，学校教育中优秀传统文化的内容越来越丰富，而开展以优秀传统文化为主要内容的未成年人教育，还存在着需要加强和改进的地方。从西部地区的现状看，以传统文化为主要内容的未成年人阅读推广活动还有待提升，主要表现在：优秀文化遗产保护与传承大多集中在器物层面，精神文化层面的传承弘扬相对薄弱，地域文化发展与中华优秀传统文化传承、核心价值观弘扬衔接不够紧密。当前，公众对未成年人接受优秀传统文化教育的关注度不断增加，要求也越来越高，在信息浪潮的席卷下，西部欠发达地区大多数学校的云平台、5G、虚拟现实（VR）、增强现

实（AR）、混合现实（MR）等现代科学技术、网络信息技术的运用还不够，数据库建设缺失或滞后，还未形成健全的未成年人接受现代优秀传统文化教育的服务体系。现有的一些优秀文化阅读推广活动，多数为临时性活动，缺乏连续性，且随意选材，随意删减优秀传统文化内容，歪曲或过度解读，甚至解读得面目全非，有的素材运用不灵活，强制灌输式讲解，引不起未成年人参与的兴趣。

就当下学校开展未成年人阅读推广所面临的环境而言，需要注意优秀传统文化传承的扭曲倾向，特别需要注意娱乐化、庸俗化、功利化的倾向，这种趋向已经渗透到了未成年人成长的衣、食、住、行等各个方面。以娱乐甚至"娱乐至死"为主题的大众文化，往往会解构传统文化的优秀点，将其作为嘲笑、玩弄的话题。譬如，当前深受未成年人追捧的一些动漫、影视作品，对优秀传统文化中好多经典故事情节随意改动，一些传统美德被淡化或被无聊的说笑所掩盖甚至扭曲，这些中华优秀传统文化的扭曲现象，严重影响甚至误导了未成年人价值观的形成。这些现象背后所反映出的种种导向，对未成年人的社会教育来说是非常危险的，学校在以优秀传统文化为主要内容的未成年人阅读推广中，需要避免上述问题的发生。

近几年来，推进素质教育的口号喊得十分响亮，也确实在一些城市、一部分学校取得了成效。但是，一大批未成年人还是走进了应试的队伍，教育的"功利化"让素质教育、优质教育举步维艰，更是助推了应试教育的发展。功利化教育让教育政绩、利益统统与升学率挂钩，教育完全成了考场上的拼搏，升学代替了未成年人接受优秀传统文化教育的所有功能，未成年人的个性与创新思维能力也就在漫长的学习中消退。功利化教育促使应试教育变得更加扎实，这不仅危害着未成年人的成长，也使得公共图书馆等社会教育机构正面的"言传身教"难以发挥作用，更让整个国民教育被"世俗文化"左右，教育失去了灵魂，社会、家庭更为注重未成年人渊博的学识、健康的身体，在某种程度上却忽略了对未成年人的品德、责任感等健康素质的培养。

这种导向的存在和发展，在中国人口众多、竞争异常激烈的现实状况下，在几千年以来"学而优则仕"的观念影响下，也实属正常，无须过分批判，毕竟社会需要进步，每个主体都有实现价值、回报社会、提升社会地位的心理需求，毕竟这种功利性的应试教育，也搭建了一个展现才华的平台，开辟了一个较为公正的上升通道。然而，如前所述，这种状况在多元发展的当下社会，出现愈演愈烈的局面，也为未成年人的健康成长带来了诸多的问题。直面这些学校教育中存在的共性问题，在"双减"的政策支持下，开展课后服务，减少针对学科的社会化补课培训，弥补文化艺术与体育素质缺项，改变灌输知识的方式。在形式创新上，通过现代技术手段，营造轻松、愉快的氛围，开展喜闻乐见、易于未成年人接受的活动，吸引未成年人感知、体验优秀传统文化的魅力。通过开设文化公开课，以现场讲座、网络直播、视频回放等多种形式，传播优秀传统文化，潜移默化地传承优秀传统文化。

三、开设青少年文化公开课的必要性

近代以来，由于中国富国强民的需要，未成年人教育中对经济、政治的使命过于重视，导致传承优秀传统文化使命的缺失，具体表现为"两个缺失"，即：未成年人教育中传统文化题材的缺失，地域优秀文化在未成年人教育中的缺失。譬如，西部地域文化中的笑谈说唱，由于来自民间生活，具有生动活泼、自然亲切、通俗易懂、寓教于乐的特点，但是笑谈说唱作为非物质文化遗产保护项目，其生命力正在受到严峻考验，因为从事笑谈编写、传唱的民间艺人越来越少，而其继承人更是屈指可数。在针对未成年人群体的以优秀传统文化为主题的教育过程中，针对地域优秀传统文化，还未开发出适宜未成年人的系列产品，多数学校未开设未成年人接受地域特色文化的校本课程。

面对青少年文化公开课的缺失，西部地区的各学校及图书馆应该承接这一使命，开设文化公开课，通过直播的方式，扩大覆盖面，即使未成年人不能在规定时间内聆听或者收看直播，也可以通过回放视频来学习了解。

在学校开展优秀传统文化教育，开设文化公开课，通过专题讲座、主题活动、欣赏含有文化元素的影视剧作等途径，在心灵最纯净的年龄，接受博大精深的传统文化教育，感受地域优秀文化的魅力，可以使未成年人受到更多的优秀传统文化熏陶，成为促进未成年人健康成长、形成良好道德情操的必要途径。

四、开设青少年文化公开课的可行性

2014年教育部发布的《完善中华优秀传统文化教育指导纲要》，2017年1

月国家发布的《关于实施中华优秀传统文化传承发展工程的意见》[①]，为优秀传统文化传承发展提供了政策依据和基本思路，指明了发展方向。很多地方在开展优秀传统文化教育方面，已经总结出比较成功的经验，这些成功经验，为西部地区优秀传统文化的传承可以提供借鉴。

在青少年文化公开课的理念形成方面，可以结合未成年人的性格特点，开展优秀传统文化的心理传承。传承优秀传统文化最有效的办法是心理传承，未成年人心理过程有知、情、意三个方面，开展未成年人对优秀传统文化的心理传承，对未成年人身心的健康成长是非常有帮助的，这是传统文化对未成年人教育影响的积极面，也是文化心理的精神层次传承。未成年人普遍喜欢玩游戏，好奇心强，善于模仿，希望得到称赞。因此，需要了解未成年人的性格特点，结合时代特征，正确选择优秀传统文化中适合未成年人的题材，才能更好地开展青少年文化公开课，促进未成年人接受优秀传统文化的社会教育活动。譬如，在青少年文化公开课的理念传递中，鼓励、提倡未成年人阅读含有优秀传统文化元素的经典书刊，欣赏含有优秀传统文化元素的电视节目和电影作品，感悟善、美、爱的真谛，快乐地接受优秀传统文化的熏陶。

在青少年文化公开课的内容建设方面，有必要挖掘各学科教材中蕴含的优秀传统文化元素。挖掘语文教材中的优秀传统文化元素，譬如，通过"六书"中的象形、形声等解析，使汉语言文字的识字、写字过程变得生动、有趣起来。挖掘音体美学科教材中的优秀传统文化元素，譬如，安排一至两节青少年文化公开课，介绍多不胜数的优秀传统工艺、传统文化节日，或者通过泥塑、沙画等实践活动，推广地域范围内的优秀传统文化精髓。挖掘体育教材中的优秀传统文化元素，体现在游戏活动中暗藏优秀传统文化，可以提升公开课的趣味性，丰富公开课的内容，让未成年人参与其中，使之身体力行地感受优秀传统文化的魅力。譬如，邀请武术研究专家、掌门人、传承人，对中华武术传承的讲解和基本动作的示范，可以激发未成年人参与公开课的热情，激发传承优秀传统文化的兴趣。

在青少年文化公开课的形式设计方面，针对未成年人好奇心比较强、对于新事物容易产生兴趣的特点，知识点不宜过多，需要精心设计公开课的形

[①] 中共中央办公厅　国务院办公厅印发《关于实施中华优秀传统文化传承发展工程的意见》[EB/OL]．http：//www.gov.cn/zhengce/2017-01/25/content_ 5163472.htm.

式，安排更多的范例、实践、体验项目和环节，通过开展多样化、趣味化的活动，调动未成年人参与优秀传统文化传承活动的兴趣。在设计范例和活动时，可有机地结合优秀传统文化中的经典命题，有意识地引导未成年人在心灵深处感受优秀传统文化，接受优秀传统文化教育的浸染、洗礼、熏陶，从而传承优秀的传统文化。譬如，可以定期开展吟诵主题系列活动，把吟诵活动作为青少年文化公开课的重要内容之一。当前，以意境、节奏、旋律、技巧、气息等为主要特点的吟诵之学，经过千年不间断的完善，可以说已经达到了极致。中国历史上，以屈原、李白、杜甫、李商隐、苏轼、辛弃疾等为代表的一大批知名诗人，不但用诗歌塑造了中国的爱国主义精神，同时也用诗歌陶冶、感召了一代代的年轻人。从意义角度讲，古典诗词吟诵不仅可以提高未成年人的欣赏品位和审美情趣，在有快感的诵读中，使未成年人读者感受到传统文化经典对精神境界的陶冶，还有利于未成年人继承中华民族传统思想的精华，建立贯穿古今的思想体系，形成独特的、积极的思想价值观念。在具体实践中，指导未成年人正确清楚、自然流畅、传情达意地朗读，整体感知经典文本内容，潜移默化地让未成年人爱上古典诗词阅读。特别在吟诵唐诗、宋词、元曲的过程中，可以采用散读、齐读等多种吟诵形式，编录吟诵音频资料，引导未成年人体会整散相间、长短结合的形式美与音韵美。还可以设计一些让未成年人喜闻乐见的活动，如"诗歌吟诵比赛"来激发未成年人参与的兴趣，使其在不知不觉中将那些流传千古的经典之作熟记于心，在诗词吟诵中感受传统文化的意境，感悟经典之美，使未成年人为拥有如此多的优秀传统文化而深感骄傲，感叹传统文化的博大精深，培养未成年人的民族自豪感。

在青少年文化公开课的传播共享方面，可以利用网络社交媒介，基于分享理念开展青少年文化公开课的传播，实现优秀传统文化的传承。分享是一种理念，有其深刻的文化渊源和底蕴，可以在《周易》、孔子"仁学"以及其他中国经典文化中阐述的"天人合一""仁爱礼智""融民蓄众""包纳精神""爱"和"礼"等思想中找到源头，有一脉相承的关系，是中国传统人文关怀精神在当代的延伸和体现。网络社交媒介中的分享也不是无源之水、无本之木，而是包含着深厚的中华传统文化底蕴，汲取了中华优秀传统文化中"大同社会""共有均平""义利之辨"与"和而不同"等思想精华，进而实现了其创造性转化和创新性发展。从历史上官办书院、私人讲学、出版藏书、手抄相传等社会现象，到后来的私人书院、藏书楼，现在的公益性阅读推广、朗读、微信、微博、简书、拆书和朋友圈文章转发等都是分享理论的践行。优秀传统文化、分享理论以及当前盛行的、基于网络媒介的阅读推广分享实践具有内在联系。开展未成年人阅读推广，传承发展中华优秀传统文化，是分享理念的具体表现。开设青少年文化公开课，弘扬分享、向善的思想文化内容，开展分享式网络传播，是知识传播、阅读推广的时代效应。利用网络社交媒介，以中华优秀传统文化为主要内容，开展未成年人分享式阅读推广，可以与网络媒介平台合作，提供更多适宜分享阅读的内容，通过广泛地传播，形成优秀传统文化的分享效应，在未成年人之间传递具有正能量的文化知识。

五、开设青少年文化公开课的路径

当前全社会面临着未成年人"三观"重建的历史重任，有必要正本清源，重塑或重建未成年人正确的价值观。开设青少年文化公开课，能助力未成年人在优秀传统文化的滋养中，养成良好的道德行为规范，形成健全的人格和正确的价值观、人生观，提高未成年人群体的整体素质。

（一）总体把握：将公开课打造成文化教育融合的主阵地

西部地区破解未成年人对优秀传统文化了解不足、三观堪忧的难题，最为关键的措施应当是，从顶层设计一套文化与教育融合发展的体制机制，建立党委引导、政府实施、文化和教育部门共同发力、学校和图书馆青少年文化公开课为主阵地、未成年人为主要对象的文化与教育融合机制，探索试点，逐步推开。学校和公共图书馆应发挥场馆和资源优势，通过青少年文化公开课的形式，助力学校教育，采取得体有效的方式让优秀书籍、适宜的"非遗"项目等优秀传统文化走进学校。教育部门通过构建联动体系，将中华优秀传统文化走进学校、走进公共图书馆的实践体系有效衔接起来，组织或鼓励学生利用课余时间到公共图书馆参加青少年文化公开课。

以未成年人为受众，开设青少年文化公开课，所需要的内容丰富多样，主要有国学经典、古诗词、民族音乐、书法艺术、围棋、中华武术等，未成年人可以从中学到许多做人、做事的道理，陶冶情操，形成良好的人生观、价值观。因此，西部地区的文化与教育部门应加强互动融合，在公开课的课本设计、区别于课堂教学的模式优化、主题活动创意提升等方面形成一套适宜的理念和模式，从源头上解决未成年人学习传承优秀传统文化的问题。

（二）内容扬弃：研究地域优秀文化走进公开课的途径

应树立"挖掘阐发、保护弘扬、传播推广、融合发展"理念，把"适应社会发展趋势的优秀价值理念、道德规范等最大公约数提炼出来"[①]，筛选出地域文化中适宜开展青少年文化公开课的内容，编写突出地域特色的优秀传统文化专著。譬如，可以从地域文化的历时性与现时性特点出发，考虑在历史与现实的维度中建立一种文化脉络，可以联系自然风光、文献与哲学研究，将作为地方文化资源的内容进行研究、保护、开发，也可将"天人合一、重人贵生、抱朴守真、济世利人"等优秀传统文化对生态文明建设的现实意义与现代的绿化造林精神结合起来，还可将孝敬父母、济世医人、保卫家园、改造自然、发展脱贫致富产业等优秀地域文化精神融为一体，纳入地域文化专著或教材之中。建设优秀地方文献室，通过开设青少年文化公开课，实施中华经典诵读工程，设置培训体验内容，把地域优秀文化成果渗透到未成年人接受优秀传统文化教育的全过程中去。

笔者认为，青少年文化公开课可以成为学校、公共图书馆开展以中华优秀传统文化为主要内容，以未成年人为主要对象的社会教育的重要平台。学校、公共图书馆可以根据自身实际，组织举行"诵读经典、学习传统文化、争做美德少年""怀感恩、行孝道"主题征文、书法或写作课开笔礼、少年儿童武术展演、家风家教宣传展示等不同形式的公开课，引导广大未成年人传承美德，注重生活点滴，培养良好的道德品质。

（三）构建体系：编印公开课教材《青少年经典文化通识读本》

学校、图书馆承接中华优秀传统文化传承发展工程提出的新要求，面临碎片化、屏幕化阅读对纸质阅读造成的深度冲击，面对经典阅读式微、阅读取向引导缺失等问题，文化教育部门应当加强与科研机构的合作，在推荐书目设计、软件研发、电子书包、阅读模式优化、阅读活动提升等方面形成一

[①] 徐耀新. "立"字当头，"取"字为先，肩负起弘扬优秀传统文化的历史责任 [J]. 艺术百家, 2014, (5): 1-4.

套适宜未成年人阅读推广的理念和产品。可以研究地域文化中适宜未成年人群体传播的叙述方式，提供优秀传统文化与地域文化以及未成年人阅读推广活动的对接渠道，编印《优秀地方文献纲要》，开发《青少年经典文化通识读本》，作为青少年文化公开课的馆本、校本教材，进而推进青少年文化公开课的实施，这是发挥未成年人社会教育职能的现实选择和有效方式。只有开发出了读本，青少年文化公开课才能形成体系化的课程，通过久久为功的努力，才能把优秀文化成果渗透到未成年人阅读推广全过程，潜移默化地提升素质养成教育。

（四）尊重经典：课程开发坚持文道统一、德育为上理念

开设青少年文化公开课，具体指向性可以考虑用不同名称来体现，通过持续的系列公开课程，在未成年人社会教育活动中传承优秀传统文化。开设适合未成年人的优秀传统文化公开课，内容建设是目前需要解决的关键问题。优秀传统文化课题的开发，需要注重古代行之有效的教学思想挖掘与运用，摸索出因材施教思想在未成年人教育中的实施策略，开发适宜未成年人特点的优秀传统文化课程。

开设青少年文化公开课，需要坚持"文道统一"的原则，在内容设计上，青少年文化公开课的重点不在传播知识和技巧，而应当坚持德育为上理念，以道德建设为主要内容，重视未成年人道德观念塑造方面的设计。中国传统社会有着一整套成熟而完备的伦理道德体系，在政权的不断更替和社会经济的发展中，以"孝敬、和谐、诚信、节俭、勤劳"为主要内容的道德标准从未发生变化。譬如，孝敬父母教育，孝敬父母是中国优秀的传统伦理道德，更是维系家庭乃至国家稳定的重要力量，可以说，孝敬父母是一切道德的出发点。再比如，勤奋教育，"头悬梁锥刺股""囊萤映雪"的故事，更是千百年来教导未成年人勤学的必有篇目。又如，节俭教育，《朱子家训》中告诫"一粥一饭，当思来之不易"，勤俭节约是中华民族的优良传统，也是被世界上其他国家所称道的一种美德，在多种形式的活动中使未成年人接受孝敬父母、勤俭节约的教育，引导未成年人形成孝敬、勤奋、节俭的意识。

在青少年文化公开课的建设中，需要注重借鉴古代一系列经典教材的运用。譬如，《三字经》《百家姓》《千字文》《古文观止》《唐诗三百首》和"四书五经"等古代儿童启蒙教材，是经过长期积累而成的宝贵资源，精选解

读一个个适宜未成年人的片段,有助于让未成年人在参与过程中,很好的感悟语言、认识生活、启迪思想。应当指出的是,虽然"读经"是优秀传统文化传播的重要方法,但在开发青少年文化公开课与编写馆、校本级教材方面,从古代的典籍中选取内容素材,必须与当代社会发展相适应,注重意识形态导向的正确性,并结合未成年人心理特点、现代传播规律有选择地予以采用。

在未成年人群体中开展优秀传统文化传承的社会教育,需要社会各方面的合力推广,公共图书馆开展的社会教育无疑是学校教育的补充与延伸,而家庭又是学校与社会教育理念落在实际生活中具体而重要的环节。因此,应当邀请家长参与文化公开课,以亲子互动的方式,将优秀传统文化的教育内容,延伸至家庭教育的环节,通过一对一的言传身教,从而提升公开课的传播效果。在家庭教育中传承优秀传统文化,可以包括对未成年人发展造成影响的物质方面和精神方面的所有内容,可以将社会教育与家庭教育有机结合起来,使未成年人受到良好的道德熏陶和家庭美德的浸染。

(五)灵动多样:构建公开课传播及经典阅读新模式

新兴媒体的发展,使整个社会进入泛信息化的时代,虽然读图、读屏的模式对未成年人有许多不利的地方,但时代发展的趋势不可抵挡,那么就应当在新的传播媒介平台上注重内容建设,使主流、经典、正版的信息化文献资源,成为未成年人、家长可选择的"霸屏"内容。新兴媒体也是传承弘扬优秀传统文化最重要、最有效的载体,利用新兴的媒体、大众文化的传播形式、新颖别致的创意,开展青少年文化公开课分享式传播,是当前效能较高的模式之一。

在青少年文化公开课的内容安排和传播推广方面,需要遵循微型化、多样化、情境化和交互性的原则,开展中华文化新媒体传播行动。按照年龄由低到高的顺序,依次采用绘本、图画、动漫、画册、纪录片、微电影、影视剧、经典文本等形式的课程产品,建立中华经典音视频学习资源库,推行"微悦读""泛在读""移动读"[1] 等模式。在良好的环境中,让未成年人获得一种轻快的甚至带有一定娱乐性的体验,为优秀传统文化传承开辟新的路径。

---

[1] 屈哨兵,纪德君.以大学为核心构建中华优秀传统文化的传承体系——基于中华经典阅读实践的探索与思考[J].高教探索,2017,(5):22-25.

在高年级则可以推广简书、拆书模式的分享及竞赛性活动，基于网络建立考试评价体系，逐步将青少年文化公开课引向健康发展的良性轨道。

在融入未成年人日常生活层面，需要西部地区政府部门搭建优秀传统文化与地域特色文化、未成年人心理特点对接的平台，譬如，文化与教育部门合作编创未成年人剧作，在区域范围内推广；开展"经典百书"书目遴选与推荐，提倡以反复诵读纸质经典文本为主要内容的经典阅读模式。注重新媒体语境中的经典阅读方法，用音频、视频及交互对话等方式传播公开课内容，让未成年人在直接或间接的参与中，发现或再认识优秀传统文化的影响力，在参与过程中潜移默化地提升文化自觉度。

（六）循序渐进：构筑数字文化信息生态系统

西部地区各级政府部门可以借鉴嘉兴"文化有约"[①]服务平台，整合二十多家文化机构，把服务对象细分成八类，制定出一系列有针对性服务方案的成功做法，结合智慧城镇建设，文化部门联合教育、工信等相关机构，依托"文化云"服务平台项目，建构"青少年文化公开课云服务平台"，引进数字型品牌文化企业，形成青少年文化公开课信息流转和服务导览系统，推行基于数字文化设备阅读推广模式。

在"文化云""课堂云"服务平台的建设上，西部各地区可以根据文化特色，突出地缘文化资源的整合，以图片+纪录片、3D展示、VR、AR、MR等方式，建立地域文化教育资源库，接入全国文化共享资源和中小学公开课资源，为青少年文化公开课提供灵活多样、经典安全的数字资源。为实现这一目标，就需要在文化信息资源共享工程的基础上，进一步改造提升公共图书馆的数字化设备，实施乡村数字分馆建设等工程。

硬件建设是基础，应用推广更为关键。在云平台应用推广方面，西部各地需要建立或者完善数字化服务绩效的考评机制，"开设青少年MOOC信息素养课"[②]，针对未成年人群体开展信息技术和数字化阅读素养考核，加强数字化水平培训，建立激励机制，通过平台预约、订单式活动参与、一站式服务、

[①] 黄静. 国内城市公共数字文化服务实践调查与发展分析[J]. 新世纪图书馆，2017，（3）：71-76.

[②] 刘筱月. 公共数字文化信息生态系统的构建及优化研究[D]. 广西民族大学硕士学位论文，2016，（4）：46-47.

个性化推送等方式，促成文化公开课与未成年人阅读需求的无缝对接，提升应用效率。譬如，可以借鉴《清明上河图》展示传播经验，实施地域文化数字化系列项目，推广"空中课堂""数字图书馆""互联网+中华文明"计划，实现360度全景虚拟漫游，通过"青少年文化公开课云服务平台"等多个终端广泛传播，使其走进互联网、电视机、电子书包、手机App，打造未成年人特色教育品牌，形成全方位的优秀传统文化传播与教育服务体系。

第二部分小结

这一部分，主要探讨了面向未成年人群体开展阅读推广的现状、存在的问题、解决问题的策略。从后现代这个大的时代背景出发，具体分析这个时代出现的网络阅读，对传统阅读审美模式以及阅读群体的冲击，特别是对未成年人群体带来的不利影响较多，比如课外阅读自主性不强，不读经典作品等，从阅读场域构建、服务部室、读物专架及导读示范基地设置、公开课品牌建立等方面提出具体的解决路径。青少年公开课的开设方面，主要从开设的必要性、可行性和路径等方面探析，从公开课开设的内容、体系、方式等必备环节展开论证，既有明确的方向和目标，又有可落地的方式方法。同时，在"双减"政策的课后服务背景下，围绕六个维度展开分析，进一步探究培养未成年人阅读习惯、开展分级阅读推广活动的策略，推荐大学分校阅读书目，旨在使公共图书馆、书店等机构的社会教育职能和学校得以有机融合，推动形成西部地区校园阅读推广的综合效应。

一、学校提升未成年人导读效能的举措

在后现代阅读方式背景下，指出未成年人阅读受到的影响主要有：良莠不分的网络阅读对未成年人价值观造成冲击，热门书籍打破了传统的阅读审美模式，过分"读图""读屏"影响着未成年人健康成长。受此影响，从而导致未成年人课外阅读的偏失问题表现为：主动阅读的意识不强，自主选择阅读作品的能力较弱。

以问题为导向，形成提升未成年人导读服务水平的策略：构建良好的阅读场域，为未成年人提供更多阅读时间，设立阅读服务部，采购适宜未成年人阅读的书刊资源，分类别分层次编制推荐书目，设置未成年人经典读物专架；倡导阅读经典书刊，开展"我爱我家"家风家教实践活动，打造家庭、

学校、社会协作的导读示范基地；与各部门联合举办灵动多样的阅读活动，开展高水平的读书征文及辅导服务，打造公开课阅读推广品牌；紧扣数字时代发展趋向，探索经典"漫"阅读模式，与广播电视台联办阅读节目，推动公开课等活动进入网络直播，开展分享式主题阅读；加强宣传与培训，广泛宣传课后阅读服务职能，通过集中培训使未成年人学会阅读，提升未成年人文化自觉度。

二、校园阅读推广的几点建议

未成年人不读经典的现象已经司空见惯，调查显示未成年人课外自主阅读行为中，主动阅读经典图书的数量占比仅为20%左右。在"双减"的政策背景下，课后阅读指导服务还有待加强。针对问题，提出中小学分级阅读推广的思路，推广科学对路的阅读方法，在分析中英文分级阅读资源、适宜分级阅读的数字资源、五种国际分级阅读体系的基础上，推荐面向未成年人的阅读推广参考书目、专业图书、阅读方法类图书、科普用书、少儿百科等书目。

近两年来，"双减"在义务教育阶段的推行与课后服务的全面推开，为校园阅读推广提供了新的契机。如何解决课外阅读任务要求与学生课外没时间阅读的问题，从教育主管部门、学校、教师、学生、家长、社会组织六个维度展开分析。建议在教育主管部门层面，搭建阅读平台，增强教育行政推动的引力；在学校层面，创设阅读时间，提升阅读推广的保障能力；在教师层面，带头阅读，开展专业化阅读指导；在学生层面，推广终身阅读理念，广泛开展课外阅读；在家长层面，以亲子共同阅读为基础，建构书香家庭；在社会力量层面，传播优秀的阅读理念，联合开展阅读推广活动及图书捐赠行动。

同时，围绕综合大学、高职院校、理工类院校、师范类院校、医学类院校、军队院校六类情况，为大学分校阅读提供建议书单，并就大学生心理问题的阅读疗法推荐预防、对症书单。

三、开设青少年文化公开课的路径

围绕学校传承弘扬优秀传统文化、发挥教育职能作用，就开展未成年人阅读推广活动过程中，开设文化公开课的必要性、可行性展开初步探讨，围绕总体把握、内容扬弃、构建体系、尊重经典、灵动多样、循序渐进六个要点，分别提出开设青少年文化公开课的六条措施：坚持课程开发文道统一、德育为上理念，研究地域优秀文化走进公开课的途径，编印公开课教材《青少年经典文化通识读本》，构筑数字文化信息生态系统，构建公开课传播及经典阅读新模式，将公开课打造成文化教育融合的主阵地。

第三部分　阅读推广视域下新华书店转型升级实证研究

新华书店成立于1937年，是国有文化企业、国家的官方书店，承担着国家刊物发售、图书发行、全民阅读推广、书香社会氛围营建等职责，也是开展阅读推广的主要阵地。

八十多年来，西部地区各级新华书店在图书发行、阅读推广等领域不断探索，网点遍布城乡，奠定了发展基础，通过市场化的改革，形成了稳定的经营模式，但也面临着市场定位不准、经济效益不佳、阅读活动的社会影响力有待提升等困难与问题。

这一部分，笔者围绕西部欠发达地区新华书店提升阅读推广实效，就西部欠发达地区新华书店连锁经营的转型升级，选取两个连锁经营的书店，开展市场成长性分析和实证研究。通过B书店数据分析，试图解剖一个个"麻雀"，开展C市新华书店转型升级实证研究，以期豹窥一斑，透过西部欠发达地区新华书店连锁经营状况，寻求转型升级之路。通过实例印证"破冰—引渠—筑池—建网"的发展思路，建构新华书店连锁经营转型升级的有效模式，为西部地区书店开展阅读推广提供借鉴和路径选择。

第八章　新华书店连锁经营状况与制约因素

连锁经营是"把经营同类商品的企业，以一定的形式和分工连接起来"①，进行统一管理、营销，形成联盟式经营的方式。新华书店发展连锁经营是推进图书及相关产品流通现代化的有效途径，体现了商业经济增长方式转变的要求，具有广泛的适应性、普及性和可行性。

一、国内外图书行业连锁经营发展状况

国内外多家图书营销企业的经营实践表明，连锁经营书店的优势表现在以下几方面：降低书店进货、营销、宣传成本，扩大图书市场，采取灵活的销售措施，增加销售数量，可以获得较好的规模效益。

从世界范围来看，连锁书店发展模式已经趋于成熟。以英国的瓦特斯通为例，在收购了英国的奥塔卡斯连锁书店后，瓦特斯通努力发展会员项目，资产急速扩张，成为英国最具盈利性商业书店之一。

从国内来看，连锁书店正处于快速发展期。以新华书店的连锁经营为例，近年来各地新华书店，在国家支持实体书店发展的政策机遇下，通过市场化改革，不断抢占图书市场，增加书店数量，扩大门店规模，降低营销成本，提升服务效能，在图书发行、零售等领域取得了良好的绩效。譬如，深圳新华按照一条街道、一个书吧的布局，在 23 个新华书店推行统一的门市风格、进货渠道、加盟营销、物流配送和技术平台，通过吸引企业加盟，以图书超市的方式布局、运营，获得了良好社会声誉，有效提升了利润率。福建新华实施 15 家卖场的新建或升级改造，总投资 2483 万元，产生了良好的经济回报。内蒙古新华完成传统书店改造 12 家，多家书店已成为当地全新的文化地

---

① 李倩. 我国民营实体书店的困境及发展对策 [D]. 河北大学硕士学位论文，2013，(2)．

标。河北新华成功建设了"保定新鲜空气书吧""承德创客咖啡+24h 书屋"[①]等十余家特色书店，经营面积达到 6000 平方米。重庆新华在信息平台和物流配送体系建设上，取得了初步成效。浙江新华通过建立企业平台，整合产业资源，采用实体卖场连锁、网络平台连锁、信息对接等三种模式，实现了出版物发行的跨省连锁经营，把企业的积累全部投资卖场建设，特别是吸引民营企业加盟、通过网上平台销售等做法较为成功，连锁书店达到 427 家，总营业面积 5 万平方米，每年流转的图书及相关产品达到 130 万种，在图书行业尤其是实体书店整体疲软的大环境下，连续多年实现 10%以上的销售增幅。江苏新华在实行连锁的过程中，为了适应新的业务形态，制定了业务、物流、营销、信息等一系列规范化运营标准，对组织机构、运行机制进行了大幅度的调整，分别设置独立的采购、网络、客服、结算、电子商务和策划营销六个中心，增加了进货种类，图书及相关产品的品种满足率提升了 25%，80%的读者对丰富的品种感到满意。成立新华物流配送公司，减少了中转环节，提升了配货、发货、图书流转和数据传输的速度，发货量大幅提升，省域内的新书当天到货、当天上架。与 410 家省外书店签订加盟协议，拓展了业务范围，门店增加到 948 个，卖场面积达到 31 万平方米。

通过学习各地新华书店的运营理念、实践做法，梳理既有的运行、经营模式，总结成功经验，可以发现，在具体的实践中，各地都有自己的特色，都有不尽相同的地方，但最终目的都基本趋同，就是通过整合资源，增加经营规模，扩大社会影响，提升经济效益，这样才能强强联合、主导市场、提升绩效。通过探究国内新华书店较为成功的做法和经验，对于助推西部欠发达地区新华书店连锁经营的转型升级，具有一定的学习和借鉴价值。

二、西部地区新华书店连锁经营的制约因素

（一）制约发展的因素

西部地区的市县两级新华书店，长期以来以教材教辅发行为主要收入渠道，一般会占到总收入的百分之九十以上，依靠这部分收入可以维持基本的

[①] 中国新华书店协会. 八十载薪火相传改革道繁星满天——中国新华书店 2016 年社会责任报告书[J]. 科技与出版, 2017, (7): 4-9.

生存，但这种经营模式，产品结构比较单一，网点开拓进展缓慢，吸引社会力量参与的加盟、连锁机制还没有形成，在激烈的市场竞争中存在着诸多制约发展的因素。

1. 不断开放的出版业市场

新华书店于20世纪30年代成立于延安，有着红色文化基因，承担着国家刊物发行的重要任务，发行点遍布城市，有的延伸到了乡镇，各地新华都在城市的中心地带开辟了阵地，在宣传思想领域发挥了不可替代的作用，特别是成立之后的四十年间，为推动革命、宣传主流思想作出了重要的贡献。改革开放后，新华书店成为国字号的品牌文化企业，享有重要出版物、中小学教材发行的政策红利。随着市场经济的发展和完善，作为企业的新华书店也必须市场化运作，但由于特殊的历史地位，西部经济欠发达地区的多数新华书店，依然过多强调宣传思想阵地、重要出版物和义务教育阶段教材发行机构的作用，缺乏开拓市场的意识和能力。近年来，图书发行的机制在不断地改革，邮政、教育部门和民营书店都介入了这一领域，教材教辅发行这一块蛋糕已经被切分，加上网上书店灵活的图书营销模式，出版物加数扩印、盗版等情况的实际存在，使得新华书店的读者群和市场占有率锐减。

2. 不断缩小的图书零售利润空间

随着市场经济的发展，特别是房地产经济的火热局面，带动了地价、房价、房租和劳务工资的不断上涨，实体书店普遍面临着艰难维持的困境。新华书店国有企业的属性，垂直管理经营的模式，除实施与地方政府合作的公益性文化项目之外，享有地方政府土地划拨的可能性已经很小。新华书店若要开辟新的阵地，面临着高昂的地价、房租和劳务成本，原有卖场的销售员工资也是一大块开支，而图书的利润空间有限，这是新华书店面临的困境之一。从图书的价格和利润来看，虽然出版物定价有着更为灵活的趋向，但也有基本的定价标准和规定，一本书的定价，印刷、版权、出版、利润分别占30%、10%、20%、40%。"40%的利润空间里，销售人员的工资、税金、折损，如果加上房租成本，一般占到30%"①，这样一来，零售端拿到的利润是一本书定价的10%。也就是说，核算房租成本的情况下，一本出版物的利润，

---

① 王晶. 新华书店生存困境与转型路径研究——基于台湾诚品书店的成功模式［D］. 山西大学硕士学位论文，2015，(6)：11-25.

其实只有定价的 10%。如 2019 年新书定价中位数为 45 元，以此为核算标准，每本书的平均利润仅 4.5 元，给予一定比例的折扣后，还会低于这一数值。如果新华书店失去发行义务教育阶段教科书的业务，面对房租、工资的不断攀升，面对民营书店相对灵活的定价销售，加上网络书店低成本、大折扣的营销竞争，生存都会面临问题。

3. 来自网络书店的威胁

随着科技、网络的发展，公众的阅读方式发生了改变，不仅有以"读图""读屏"为主的阅读特征变化，也有从纸质文献到电子图书的变化，更主要的是纸本图书的购买方式，也发生了较大的变化。以快递业为支撑的网上书店逐年火热，譬如，亚马逊、当当、京东、天猫商城、文轩网、博库网、苏宁易购、北新网、中国图书网、99 网上书城和专门卖旧书的孔夫子网，每个网络平台上都开着为数众多的书店。这些开设在网络平台上的书店，相比实体书店承受的房租、人力成本，支付给网络平台的费用大幅降低，需要的雇员明显减少，节省了运营成本，提升了利润空间。因此可以让利于读者，给予比较灵活的折扣和更多人性化、个性化的销售服务，而且又送书上门，大批量的购书可以直接送进书房，这种灵活、方便的购书方式，在实体书店是实现不了的。和网络购物一样，好多读者熟悉了网上购书的方式后，为了购到更多正版、实用而又便宜、性价比高的图书，会选择在公立书店翻看图书，选择合适的版本，通过拍照等方式，记录版权页信息，再加入网络品牌书店的购物车，与店主商定折扣后购书。或者积累一定量的图书信息，参与"双十一""双十二""世界读书日"等节点大型优惠活动，以半价甚至更低的折扣买到包邮、送货到家的图书和服务。这种普遍存在的实地阅读、网上购书现象，对新华书店来说则比较尴尬。作为国有企业需要提倡、推动全民阅读，鼓励读者在书店读书，无法劝阻只翻阅、记录版权页信息，而又长期不购书的读者群。这就出现了看似有读者，甚至有不少读者的热闹局面，但实际上一般图书动销率长期低迷，同比、环比的销售数据持续走低。而且一般图书的销售额是建立在增加图书购进数量的基础之上，并以库存的增加为代价。西部地区的县级新华书店由于受到资金、信息、市场等限制，图书促销不力，利润微薄。

4. 过于倚重教材教辅发行

从新华书店自身发展来看，虽以图书和电子音像出版物为主营业务，但长期以来拥有政府赋予的中小学教材和党建读物排他性销售权,守着利润丰厚的一隅,无须做出较大的革新,便可安然度日。义务教育阶段的教材、作业本等发行业务,只需要与教育部门、学校衔接沟通到位,不需要过多的营销技巧,就能产生稳定的利润。西部地区的大多数新华书店过分依靠这一业务,虽然保障了基本的运转,但也形成了经营惰性,没有拓展更多经营业务的意识,导致经营机制僵化,企业的利润来源单一化,存在着一定风险。在风云变幻的图书市场,行业内要求民营书店与国营书店地位平等的呼声日益高涨,随着改革的深入推进,图书行业高度的市场化是大势所趋,图书和教材出版发行的机制也会更加多元,加上义务教育阶段免费教科书的推行,新华书店所拥有的特权日趋减少。如果新华书店在教材教辅发行和售卖方面的垄断地位被打破,面对激烈的市场竞争,西部地区众多的新华书店或许会因结构单一的经营方式,变得难以为继,甚至需要出租一部分卖场或门店来维持基本运转。目前,中小学教材已实行招标,由于国有企业的招牌等因素,实际中标的多数仍然是新华书店系统,但为了拿下业务,让利性的行为已经出现,利润空间的逐步缩水也成为一种趋向。从发展的眼光看,如果教材数字化进一步发展,或者义务教育阶段教材的发行机制发生前所未有的变革,新华书店——尤其经济欠发达的西部地区各门店,将面临重大的危机。正因为如此,如前所述,发达地区的新华书店在加盟连锁、网上书店、自建物流体系等方面,已通过加快改革,形成了多种模式。西部各地由于受思维观念、体制机制、投入受限等因素影响,还守着传统的、既有的运营格局,处在重重困境之中,这种局面亟须在体制机制松绑的基础上,通过连锁经营的转型升级加以破解。

5. 内部管理机制僵化

新华书店由于历史上承接使命的特殊性,在计划经济时代形成的机制,加之国有企业的性质,不可避免地存在管理机制僵化的问题,限制了企业的市场适应能力。较之于经济发达地区,西部各地的大多数新华书店,这一问题显得更为突出,表现在推进改革的多重受限,开拓市场的理念缺失,现有运行机制的呆板僵化,长期以来在经营管理中,带有一定的行政色彩,尤其是绩效方面,管理方式欠科学,在人权、财权、物权的管理上,基层门店自主比率太低,守着丰富的市场资源,却没有很好地整合与开发,亟须对内部体制机制进行重建。譬如，不少西部地区县城建设新的行政中心或新城时，新华书店由于种种受限，难以抢占最优市场，失去了开拓市场的最佳机遇；另外，还存在读者需要的书籍采购不到，不需要的书籍大批进货，库存压力持续上升的问题。

6. 各方面的专业人才奇缺

从西部地区的现有状况看，众多基层新华书店近年来引进人才的力度不大，现有在编的员工老龄化严重。受计划经济的影响，观念相对保守，开拓市场的魄力不足，不太愿意接受新的事物。更为关键的是在整体机制的束缚下，有变革的想法，也会被逐渐解构，形成了与市场经济格格不入的奇特现象。不可否认的是，西部地区新华书店的员工数量并不少，只是缺乏学历层次高、知识结构新、专业技术硬、敬业精神好的专业人才。西部各地的新华书店要摆脱目前的困境，一方面需要引进专业人才，另一方面还应适当减少富余的同类型岗位人员，从而加强物流配送等欠缺的领域。

从员工的管理来看，西部各地新华书店调动员工积极性的措施欠缺，平均化的收入分配制度，难以激发员工创收的热情，形成了一个恶性的循环，致使现有从业人员的工资水平普遍不高，临时聘用的员工流动性较大，人才队伍缺少稳定性。

新华书店是阅读推广的主要阵地，售卖的是图书等一些文化产品，提供的是文化服务，营造的是文化情境，这都需要文化素质较高的员工。随着市场化的加快推进，新华书店面临转型升级的现实选择，不仅需要一批懂管理、熟悉业务、长于营销的管理人员，还需要一批熟悉计算机网络技术、知晓互联网运作模式、长于活动策划和物流配送的业务人员，才能形成图书连锁经营的人才支撑。如何吸引、培养、管理、留住实用性的人才，是西部地区新华书店急需破解的一个难题。

7. 阅读推广意识有待加强

新华书店既是开展公益性阅读推广活动的主要阵地，也是图书和文化产品销售的盈利性阅读空间，兼具社会效益与经济效益两重属性。西部各地在新华书店的硬件建设上存在较大的不足，较之中东部及沿海发达地区的书店、书吧，硬件建设和软件经营都没有可比性。主要表现在，阅读环境欠佳，出版物品种匮乏，图书销售也主要以党政理论学习读物以及教辅图书为主，符合阅读推广处于基础学习这个层次的特点,读者对图书阅读需求层次浅,阅读广度不足,阅读深度难以提升,市场化水平较低,阅读推广阵地的作用发挥不尽如人意。譬如,西部地区的一些新华书店由于现代信息技术设备设施陈旧,阅读推广相关的场地、产品缺失,不具备开展现代阅读推广活动的条件。各地阅读推广协会等社会组织开展的阅读活动,往往将举办场地安排在民营的书店、咖啡馆、融合餐厅等场所,而不是新华书店,这使新华书店丧失了吸引一大批读者进入书店的机会,致使推进全民阅读、建设书香社会的职责发挥不够理想,也使社会各方面的评价参差不齐。西部欠发达地区的新华书店,开展阅读推广活动,同样涉及意识形态的导向性问题。新华书店的阅读推广,应当代表社会的正义方向,如果沦落为功利性阅读、广告化阅读等形式的推手,则会出现方向性的偏失问题。因此,西部各地的新华书店,需要理性对待阅读推广社会效益与经济效益之间的关系,坚持社会效益为先,深化公益性阅读推广的意识。

(二) 连锁经营的困境

1. 复制连锁的粗放式经营

西部大多数新华书店从现有的连锁方式看,呈现出复制式的经营格局,千篇一律的装修风格、书籍分类,可称得上是"连锁而又复制"。书店的经营属于数量型、粗放型经营,具有一定泡沫色彩。西部地区新华书店连锁经营的转型升级,必须打破现有的体制机制,进行业务流程再造,扩大经营范围,推行符合市场规律的、现代特点的、灵活多样的营销模式,扩大市场占有率。

2. 农村网点布设不足

西部地区的新华书店基层发行网点基本集中在县城,以 A 省为例,乡镇农村图书发行网点仅有 585 处,网点相对不足。一些乡镇原有的发行网点,由于业务量小、经营不善或者乡镇改造、道路扩建等因素,被迫歇业或迁址,农村发行网点呈萎缩趋势,有的偏远农村网点,因经营成本高、效益差,处于保本或亏损状态,图书发行营销难以为继。

农村群众买书难的问题还没有得到破解,十多年前为每个村配置的农家书屋,藏有雷同的一千多册图书,当前用得上的图书较少。农民特别是西部欠发达地区的农民,受经济条件制约,图书购买力低,无力购买非必需的出版物。由于物流成本的因素,目前网络购物的配送,对于西部欠发达地区的个别城市而言，需要提升运费价格，才接受订单，这是东西部交通、物流体系的差距，也是一种地域自然条件的"地域歧视"[①]现象。从城乡对比来看，网络购物基本不接受西部偏远农村地区的订单，网络上的书店更是如此，这是同为西部地区城乡之间的差距，表现出地域自然条件、资源分配的不公平，本质上是经济、文化领域的不公平。从经济学的角度看，这是市场经济的基本规则，追求经济效益的最大化，当经济效益没有达到最大化的情况下，会出现一些地方的缺失，是无形之手非同寻常的力量，从这个意义上说不公平是正常现象，也无可厚非。然而，中国特色社会主义的市场经济，政府可以通过国有企业，加强资源的调配，促进社会效益的相对公平，也就是通过有形的手来调控，从而保障公众基本权益的相对公平。

毫无疑问，有着红色基因的老字号国有企业——新华书店，具有保障农村地区阅读推广的责任和使命，发挥这一职责，需要政府的指令与政策、经费支持。虽然西部新华书店在农村地区的网点多为亏损状态，并不意味着一撤了之是最好的解决措施，仅考虑利润来解决这一问题是不妥当的。意识形态领域的每一个文化现象，不能把利润作为考量的唯一权重或重要指标，而应当把文化安全、社会效益等作为前置的因素来考虑。因而新华书店需要开办一定数量的农村发行网点，以加强西部农村地区阅读推广阵地建设，并通过自建物流配送体系，保障图书流转到偏远的每一个行政村。在新华书店无力自建物流体系的地区，还可以通过政府协调同为国有企业的邮政系统物流来落实图书配送，保障农村地区阅读资源供应和流通，促进城乡一体化和阅读公平，从而为全民阅读创造更多、更好的条件。

3. 信息流的阻滞

西部地区新华书店连锁经营的转型升级，需要有一套与网络云平台、5G技术相配套的软件系统，负责图书及相关商品的经营管理、信息传输，也可以基于网络云平台，与公共图书馆、乡镇分馆、村级服务点和邮政物流等实现互联互通，开展"读者选借新书、公共财政买单"业务，使公共图书馆精准对接读者需求，扩大新华书店一般图书动销率，保障农村地区基本的阅读资源供应，实现社会、经济效益的双效统一。

[①] 周杨. 我国实体书店的困境与发展对策研究［D］. 湖南师范大学硕士学位论文，2015，(8).

当前，西部地区新华书店推行的计算机管理软件，以图书零售这一环节的服务功能为主，主要包括图书信息的管理、收款、图书流通的码洋统计，与本系统之外的相关行业系统无法搭接，对出版发行行业的新书出版动态、读者的需求等方面，无法实行大数据的分析，图书的采购、物流配送环节也没有进入系统，需要一个基于大数据的全流程系统软件，以解决跨行业的合作项目对接、跨地区的连锁经营。西部地区可以借鉴新华书店总部与阿里巴巴合作，引入阿里云平台的新零售理念，通过云平台的运作技术，进行业务重构，构建新华网上商城的做法，在西部地区建立新华书店的协会组织，共同筹措资金，引进专业公司，开发基于云平台的全流程系统软件，可有效节约成本，为地区间的连锁经营奠定良好基础。

4. 物流配送成本高

西部欠发达地区新华书店的转型升级，面临流程终端的困境，是自有物流配送体系的缺失问题。从当前现状来看，在义务教育阶段教材发行方面，大多数新华书店拥有一辆保障教材发行的货车，没车的地方也会通过租赁的方式来解决图书配送问题。在基层网点建设上，存在图书物流配送的问题，有的新华书店将农村地区的网点外包给第三方经营，以回避物流配送的短板问题。面对物流配送问题的制约，统一进货、配送的连锁经营只能是纸上谈兵，在经营过程中就出现了名义上的连锁，实际上各自为政的局面。破解这一问题，最有效的方式，还是自建物流配送公司，降低图书运送的成本，这样才能建成网上新华书店，为读者提供最快的到货服务。当然，西部地区的交通问题不容乐观，农村地区更是难上加难，在基层新华书店无力组建自有物流配送公司的情况下，可以通过政府推动，促进新华书店与邮政公司达成协议，发挥邮政物流配送安全、可信赖的优势，与邮政常规业务结合起来，为新华书店和城乡读者提供服务，实现"最后一公里""最后一户群众"的全覆盖配送。

（三）原因分析

1. 外部竞争激烈，面临多重挑战

在企业经营的外部环境中，以国家政策的影响为主要因素，有时甚至是决定性因素。尤其是享受国家政策红利的行业，对政策的每一个微小变化都十分敏感。长期以来，新华书店作为图书发行渠道，对国家政策的依赖程度较高,在国家政策保护下,新华书店曾经呈现出高速发展的态势。但随着改革开放的深入推进,国家政策导向发生重大变化,新华书店不得不面对市场的挑战。当前,国家政策对民营实体书店的扶持,目的就是要增强行业竞争意识,提高行业服务质量。

从实际情况来看,由于图书发行及营销行业相应的市场管理机制还不健全,造成了局部市场的不公平竞争。新华书店由于历史原因,承担着较大的社会责任,因而政府职能部门对新华书店的监管比较严厉。许多民营书店通过采取避税等方式,大幅降低经营成本,在竞争中采用大幅降价、给回扣等竞争手段,有时降价幅度甚至大大超过了图书行业最低的盈利限度。而这种竞争手段主要使用在大宗业务当中,从起初的挂历,到大中专教材,进而到中小学教辅。而新华书店经营成本却逐年上升,市场环境严重困扰着新华书店,使其在竞争中处处被动。如前所述,西部欠发达地区各新华书店,面临着纸质图书需求低迷、网络书店巨大冲击、数字化阅读竞争、一般图书经营亏损、依赖教材发行艰难生存的境况。

我国从20世纪90年代开始,将图书价格的制定推向市场化,规定义务教育阶段的教材按印张数多少核定价格之外,其他的图书由出版机构定价,后来甚至出现出版社与作者商定价格的情况。这种定价机制,使图书价格不断上涨,在实际的营销过程中,图书与其他商品一样,并未严格按照定价执行,成交价与定价并不一致。根据相关研究成果,图书整体上很有可能在打8折销售,形成了读者"买书必打折、折扣越低越好"的心理。根据北京开卷公司研究报告,"2019年网上书店的图书零售折扣为5.9折,实体书店的折扣为8.9折"[1],网上书店图书零售额持续增长,而实体书店继续表现为负增长的趋势。2020年第一季度,受疫情影响,"网上书店图书零售同比上升了3.02%,实体书店同比下降了54.79%"[2],相比而言,差距很大。而新华书店的国有属性,加之全民阅读推广的文化使命,现有的连锁经营灵活性差,一般图书的经营,除了特定的公益性活动外,基本没有折扣可言,相关产品经

---

[1] 2019中国图书零售市场报告出炉[EB/OL]. https://www.sohu.com/a/365995190_120047231.

[2] 开卷发布2020年第一季度图书零售市场分析[EB/OL]. https://www.sohu.com/a/388007260_99957183.

营也是"一口价"式的死板营销，呈现出复制连锁、陷入僵化的局面。这与一般图书经营中，面临的成本不断上升、库存增大、利润空间持续缩小有关，更主要的体制机制的问题，表现为基层门店没有营销的权限。这样一来，一大批读者选择民营书店、网上书店的折扣和服务，就再自然不过了。

纵观出版物市场的整体状况，同样可以看出西部地区新华书店分散经营，对自身发展的不利影响及对市场整合的必要性。以 B 市为例，大型民营图书批发市场及 2 个大型书城的开业，使整个图书分销市场的竞争格局，发生了根本性的转变，民营资本不再是小儿科，而是以崛起者的姿态走到了台前，并开始显露出良好的成长性。B 市的 3 个民营书城，以其优越的购书环境和 8.8 折的售价，对最大的国有书店造成了很大冲击，为了争夺市场份额，价格战是在所难免的。打折销售当然是读者大为欢迎的，但这样做无疑损害的是商家自身利益，对图书发行行业和零售市场来说也不是一个福音，它使得竞争徘徊在生存糊口的水平上，很难凸显向上和做强的良性走势，进而导致市场发育和成熟的步伐变缓。面对这种状况，作为市场竞争主体之一的新华书店，强烈呼唤市场整合。因此，西部欠发达地区新华书店，也只有尽快实现连锁经营的转型升级，才能增强整体实力，提高共同抵御市场风险的能力。

除了民营书店以外，国内其他行业和国外图书企业进入图书发行市场，对新华书店的影响也是巨大的。这些企业，往往资金雄厚，有自身一套较为成熟的经营体系，所缺的就是发行网络和业务经验。目前，这些企业对新华书店已构成明显威胁，甚至随着时间的推移，这方面的威胁会逐渐大于民营书店。

2. 内部经营机制僵化，缺少营利模式

内部经营的体制和机制，是促进或制约企业经营发展的主要因素。西部地区的新华书店在发展过程中，由于历史原因，分分合合，形成新华书店各自不同的经营体制，在改制前，有的省级新华书店与县级新华书店只有业务往来，没有隶属关系；有的省各市县级新华书店则隶属于省级新华书店，人、财、物三权上收；有的省则是部分隶属省级新华书店，部分隶属地方行政管理；有的是省属企业单位。西部地区各级新华书店经营按行政区域划分，从属性来说都是国有企业，条块的管理方式各不相同，多以横向上接受地方党委的指导，纵向接受省直公司的垂直管理、运营为主，这种模式地方门店与总店是隶属关系，人事、财务、业务权限在省直公司。虽然名义上按现代企业制度明晰产权，规范经营模式，但从各省多年的实际运行情况看，法人单位的合并，复制化的连锁模式，造成了死板连锁、一管就死、不能很好适应市场的重重困境。

西部各地新华书店在改制过程中，多以省级集团公司、市级分公司、县级子公司的结构组建，但这种组建形式多以人、财、物的管理权为重点，实现了子公司数量的增加，人员和资产的整合。在业务重构上，并没有大的变革，而是接受省直集团公司的运营模式，简单、粗放地套用省直公司管理运营方式，往往并不适合基层公司的具体情况。有的地方对物流、财务、软件平台和供货等方面进行了微调，但一整套业务管理流程，已有诸多不适应新形势、新变化的地方，机制架构依然束缚着经营范围的拓展，各个环节的无缝对接难以实现。改革、合并后，基层公司的运营自主权变得更小，支付手段落后，实报实销的报账制财务管理模式，对采取灵活的营销方式来说极为不便。在运营过程中，受内部体制和机制的约束，很少有新华书店围绕经营实现成功的变革，长此以往就出现了僵化的连锁经营模式。

由于新华书店历史悠久，长期以来形成的"企业经营、行政管理"模式，导致新华书店在经营与管理上的分离。管理层形成的固有观念认为，经营是业务部的事，形成了上下一般粗的经营渠道。管理仍然靠命令式发文逐级传达，随负责人的更替而变化，既没有统一的管理意识，更没有统一的经营策略，无法形成有效的内部管理体制和经营机制。这种体制机制，导致基层公司业务水平难以提升，利润率持续走低，仅靠教材发行和出租门店维持基本运转。

随着改革开放的深入和市场经济的发展，西部新华书店这种传统、粗放、一管就死的方式，很难适应灵动多变的市场发展，具体运行中已经出现了很多的问题，现行的架构、管理流程已不适应形势变化，可以说面临的问题非常严峻。目前，新华书店还是图书发行的主要流通渠道，随着民营书商的壮大，形成了日趋激烈的市场竞争格局。互联网、电子商务的发展，改变甚至是颠覆了人们的阅读习惯、购物方式。民营书店、网络书店，抢占到一般图书零售行业很大的市场份额，图书零售业这一块蛋糕被更多地切分，新华书店的品牌影响力受到严重的冲击。西部各地的新华书店越来越依靠政策经营，这种形势不利于新华书店今后的发展。当前西部基层新华书店在教材发行业务支持下还能维持生存，但传统纸质媒介图书发行已经做到了极致，面对网上书店的严重冲击，新华书店业务拓展和提升的空间受到限制。面对网络对公众生活、阅读、消费方式的影响，新华书店迫切需要改革内部体制与机制，突破自身发展瓶颈，为转型升级提供良好的基础条件。

3. 经营结构失衡，产业相对单一

经营结构是否优化，是企业生存和发展的标尺之一。经营结构较好，企业竞争力就较强，企业抗风险能力就较强。新华书店经营品种单一，企业抗风险能力较差，经济效益出现下滑趋势。

西部各地新华书店卖场的主营业务是一般图书，实际依靠义务教育阶段教材发行生存，多数新华书店主营业务中65%以上的业务来自教材和教辅（许多县级书店达到90%以上），而30%的其他图书（一般图书）靠门市部等零售网点销售，但由于一般图书销售经营成本较高、利润较小，因此主要的利润来源还是教材和教辅，可见大多数新华书店依然是在靠教材和教辅生存。一般图书销售所占的份额偏低，这是一个不容忽视的结构性偏失，这样一来，西部各基层新华书店的利润来源过分单一，市场开拓成为一个盲点，不利于企业的长远发展。

义务教育阶段教材的发行业务，国家有着明确的政策规定，在市场经济的不断推进过程中，也会进行一些调整，国家三部委发布办法，推动中小学教材出版发行招投标试点，随后政府在全国推广义务教育阶段教材统一采购，采取招投标方式，打破新华书店对教材的垄断发行，新华书店最后一块蛋糕也放到市场中来了。随后，中小学教材实行免费，发行和利润率也发生了变化。虽然目前其他发行商还无法完全获取这块蛋糕，但随着改革的进一步深入，同为国有企业的邮政公司，或者同类具备发行义务教育阶段教材的国有企业，也可以参与竞争，争取中标。随着市场化改革的推进，具有良好品牌的民营企业，同样可以参与争取这一块业务，西部各地新华书店极有可能丢失教材发行业务。

面对这种状况，西部各地新华书店需要警觉，如果任凭政策的变化和市场的发展，就会像当年丢失挂历、年画、中专教材、教辅市场一样，逐渐丢失教材市场。一旦教材发行招投标失败，将失去生存的支撑，西部地区新华书店百分之七十以上的法人单位将面临经营亏损，其中百分之六十的门店将难以为继。

西部各地新华书店解决经营结构失衡、产业相对单一的困境，关键点在于创新经营理念，改变传统的经营思维，打破现有的管理体制与经营机制，不再死守一般的图书和音像产品，而是拓展经营业务，引进文化创意等其他产品，创造新的盈利点。

4. 人才观念落后，服务质量有待提升

人才是企业生存和发展的根本。西部各地由于新华书店规模普遍不大，品牌效应还不够强，行业开放性不足，缺乏对人才的吸引力。另一个方面，西部地区大部分新华书店对吸引外部人才热情不高，这一现象与多年来形成的落后人才观念有关。譬如，自己培养的人才可靠，外来的人才成本太高，"借来的猫不捉老鼠"等观念根深蒂固。目前，新华书店的员工大多是自己培养出来的，他们对新华书店的各种情况较为熟悉，但受制于落后的经营观念，市场开拓能力明显不足。在人才升级换代加速推进的新时代，受到落后人才观念的限制，加之内部管理体制与运营机制的束缚，西部各地新华书店人才队伍建设已明显落后，大部分新华书店留不住人才，现有人员老化严重，综合素质低，关键岗位人员断档，没有后备力量。

从服务读者的角度来看，西部各地新华书店由于国有性质，受制于过去传统体制机制的局限性，开拓业务、创新经营的意识不强，营销观念较为保守，让利于读者的措施无法实施，加上业务绩效与收入分配的制度设计不够科学，未能有效发挥调动员工积极性的作用。店员除了正常的收款、图书排架之外，缺乏主动推荐图书、解答读者咨询、提供个性化服务的意识，还未形成读者至上的服务理念和良好的服务态度，导购员的整体业务素质有待提升，读者的意见建议相对较多，对新华书店这一品牌的认同度也在下降。

5. 信息平台搭建迟缓，技术平台亟待升级

现代企业经营对计算机软件平台的依赖度越来越高，通过计算机网络平台，可以大大降低经营成本，提升信息沟通效能，提高管理水平和工作效率，使企业向精细化方向发展。新华书店使用的计算机专用软件系统，较其他行业早，投入也较大，但由于一直沿用传统的经营模式，对计算机专用软件系统的升级换代重视不够，现有的系统使用功能主要集中在业务录入、图书销售方面，与云平台等信息技术衔接的软件开发、运用推广较为迟滞。由于西部新华书店的地域性差异，各地业务流程有明显的不同，没有现成的计算机软件可供直接使用，出现各省新华书店开发自有软件的状况。目前各地自有的软件系统多以内部运营为主，无法搭建与外部关联、沟通的有效信息平台，造成管理水平低下、业务拓展受限、运营成本较高的问题。譬如，与公共图书馆开展选借新书业务时，需要基于信息技术的共享平台，实现新华书店数据与公共图书馆管理系统的无缝对接，但当前西部多数新华书店封闭的信息平台，还无法实现这一目标。

6. 网点建设千篇一律，打造品牌的意识淡薄

品牌是一个企业和产品的良好口碑，品牌影响力决定着产品的营销效能。品牌营销战略是企业的一种运营理念，已经成为现代流通企业的必然选择。新华书店具有红色文化基因，是国字号的品牌文化企业，在读者心目中代表着正版、经典、放心、可信赖，虽然当前困境下新华书店的品牌影响力有所减弱，但通过品牌营销战略的实施，发挥阅读推广主流平台的社会效益作用，完全可以重新赢得读者群体的认同，提升销售业绩和经济效益，增强企业员工的向心力，在广大读者中形成良好的口碑。

新华书店的品牌含金量很高，但长期以来其产权并不明晰，被2700多家法人单位冠名，按不同地域划分为不同的国有企业，谁都拥有这一品牌，但谁也不能独占这一蕴涵巨大商业价值的品牌。从问题导向看，新华书店品牌营销过程中出现了不少弊端，譬如，近年来许多新华书店集团启用了新的名称，新华书店品牌有被其他名称代替的倾向，民营书店挂新华书店牌头售卖盗版书刊的问题，国际人士准备抢先注册新华书店国际商标的问题，等等。从品牌保护的角度看，保护新华书店品牌的努力也从未停歇，经过十多年的努力，由新华书店协会申报注册，新华书店的服务商标，被认定为中国驰名商标，又被世界知识产权组织——马德里国际注册局注册证明，得到了全面保护。

从改制运行情况来看，西部各地新华书店在连锁经营中，品牌建设的理念还有待更新，把品牌营销战略理解为设计、装修风格一致的网点建设，缺乏地域特色的建构，复制式的经营方式、品种，宣传推广也整齐划一、延循呆板，不创新、不更换，缺乏适合市场的产品。即使连锁经营，也需要在统一布局的基础上，探索适宜地方特点的产品和服务，也就是说，真正的品牌需要有个性化的产品来支撑，从这个角度来讲，西部各地新华书店打造品牌的意识还有待加强。

第九章　图书零售市场走势与成长性分析：以 B 书店为例

为进一步印证西部欠发达地区公立书店图书营销情况，笔者选取 B 书店近期两个月的图书营销数据，对比全国、西部地区近期两个月的图书销售数据，并就各分类图书的零售市场走势与成长情况，进行解剖式分析。之所以选择 B 书店，是因为 B 书店地处西部欠发达地区，是一家公立书店，但又不承接义务教育阶段教材发行业务，主要以卖场收益保障正常运营。分析这种书店的图书零售市场走势，可以较为全面、客观地体现西部地区公立书店的真实图书营销境况。

一、全国图书零售市场走势与成长性分析

全国分类图书销售比重

- 英语 3.06%
- 美术 2.73%
- 医学计算机 2.35% 1.36%
- 法律 0.99%
- 教辅 24.32%
- 心理自助 2.78%
- 经济与管理 4.73%
- 生活 4.27%
- 学术文化 6.56%
- 文学 11.90%
- 其他 17.40%
- 少儿 17.55%

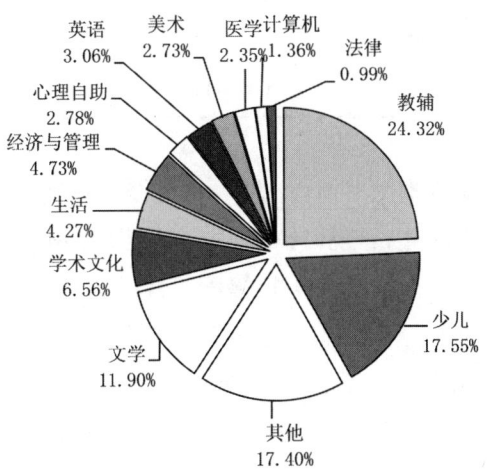

图 9-1：全国分类图书销售比重图示

图 9-1 显示了在全国图书零售市场中，不同细分市场占全国整体市场的销售码洋比重，由此可以看出不同的图书细分类别，在全国整体市场中的地位。

（一）市场结构分析

表 9-1：全国分类图书销售比重、同比及环比变化情况表

分类	码洋比重（%）	同比变化（百分点）	环比变化（百分点）
少儿	17.55	+1.70	-1.37
教辅	24.32	-6.66	-10.41
经济与管理	4.73	+0.09	+1.39
生活	4.27	+0.20	+0.91
文学	11.9	+1.42	-0.51
学术文化	6.56	+1.28	+1.96
美术	2.73	+0.17	+0.32
心理自助	2.78	+0.30	+0.39
医学	2.35	-0.33	+0.77
英语	3.06	-0.05	+0.71
计算机	1.36	+0.02	+0.39
法律	0.99	+0.02	+0.43
其他	17.4	1.84	5.02

表 9-1 反映了全国分类图书销售比重、同比及环比变化情况，在 12 个细分图书类别中（其他类除外），现以销售码洋比重为主，结合环比、同比增长数据（环比增长指相对于前一期的增长幅度，常用的是月度环比；同比增长指相对于上一个相同时期的增长幅度），对比分析如下。

从排在前四位的图书类别看，占比 20% 以上的是教辅类，占比 15% 至 20% 之间的是少儿类和其他类，占比 10% 至 15% 之间的是文学类。

教辅类图书排第一位、占总销售码洋的 24.32%，但教辅类图书与去年同期相比下降 6.66%，环比下降 10.41%，说明学生对教辅的需求，随着国家教

育部门倡导素质教育、减轻义务教育阶段学生负担，学校、家庭、社会三方面共同注重课外阅读，在这些理念引导、措施落实过程中，基于偏重分数、考试至上的教辅市场，逐步趋于理性。

少儿类图书排第二位、占总销售码洋的17.55%，与去年同期相比增长1.7%，结合教辅类图书的数据，表明全国图书销售市场中，未成年人群体的阅读需求旺盛，占到总销售码洋的41.87%，而且呈现出未成年人教辅需求降低、课外阅读需求不断上升的趋势。

文学类图书排第三位、占总销售码洋的11.9%，与去年同期相比增长1.42%，近年来文学类图书的阅读需求数据持续走低，各界对这一现象产生了隐忧，加西亚·马尔克斯的《百年孤独》经典名句"等到人类坐一等车厢，而文学只能挤货运车厢的那一天，这个世界也就完蛋了"①，可以代表对文学未来担忧情怀的表达，各种文学类图书阅读的社会调查，也成为关注度较高、传播较广的网络热点。笔者以为，文学类图书的阅读状况，与改革开放初期相比有明显下降，但当今种种担忧的表达，主要体现在文学事业的地位上。其实读书作为一个私人化的事情，社会调查并不能全面反映真实的状况，依据全国实体书店营销情况，并结合公共图书馆借阅数据来看，文学类图书仍然是公众阅读选择的一个重要门类。只是随着对教育的高度重视，中考、高考竞争的加剧，教辅、少儿类图书成为主流，文学类图书销售码洋占比的排名有所下降，但同比微增的数据，可以说明文学仍然是图书阅读需求的一个主要类别。

学术文化类图书排第四位、占总销售码洋的6.56%，环比增长1.96%、同比增长1.28%。相对排在后面的八类图书而言，学术文化类图书占比超过百分之五，同比、环比增长均超过一个百分点，说明对学术研究的重视程度，也反映出随着经济的发展，文化的地位有所提升。

经济与管理类图书排第五位、占总销售码洋的4.73%，生活类图书排第六位、占总销售码洋的4.27%，经济与管理、生活类图书的占比在百分之四以上。经济、管理、生活这三项与公众生活息息相关，因而环比增长较快，经济与管理类图书环比增长1.39%、同比增长0.09%，生活类图书环比增长0.91%、同比增长0.2%，码洋占比和环比、同比增长率三方面数据的同步持

---

① （哥伦比亚）加西亚·马尔克斯. 百年孤独 [M]. 范晔, 译. 南海出版公司, 2017, (8).

续提升，充分说明了公众的实用性阅读需求导向。

英语类图书排第七位、占总销售码洋的3.06%、环比增长0.71%。英语作为世界通用语言，中国又是人口大国，这样的占比，反映出比较正常的需求。但与去年同期相比下降了0.05%，这或许与加强语文教学，取消一系列社会化的英语考级考试政策的导向有关。

心理自助类图书排第八位、占总销售码洋的2.78%，美术类图书排第九位、占总销售码洋的2.73%，医学类图书排第十位、占总销售码洋的2.35%，计算机类图书排第十一位、占总销售码洋的1.36%，法律类图书排第十二位，占总销售码洋的0.99%。后五类的阅读需求，虽然占比相对较低，心理、美术、医学、计算机、法律这五类图书，除医学类图书同比下降0.33%外，其他环比、同比数据普遍增长（心理自助类图书环比增长0.39%、同比增长0.3%，美术类图书环比增长0.32%、同比增长0.17%，医学类图书环比增长0.77%，计算机类图书环比增长0.39%、同比增长0.02%，法律类图书环比增长0.43%、同比增长0.02%）。这五类图书与专业、考级相关，与大学开设的热门专业、社会就业的热点相契合，具有较大的提升空间。

其他类销售码洋，占总销售码洋的17.4%，而且环比增长5.02%、同比增长1.84%。其他产品，一般包括12类细分图书类别未涵盖的其他图书，也包括相关图书产品的销售，反映出公众阅读需求更加多元化的趋向。

（二）五大地区图书市场情况分析

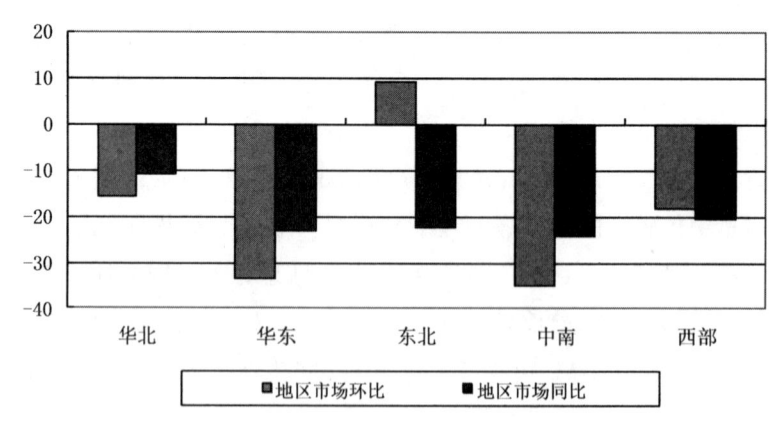

图9-2：五大地区图书市场情况图示

表 9-2：五大地区图书市场情况表

地区	华北	华东	东北	中南	西部
地区市场环比（%）	-15.85	-33.54	9.13	-34.87	-18.35
地区市场同比（%）	-10.7	-23.21	-22.43	-24.27	-20.63

从表 9-2 可以看出，东北地区排第一位、环比增长率为 9.13%，华北地区排第二位、环比增长率为-15.85%，西部地区排第三位、环比增长率为-18.35%，华东地区排第四位、环比增长率为-33.54%，中南地区排第五位、环比增长-34.87%。同比数据显示，五大地区均为下降趋势，反映出实体书店艰难的营销境况，这与网络书店的冲击有一定的关系。以降幅从低到高排列，华北地区排第一位，同比降低 10.7%；西部地区排第二位，同比降低 20.63%；东北地区排第三位，同比降低 22.43%；华东地区排第四位，同比降低 23.21%；中南地区排第五位，同比降低 24.27%。

B 书店所在的西部地区与上月相比，环比降低 18.35%，排在五大地区的第三位，位列东北地区和华北地区之后、华东地区和中南地区之前。与去年同期相比，西部地区同比降低 20.63%，排在五大地区第二位；位列华北地区之后，东北地区、华东地区、中南地区之前。从西部实体书店销售环比、同比数据均为下降的情况可以看出，西部实体书店的运营状况并不乐观，仅以图书作为利润点的实体书店，面临着一定的困难。基层公立书店的运营以教材发行为支撑，可以保障正常运营，但卖场利润的持续走低，也会形成门店冷清、阅读推广实效不佳的局面。

二、B 书店图书零售市场情况分析

根据开卷图书零售市场数据统计，B 书店当月监控码洋为 3584500.82 元，上月为 2893918.7 元，环比增长率为 23.86%。该店处于全国五大地区中的西部地区，占该地区监控销售码洋比重为 2.51%。

全国畅销书前 200 名中，B 书店未动销书目的品种数为 22 种。全国新书销售前 200 名中，B 书店未动销书目的品种数为 141 种。

B书店销售的图书所在出版社当中，贡献率最大的三家出版社分别是：人民出版社、党建读物出版社、机械工业出版社。

（一）B书店图书销售基本情况分析

表9-3：B书店分类销售码洋比重情况表

分类	码洋比重（%）
教辅	17.59
少儿	11.42
文学	8.99
学术文化	7.69
经济与管理	5.37
医学	4.73
生活	3.7
美术	3.57
英语	3.35
心理自助	1.65
计算机	1.17
法律	1.14
其他	29.63

表9-3反映了不同的细分类别，占B书店整体销售的码洋比重，由此可以看出B书店的销售构成情况。现与全国不同分类的码洋比重予以对比（表9-4），以反映B书店的图书分类营销情况。

表9-4：B书店与全国分类图书码洋对比分析表

分类	全国分类图书销售比重（%）	在全国分类中的排位	B书店分类销售码洋比重（%）	分类在B书店中的排位	B书店相比全国增长
教辅	24.32	1	17.59	2	-6.73

续表

分类	全国分类图书销售比重（%）	在全国分类中的排位	B书店分类销售码洋比重（%）	分类在B书店中的排位	B书店相比全国增长
少儿	17.55	2	11.42	3	-6.13
文学	11.9	4	8.99	4	-2.91
学术文化	6.56	5	7.69	5	+1.13
经济与管理	4.73	6	5.37	6	+0.64
医学	2.35	11	4.73	7	+2.38
生活	4.27	7	3.7	8	-0.57
美术	2.73	10	3.57	9	+0.84
英语	3.06	8	3.35	10	+0.29
心理自助	2.78	9	1.65	11	-1.13
计算机	1.36	12	1.17	12	-0.19
法律	0.99	13	1.14	13	+0.15
其他	17.4	3	29.63	1	+12.23

可以看出，B书店的图书零售中，最重要的是未成年人读物，教辅类、少儿类图书占比达到29.01%。因此，西部地区的公立书店需要注重未成年人的阅读推广。新华书店拥有国字号文化企业的品牌优势，在公众心目中代表着正版、经典、放心，因此在打造未成年人课外导读示范基地方面，具有其他书店无法相比的优势。B书店医学类图书零售码洋比重高于全国四个位次，说明B书店所在的区域医学类图书需求较高。B书店其他类图书销售码洋比重为29.63%，相比全国其他类图书销售码洋比重17.4%，B书店高出12.23%，说明B书店图书销售结构更为多元、更为复杂，反映出公众多元的阅读需求，同时也表明相关图书产品销售具有良好的前景。

通过表9-4的数据对比分析可以看出，B书店图书销售码洋比重排名前五位的教辅、少儿、文学、学术文化、经济与管理五个类别，与全国排位前五位的类别完全一致，销售码洋比重排位靠后的计算机、法律两个类别，与全国后两位的类别也完全一致，营销额的占比基本持平。B 书店学术文化、经济与管理、医学、美术、英语、法律六个类别的图书零售码洋占比，略高于全国平均水平，分别高出 1.13%、0.64%、2.38%、0.84%、0.29%、0.15%，应当继续保持现有营销策略。但 B 书店在教辅、少儿、文学三类图书的营销上，与全国平均水平还有一定差距，分别低 6.73%、6.13%、2.91%；生活、计算机、心理自助三类占比也都略低于全国水平，分别低 0.57%、0.19%、1.13%，需要加强这六个领域的图书营销、推广力度，提升营销策略，增加图书销量。

（二）各类别图书与全国同比、环比情况对比分析

表 9-5：B 书店分类销售与全国同比、环比情况对比分析表

分类	全国 同比（%）	全国 环比（%）	B 书店 同比（%）	B 书店 环比（%）	B 书店相比全国增长 同比（%）
法律	-11.7	33.04	-21.53	64.65	-9.83
医学	-29.55	4.06	-12.49	36.59	+17.06
生活	-17.17	-5.09	-4.08	25.19	+13.09
英语	-15.91	-0.25	-20.68	6.55	-4.77
少儿	-14.28	-31.38	19.67	-11.74	+33.95
经济与管理	-21.95	5.71	-6.14	45.01	+15.81
学术文化	-8.68	-8.99	44.06	74.20	+52.74
文学	-10.49	-27.78	4.32	-16.34	+14.81
计算机	-9.25	7.22	-27.25	-14.50	-18

B 书店少儿类图书同比增长比全国高 33.95%，在全国同期降幅近百分之十五的逆境中，B 书店逆势而上，说明未成年人类图书需求大幅提升，销售数量较多。

B 书店文学类图书同比增长比全国高 14.81%，在全国同比降幅超过百分之十的情形下，B 书店所在的地区文学类图书阅读回暖的趋向明显。

B 书店学术文化类图书同比增长比全国高 52.74%，全国数据走低，而 B 书店井喷式增长的背后，与 B 市高校、科研院所较多有关。

经济与管理类图书，B 书店同比降幅比全国低 15.81%，有上升的趋向。

英语类图书，B 书店同比降幅比全国高 4.77%，降幅达到二十个百分点以上，与取消社会化英语考试考级等政策有关。

计算机类图书，B 书店同比降幅比全国高 18%，计算机类图书热门的情形已明显改变。

法律类图书，B 书店同比降幅比全国高 9.83%，法律类在全国和 B 书店的码洋占比排行中列最后一位，这一类图书相对冷门，随着全面依法治国的推进、司法考试人群的增多，还有增长的空间。

医学类图书，B 书店同比降幅比全国低 17.06%，B 书店医学类图书销售在码洋占比中，处于中间位次，实际销售的情形还需要持续关注。

生活类图书，B 书店同比降幅比全国低 13.09%，生活类图书需要在个性化的选择上做文章，采购一批公众实际需要、适宜阅读的图书。

（三）B 书店动销图书品种数与全国及西部地区对比分析

表 9-6：B 书店动销图书品种数与全国、西部地区对比分析表

分类	全国动销图书品种	西部地区动销图书品种	B 书店动销图书品种	西部地区上月动销品种	B 书店上月动销品种
社科类	131538	55581	5189	55742	4352
学术文化类	46310	18597	1542	19324	1357
心理自助类	14498	7841	600	8319	538
法律类	11392	4951	616	4593	450
经济管理类	38423	16017	1610	15645	1420
文艺类	113808	52738	5823	56146	5722
文学类	57814	27639	2556	30538	2799
艺术类	44893	20341	2823	20247	2506
科技类	99792	37885	3186	36230	3069

续表

分类	全国动销图书品种	西部地区动销图书品种	B书店动销图书品种	西部地区上月动销品种	B书店上月动销品种
计算机类	17314	6457	591	6438	579
医学类	22457	10634	1120	10006	958
大农业类	8490	4418	207	4059	221
工程技术类	39408	13262	974	12524	926
英语类	16660	8047	1206	8557	1394
少儿类	120290	61595	5932	64888	6013
生活类	35911	19042	2065	18912	1809
总计	664709	298980	30089	313183	29268

通过汇总以上数据可以发现，B书店图书销售数据占西部地区图书销售数据的比例为10.06%，16个细分图书类别由高到低的分项占比数据为，英语类占14.99%、艺术类占13.88%、法律类占12.44%、文艺类占11.04%、生活类占10.84%、医学类占10.53%、经济管理类占10.05%、少儿类占9.63%、社科类占9.34%、文学类占9.25%、计算机类占9.15%、科技类占8.41%、学术文化类占8.29%、心理自助类占7.65%、工程技术类占7.34%、大农业类占4.69%。以总占比10.06%为分界线，占比在分界线以上的类别包括英语、艺术、法律、文艺、生活、医学六类，可以看出这六类图书在B书店营销中有一定优势，也是西部地区图书销售的普遍趋势——实用性较强的图书比较受读者欢迎。

B书店图书销售数据占全国图书销售数据的比例为4.53%，16个细分图书类别由高到低的分项占比数据为，英语类占7.24%、艺术类占6.29%、生活类占5.75%、法律类占5.41%、文艺类占5.12%、医学类占4.99%、少儿类占4.93%、文学类占4.42%、经济管理类占4.19%、心理自助类占4.14%、社科类占3.94%、计算机类占3.41%、学术文化类占3.33%、科技类占3.19%、大农业类占2.44%、工程技术类占2.47%。以总占比4.53%为分界线，占比在分界线以上的类别包括英语、艺术、生活、法律、文艺、医学、少儿七类，低于分界线的类别还有九个，这些数据足以反映西部地区图书销售整体走低的境况。

西部地区图书销售数据占全国图书销售数据的比例为44.98%，16个细分图书类别由高到低的分项占比数据为，心理自助类占54.08%、生活类占53.03%、大农业类占52.04%、少儿类占51.21%、英语类占48.3%、文学类占47.81%、医学类占47.35%、文艺类占46.34%、艺术类占45.31%、法律类占43.46%、社科类占42.25%、经济管理类占41.69%、学术文化类占40.16%、科技类占37.96%、计算机类占37.29%、工程技术类占33.65%。以总占比44.98%为分界线，占比在分界线以上的类别包括心理自助、生活、大农业、少儿、英语、文学、医学、文艺、艺术九类，其他七类占比在分界线以下。西部地区实体书店在法律、社科、经济管理、学术文化、科技、计算机、工程技术等类别的图书进货方面，需要多方征求各方面读者的意见建议，提升图书采购的针对性，同时在营销策略上还需要注重与相关单位、协会、作者、读者群体的联系，开展一系列有针对性的图书推荐活动，以提升图书动销率和阅读推广实效。

表9-7：B书店动销分类图书与全国、西部地区对比分析表

分类	分类在全国总动销额的占比(%)	分类在西部地区上月的占比(%)	分类在西部地区当月的占比(%)	分类在西部地区环比增长(%)	西部地区动销量增加(册)	西部地区当月相比全国增长(%)	分类在B书店上月的占比(%)	分类在B书店当月的占比(%)	分类在B书店环比增长(%)	B书店动销量增加(册)	B书店相比西部地区增长(%)	B书店相比全国增长(%)
社科类	19.79	17.8	18.59	0.79	-161	-1.2	14.87	17.25	2.38	837	-1.34	-2.54
学术文化类	6.97	6.17	6.22	0.05	-727	-0.75	4.64	5.12	0.49	185	-1.1	-1.84
心理自助类	2.18	2.66	2.62	-0.03	-478	0.44	1.84	1.99	0.16	62	-0.63	-0.19
法律类	1.71	1.47	1.66	0.19	358	-0.06	1.54	2.05	0.51	166	0.39	0.33

续表

分类	分类在全国总动销额的占比(%)	分类在西部地区上月的占比(%)	分类在西部地区当月的占比(%)	分类在西部地区环比增长(%)	西部动销量增加(册)	西部地区当月相比全国增长(%)	分类在B书店上月的占比(%)	分类在B书店当月的占比(%)	分类在B书店环比增长(%)	B书店动销量增加(册)	B书店相比西部地区增长(%)	B书店相比全国增长(%)
经济管理类	5.78	5	5.36	0.36	372	-0.42	4.85	5.35	0.5	190	-0.01	-0.43
文艺类	17.12	17.93	17.64	-0.29	3408	0.52	19.55	19.35	-0.2	101	1.71	2.23
文学类	8.7	9.75	9.24	-0.51	2899	0.55	9.56	8.49	-1.07	-243	-0.75	-0.21
艺术类	6.75	6.46	6.8	0.34	94	0.05	8.56	9.38	0.82	317	2.58	2.63
科技类	15.01	11.57	12.67	1.1	1655	-2.34	10.49	10.59	0.1	117	-2.08	-4.42
计算机类	2.6	2.06	2.16	0.1	19	-0.45	1.98	1.96	-0.02	12	-0.2	-0.64
医学类	3.38	3.19	3.56	0.36	628	0.18	3.27	3.72	0.45	162	0.17	0.34
大农业类	1.28	1.3	1.48	0.18	359	0.2	0.76	0.69	-0.07	-14	-0.79	-0.59
工程技术类	5.93	4	4.44	0.44	738	-1.49	3.16	3.24	0.07	48	-1.2	-2.69
英语类	2.51	2.73	2.69	-0.04	-510	0.19	4.76	4.01	-0.75	-188	1.32	1.5
少儿类	18.1	20.72	20.6	-0.12	-3293	2.51	20.54	19.71	-0.83	81	-0.89	1.62
生活类	5.4	6.04	6.37	0.33	130	0.97	6.18	6.86	0.68	256	0.49	1.46

（四）B书店新书销售与全国及西部地区对比分析

通过汇总（表9-8、表9-9）数据，B书店新书销售数据占西部地区新书销售数据的比例为5.11%，16个细分图书类别由高到低的分项占比数据为，少儿类占10.8%、英语类占4.04%、社科类占2.75%、学术文化类占2.42%、计算机类占2.25%、医学类占2.01%、工程技术类占1.93%、科技类占

1.86%、文艺类及艺术类均占1.84%，文学类占1.7%、生活类占1.38%、法律类占0.71%，心理自助、经济管理、大农业三类占比为零。以总占比5.11%为分界线，占比在分界线以上的类别只有少儿类，新书销售数据呈现出未成年人读物独大的特殊局面，低于分界线的类别有十五个，除英语占到4%以上外，其余十四个类别均在3%以下，其中三个类别没有动销。通过分析数据，充分说明未成年人阅读推广对于西部公立书店的重要性，也反映出综合性图书的阅读推广工作有待进一步提升。

表9-8：B书店动销新书品种数与全国、西部地区对比分析表

分类	全国动销新书品种	西部地区动销新书品种	B书店动销新书品种	西部地区上月动销品种	B书店上月动销品种
社科类	3691	1017	28	431	4
学术文化类	1339	331	8	157	2
心理自助类	119	50	0	24	0
法律类	408	140	1	71	2
经济管理类	1289	344	0	127	0
文艺类	2276	651	12	399	8
文学类	1202	352	6	197	6
艺术类	829	217	4	179	2
科技类	2599	590	11	301	9
计算机类	413	89	2	38	0
医学类	622	199	4	104	7
大农业类	178	44	0	22	0
工程技术类	1065	207	4	113	1
英语类	265	99	4	64	2
少儿类	2058	954	103	494	31
生活类	520	217	3	78	0
总计	13583	4166	213	2560	77

B书店新书销售数据占全国新书销售数据的比例为1.57%,16个细分图书类别由高到低的分项占比数据为,少儿类占5%、英语类占1.51%、社科类占0.76%、医学类占0.64%、学术文化类占0.6%、生活类占0.58%、文艺类占0.53%、文学类占0.5%、艺术类和计算机类均占0.48%、科技类占0.42%、工程技术类占0.38%、法律类占0.25%,心理自助、经济管理、大农业三类占比为零。以总占比1.57%为分界线,占比在分界线以上的类别仅有少儿类和英语类两项,其余十四个类别均在分界线以下,占比低于0.5%的有八项,其中三个类别图书没有动销。适宜未成年人阅读的新书和英语类新书销售量较大,这与学校各学科科任教师推荐的教辅和课外读物有关,家长和学生,一般会按照学校各学科科任教师的要求,购买这两个类别的图书,其他类别的新书则需要书店开展相关推荐活动,或以新颖的推介宣传扩大营销面,实地调研过程中发现,B书店在专业图书推荐、营销方面,还处于顺其自然的状态,亟待加强和改进。

西部地区新书销售数据占全国新书销售数据的比例为30.67%,16个细分图书类别由高到低的分项占比数据为,少儿类占46.36%、心理自助类占42.02%、生活类占41.73%、英语类占37.36%、法律类占34.31%、医学类占31.99%、文学类占29.28%、文艺类占28.6%、社科类占27.55%、经济管理类占26.69%、艺术类占26.18%、学术文化和农业类均占24.72%、科技类占22.7%、计算机类占21.55%、大工程技术类占19.44%。以总占比30.67%为分界线,占比在分界线以上的类别包括少儿、心理自助、生活、英语、法律、医学六项,其余十项均在分界线以下,反映出西部地区未成年人读物、实用类新书的需求较大,专业图书的营销方面还需进一步加强。

从整体情况来看,新书在西部地区实体书店的销售并不乐观,这一问题在B书店更为突出。对于西部地区的国有书店而言,可以尝试与公共图书馆探讨合作机制,开展持证读者到书店选借新书,归还至公共图书馆的业务,以此提升新书的销售绩效,为公共图书馆采选到读者愿意读的书刊,从而破解实体书店新书营销困难与图书馆采购图书利用率低的问题。

表9-9：B书店动销分类新书与全国、西部地区对比分析表

分类	分类在全国总动销额的占比(%)	分类在西部地区上月的占比(%)	分类在西部地区当月的占比(%)	分类在西部地区环比增长(%)	西部动销量增加(册)	西部地区当月相比全国增长(%)	分类在B书店上月的占比(%)	分类在B书店当月的占比(%)	分类在B书店环比增长(%)	B书店动销量增加(册)	B书店相比西部地区增长(%)	B书店相比全国增长(%)
社科类	27.17	16.84	24.41	7.58	586	-2.76	5.19	13.15	7.95	24	-11.27	-14.03
学术文化类	9.86	6.13	7.95	1.81	174	-1.91	2.6	3.76	1.16	6	-4.19	-6.1
心理自助类	0.88	0.94	1.2	0.26	26	0.32	0	0	0	0	0	0
法律类	3	2.77	3.36	0.59	69	-0.36	2.6	0.47	-2.13	-1	-2.89	-2.53
经济管理类	9.49	4.96	8.26	3.3	217	-1.23	0	0	0	0	0	0
文艺类	16.76	15.59	15.63	0.04	252	-1.13	10.39	5.63	-4.76	-4	-9.99	-11.12
文学类	8.85	7.7	8.45	0.75	155	-0.4	7.79	2.82	-4.98	0	-5.63	-6.03
艺术类	6.1	6.99	5.21	-1.78	38	-0.89	2.6	1.88	-0.72	2	-3.33	-4.23
科技类	19.13	11.76	14.16	2.4	289	-4.97	11.69	5.16	-6.52	2	-9	-13.97
计算机类	3.04	1.48	2.14	0.65	51	-0.9	0	0.94	0.94	2	-1.2	-2.1
医学类	4.58	4.06	4.78	0.71	95	0.2	9.09	1.88	-7.21	-3	-2.9	-2.7
大农业类	1.31	0.86	1.06	0.2	22	-0.25	0	0	0	0	0	0
工程技术类	7.84	4.41	4.97	0.55	94	-2.87	1.3	1.88	0.58	3	-3.09	-5.96
英语类	1.95	2.5	2.38	-0.12	35	0.43	2.6	1.88	-0.72	2	0.5	0
少儿类	15.15	19.3	22.9	3.6	460	7.75	40.26	48.36	8.1	72	25.46	33.21
生活类	3.83	3.05	5.21	2.16	139	1.38	0	1.41	1.41	3	3.8	2.42

（五）全国畅销书在 B 书店未动销情况

1. 全国新书排行榜中各类别在 B 书店未动销情况

表 9-10：全国新书排行榜中各类别在 B 书店未动销情况表

分类	全国新书排行榜总数	B 书店未动销品种数	动销品种数	动销率
社科类	200	181	19	9.5%
学术文化类	100	96	4	4%
心理自助类	100	100	0	0
法律类	100	99	1	1%
经济管理类	100	100	0	0
文艺类	200	192	8	4%
文学类	100	94	6	6%
艺术类	100	99	1	1%
科技类	200	197	3	1.5%
计算机类	100	99	1	1%
医学类	100	98	2	2%
大农业类	100	100	0	0
工程技术类	100	99	1	1%
英语类	200	196	4	2%
少儿类	200	151	49	24.5%
生活类	200	197	3	1.5%
总计	2200	2098	102	4.6%

通过汇总以上数据发现，在新书排行榜的 2200 种图书中，B 书店未动销图书达到 2098 种，占 95.4%，充分说明 B 书店在新书营销领域绩效较差，处于随遇而安、自然而然的营销状态，缺少促销的措施，整体营销还处于低水平的层次。以反向思维来分析，在全国新书排行榜中，B 书店动销图书 102 种，占总排行榜 2200 种图书的 4.6%，各类别新书在 B 书店动销占比从高到低

依次为：以前 200 名排行榜核算的类别中，少儿类 49 个、占 24.5%，社科类 19 个、占 9.5%，文艺类 8 个、占 4%，英语类 4 个、占 2%，科技类 3 个、占 1.5%，生活类 3 个、占 1.5%。以前 100 名排行榜核算的类别中，文学类 6 个、占 6%，学术文化类 4 个、占 4%，医学类 2 个、占 2%，工程技术类 1 个、占 1%，计算机 1 个、占 1%，艺术类 1 个、占 1%，法律类 1 个、占 1%，大农业类、经济管理、心理自助三个类别为 0。从数据的对比过程中可以看出，少儿类图书的销售，由于教辅、课外读物的要求，达到 49 种，占 200 种排行榜的 24.5%，成为书店新书经营的重头。社科类新书经营 19 种，占比达到 9.5%，通过考察 B 书店所处位置，发现与周边高校、科研单位较多有关。其他新书的经营，还缺少折扣让利、推介宣传、签售活动等较为多元的营销措施。

2. 全国畅销书排行榜中各类别在 B 书店未动销情况

表 9-11：全国畅销书排行榜中各类别在 B 书店未动销情况表

分类	全国畅销书排行榜总数	B 书店未动销品种数	动销品种数	动销率
社科类	200	47	153	76.5%
学术文化类	100	30	70	70%
心理自助类	100	39	61	61%
法律类	100	24	76	76%
经济管理类	100	37	63	63%
文艺类	200	29	171	85.5%
文学类	100	10	90	90%
艺术类	100	10	90	90%
科技类	200	49	151	75.5%
计算机类	100	68	32	32%
医学类	100	17	83	83%
大农业类	100	88	12	12%
工程技术类	100	31	69	69%
英语类	200	75	125	62.5%

续表

分类	全国畅销书排行榜总数	B书店未动销品种数	动销品种数	动销率
少儿类	200	21	179	89.5%
生活类	200	94	106	53%
总计	2200	449	1751	79.6%

通过汇总数据发现，在全国畅销书排行榜中，B书店未动销图书相比新书而言，未动销图书较少，占到总排行榜图书种数的20.4%。以动销率作为重点来分析，B书店的畅销书动销率较高，动销图书种数为1751种，动销率达到79.6%，各类别畅销书在B书店动销种数从高到低依次为：以前200名排行榜核算的类别中，少儿类179个、占89.5%，文艺类171个、占85.5%，社科类153个、占76.5%，科技类151个、占75.5%，英语类125个、占62.5%，生活类106个、占53%。以前100名排行榜核算的类别中，文学类90个、占90%，艺术类90个、占90%，医学类83个、占83%，法律类76个、占76%，学术文化类70个、占70%，工程技术类69个、占69%，经济管理类63个、占63%，心理自助类61个、占61%，计算机类32个、占32%，大农业类12个、占12%。

3. 全国畅销书连续两月在B书店未动销情况

通过B书店两期动销品种数的对比分析，按照重点类别，归纳统计出全国畅销书连续两个月在B书店没有发生动销的品种数（表9-12）。

表9-12：全国畅销书排行榜中各类别在B书店连续两个月未动销情况表

分类	全国畅销书排行榜总数	B书店连续两月未动销品种数	未动销图书占比	动销品种数	动销率
社科类	200	16	8%	184	92%
学术文化类	100	10	10%	90	90%
心理自助类	100	27	27%	73	73%
法律类	100	11	11%	89	89%
经济管理类	100	13	13%	87	87%

续表

分类	全国畅销书排行榜总数	B书店连续两月未动销品种数	未动销图书占比	动销品种数	动销率
文艺类	200	22	11%	178	89%
文学类	100	7	7%	93	93%
艺术类	100	7	7%	93	93%
科技类	200	21	10.5%	179	89.5%
计算机类	100	34	34%	66	66%
医学类	100	9	9%	91	91%
大农业类	100	50	50%	50	50%
工程技术类	100	15	15%	85	85%
英语类	200	34	17%	166	83%
少儿类	200	9	4.5%	191	95.5%
生活类	200	55	27.5%	145	72.5%
总计	2200	340	15.45%	1860	84.55%

通过汇总以上数据，以动销数据来分析，在全国畅销书排行榜中，各类别畅销书在B书店动销种数从高到低依次如下。

以前200名排行榜核算的类别中，少儿类191个、占95.5%，社科类184个、占92%，科技类179个、占89.5%，英语类166个、占83%，生活类145个、占72.5%，文艺类178个、占89%。

以前100名排行榜核算的类别中，艺术类93个、占93%，文学类93个、占93%，医学类91个、占91%，学术文化类90个、占90%，法律类89个、占89%，经济管理类87个、占87%，工程技术类85个、占85%，心理自助类73个、占73%，计算机类66个、占66%，大农业类50个、占50%。

由此可以看出，B书店的销售依然处于平稳运行的空间，但与全国市场、西部地区市场相比，B书店的图书销量仍然存在结构不合理、销量低迷的问题，应当在继续保持未成年人读物销售数量的基础上，注重各专业类别新书的营销。

第十章　西部地区新华书店转型升级的思路

新华书店处在互联网高速发展、出版业利润降低、经营成本升高的形势下，与众多实体书店一样面临着每况愈下的境遇。正因为如此，中宣部等11个部门于2016年联合印发的《关于支持实体书店发展的指导意见》[①]，围绕规划、土地、财税、金融等关键点，提出了支持实体书店发展的政策措施，从国家发展导向看，西部欠发达地区新华书店连锁经营的转型升级，面临着重要的机遇。

一、转型升级的思路展望

笔者认为，西部欠发达地区新华书店的连锁经营，应将社会效益放在首位，以产业转型升级与经营结构调整为主线，秉持多元化、个性化发展，结合地域发展实际，探索一条"破冰—引渠—筑池—建网"的转型升级之路，打造集图书销售、休闲体验、培训服务、个性出版、研学旅游、幼儿教育为一体的图书文化综合体，全面提升社会效益与经济效益。

破冰：树立"新华书店初级阶段经营产品、中级阶段经营环境、高级阶段经营读者"的理念，推崇创业、创新、创意，实现书店创业、全员创新、创意营销，引进人才，争取产品，拓宽市场，促成绩效，提升员工的归属感与获得感。

引渠：关注上下游市场动态，拓展营销渠道，争取出版社代理点，发展个性出版、广告业务；增设乡村服务点，自建物流体系，开拓农村图书配送业务；寻求与各领域的广泛合作，发展"图书+"系列业务。

筑池：实施门店卖场再造工程，设置艺术体验馆、文学会客厅、生活美

[①] 王谦. 书，是实体书店菜单的主菜——论数字出版成熟时期实体书店之发展 [J]. 出版广角，2016，(17)：3-3.

学空间、儿童游乐馆、俱乐部等区块，提供餐饮、文化创意、艺术品等高收益产品，建构新华书店图书经营文化综合体。

建网：融合其他业态多元化发展，开展"读者选书、第三方买单"新业务，形成"小连锁"形态多元经营模式，建设网上书店，构建O2O运营模式。

二、转型升级的路径探析

开辟"破冰—引渠—筑池—建网"的转型升级之路，离不开责任、经营、商品、宣传、品牌、管理六个方面的举措落实。

（一）坚持社会效益第一，履行文化企业的责任

西部地区新华书店实施转型升级计划，加强阅读推广阵地建设，对于引领公众精神生活，满足人民群众对美好文化生活的期待，建设书香社会，都具有重要的意义。

1. 把握社会效益第一位的准则

新华书店作为国有企业，必须坚持为人民服务、为社会主义服务，必须坚持社会效益第一位的准则，持之以恒地推进全民阅读，久久为功地建设书香社会，把公益性体现在方方面面，形成新华书店品牌效应，实现社会效益、经济效益"双效统一"。西部各地的新华书店，应当发挥好意识形态主阵地作用，开展党和政府重要读物发行业务，为政治经济、宣传思想和文化工作作出应有的贡献。

2. 发挥阅读推广平台的应有作用

新华书店是传播主流文化的阵地，是不可或缺的文化基础设施，其经营具有文化性、公益性，有市场的需求，更有自身的阅读推广价值。作为一个阅读推广平台，新华书店提供的经典、主流阅读资源，对公众文化自觉度的培育、文化生活方式的塑造、生活压力的疏解、公平理念的宣扬、文化产业的发展都有着重要的促进作用。从这个意义上看，西部地区新华书店连锁经营的转型升级，在有效拓展阵地、深挖文化内涵、探索新发展模式的同时，需要更加重视读者的精神需求，强化服务功能，增强服务意识，提供独特而贴心的文化服务和最优的消费体验，通过推荐好书、倡导阅读，开展阅读推广活动，打造课后阅读服务平台，为推动书香社会建设作出应有的贡献。

3. 引导公众形成正确的价值观

新华书店根据自身的定位对图书进行甄别和挑选，其本质是一种文化选择。新华书店作为国有企业，可以提供更为良好的阅读环境，建构一个个令受众放心、舒心的文化场所，利用独具特色的文化空间为公众提供公益性服务，自觉地开展文化传播、文明传承活动，点燃文化热情，点亮文化灯塔，能有效助力公共文化服务体系建设。因此，西部地区新华书店连锁经营的转型升级，可以建构更广阔的平台，开展全民阅读活动，将其打造成为优秀传统文化传承、主流价值观念弘扬的"第三空间"，开展服务三农、书香助力乡村振兴等系列活动，解决弱势群体买书难、看书难问题，惠及文化民生，引导公众形成正确的价值观。

4. 助推地域文化交流与发展

图书关联着一系列文化艺术形式，以书为媒，可以开展形式多样的文化艺术活动，对地方社会文化和审美文化的培育可起到示范作用。基于这一理念，西部各新华书店应当始终以服务读者为己任，着眼打造服务品牌，通过举办学术讲座、文化沙龙、读者俱乐部等活动，提升读者的参与感与文化自觉度。在市场经济的大潮中，新华书店践行文化使命、体现责任担当的同时，还需要发展业务、促进文化交流，可以与文化界有关专家、作家合作，举办作家签售会，销售专业书籍，建构"室内文化广场"，为作者、学者与读者营造一个良好的文化交流环境，促进文化的碰撞、交流与积累，将公众带入一种全新的文化氛围，建构一个文化符号、文化新地标意义上的实体书店，成为其他文化场所无法替代的特定阅读场所。

（二）建构不同经营模式，打造独特卖场空间

进入新时代，新华书店应当经营图书概念，把相关的文化产品纳入书店的经营范围，以一系列相关文化产品的经营作为主要利润点。譬如，电影、音乐、戏剧、艺术品、定制书、书籍租赁、创意杂货、服务配件、主题活动、读者交流、艺术展览、小众艺术、培训游学、配套咖啡、茶饮简餐，这些多元的业态都可以作为新华书店的经营对象，通过增加经营种类，提升利润率。

1. 推行连锁经营可利用的条件

从连锁经营的供应链来看，推行连锁经营可以通过采购、物流、销售的专业分工和标准化作业，促进体系内的业务整合。经过总体策划和定量考核，

各环节只要各司其职，随市场而动，就能够推动业务顺畅运行，取得良性发展。具体地说，西部欠发达地区新华书店连锁经营，应以省店作为连锁总部，以图书批销中心为依托，增强其采购、配送业务能力，大力丰富品种，提高退货处理和调剂能力，建立计算机信息反馈系统，完成从基层店自主提货到为连锁门店主动配货的角色转换，从而实现业务整合的目标。目前，新华书店在开展连锁经营方面主要有以下八个有利条件：

①新华书店共有的金字招牌与良好的商业信誉；

②全国统一企业识别系统（CIS）；

③各门店占据的最佳卖场位置；

④自成体系的发行网络；

⑤严密的业务运行系统；

⑥畅通的结算渠道；

⑦较强的物流力量；

⑧经验丰富的发行专业队伍。

新华书店虽然目前还缺乏雄厚的资金积累和先进的计算机联网基础，但有上述几点条件可以利用，基本上具备了连锁经营的转型升级条件。

2. 创意而又多元的经营范围

西部欠发达地区新华书店连锁经营的转型升级可以分为两个大类来探讨，一类是中心城区或人口众多的城市，一类是人口较少的偏远小县城。

对于中心城区或人口众多的城市而言，新华书店转型升级应在多元的理念下，用丰富的业态使经营内容多元化，打造城市文化综合体，也就是一种大型文化商城。转型升级后的新华书店在经营图书概念时，图书只占经营收入的极小比例，收入板块主要构成为商场租金、文化创意产业，这样就会实现收入来源的多元化。

对于人口较少的偏远小县城，则应在尝试连锁经营、抢占细分市场的过程中，注重做实做细，避免盲目进行多元扩张，忽视主业发展，本末倒置。西部欠发达地区人口基数少、读者群较小的县级店，在短期无法形成有效产业模式的情况下，可通过空间置换和场地外租来获取更大的利润。新华书店具有深厚的历史积累，建国初期在各地的黄金地段获得了一定面积的门店，产权自有，获取租金报酬高，有着天然的商业优势。出租一部分自有场地、店面或库房，获得良好的收益，作为偏远小县城新华书店的利润点之一。偏远小县城的新华书店出租店面，不代表丢失阵地，也并不意味着就此放弃产业化的尝试，这与社会效益、经济效益"双效统一"的要求相悖。如第一部分所述的城市书房建设，是小县城新华书店的有效模式，选择人流集中的区域，建设新华书店城市书房、新华书店读者自助书屋、读者小屋，推动新华书店城市书房、读者小屋进入主题酒店、奶茶店，建设新型的、小连锁式的图书及饮品经营门店。设置休闲体验、图书采购和阅览座席区域，提供知名品牌咖啡、奶茶等饮品、糕点、小吃，即使不买书、不需饮品的读者，也可以无限制地在书房阅读。但这种情况可以设定推广新华书店宣传项目的附加规定，这种全方位、零门槛的开放模式，可以使城市有更多免费的休闲阅读阵地，公众有机会在休憩的同时自然而然地感受书香。城市书房、读者小屋在总体理念与基本配置上没有明显不同，只是外在建设形式略有不同，如果服务人口多，可以选择城市书房；服务人口相对较少的情况下，可以选择读者小屋。在建设模式上，可以与城市街道、社区的公共阅读阵地建设相结合，寻求街道、社区在基础设施方面的支持，也可将经营业务承包给第三方，以节省人力成本。

3. 连锁而不复制的经营与备货理念

传统书店行业是微利行业，连锁书店的经营管理不同于单一零售店，需要更充沛的资金支持，更充足的人员储备，更强劲的适应能力。由于每个城市的消费形态不同，特别是西部欠发达地区多数是民族地区或少数民族人口较多的县域，地区间的文化差异比较明显，新华书店的连锁门店在店面设计、图书品种调配、活动组织上都需要做出相应调整，尽可能满足各地区、各民族的不同文化需求，使公众感受到不同店面设计背后独特的文化理念、文化价值，使其成为休闲场所、文化地标。

虽然网上书店、民营书店相对灵活的运营方式，对新华书店造成了一定的冲击，一般图书的零售业务持续走低，即使在这种情况下，新华书店仍然有自身的优势。新华书店是国有企业，经营理念中带有强烈的社会责任感，从承担的阅读推广职责来看，具有相当深厚的公益属性。在一般图书的营销上，即使面对前文提到的翻看图书版权页信息后网上购书的读者群，新华书店仍然以引导全民阅读、共建书香社会的责任和使命为出发点，在实际运行中接纳并允许这类读者行为的发生,甚至从全民阅读的角度支持这种阅读方式,这是一般的民营书店和网上书店做不到的。在阅读推广的过程中,新华书店为读者提供了免费阅读场地,营造了宽松的、良好的阅读氛围,即使公众不购买图书,也可以全天候免费阅读,这使读者获得了阅读体验的满足感,仍然有一部分读者愿意在新华书店阅读,购买正版、经典的书籍,这使新华书店保持了一定的收益。另一方面,独特的地理位置使得新华书店拥有众多的学生读者与社会读者群体,成为一个传播多元地方文化的开放场所和阅读平台。因此,在图书配货、采购方面,西部欠发达地区各新华书店可以针对读者群体的喜好,结合全国图书零售排行、十大网上书店图书营销排行等数据,采购适宜的书籍,减少库存压力。

4. 复合经营的多种模式

西部地区新华书店经营模式的转型升级,需要以创新、创意的理念来审视,一方面应当体现在经营结构的创新上,另一方面需要关注服务模式的创新。经营结构创新方面,西部新华书店可以打破图书、音像、文具三类产品的固定格局,引进与阅读、文化有关的热门消费行业,实现优势资源的汇聚、整合,与这些行业的合作与融合,可以培育出更多适宜新华书店经营的产品,建构一个以图书为主,又汇聚多元文化产品的阅读平台。服务模式创新方面,迎合消费者注重体验的特点,增加体验式服务项目,打造有文化的消费项目,培养培训一支有文化的"店小二"队伍,为读者、消费者提供更多优质、贴心地服务。这种复合经营的模式,可以实现图书零售与相关行业的有机结合,使新华书店获得更多的经营品种,开拓更宽广的市场,有助于提升竞争力;可以吸纳不同领域的消费群体,实现对新华书店读者群流失状况的有益补充,有助于提升新华书店品牌影响力。在复合经营的模式之中,新华书店原有的读者人群,可以在阅读、购书的过程中,品茶、喝咖啡,以书会友、以文会友,使书香、茶香相得益彰,也可以鉴赏、选购其他文创产品,使文具、咖啡的长尾效应得到充分体现。其他类别的消费人群,也可在选购相关文化商品的同时,体验阅读、品味书香、感悟文化,提升新华书店人气,创造经济效益,有助于连锁经营转型升级的实现。

在复合经营模式中,图书、音像、文具在表面上仍然是新华书店的主营商品,但实质上并不是盈利的主要来源,利润增长点在于咖啡、奶茶、文创产品和文化百货，这种营销形同电影院常态化推送的平价或优惠门票，看似无利可图，实质上爆米花、可乐等不起眼的小商品，正是其盈利的主体。也和房地产开发商用高品位的小区环境和周到的物业服务，来吸引业主购房，又通过卖房的利润，来弥补环境营造的投入和物业的亏损，有着相同的效应。这样的复合式经营，才是新华书店有前景的转型升级发展模式。不难看出，经营的原理是发挥新华书店所处核心地段、黄金卖场的优势，以书为媒，以构建开放式、高品位阅读与社交平台为基础，吸引消费者，增加人流，通过出租一部分卖场，引进多元经营主体，以保障基本的运营费用，通过自营高附加的相关产品，并通过多元的文化百货利润，来弥补一般图书经营的不利局面。也就是说，要打破传统的、单一的图书零售业，构建多元、动态的产业，打造立体文化商业模式，开展独具特色的营销活动，推出不同的商业组合。在实际运作中，可以选择建构以下四种模式的一种，或者组合几种模式，形成一种新的经营模式。

模式一：文化卖场式大书城，构建以音像、画廊、培训、电影、购物、休闲、餐饮、娱乐等为一体的复合型商业业态。

模式二：精品书城，走精品、时尚、专业路线，打造以图书经营为主业，以功夫茶、奶茶、咖啡、冰激凌、乐高、合作培训、机器人俱乐部、漫书咖、简餐等高回报项目为盈利点，建构高品位的阅读、社交、就餐、游乐空间，形成复合经营的书城模式。

模式三：熬吧，即书吧的典型代表，集茶道、美食、饮品、读书、棋道、论坛于一体，融合阅读平台、交流平台、活动平台，不定期举办读书会和讲座，形成书与非书式书吧的模式。

模式四：城市文化综合体，"集出版物销售、文化休闲体验、教育培训、影视娱乐、社会服务为一体的文化消费和服务集成平台"[①]，打造文化地标性的新华书店示范品牌。

西部欠发达地区新华书店的转型升级，应该在模式选择和搭配上，注重体验式消费的优势，着手卖场提升和新型商业布局，启动改造提升工程，打造出适宜现代消费者的阅读、社交及文化约会场地，引进相关品牌企业、产

---

① 张峰. ZJFB 书店商业模式重构研究 [D]. 浙江工业大学硕士学位论文，2014，（8）.

品入驻经营，拓展经营内容，真正形成复合经营的模式。

5. 打造一个个"和而不同"的多功能卖场

西部欠发达地区新华书店连锁经营的转型升级，在卖场设置上，应秉持"实、美、新"三字理念，推行"书店+差异化服务+业态融合+互联网+心灵栖居"门店转型升级项目，加强软硬件设施建设，完善配套功能，优化读书环境，增加存书品种，提升试读后购买的可能性，使图书品种和存量翻番，打造出让读者"愿意来、留得住、有消费"的文化消费新空间。构建功能配套齐全的购书中心和文化产品经营平台，将新华书店改造成图书和健康文化产品展示经营中心，为其整体转型升级奠定基础。

西部欠发达地区各新华书店在选择经营模式的基础上，卖场功能可尝试在下列六项中选择，进行再组合、再设置、再完善。必须说明的是，各地一定得根据实际情况，有取舍地增加或删减，形成一个个"和而不同"的多功能卖场，简单复制只能形成实物的拼凑，没有灵魂和市场的模式，注定不会实现连锁经营转型升级的有序有效开展。

①特色美食体验区，在经营厨艺类图书的周围专门开辟出一处公共厨房，以"书店里有厨房"为导向定期邀请各地料理专家，开展现场实景演示教学。也可定期聘请书籍作者和知名厨师前来展示与教授厨艺，并提供烹饪书籍供消费者阅读，如果消费者有需求，可以购买店内的食物以及烹饪书籍。前来买书的读者不仅可以与这些美食家进行交流互动，也可用适当花费来品尝其烹饪的菜品，书店可用甜品糕点、风味小吃、面包、有机食品等关联产品售卖的模式，助力销售额的增长，增加读者在买书过程中的趣味性、体验感。

②风尚生活采集区，也就是将购物商业进驻到新华书店，这是一种引进文化创意百货反哺新华书店经营的营销方式。这种复合经营模式，可吸引顾客在阅读、购书的同时，游逛主题小馆、地下酒廊和礼品特产、创意休闲服饰、饰品、美容保养等精品门店，采购需要的生活物品。

③文创产品区，引进文化品牌，提供艺术产品，打造一座阅读生活的博物馆，充满创意的笔记本、彩色铅笔、陶瓷制品、帆布袋、艺术相框、手工玻璃、木刻版画、瓷艺盆景、T恤衫等文化创意产品销售成为新华书店的重要组成部分。比如，设立彩色胶带等文具售卖柜台，设专门的墙壁和胶带供顾客试用，为读者提供DIY（自助）设计，开创书店与读者对话的可能。新

华书店具有品牌效应，在公众心目中代表着正版、规范，可信赖度高，书店附带销售相应的文化及文具产品，具有一定的市场空间，可获得一定的收入。

④视觉实验区，消费者通过视觉实验室、展演厅、视听室，观看电影，观赏绘画、书法等艺术品，遇到大型展览，视觉演示可与展览结合；在美术、音乐、舞蹈领域，邀请名家、名人与读者共同开展体验式活动。也就是说，在这里读的不仅是书，也可以是生活、民俗与文化艺术。

⑤文学茶会咖啡休闲区，新华书店一般地处政治、文化中心，白领阶层较多，装修一个风格雅致的咖啡厅，开辟创意花卉及艺术品展示区域，兼售书房用品、创意花卉，不仅可以为读者提供优雅、放松的读书环境，通过经营咖啡等"长尾商品"，也可以反哺新华书店。格调设置上，应秉持空间认知、场景精神、体验为王的理念，致力于打造"城市文化会客厅"的格调书店，引进咖啡馆、茶馆、花店混搭式营销，走"书店+咖啡+茶艺"复合式经营之路。譬如，引进莫测或星巴克咖啡、功夫茶艺、创意花店等项目，设定公益活动日，以书为媒，定期不定期举办文学交流会、名人讲座、文化沙龙和读者俱乐部等活动，将新华书店打造成为城市的重要文化窗口之一。

⑥亲子互动区，吸纳契合幼儿兴趣的童话、漫画、饮品、文具、玩具、小型游乐园等进入书店经营范围，设置礼品包装中心、精品文具馆、零基础休闲油画空间、手工制作课堂，体现对儿童的人文与艺术关怀。可以设置绘本区，以绘本为切入点，配合在店阅读、绘本图书销售及租赁服务等，打造全新的亲子活动基地。可以设置儿童探索博物馆、模拟牙医诊所、琉璃工坊、蜡烛馆、简体字馆、童装店等，突出体验性、互动性、启发性，无论是驾驶模拟挖掘机，还是扮演牙医，孩子们可以在这里增强动手能力，收获美妙的体验。

（三）形成多元的商品业态，拓宽市场发展空间

西部欠发达地区新华书店连锁经营的转型升级，应改变现有单一经营的商业模式，在坚守主业的同时，积极探索多元发展模式，建构复合式、体验式、多元化经营的新华书店，实现传统图书卖场的转型升级。

1. 纵向上发展上下游代理业务

面对激烈的市场竞争，西部欠发达地区新华书店应在多元化经营、异业经营上探索新的发展道路。譬如，与出版社合作，联系发展图书出版、数字

出版和相关书刊广告代理等业务，配合出版社的营销活动，开展主题荐书、作家签名售书等主题活动，邀请新媒体开展主题宣传，形成良性合作机制，实现互惠共赢。

2. 横向上融合其他业态

西部欠发达地区新华书店适应社会变化，培育新的转型业态，转型升级后应以图书发行为主，经营图书概念，又多元经营，以文化为依托，拓展开发新的文化产业项目，探索推广"图书+"副业发展新模式。譬如，图书+培训、图书+幼儿园、图书+广告、图书+研学游、图书+个性化出版印刷、图书+少儿体验、图书+休闲体验、图书+百货、图书+网络、图书+共享等业态。以图书+研学游为例，新华书店可与教育部门融合发展，成立专业公司，建设研学游项目基地，申报教育部门专项资金，开展研学游服务。以图书+培训为例，可以打造课后服务平台，在教育"双减"政策下，引入书法等非课程类培训课、组织开展公益讲座，与阅读推广机构与专业人士合作，培育阅读习惯，使课后阅读成为一种乐趣。

3. 与城乡图书馆合作开展读者选借新书业务

突出按需供给理念，建立合作机制，形成城市公共图书馆、乡镇分馆、村级服务点的持证读者，在新华书店选借经典图书、公共财政买单的服务模式，这种模式有三种实现途径。一种是联合公共图书馆开发云平台，通过现代信息技术支撑，持证读者参与公共图书馆新书采购，在新华书店选借图书，归还至公共图书馆。第二种是通过把新华书店服务点开在公共图书馆，形成公共图书馆与新华书店结合体的模式，为读者提供选借新书的便利条件。第三种是与公共图书馆形成密切合作机制，新华书店选派代表成为公共图书馆理事会成员，通过共商、共享、共建的模式开展选借业务。持证读者参与公共图书馆新书采购，可以使公共图书馆采购到读者愿意阅读的书籍，真正发挥公共图书资源的效益，全面提升图书购置经费的绩效。新华书店与公共图书馆合作，成为公共图书馆的图书供货主体，可以提升新华书店的销售绩效，可以破解新书销售难题，而且可以有效带动新华书店、图书馆共同目标人群覆盖率的提升。

在具体业务流程上，以按需供给为原则，可以大胆尝试在公共图书馆内开办新华书店服务点，以共同体的方式开展合作。新华书店可以与公共图书馆达成协议，在图书馆开设用于读者选借图书的新书区，或者与公共图书馆共同选择图书目录，在新华书店设立新书选借专区，图书馆的持卡读者可以借走书店的新书，新华书店与公共图书馆通过云平台、大数据技术进行控制、核算。参照发达地区和西部地区已经开展的选借新书业务，有三种模式可以借鉴，当然各新华书店争取这些业务的过程中，可以与当地图书馆进行洽谈，实行差异化的方案，形成符合各自实际的发展模式。三种模式如下。

模式一：紧密合作型。这种模式已经在西部地区有较为成功的尝试。譬如，内蒙古图书馆安排购书经费的 60%，用于持证读者在新华书店选借新书的彩云服务项目。宝鸡市图书馆规定，每名读者可以在新华书店选借两本指定的新书，图书馆每年列支 5 万元用于该项服务。

模式二：共生共存型模式。譬如，铜陵市新华书店与学院图书馆共生共存，共同为读者服务，读者可以从新华书店借走图书馆没有的书籍。新华书店供货、公共图书馆买单的方式，可以有效增加新华书店的利润。

模式三：深入介入型。譬如，宁波新华作为图书馆的理事会成员，参与图书馆规程制定，反馈新华书店的意向，形成了深度合作的有效模式。

4. 承接乡村图书馆建设业务

关于"你选书、我买单"合作项目，笔者在前两部分均有提及。新华书店不仅可以与公共图书馆合作，也应抓住网上书店目前未向西部欠发达地区广大农村配送图书的境况，配建农村图书销售站点，尝试与当地合作开展"农民选借新书、公共财政买单"业务。这项业务的市场面宽，随着农家书屋升级版——乡村图书馆的建设，一定有着相当大的市场空间，能产生良好的社会效益和可观的经济效益。

随着国家对农村文化建设工作的重视，未来乡村图书馆的建设工作势在必行。西部欠发达地区的新华书店应当站在助力乡村振兴战略实施、新时代文明实践中心建设的高度来认识开展这项业务的意义，而且也应该为长远发展创造新的盈利空间。乡村图书馆建设中，新华书店可以与各级图书馆合作，也可以争取政策由新华书店来承担。可以有两种模式。模式一，新华书店在农村建立门店，与设在乡村的图书馆分馆合作，推行"你选书、我买单"服务，由新华书店自建物流配送公司负责图书流转，不具备自建物流公司的地区，可以委托邮政公司负责图书流转。模式二，由国家财政拨款，市级新华书店分公司统筹，县级新华书店网点配送，落实图书馆分馆的图书配送业务。就模式一而言，保障农村地区阅读推广阵地建设，使广大农民群众特别是未成年人有购买图书的去处，这是国有文化企业可以承担的使命和责任。可以选取乡镇和有条件的行政村开展试点，在基层新华书店人力保障达不到全覆盖的情况下，可以通过承包的方式，让民营力量来经营，但必须保证阅读推广的公益属性和社会效益。在试点成功的基础上，逐步拓展经营和服务范围。当然，作为国有企业，新华书店在财政支持的大前提下，也应该承担相应社会责任，用中心服务点的盈利弥补偏远村社的亏损，从而解决"最后一公里"的服务保障难题，促进公共文化服务和惠民政策的普及、共享、公平。

5. 与教育部门合作巩固教材教辅发行业务

长期以来，西部地区基层新华书店都承担着当地所有义务教育阶段学校教材和部分教辅发行的业务，这是政策给予的红利，也是西部各基层新华书店维系生存的重要财源保障。新华书店作为国有品牌文化企业，书籍质量和发行流程能得到保证，经过多年的发行，有着丰富的经验，在竞标时具有较大优势。新华书店在巩固义务教育阶段教材发行业务的基础上，应继续与教育部门合作，开展作业本的代理业务，并开发地域特色的校本课程教材和相应的教辅读物，持续做大做强教材、教辅发行工作。

6. 形成连锁经营纵深服务布局

西部欠发达地区新华书店连锁经营，需要创新卖场运营方式，做好网点建设。在乡村的网点建设上，以一定规模的人口，作为一个服务区域，建设一个服务点，将来的发展方向为，"按照9万~10万人一个网点进行布局"[1]，把服务范围延伸至乡村，真正实现图书下乡的目标。中宣部等11部门联合印发的《关于支持实体书店发展的指导意见》指出，实体书店可以与大学图书馆合作共建校园书店，鼓励高校在校园书店的租金方面给予优惠，租金可以约定在市场价的一半以下。在这一政策机遇下，新华书店可与当地各高校洽谈，开办校园新华书屋、校园新华书店。在高校开办新华书店，推送适宜不同群体学生阅读的书籍和文创产品是成功的关键。譬如，在医学院开办的新华书店，采购护士资格、医师资格、药师资格的相关图书，做到品种齐全，

---

[1] 李远全. 新形势下新华书店的角色定位和应对策略 [J]. 南方论刊, 2015, (6): 105-106.

以满足不同层次学生的需求。也可建设精致的便民式社区书店或读者小屋，强化服务功能，让公众提着菜篮子也能逛书店、读书、购书，逐步形成以文化综合体、县乡连锁门店为基础，以校园、社区网点等多种形式为补充的良好布局，打通全民阅读"最后一公里"。

7. 重视被忽略的细分市场

在市场细分越来越明确的情况下，专业书店的发展前景是广阔的，各专业领域都是大有可为的，因此新华书店可以借连锁经营的形式，大力发展专业书店，尽快抢占市场。当前，西部欠发达地区新华书店的市场整合刻不容缓，唯有适应出版物分销市场发展变化的规律，以连锁促整合，方能使定位准确，赢得主动，从而跟上现代市场经济的发展步伐。但是也不能盲目地去发展，应结合实际情况因地制宜，细分市场的开拓，必须通过图书与相关时尚业态的整合、包装，实现卖场的增长点。

（四）做强网上书店无法实现的独特功能，重塑新华书店品牌

新华书店作为品牌文化企业，早就在读者心目当中有认同感，但这种认同感是在没有对比的垄断情况下形成的，原有的品牌认知度，带有一定的强迫性和被动性。随着民营书业的发展壮大，读者选择余地变大，因此，读者对新华书店品牌的认同感会逐渐下降，这就要求新华书店重塑品牌。从这个角度来说，西部欠发达地区新华书店重塑品牌的立足点，应该是最大限度满足读者的需求。

1. 凸显新华书店的历史品牌价值

历史不会随着时间消逝，曾经的"背篓精神""扁担精神"，彰显着新华书店的红色文化基因和独特魅力价值。不仅有着这一经历的老年读者对新华书店饱含感情，年轻一代也在印象中认为新华书店代表着正版、经典与某种意义上的权威，值得信赖。因此新华书店的品牌价值，值得进一步去挖掘、传承、弘扬，重新塑造起新时代阅读推广的品牌形象。从当前所处的环境来看，西部欠发达地区新华书店面对的外部市场环境，是一个复杂的市场竞争环境，应当提高市场规范化运作意识，加强企业形象宣传，有意识地将新华书店服务理念和企业文化品牌内涵传达给读者。同时，也应积极配合政府职能部门，加强行业监管和行业自律，打击盗版、净化图书市场，营造有序的市场竞争环境。

2. 树立"人文、创意、审美"的品牌理念

作为城市的文化空间，新华书店连锁经营的转型升级，不仅仅是对环境的设计、装修与改造，也不能仅限于咖啡、奶茶、文创产品的销售，更需要对人文氛围、文化品位的提升，这是转型升级的定位，也是成功与否的基础之一。西部欠发达地区新华书店应当树立"人文、创意、审美"的理念，把书店精准定位为心灵栖息的空间，通过提升核心人文价值，使新华书店增强空间与厚度、理想与高度，使书店本身成为一种生活态度与生活美学，以此为基础，形成新华书店的品牌文化。

3. 培树多元的新华产品品牌

西部欠发达地区各新华书店在品牌重塑成功的基础上，应当培育、树立多元化的产品品牌，譬如，新华知味、新华文具、新华讲堂等品牌。有了品牌更需要学会营销，品牌营销基于提供怎样的服务和产品，承担怎样的社会责任，在品牌营销上应该抓住产品服务、读者服务，在空间视觉设计、商品选择和读者的多维互动方面，体现出人文价值、核心价值观念的渗透。

4. 提升文化卖场空间服务功能

新华书店在卖场空间、店堂氛围的营造上，应该有效利用有限的物理空间，设置多样化的空间布局与功能分区，为读者构建便捷的检索渠道、舒适人性的购书环境，打造出人性化、时尚化、特色化的个性书店，使书店空间"诗意化"，重构读者对新华书店的认同，最大限度地发挥实体书店的空间价值，全方位为公众提供优质文化服务。西部欠发达地区新华书店应当做好一体化的品牌形象与氛围营造，将功能分区融入书店的装潢设计，设置咖啡区、文化创意商品展示区、亲子活动区，构建开放式的体验空间。应当设置专门的图书推荐区，榜单旁边放置图书，定期挑选出冷门而经典的优秀书籍推荐给读者。不能认为畅销书就是好书，好书需要有内涵价值，需要经过时间的检验。在文学区、艺术区、人文社科区、生活风格区，通过镜面设计、台灯长廊等，营造独特的经营风格，建立文化创意品牌，塑造书店文化气质，做亲情文化、做品牌体验、做文化符号，把书店建设成经营推介健康文化产品的重要平台，为读者提供一个温馨、舒适的试读空间。开展体验营销、服务营销、品牌营销，通过定期举办阅读生活会、读书会等形式多样的读者交流活动，打造城市阅读文化体验空间、生产美学空间、午夜书房，以文会友建

设"新华文化约会圣地"。

5. 为读者提供多元化的文化体验

西部欠发达地区新华书店应当在人性化的空间布局基础上，以开展读者体验式服务为导向，在原有购书体验基础上增加新体验，使新华书店的阅读成为读者一种深刻而值得回忆的体验和经历，实现品牌效应的增值。这就需要西部欠发达地区各新华书店加强门店建设，开展新华书店优质服务竞赛，培育出更多有文化的新华书店"店小二"，为读者提供更多的、优质的体验服务。同时，开展互动性营销也很重要，也就是说西部欠发达地区各新华书店应该进行体验营销，让消费者参与图书进货进程。即定期（每季度或每半年）向消费者征求进货图书书目，具体做法可以是在各类目的书架旁设有自制的征订书目本，由前往购书的消费者自行选择，同时利用官方微信公众号、官网进行宣传，前往书店才能为自己心仪的书目投上一票。还应该有价格定制体验，可以在公众号、官网上不定期的征求价格折扣，选中某个价格优惠后，公开设定适当的名额，然后以当天（或规定某天）的实际付款顺序（比如第一位、第十位、第二十位……以此类推）给予特定顺序的消费者特定的折扣。也可以开展回收售书活动，在书店内设立单独柜台，让消费者自己提供二手书、闲置书，书店代为售卖，这一举措可以增加消费者自己的收入，也可以让其体验销售的过程，同时处理了自己多余的、不需要的图书，一举多得。

6. 做强实体书店具有的独特功能

开在网上的书店虽然具有多重优势，但显然在体验式的阅读服务方面不占优势。新华书店具有品牌优势、专业优势、现场体验优势，可以通过空间环境的建构，使阅读空间向社交空间、文化约会空间进一步延展。因此，西部欠发达地区新华书店可以按照体验型书店的核心消费人群定位，从销售到体验、服务、社交，使新华书店真正成为公众的一个精神乐园、一种生活方式、一个文化窗口。在打造网络书店无法实现的独特功能方面，有众多的范式，除了体验、社交之外，需要打破原有的服务模式，为读者提供更贴心的个性化服务。譬如，可以备足纸质图书文献资源的同时，购进相对应的电子图书，允许读者在书店打开图书包装，开展深度阅读，对于读者选中的一本书或者几本书中需用的单页，书店工作人员在系统中搜索电子图书，打开电子图书后直接打印，版本较为久远的提供低收费复印业务。同时对于读者需要的印制材料，提供邮寄业务，这样读者无须购买众多的图书，无须承受沉重的物品负荷，只需以较少的花费，便可获取海量的、用得上的文献信息资源，这些精准的、实用的服务都是网上书店无法实现的。

7. 注重细节的新华书店个性化主题风格

随着生活水平的提高，读者对购书环境和服务水平要求也越来越高，不再限于传统的、统一规范的门店标准和服务质量标准，日新月异的市场要求新华书店必须迎合读者品味，改善以往陈旧的硬件设施，逐步形成图书卖场新型布局、新型书架、新型风格，在视觉和风格上吸引读者，扩大自己的读者群。西部欠发达地区新华书店转型升级，需要对门厅进行提升、对内部进行装修。笔者认为细节特别重要，应特别在陈设、装饰、色调等方面考虑读者的感受，将人体学纳入考虑范畴，体现出人性化的图书展陈、贴心的陈列布置、个性化的主题风格与符号化的地域特征。譬如，书架可以考虑用平台式书架提供更好的展现空间，书架的侧立面采用倾斜15°或30°角的设计，书架中间安置玻璃窗，供读者远眺，缓解眼部疲劳。书架的材质选择上一般来说，原木给人以自然感，铁艺给人以复古感，硬质塑料给人以现代感，应根据整体风格来选取。儿童专区的书架应考虑模拟卡通、动物、植物、房子的异型书架设计，针对身高及安全因素，安装弧度无尖角、软装饰的书架，色彩和材质也应考虑到儿童和家长的视觉心理，用透明度低、对比弱的色彩淡化书架自身的存在。装饰上，应该考虑实木地板与绿色阔叶植物的结合，营造赏心悦目的阅读环境。灯光布设上，阅读区应该设置不伤眼的台灯供读者使用，灯光经过严密测试，用不发热的 LED 射灯，明亮不失温和。色调搭配上，可用黑色、浅黄、白色为主色调，营造安然、静谧的环境，搭配以绿、蓝，则冷静不失活泼，通过和谐的空间、装饰、色彩和书刊的搭配，实现商品定位、文化交流、休闲娱乐与环境审美的和谐统一。

8. 新媒介配以新内容开展宣传

处在眼球经济的时代，西部欠发达地区新华书店改进广告创意、加强宣传推介、及时发布信息势在必行。为了新书发布、图书折扣、文化沙龙等信息能让读者知晓，可以用微信公众号、视频号、微博、抖音、快手、B 站、网站专属 App 等新媒介，向顾客时刻推送名言警句、读者心得、优秀图书推荐等信息。在主题宣传上，可以加强与广播电视台、报纸、网络读书平台、品牌直播企业的合作，开设读书专题节目，开展多角度、立体式的宣传推广。也可以通过建设云平台，实现与当地网信部门主办的云平台、文化教育部门的云平台对接，面向所有公众开展基于云平台的阅读内容推广，在阅读推广的过程中，潜移默化地宣传推介新华书店的相关业务。在店内的宣传推介上，则可以投放一些露天海报，使读者对提倡的创意生活方式充满期待。新华书店本身是文化的代表，顾客也是热爱文化的阅读群体，因此宣传文案应该充满文化韵味，才能有效提升宣传效果，为读者提供新的文化信息，推介健康有益的好书和各类文化产品，引导文化消费健康发展。

（五）搭建网络信息平台系统，推行多种结算方式

在信息技术方面，分散经营首先带来的是网络与资源的分散，连锁经营则可以促进其整合。西部欠发达地区新华书店所经营的都是国有资产，经营范围完全一致，而且目前西部欠发达地区各级新华书店都属国有，资本性质单一，通过组建集团，以省级门店为总部实行连锁改造，市、县级门店以独立法人身份参加连锁，成为自愿连锁店，并创建网络书店，构建 O2O 经营模式。

1. 建设新华网络购书平台

通过网络平台销售图书的模式，已成为图书发行业的一种商业标配，已有众多成功范式，西部欠发达地区新华书店必须主动适应、做精做优。图书网上在线的销售模式，可以同时上架百万种图书，销售成本较低。进军电子商务的门槛并不高，所需成本具有很强的收缩性。西部欠发达地区新华书店可以省集团公司为单位建立网络购书平台，统一营销；也可以由市县门店挂靠京东、淘宝、当当、拍拍等第三方电子商务平台开展网上业务，共享合作平台的海量客户资源。

2. 建设信息化管理与应用系统

西部欠发达地区新华书店应抓紧制定行业业务管理标准，统一信息管理系统标准，加快开发适合本行业的计算机软件系统，不断更新，持续升级，使其具有强大的可复制性、可扩充性和可链接性。通过应用先进的技术平台，改造新华书店传统落后的生产方式，建立先进高效的现代经营运行机制，实现企业管理向精细化过渡，从而推动行业的技术进步和业务创新。开展业务知识和信息化培训，提高职工业务素质，全面推广应用计算机软件系统。

3. 建立高效的信息网络

新华书店的读者群，进入书店的第一需求在于图书本身，不管服务环境再好，服务质量再高，附加的产品再丰富，离开图书本身，一切都失去意义。前文提及在新华书店引入相关产业，也要以经营图书概念为前提，在书香的浸润之下，赋予营销活动文化方面的意义。西部欠发达地区各级新华书店应建立读者会员系统，按照读者的消费习惯进行分类，开展销售的后续回访，提供人性化的、个性化的服务。为读者找书是新华书店长期以来的办店宗旨，但由于西部地区多数新华书店现有的连锁经营模式缺乏自主权，配货速度较慢，往往无法满足读者需求。因此，西部欠发达地区各级新华书店应建立高效的图书信息网络系统，为读者和出版社之间搭建信息沟通平台，最大限度满足读者需求，才能在读者心中建立认同感。在物流配送方面，成立自主的物流配送公司，是西部各地新华书店提升配货速度，开办网上新华书店的基础条件。在无力自建物流公司的情况下，可以与当地邮政部门洽谈合作，开展图书配送业务。在图书的进货、配送上，通过信息平台，将各地新华书店从业务方面连接起来，经过不断升级，与物流公司实现无缝对接，逐步建构设施齐全、管理到位、运转良好的物流配送体系。

4. 推行更优惠便捷的支付方式

西部各地新华书店在信息化时代，可以联合多种新媒体资源，突破新华书店营销渠道局限性，寻求书店盈利蓝海，实现媒体与书店互利共赢的局面。譬如，利用网络和移动技术，开通多种形式的支付方式，尝试与支付宝、微信、话费客户端等App合作，鼓励读者在使用微信或支付宝等付款时，获得购书优惠，达到双方互利共赢的结果。

（六）摈弃传统管理方式，改善内部运营机制

对于一个企业来说，经营风险是随时存在的，这种风险既有外部的原因，也有内部的因素。企业应当根据市场变化，调整经营结构和经营模式，降低经营风险，保证企业的正常运转。西部欠发达地区新华书店由于经营模式简单，经营结构单一，在外部竞争环境发生变化时，抗风险能力较差，因此，应当积极改变这种状况，以应对市场变化的需要。目前，新华书店打破企业经营、行政管理模式，实行真正意义上的现代企业管理制度，应当从以下四个方面进行探索。

1. 建立适应市场的现代企业运行机制

以问题为导向，如何优化组织架构、降低运营成本、做好组织保障，构建符合市场经济需求的管理和运作机制，是西部欠发达地区新华书店转型升级的首位战略。应当树立"管理围绕分配、经营围绕市场"的思路，省集团公司负责宏观管理，推动市县微观搞活，建立法人治理结构，恢复市、县级公司法定代表人资质，赋予分公司自主经营权，调整和改善经营业态，形成现代企业健全的运行机制。

作为一个多年在计划经济体制下运行的国营文化企业，新华书店运行模式与现代企业所需要的灵动敏捷还有一定差距，西部欠发达地区新华书店更是如此。要改变这种状况，就必须敏锐洞察政策变革信号，做体制改革的先行者，通过变革，改变陈旧的管理机制，建立有书业特色的现代企业管理体制，组建新型组织架构，转变现有人员结构，提升经营能力、技术能力，形成多元经营的现代文化企业。

近年来，新华书店的管理制度一直在摸索中改进，笔者认为西部欠发达地区最为关键的改进应该是坚持各领域的创新，形成企业创业、全员创新的氛围。一方面，始终立足于主业创新，整合产品资源和市场资源，再造业务流程，推进业务创新，加快建设全域性出版物中盘。同时，也应实施技术创新，打造企业服务品牌，推动书业从技术保障到技术引领，进而向发展信息经济转型。

西部欠发达地区新华书店的众多员工，经过几十年来市场经济的影响，观念变化很大，初步具备了市场竞争的意识，但这种观念和意识是经验型的，缺乏共同的认知。西部欠发达地区各新华书店转型升级、提升综合实力的重要一环是精细化管理。各级新华书店的负责人，首先需要转变观念，特别是从行政部门派来的负责人，更需要改变思维，学习市场经济运行的诸多管理方法，推行精细化的管理方式，着力调动员工拓展业务的积极性。实行"绩效优先、以业绩定薪酬、同岗不同酬"的薪酬分配改革，进而通过制度、培训、企业文化建设等方法形成共同认知，不断更新员工的经营理念，更好地适应市场竞争。

2. 优化员工配置的激励机制

人才是第一资源，西部欠发达地区新华书店的转型升级，必须依靠知识基础好、熟悉图书发行业规律的一大批人才。在人员配置方面，优化出版发行从业人员的队伍结构，需要培育一批政治素养、专业素质过硬的员工，为图书发行产业的持续发展提供人力资源保障。在人才激励上，管理层人员一般由书店内部员工晋升而来，职位的晋升需要在提出申请、通过考核后才能成功，给责任心强、有能力、有贡献的人才晋升的机会，激发员工的内在动力，提升对新华书店的归属感。

3. 培养高素质职业选书师和专业导购

按照国际经验，随着经济的发展和信息化时代的来临，公众更愿意通过购买的方式获得书籍，而非通过借阅的方式。就我国而言，调查显示，公众能够接受的一般图书的价格是15元至20元，这与国际规律并不一致，可以看出大部分国民经济收入偏低，可接受的纸质图书价格极其有限，与持续提升的图书价格形成一定的反差。因此，新华书店有必要培育专业选书师和导购员，主动为读者提供个性化的咨询服务，为购书的种类、版本提供有价值的参考意见。

进入新时代，西部欠发达地区新华书店应从专业化和人性化角度提供咨询服务，通过成功的图书推荐和细致入微地服务，吸引读者再次回店购书。如第二部分所述，针对未成年人的推荐书目更为家长和社会各界关注，新华书店需要培育这一领域的专业人才，加强与学校、公共图书馆等部门的合作，倡导阅读经典的意识，制定推荐书目，形成简便易操作的图书推荐方式。譬如，制作分级阅读推荐测量墙，通过测量身高对应相应的颜色，对应相应的一批读物，使选书师、销售员熟知推荐未成年人和家长购买经典图书的办法，打造家长放心的中小学生课外阅读示范书店。

4. 实行柔性的图书营销制度

西部欠发达地区新华书店转型升级的落脚点在图书营销绩效上，破除原来图书及相关产品连锁经营中价格固定、"一口价式"的死板营销方案是核心的问题，这个问题如果解决不好，再好的升级方案也会在最终关口卡壳。具体来说，在控制总体效益的基础上，应当控大放小，给予分店自由营销权限。因为没有灵活的营销细则，一线员工就无法很好地适应瞬息万变的市场，创新意识、开拓市场的能力也就无从谈起。在一般图书、文化产品的营销宣传方面，分店有优秀的营销活动方案，可给予在谈折扣、送赠品、约作家等方面的灵活权限。特别是新华网上销售平台，就目前连锁经营的门店固定价格核算机制来看，肯定无法做大做强。应当实行整体的利润考核机制，给予网上销售部门更为灵活机动的折扣和宣传营销政策。比如双十一、双十二，全网低至 5 折的销售，国庆、元旦等节点，不同规则的折扣销售，如果不认同、不融入、不参与网上活动，网上书店运营将会与现有的网点一样陷入僵化局面。

  总之，正视当下，在市场经济的大潮中，新华书店的连锁经营应当因地制宜，运营管理必须符合现代企业管理制度，营销策略需要创意与多元，这些理应是新时代新华书店转型升级成功的秘诀，也是新华书店的安身立命之本。相比之下，西部欠发达地区新华书店连锁经营在灵活性上还有很大差距，也面临着国家支持实体书店发展的重要机遇。展望未来，西部欠发达地区需要认真贯彻落实中央十一部委联合出台的《关于支持实体书店发展的指导意见》，在政策上给予相应的扶持与倾斜，做好精品图书的采购，增加适应市场的出版物供给，以连锁经营的转型升级实践，提升书店阅读环境，提供更好的阅读服务与阅读体验，激发公众阅读兴趣。通过新华书店的阅读空间建设，来弥补公共阅读空间的不足，进而实现社会效益和经济效益协调推进，真正使连锁经营在阅读推广和市场竞争中发挥更加积极的促进作用。

第十一章　新华书店转型升级实证研究：以 C 市为例

笔者经过多方实地考察，学习前沿优秀经验，以 C 市为例，着眼于整合要素资源，提出新华书店连锁经营的转型升级方案，旨在进一步印证西部欠发达地区公立书店连锁经营转型升级的思路和举措。

一、近三年 C 市新华书店绩效

（一）发展状况

近三年来，C 市新华书店分公司抓主业、促发展，推动企业管理、经营提质增效，软件硬件设施得到较大改善，完成了教材、教辅征订发行任务，重点图书发行取得了良好效益，一般图书发行等各项业务稳中有进，成为销售额上亿元的分公司。在做好产品经营的基础上，全方位体现公益属性，践有国有文化企业的使命担当，在阅读推广、书香社会氛围营造、新华书店实体店标准化建设、开辟新的网点、公益性文化扶贫及图书捐赠等领域，成绩可圈可点，受到社会各界和读者的好评。"新华书店"在 C 市公众的意识中代表着正版、规范、诚信，已成为最具知名度的图书发行企业，树立了良好的社会形象。

（二）面临的困境

1. 仓储空间不足，物流运送成本较大

C 市新华书店目前存书量十万册，人均存书量 0.3 册，与人均两册的指标还有较大差距，许多读者需要的图书没有进货、没有上架，受进货机制的影响，将读者的需求反馈给总公司采购，配货周期长，读者意见建议较多。教材教辅、重点图书、一般图书发行是支撑书店运行的主业，C 市新华书店分公司本部店图书配送中心仅有一百平方米，随着城区管理的不断规范化发展，交通、环保部门严加管制，加之因本部院落入口大门和内部建筑所限，较大的运输车辆无法进入。院落办公及仓储用房共有六百平方米，除去建筑占地，空余面积较小，车辆无处停放，仓储空间小、物流运送成本大成为市本部门店发展的重要瓶颈。实体书店打造线下体验店、开办线上书店是发展的必然趋势，在新形势下，本部及销售在千万元以上的3个县级书店面临的仓储、物流束缚会更加严重，直接阻碍公司进一步发展。本部门店院落所处黄金地段，地租、房租在全市居于最高价格，但因新建仓储、办公场地无法解决，无法产生应有的或者更大的经济效益。

2. 偏重教材教辅，产品结构失衡

目前，C市中小学课本及教辅的发行金额为一亿元，占营销总收入的86.85%，一般图书零售收入占营销总收入的9.91%，其他业务经营占营销总收入的3.24%。依靠义务教育阶段教材教辅发行业务，保障了新华书店基本运行成本，也使得其经营结构单一，业务开拓力度不大，不能更好地适应市场经济发展的需求。这种结构单一的经营方式，在风云变幻的图书市场，也容易催生低效率。一旦教材发行政策性支持失去，将面临巨大的隐患。

3. 经营成本较高，图书利润微薄

面对微利的图书营销市场，加之人力成本不断攀升，经营面临重重困境，当前人员工资比五年前支出增长一百万元。同时，由于企业改革过程中，资产处置政策界限不够明晰，一些固定资产维护维修费用逐年提升，分公司难以承担。另一方面，由于图书并没有完全执行固定价格制度，数据显示，全国图书整体上打8折销售，形成了读者"买书必打折、折扣越低越好"的心理。但按照业务流程，C市新华书店经销的一般图书基本没有折扣，读者会更加倾向于购买折扣力度较大的网上书店书籍，这使C市新华书店分公司门店失去了一部分读者市场。在网络购物环境下，众多的读者在书店翻阅图书内容与版权页，再去网上选择购买相对应的图书，新华书店面临经营中图书进货数量多、读者也相对较多，但销售额不高的尴尬局面。目前，C市新华书店分公司常备常销图书品种超过五万种，但一般图书动销率仅为1%。

4. 管理机制僵化，自主经营受限

因受计划经济、参照行政规则运行等机制影响，加之因循守旧、思路固化，僵化的行政管理模式限制了企业的市场适应能力。相对于民营实体书店，C市新华书店分公司门店对市场的应变能力普遍更为迟缓。C市新华书店分公司对县级分公司，只是宏观上的管理，对资源并没有实际的管理权限，在人、财、物的管理上自主比率较低，亟须在内部管理和运行机制上进行重建。C市新华书店分公司各级领导班子共有成员23名，除两个县有42~45岁年龄区间的班子成员外，其他分公司班子成员年龄均在45岁以上，40岁以下空白。这种格局造成后备力量不足，缺乏可培养的管理人才。

5. 网点千篇一律，产业培育缺失

图书配送上不能满足地域化差异，分公司没有自主进货的权限，退货不征询基层意见，导致读者需要的书进不来。社会大宗招投标模式下，分公司无自主权，到货及时性大打折扣，大客户读者流失严重，对"新华书店"品牌造成了一定的负面影响。在店面设计、门店装潢方面延续传统的形式，千篇一律的装修风格、书籍分类，可称得上是"连锁而又复制"。C市新华书店分公司自营门店硬件设施相对陈旧，配套功能不完善，独特化产业、个性化服务缺失，没有形成新的盈利点，与现代书店注重体验和服务的趋势差距较大。有3个县的城市行政中心转移，但因资金短缺，还未建设新华书店新网点，抢点最优市场。3个县的新华书店库房均设在黄金地段的门店后院，占有一定面积，却未通过空间转换兴办相关产业，资产利用率不高。

6. 专业人才缺乏，员工素质参差不齐

目前，C市新华书店分公司高学历的青年骨干员工紧缺，仅有的9名30岁以下人员均为临时工，全日制本科及以上学历人员极少，人员结构老化，青黄不接，关键岗位人员断档，后备力量不足。转型升级后需要的策划、创意、营销、文案、财务等关键岗位人员严重不足，专业人才缺乏，成为阻碍进一步发展的硬伤。现有从业人员中，高中学历员工占总人数的30.2%，获得专业技术职称员工占总人数的30.43%。受传统体制影响，从业人员没有较高的积极性，营销意识淡薄，在激烈的图书市场竞争中并没有真正地融入其中，原有的用人机制已不能很好地适应市场的发展需求。而现有的员工素质参差不齐，工资水平普遍不高，如何提升现有员工的业务水平、激发员工的工作热情是新华书店面临的一个重大难题。

二、转型升级的发展思路

坚持"管理围绕分配、经营围绕市场"原则，以"体验营销、服务营销、品牌营销"为重点，以"争取产品、拓宽市场、提高能力"为目标，实施"破冰—引渠—筑池—建网"转型升级计划，探索推广"图书+"发展模式，整体上打破传统保守思维，纵向上涉足全产业链，横向上融合其他业态，重点建构C市新华书店图书经营文化综合体，全面提高图书动销率，实现社会效益与经济效益的双效统一。

（一）"破冰"：更新管理与经营理念

树立"新华书店初级阶段经营产品、中级阶段经营环境、高级阶段经营读者"的理念，更新管理、营销观念，管理与营销并重，破除传统、保守心态，重构"读者本位、提供优质服务"的态度，组织员工开展"认同式"服务理念与技能培训，使其具备为读者提供优质图书、其他文化产品和文化服务的水平，全面适应体验化、服务化、网络化发展新格局。推崇创新创意理念，营造强烈的企业创业、全员创新氛围，形成多元化的创意营销活动范式，全面提升市场份额占有率，打造"新华书店"服务品牌。

（二）"引渠"：涉足出版发行全产业链

扩大、优化营销渠道，逆流而上，介入上游出版，将分公司确立为图书出版、数字出版、数字广告、相关杂志广告代理点，联系发展个性出版、广告业务，按营销规定给予利益分成，增强新华书店自身的识别度，提高新华书店在出版产业链上的话语权；寻求与各领域的广泛合作，发展"图书+"系列业务。

（三）"筑池"：建构新华书店图书经营文化综合体

迁建办公配套用房，合营（自营）品牌幼儿园、特色少儿陪护或专业培训班业务，提升院落场地出租盈利收益。围绕门店卖场再造，实施"新、扩、改"工程，设置人文社科精品书屋、课外经典阅读示范区、艺术体验馆、文学会客厅、生活美学空间、儿童游乐馆、新华读者俱乐部等主题区块，提供餐饮、文化创意、艺术品等高收益产品，引导延伸性消费，形成图书经营文化综合体，带动网点转型发展。

（四）"建网"：融合其他业态多元化发展

与教育、文化等相关部门合作，巩固教材教辅发行、农家书屋图书补充更新、全民阅读、课外导读服务等主要业务，争取"研学旅"项目，发展"校服""三通两平台""读者选书、第三方买单"新业务。增设加油站、银行、车站"小连锁"网点和分包经营的城乡基层网点，形成乡镇店、社区店分包经营、自营校园书店、各具特色的"小连锁"形态等多元经营模式，提升网点存活率和经营效益。通过自建网络购书平台或挂靠第三方电子商务平台，建设网上书店，构建 O2O 运营模式。

三、转型升级的目标定位

（一）经济效益目标

三年后，市级网点图书品种达到 5 万~7 万种，每年销售额以 5% 的速度增长，三年后达到 1.5 亿元。分包经营和"小连锁"书店达到 80 家，从业人员预计达到 90 人，服务群众 180 万人。

（二）社会效益目标

1. 坚持正确导向，传播主流意识形态

通过新华书店连锁经营的转型升级，加强阅读推广阵地建设，更好地传播主流意识形态，传播科学文化知识，传承中华优秀传统文化，弘扬社会主义核心价值观。

2. 坚持"二为"方针，积极履行社会责任

坚持为人民服务、为社会主义服务，开展全民阅读活动，惠及文化民生。弥补网络书店对于偏远地区订单不予接受或需补运费差价的"地域歧视"，保障阅读权利，促进阅读公平。

3. 营造良好阅读环境，提升文化软实力

建构舒适的阅读场所，营造优美的阅读环境，为公众提供良好的文化消费体验，点燃文化热情，引领群众文化生活方式，培养文化消费习惯，进一步扩大新华书店品牌的影响力、助力全民阅读发展。

四、转型升级的实践

(一)迁建配套用房,兴办教育培训产业

结合城市发展规划,实施办公仓储用房"出城入园"工程,在与中心城区相邻的、有发展潜力的园区慎重选择地段,申请专项资金,建设办公、仓库和新兴业务用房,发挥现有院落所处的黄金地段优势,用于发展幼儿教育或培训业务,通过空间置换获取更大的利润。

1. 模式一:建设品牌幼儿园

C市城区幼儿教育机构严重短缺,民营幼儿园有品牌、有影响力的很少,市民对国有企业兴办的幼儿园具有较高的信任度和需求度。C市新华书店位于城市核心位置,是政治、文化、经济、教育中心,周边市民人文素养、经济收入较高,对教育极其重视,中高端幼儿教育的需求较为强烈。而分公司所在位置距市、区两级幼儿园距离较远,周边再无幼儿园,具有开办幼儿园的良好条件。可以引进人民教育、北师大等品牌,聚集优质资源,兴办一所知名度较高的幼儿园,推行双语或一对一模式,可填补C市此项空白,进一步提升新华书店形象,具有良好的社会效益和可观的经济效益。

2. 模式二:开展特色少儿陪护业务

这种模式是多种经营项目中,可以选择的一个经营项目。特色少儿陪护是在幼儿园的幼儿被接回家的空余时间,主要针对现阶段多数上班族由于工作的限制,课余、周末、假期无时间管护孩子,更无时间指导学习、检查作业,课外阅读指导力不从心,需要委托专业机构陪护孩子。基于上述群体需求,在符合"双减"政策规定前提下,新华书店可以给予孩子安静、安全的阅读环境,打造课后服务平台,开展特色的少儿陪护、阅读指导服务,看护孩子完成学校日常布置的作业任务,为孩子挑选适合年龄段的少儿读本,引导课外阅读,在条件许可的情况下提供简餐服务。

3. 模式三:开办专业培训班

在英语、艺术考级、医学资格和公务员事业单位招考等主题中选择社会效益较好、盈利点多的项目,引进中公教育等专业机构,开办主题培训班,指定新华书店供应教材教辅,实现资产性收益和图书收益的双赢。

4. 模式四：出租院落场地盈利

C 市新华书店分公司成立之初，在中心城区黄金地段获得了较大面积的门店和院落。随着房地产市价的水涨船高，房屋租金也在不断上涨，通过出租院落场地，可获得一定的收入，这也是开办培训班的盈利模式之一。

（二）再造卖场空间，打造 C 城图书经营文化综合体

探索推广"图书+餐饮""图书+体验""图书+创意文化产品""图书+活动"模式，围绕再造文化卖场空间功能，选择新址拓建办公及仓储用房，对原有卖场进行升级改造，加强软硬件设施建设，完善配套功能，打造集图书销售、休闲餐饮、培训服务、阅读交流、体验活动为一体的图书经营文化综合体。

1. 基础工程

收回门店出租场地，聘请专业公司进行设计，实施简约装修工程，安装电梯、消防、安检设施，按人流量配设星级厕所，分设展演平台、阅读长廊、美食约会区，或购置阅读、进餐两用设施，实现风尚简餐全场配送。将供读者休息的沙发和展示区融入书店的装潢设计，提升书店的装潢品位与导视系统设计水平，形成独特的风格。

2. 功能设置

融合体验式书店、现代复合式书店的优点，融合部分与文化相关的业态，设置人文社科精品书屋、课外经典阅读示范区、艺术体验馆、文学会客厅、生活美学空间、儿童游乐馆、新华读者俱乐部等主题区块，开展独具特色的营销活动，打造文化综合体式书城（详见表 11-1、表 11-2）。

表 11-1：实体书店模式对比表

两种书店		文化综合体式书城
体验式特色书店	现代复合书店	图书经营文化综合体
以图书、音像等商品进行受众定位、专业定位和价格定位，为专业读者提供体验式服务	将图书、音像等资源和内容进行整合放大，形成跨行业的发展平台、文化商品选购和读者服务平台	以大文化为核心，集文化产品展示交易、文化信息互动共享、文化活动交流休闲功能三位一体的平台和场所，较之现代复合书店，其核心商品和边缘商品更丰富，服务的功能更加多样，影响力更大

表11-2：C市新华书店转型升级思路一览表

主题或主营范围	图书分类及经营项目
人文社科精品书屋	收银、导购服务台，寄存柜，投币自助小微超市，人文社科精品书屋
课外经典阅读示范区	文化、教育、社会考试、语言文字类图书，中小学课外阅读经典专架，教材教辅专架，创意文具，精品书包，朗读台
艺术体验馆	艺术类图书，视觉实验室，零基础休闲油画空间，剪纸、书法、中国画交流，文房四宝，瓷艺盆景，手工玻璃，艺术相框，木刻版画等文化创意产品
文学会客厅	文学、励志、史志、名人传记类图书，功夫茶，作家现场售签，音像，棋类交流，文学茶会，论坛，微讲堂
生活美学空间	科技、农业、生活类图书，实用技术投影展演区，瑜伽、编织等生活采集区，烹饪实景演示教学，体育用品，小家电，生活创意产品
儿童游乐馆（简餐操作间）	儿童图书，淘气堡，模拟牙医诊所，探索博物馆，立体空间益智游乐、乐高教育（五选二），亲子绘本，沙画，制陶等手工制作课堂，创意玩具，婴幼商品，星巴克咖啡，巴琪冰激凌，爆米花，甜品糕点，风味小吃，有机食品，特色饮品
新华读者俱乐部	教育等主题培训，经典诵读，读书活动，文化沙龙，专家讲座，表演，演讲，展览，读者俱乐部

①人文社科精品书屋。安排人文社科类图书，设置收银台、导购服务台、寄存柜、自助超市，提供一站式综合服务。

②课外经典阅读示范区。安排文化、教育、社会考试、语言文字类图书，设置朗读台和中小学课外阅读经典、教材教辅专架，未成年人读者在这一区域可购买创意文具、精品书包等学习用品；提供课外阅读经典图书推荐书目，通过主题服务，打造课外导读示范品牌。

③艺术体验馆。以艺术类图书为主，设置视觉实验室、零基础休闲油画空间，开展剪纸、书法、中国画交流活动，引进第三方经营文房四宝、瓷艺盆景、艺术相框、手工玻璃、木刻版画等创意产品。读者在这一区域，阅读的不仅是图书，还可欣赏当地的生活艺术与民俗产品。消费者可通过视觉实验室观赏绘画、书法等艺术品，体验书法、休闲油画技艺，如遇作品展览，

视觉演示，还可与之结合，通过空间"诗意化"，体现人文与艺术关怀。

④文学会客厅。安排文学、励志、史志、名人传记类图书及音视频商品。在空间布局中巧妙地融入新书发布、作家现场签售著作等文化功能，开展新书分享会、文学茶话会、论坛、微讲堂和棋类交流等活动，致力于打造"文学会客厅"，这种模式既可满足消费者看书、品茶的需求，也可加强与成人读者的沟通，增强对新华书店的了解和认同。

⑤生活美学空间。安排科技、农业、生活类图书，设置实用技术投影展演、烹饪实景演示教学和瑜伽、编织等生活采集区，通过空间认知，营造生活场景，提供书房用品、体育用品、小家电和生活创意产品，用关联产品售卖的模式，满足持有储值卡的读者需求，使消费者感受生活体验的趣味性。譬如，在经营厨艺类图书的周围专门开辟出一处公共厨房，以"书店里有厨房"为导向，定期邀请各地料理专家进行现场实景演示教学，也可聘请书籍作者和知名厨师定期前来展示与教授厨艺，并提供烹饪书籍供消费者阅读，如果消费者有需求，还可以购买店内的食物以及烹饪书籍。前来买书的读者不仅可以与这些美食家进行交流互动，也可用适当花费来品尝其烹饪的菜品，书店可用甜品糕点、风味小吃、面包、有机食品等关联产品售卖的模式，助力销售额的增长，增加读者在买书过程中的趣味性。

⑥儿童游乐馆。主要安排以童话、漫画、绘本为主的童书，以绘本、漫画作为经营的切入口，倡导"漫"阅读，为少年儿童提供专门阅读空间。主打亲情牌，倡导亲子共同阅读绘本，在阅读纸质童书中深化亲子交流，打造全新的亲子活动场所。购置并装配淘气堡、模拟牙医诊所、探索博物馆、立体空间益智游乐、乐高教育（五选二），开设沙画、制陶等手工制作课堂，提供创意玩具、婴幼商品，引入驾驶模拟挖掘机、扮演牙医等益智玩具和特色游戏，增强儿童的动手能力。以讲故事和科学实验的方式开展导读，使少年儿童在愉快的氛围中获取知识。提供星巴克咖啡、巴琪冰激凌、爆米花、甜品糕点、风味小吃、有机食品、特色饮品等吸引儿童的风尚简餐，带动相关消费。

⑦新华读者俱乐部。开展主题培训、经典诵读、文化沙龙、专家讲座和读者俱乐部等读书活动。每月设置一期多元主题的系列讲座，每一期都有一个固定主题，譬如主题音乐、戏剧经典、建筑风格等，以讲解、表演与互动

方式开展。设定公益活动日，以书为媒，定期开展读者俱乐部活动。其他类型的活动主要根据节假日主题安排。

3. 氛围营造

在卖场空间的布置和店堂氛围的营造上，将实木地板与绿色阔叶植物结合，书香与咖啡香、茶香结合，在各个环节都体现用户至上的理念，以读者为中心，设置供客户休息与阅读的吧台卡座，为读者构建便捷的检索渠道、舒适人性的购书环境。用灯光、音乐营造氛围，以透明度低、对比弱的色彩淡化书架自身的存在，建构一个文化符号、文化新地标意义上的书店。

4. 盈利模式

在新华书店的转型升级中，图书的经营是一种概念，盈利点在于图书动销率大幅提高后的利润、餐饮和带有文化属性的商品营销收益。在运作中，可用一部分项目的外包或资产性收益换回基础费用，也可用相关产品的盈利来平衡个别亏损的项目。

（三）建设 C 市网上新华书店，构建 O2O 经营模式

O2O 是"Online To Offline"（线上到线下）的缩写，这里指把实体的新华书店与开在互联网上的新华书店有机结合。这种模式将成为未来图书发行业的标准配置，已有众多成功范式，新华书店应主动适应，抢抓机遇，借鉴推广。

1. 理念："鼠标加水泥"——线上共线下

C 市新华书店完全可以利用自身的品牌优势、顾客忠诚度进驻电子商务领域，这既可解除图书销售的地域和时间限制，使读者范围由本地市场扩展到全国市场，实现全天候自动化营业，也可以减少消费者寻找正版图书的时间成本，实现线下品牌的线上顺延。

2. 模式：两种渠道入驻互联网

C 市新华书店既可以融入集团公司自建网络购书平台，统一营销；也可以依托成熟的网络平台，开设网上新华书店。

模式一：集团公司自建网络购书平台。集团公司通过品牌影响力，自建网络购书平台，组织各分公司以分店形式将自有图书信息上传至网站，将各网点建成线下体验店，线上共线下，开展一般图书的销售。

模式二：依托成熟的网络平台，开办网上新华书店。依托成熟的网络平

台,将全市各门店建成线下体验店,探索"网订店取、网订店送、移动支付、在线互动"等新业务。这种模式,需要集团公司通过试点,出台灵活的折扣政策,以适应第三方平台的宣传推介和折扣让利营销活动。

3. 营销:迎合第三方平台网络销售规则

在营销规则上,就当前 C 书店的单本书定价核算来看,是无法做成网上书店的。需要在服务方式与服务理念上迎合网络规则,实行整体的利润考核机制,给予网上销售部门更为灵活机动的折扣和宣传营销政策。比如双十一、双十二,可以采取全网低至 5 折的销售策略,在国庆、元旦等节点,以不同规则的折扣销售。如果不认同、不融入、不参与第三方平台活动,挂靠的网上书店也运营将会与现有的二三级网点一样陷入僵化局面。

(四) 加强与教育部门合作,打造课外导读品牌

1. 巩固教材教辅发行业务

教育是公益性事业,新华书店作为国有文化企业,发行义务教育阶段教材,质量能得到保证。因此,C 市新华书店应加强与发改、财政、教育等行政部门的衔接沟通,完善相应的政策,深化新华书店与教育部门的合作机制,巩固新华书店分公司作为教材教辅发行的实施主体地位,持续做大做强教材、教辅发行业务。

2. 打造课外导读示范店

第 17 次全国国民阅读调查结果显示,"8 岁及以下的儿童当中,亲子平均每年共同光顾书店 2.92 次,37.1%的家长至少每半年陪孩子去一次书店,32.7%的家长至少每三个月带孩子去一趟书店"[①]。由此可以看出,注重少年儿童读书,关注孩子课外阅读,已成为家长们的共识。目前,在家长群体中,普遍存在一种担心灰色书籍影响子女成长的心理。因此,在带孩子去书店时,家长们对新华书店更为认同。因而,在国家出台"双减"政策及学校倡导、家长关注学生课外阅读的背景下,面对学生阅读选择盲从、一般书店导读环节缺失的状况,新华书店应担负起引导未成年人阅读的职责,开展多种形式的导读服务,开发适宜未成年人群体的休闲功能,设立未成年人服务部室,

---

① 中国新闻出版研究院. 第十七次全国国民阅读调查报告. http://www.199it.com/archives/1040053.html.

设置未成年人经典读物专架，增加适合阅读的图书资源，分类别分层次编制书店推荐书目，倡导文本阅读和经典意识，通过集中培训使亲子学会选择阅读经典，与学校联合举办富有创意性的读书活动，打造家长放心的中小学生课外阅读示范书店，实现良好的社会效益（实施措施详见表11-3）。

表11-3：中小学生经典阅读示范店实施举措一览表

措施 项目	具体措施
经典阅读推荐书目	编制C市新华书店课外经典阅读推荐书目，打破《中图法》编目规则，按年龄分排经典图书。
经典阅读培训	与教育部门合作，编制教材或课件，由学校组织未成年人到书店学习、参观，开展阅读技巧培训。
开发休闲功能	调整服务时间，将周末、节假日作为重点，开展活动。增设休闲文化娱乐设施，着力开发休闲功能。
联办创意读书活动	以书为媒，承办读书节、经典诵读、网络小说之我见、我最欣赏的作家读书报告会、好书互换、推荐好书、少儿读书会、阅读故事大赛、少儿教育讲堂和小记者采访等读书交流活动。

3. 开办校园新华书店

中宣部等11部门联合印发的《关于支持实体书店发展的指导意见》指出，"鼓励高校帮助实体书店建设，租金可以在市场价一半以下"。在这一政策机遇下，新华书店可加强与高校的合作，争取开办校园书店，关注大学生对考证考级相关图书的需求，准确图书营销定位，主营某几类图书。譬如，医学类大学，注重选择英语四六级、护士资格、医师资格、药师资格等考级考证相关图书，进而形成书店的特色。分店只保留近两年的图书，避免图书库存积压。设专人负责此项工作，将书店的流动供应服务功能延伸至校园，建成一定规模的校园书店。

4. 争取"研学旅"项目

C市新华书店可与省内外相关地区合作实施研学旅项目，发挥当地旅游大景区资源和独特的文化吸引力优势，加强与教育、旅游部门合作，建构针对学生研学的旅行线路和旅行基地，发展"研学旅"项目。

5. 发展校服和"三通两平台"业务

积极与学校合作，发展校服订制业务，扩大复印纸配送范围。与广电网络公司合作，代理学校"三通两平台"建设相关业务。

（五）加强与文化部门合作，打造全民阅读品牌

1. 发展"读者选书、第三方买单"业务

与省级文化部门衔接，争取在省级层面达成书店与图书馆合作的协议，探索开展"读者选书、财政买单"业务，形成推动合作的范式。读者选定所需借阅的新书，书店工作人员开展盖印章、贴条码、加磁条后，当场就可以借走图书，书店与图书馆通过云平台、大数据技术控制、核算。这种按需供给模式，对于公共图书馆而言，购进的是读者需要读的图书，还可避免资源闲置，有效增强采购图书的实用性，提高借阅率。对于新华书店可以增加人气和利润。这种模式有三种类型的差异化方案，可供选择，具体实施中以协商结果为准（具体实施举措见表11-4）。

表11-4："读者选书、图书馆买单"业务实施举措一览表

类型 \ 内容	实施举措
紧密合作型	公共图书馆：建立紧密合作伙伴关系，共同开展全民阅读服务。通过政府文件明确，或与市、县级图书馆协商签订合同，指定购书经费的一定比率或固定一定的金额用于"你读书、我买单"活动，并明确每人每次选择借阅的册数，图书馆持证读者买书，则可享受一定的折扣。
共生共存型	学校图书馆：物理空间上共存，共同为大学生提供优质服务。与高校合作，在高校内开办校园书店，建构"你读书、我买单"系统，共同为大学生服务，以共同体形式组织活动，大学生可以从新华书店借走学校图书馆没有的书籍，进而由学校买单，增加新华书店的利润。大学生在新华书店买书，也应明确可享受的一定折扣。
深入介入型	新华书店加入公共图书馆理事会这种深入介入的合作模式，参与图书馆规程制定以及图书馆发展规划、财务预算等方面决策，开展深度合作。

2. 开展图书馆分馆及服务点图书补充更新业务

争取国家财政拨款，新华书店在财政资金的支持下，加强与图书馆合作，负责图书馆分馆、村级服务点图书补充更新业务。由 C 市分公司统筹，县级公司网点配送，开展图书配送业务。也可与广电网络公司、通信公司合作，建设数字图书馆，分公司负责基层数据提供、运营维护工作。

（六）融入集团公司，发展上游产业链业务

1. 抢抓政策机遇

实体书店处在互联网高速发展、出版业利润降低、店面经营成本提高的形势下，不可避免地出现了每况愈下的境遇。面对这种状况，中宣部等十一部委于 2016 年，围绕规划、土地、财税、金融等关键点，出台了支持实体书店发展的政策措施，允许财政资金扶持实体书店，继续落实图书批发、零售环节免增值税政策。鼓励高校帮助实体书店建设，规定租金可以在市场价一半以下，允许高校图书馆与实体书店联合建设校园书店，实施一校一店建设工程，实现高校实体书店全覆盖。这些政策与 C 市新华书店提出的转型升级策略相一致，有争取一系列政策支持的空间，是其转型升级的重要机遇。可与省上相关部门衔接，争取对新华书店相关支持政策的落实，并争取在项目审批、资金支持方面给予倾斜。C 市新华书店可以积极争取文化产业专项资金等支持，协调 C 市相关部门推进支持政策的贯彻落实。

2. 扩大营销渠道

C 市新华书店作为渠道中间商，既要密切关注下游市场动态，更应积极融入与上游集团的业务发展之中。C 市新华书店应争取图书出版、数字出版、数字广告和相关杂志广告代理点资格，在信息对接、营销活动、资金回款等方面建立机制，与市、县两级网点积极联系发展个性出版、印刷、广告业务，按营销规定给予利益分成。

（七）实施差异化定位策略，提升县域网点综合效益

1. 持续加强基层网点建设

C 市新华书店的各县分公司，都有着深厚的历史积累，业务用房和院落均处于黄金地段，都是自有产权，具有天然的商业优势，经营图书利润不及获取租金丰厚，应将部分门店出租收益作为主要的盈利点之一，出租收益较

高的临街商业用房，进一步巩固发展主要业务，确保网点正常运行。在4个城镇店、12个乡镇店继续实行委托经营或网点代销经营。逐步形成以C市新华书店图书经营文化综合体、城乡发行网点为基础，以校园、加油站、车站、银行、乡镇连锁服务门店等多种形式为补充的网点布局。

2. 差异化定位县城网点发展策略

C市三个销售规模1500万元以上的县城门店，在城区地价适中但有增值前景的区域购买建设用地，新建办公、仓储用房，利用现有网点周边书画艺术氛围浓厚、产业基础初具规模的优势，建成书画交流市场、特色文化产品门店，完成一个县城门店升级工程。三个县在新行政中心开办一个网点或校园书店，进一步发行特色教辅（见表11-5），逐步在全市推广，提升社会影响力和经济效益。

表 11-5：三级网点差异化定位表

网点	建设内容
1	建成仓储用房、书画交流市场。
2	建成仓储用房，使特色文化产品门店初具规模；加强特色教辅报发行，探索推广机制。
3	建成仓储用房，完成县城门店升级工程。
4	建成城市新区网点和中学校园书店，推广特色教辅报发行。
5	建成城市西区网点，推广特色教辅报发行。
6	建成特色镇网点。

五、转型升级的配套条件

（一）组织架构优化

1. 建立健全管理经营机制

优化顶层设计，自上而下建立更加适宜市场经济规律的利润管理、绩效分配、效益考核等体制机制，加大对市县新华书店基础设施建设投入，给予政策、资金、人才支持。再造业务流程，设计业务系统，开发更为广阔的业务范围，组织实施大客户系统营销，同时赋予更多灵活、自主的职能，开拓当地市场，推动微观搞活，提升管理和经营效能。实施图书"进、销、存"管理一体化，考虑区域性差异，以市场需求确定货源，发挥市级公司中盘作用，在分配上让利于基层，使效益最大化。

2. 恢复分公司法人资质

新华书店多年来形成的过硬政治导向、良好的口碑和稳定的市场效能，在落实"双效统一"要求的同时，加快转型升级，扩大文化产品有效供给、提升供给水平，完全符合国家政策导向，面临重要的发展契机。政府向社会力量购买文化服务的指导性目录中，有关全民阅读活动、公共图书馆、农家书屋等方面的条目，都给新华书店拓展业务提供了良好机遇。但按照政策规定，政府相关部门必须采用公开招标等方式确定承接主体。而现实状况是，基层书店没有独立法人资质，随着近三年国家购买公共文化服务政策相继落实，在政府组织的招标中，对参与投标的公司资质有严格要求，且大部分招投标时限紧迫，基层新华书店因资质问题受到限制。因此，面对良好的发展机遇、严格的政策规定、激烈的市场竞争，重构新华书店法人治理结构，恢复分公司法人资质，赋予自主经营职能，以此拓展业务范围，争取市场份额，十分必要。

（二）领导班子建设

1. 优化分公司班子建设

根据市场需求和工作需要设置机构，在分公司班子配备方面，以分公司规模和效益为前提，参考管理和业务量设置职数，建立合理、稳妥的退出机制，比如可参照行政、事业单位模式，设置虚职岗位，对一定年龄区间的管理人员给予待遇，提拔选用愿意干事、能干成事的中青年骨干，加强、优化班子建设。

2. 根据业务发展实际设置中层部室

根据转型升级整体设计，在中层部室设置上，按照"市级管理县店、因事设岗、一职多能、竞聘上岗"的原则，考虑增加党组织机构，设置业务部、财务部、综合管理部。业务部设一般图书、教材教辅、多元化经营、大客户、小连锁、O2O等主管岗位；财务部按职能设岗，设审计、核算、监督、出纳等主管岗位；综合管理部设文档、后勤、群团、工会等主管岗位。

（三）人才队伍建设

1. 按照市场拓展需求引进人才

实施人才兴企战略，制定吸引优秀人才的优惠政策，重要岗位面向社会聘用，竞争上岗。探索实行高层次人才外聘或"一事一议"机制，由集团聘请在全省、全国已有重大成就、影响力的领军人物或拔尖创新人才，作为智库或顾问，提供智力支持。多渠道引进专业对口人才，在人员编制允许、工资预算总额不超的情况下，根据需要适时调整人才结构。按照现有人员情况，控制总量，部分员工逐步退休后，引进急需的专业人才。

2. 加大现有员工培训力度

加大专项经费支出，用于基层员工培训，对新引进人才实行系统、专业的岗前培训，员工在进入分公司后实行轮岗，全面熟悉业务流程，培养一岗多能的复合型人才，便于岗位调整后迅速适应工作、融入市场。建立与高等院校联合办班机制，选派骨干人才前往高校学习培训，带着项目和工作接受专家指导。通过赴外学习考察、参加高层次研修等措施，培育优秀中青年骨干。依托集团相关企业、基地，培养复合型经营管理人才，重点培养高素质职业采购人员、专业导购、财务、营销、策划、网页编辑、数据库维护、网络商务人员。完善招募、管理和激励保障机制，建立志愿服务队伍，开展各类服务活动。

（四）管理制度建设

1. 建立适宜市场竞争的管理体制

在新华书店转型升级工作中，实行"一店一策"的管理体制，分公司或网点有适宜的实施方案，给予相应的支持。在营销活动中，推行"一事一议"工作机制，在折扣、赠品、邀请作家等方面，给予更为灵活机动的自主权。进一步明确分公司对县级分公司管理成本费用、责权和措施，将其列入集团管理章程。

2. 建立利润管理为主的营销制度

实行差异化的供货制度，推行灵活的营销政策，在图书采购、退货方面，给予分公司更多自主选择空间，减少中间环节，综合参考销售、产值、效益等指标，在分公司推行与出版社对接的阶梯发货折扣、与读者需求相适应的差级折扣机制，让利于分公司和读者；组织各分公司业务骨干参与集团公司图书采购，兼顾各地读者的需求。

3. 建立职位晋升和业绩激励制度

建立晋升考核制度，探索推行竞争上岗机制，中层管理人员一般由内部员工产生，使员工可以清晰地看到自己的职业轨迹和成长路径，提升归属感，激发内生动力。实行"绩效优先、以业绩定薪酬、同岗不同酬"为主要内容的薪酬分配改革，加大绩效奖励比重，动态考核，末位淘汰，以效益论优劣。设置绩效奖励资金，列入年度预算，对于有突出贡献的优秀员工，给予相应的物质奖励和荣誉嘉奖。

4. 建立图书和相关产品折扣管理制度

可在官方微信上不定期地征求价格折扣，选中某个价格优惠后，公开设定适当的名额，然后以当天（或规定某天）的实际付款顺序（比如第一位、第十位、第二十位……以此类推）给予特定顺序的消费者特定的折扣。

5. 建立读者参与图书及相关产品进货制度

定期（每季度或每半年）向读者征求进货图书及相关产品目录，具体做法可以是在各类类目的书架旁设有自制的征订产品目录本，由前往购书的消费者自行选择，同时利用官方微信公众号等新媒介进行宣传，读者通过网络客户端为自己心仪的产品投票。

（五）财务管理优化

1. 分公司独立核算机制

推行分公司独立核算的财务管理体制，运用现代网络支付手段，实行利润管理，进一步完善财务管理流程，细化监管措施，加强对重点业务流程的监管，实行财务审计机制，使财务制度既能适应市场运营，又能规范运行。

2. 增加财务人员职数

配强财务部门力量，增加编制，引进专业人员，为推行独立核算制度提供人才支撑，使分公司更好地落实对三级网点的财务监管和审计职责。

3. 提升财务软件匹配度

本着功能完善、应用高效的原则，对软件再次调整、升级，以提升财务工作效率。

（六）信息化建设

1. 升级信息管理系统

建立新华书店自有的网上信息平台，将教材教辅、一般图书、网上书店、转型升级工程所列的延展项目全部接入信息管理系统，统一营销管理软件，推行线上与线下互动营销的模式。分批组织基层操作人员开展销售系统操作培训，提升系统应用实效。

2. 基于移动网络推行多种方式结算

在现金、储值卡、POS 机刷卡等基础上，与支付宝、微信、话费客户端等 App 合作，建立相关机制，在读者使用微信或支付宝等付款时，给予购书优惠，实现书店、读者、第三方客户端多方共赢。

3. 开发新华书店网站和手机 App

开发新华书店网站、手机 App，为各分公司开辟相关区域，增设链接。利用微博、微信、抖音、快手、B 站、博客、豆瓣、贴吧、邮件、短信等平台，打造新华书店专属的 App，大力推广营销业务，加强与读者的互动交流，推送名言警句、读者心得、新闻信息、学术沙龙信息，为读者提供图书推荐、促销信息、疑难解答、节日问候、生日祝福等附加服务，增强读者与书店的黏性度。

（七）党组织建设

1. 加强基层党组织建设

落实党建工作安排部署、力量配备、经费保障、协调推动、监督检查职责，加强党员队伍、活动载体、服务阵地建设，开展"四有党组织""五好共产党员"创建活动，推行党支部标准化、规范化管理，增强党内政治生活的严肃性。

2. 强化思想政治教育

认真学习贯彻中央、省、地方党委和集团公司重要会议精神、重大决策部署、重要政策文件，强化理论武装和思想政治建设，以忠诚的政治立场诠释企业的责任担当。做好群团、工会等相关工作，促进党务与业务深度融合。

3. 强化党风廉政建设

落实分公司和基层书店主要负责人主体责任，班子成员"一岗双责"。支持集团公司派驻纪检组工作,抓好党风廉政建设。落实集团公司各项规章制度,完善分公司干部任用、项目资金管理、工程建设、政府采购、纪检组巡察等细则,完善惩治和预防腐败体系。

六、实施进度预安排

抽组专门力量,倒排工期,挂图作战,推进相关建设工程,提出预计进度(详见表11-6)。

表11-6：转型升级相关工程预计进展安排表

项目	时间	进度
市级门店升级工程	第一年1月	上报方案,提交审定
	第一年4月	完成市级门店升级改造设计
	第一年8月	完成市级门店升级改造工程
	第一年10月	完成产品装配
	第一年10月	正式投入运营
市级办公及仓储用房建设工程	第二年1月	上报方案,提交审定
	第二年4月	选址、立项、设计、环评等前期工作
	第二年9月	建成办公及仓储用房
幼儿园或培训班建设工程	第三年5月	完成院落改造
	第三年6月	引进相关机构开展筹建
	第三年8月	投入运营
校园新华书店建设工程	第二年1月	上报方案,提交审定
	第二年2月	建成两所高校、各分公司校园书店
中小学"研学旅"项目	第三年3月	争取建成中小学"研学旅"基地
	第四年5月	联合建构"研学旅"站点
读者选书、第三方买单业务	第二年至第三年	积极协调,争取1个试点
	第四年12月	形成机制,在2个以上网点推广

续表

项目	时间	进度
县城网点差异化改造升级工程	第二年10月	建成一个县仓储用房、书画交流市场
	第二年10月	建成一个县仓储用房；探索特色教辅报发行推广机制
	第二年10月	完成一个县店升级，建成一个县仓储用房
	第二年10月	建成一个县城新区网点和高中校园书店
	第二年10月	建成一个县城新网点，推广特色教辅报
	第二年10月	建成一个特色镇网点

第三部分小结

新华书店面对每况愈下的处境，仍有其存在的独特价值：具有知识传播功能的公共文化空间，助推全民阅读的重要场所，公众分享阅读的第三空间。西部地区新华书店的转型升级，需要拓展营销渠道，建设图书经营综合体，探索新华书店与公共图书馆合作模式，打造家长放心的导读示范店，形成"和而不同"的个性化新华书店，做优网上书店不具备的功能，为公众提供更优质的体验与服务。

一、实体书店的现实困境

近十多年来，我国实体书店表现出持续衰退的趋向，实体书店的第一个衰退期出现在2000年至2004年，近七成的书店消失。2009年，实体书店的第二个衰退浪潮出现，一批知名书店转型、关停，或者搬入地下超市、边缘地带。直到2015年，在实体书店衰退的背景下，出现了转型升级的新风向，这一新的导向，与科技、媒介、消费方式的种种转变有关，被约瑟夫·熊彼特称为"创造性颠覆"[①]，也就是一种带有创造性的竞争、破坏和更替。在这种理念下，伴随着传统的实体书店消亡，新兴的阅读综合体正在诞生、成长。

传统书店面临的困境，有经营理念传统、营销方式不活和房租、店员工资上涨的现实问题，也有着更为深层次的原因。表面上是数字化阅读方式的流行、网上书店的低折扣营销、便捷的网络购书环境和物流等因素的影响最为明显，但从文化学的角度来看，实体书店读者群锐减、图书销售收入持续下滑的现象，归根结底是价值观、人文情怀与阅读习惯的改变。尤其是物质崇拜、功利至上、效率为先、娱乐至死、消费主义理念的盛行，传统的阅读

[①] 司新丽. 公共文化传播空间的构建——以民营实体书店转型发展为例[J]. 传媒经营研究，2018，(5)：148-149.

理念、动机、行为、习惯、价值受到很大影响，阅读文化生活的方方面面也受到浮躁风气的波及，经典式的深阅读不再受追捧，纸本图书阅读人群变小，公众的阅读速度变快、时长变短、深度变浅，表现出阅读内容泛化、同质化、快餐式、碎片化等特征，这些现象对传统实体书店的影响是巨大的。

面临网络化、泛娱乐化的冲击，采取得当的激励措施，扭转阅读文化生态的进一步演变，是社会各界关注的热点，这一问题得到了政府层面的重视、支持。2016年，公共文化服务保障法公布实施，同年中宣部等11部委出台了关于支持实体书店发展的指导意见，各地以不同方式为实体书店的发展提供了必要的支持。经过三年发展，2019年新开张的实体书店达到4000多家，这主要得益于政府在财税减免、租金优惠等政策的支持，也是"口红效应"[①]的一种表现，与全球经济下滑后低价的产品受欢迎有关，实体书店面临新开店面数量增长、书店行业回暖的利好局面，同时也存在销售数量下滑的境况，2019年有500多家实体书店停业，市场规模下降4.24%，销售数量下滑的困境，与网络书店、数字化阅读方式的快速发展有关，也与整体文化生态密不可分，对实体书店来说，可以说是有利也有弊。

以C新华书店为例，连锁经营的9家门店，教材教辅发行占总收入的87.96%，一般图书零售仅占总收入的9.81%，其他产业仅占总收入的2.23%。与西部地区、全国相比而言，动销图书收益不多，尤其是新书的营销收入非常有限。究其原因，除了网上书店选购方便、物流配送便捷之外，灵活的营销策略也是制胜的法宝，"2019年网上书店的平均折扣为5.9折，新华书店的折扣仅为8.9折"[②]，从B新华书店的实际情况看，图书几乎是定价销售，没有给予基层门店折扣销售的权限，营销活动显得异常死板，呈现出"一口价"式的传统经营方式，月均销售新书77册，仅占西部地区2560册的3%，占全国13583册的0.5%，西部地区占全国的21.4%。

二、新华书店的现实价值

虽然新华书店的市场规模不断降低，但在人际交往需求持续提升的背景下，网络上的交流平台存在虚拟、失真等弊病，城市需要大量第三空间的存

[①] 刘建华. 网络时代实体书店发展的四个判断［J］. 新阅读，2020，（3）：52-53.
[②] 付晗涵. 实体书店的复苏之路：原因、困难及转型策略［J］. 商业研究，2020，（4）：16-17.

在，新华书店不仅仅是图书的卖场，而且也具有文化空间、精神空间、交流空间的第三空间职能，成为人们进行交往的公共中心。

（一）具有知识传播功能的公共文化空间

新华书店是城市的精神文化窗口，公众在这一空间阅读、选购图书，本身就是一种价值观念的选择，也是一种知识传播活动，更是开展文化交流活动的具体行动。随着物质生活的极大丰富，西部地区公众也向往更高品位的文化生活，这也是新时代的一种文化需求。从2019年实体书店新增4000家的趋向看，新华书店的复兴是一种必然的趋势，虽然疫情有着更为深刻的影响，但从公众的文化需求侧来看，可以预见的是新华书店的复兴会和电影院一样，成为一种独特的文化现象。多年前，电影放映不论在城市还是农村，都出现了式微的局面，但随着文化产业的发展和人际交往的转型，城市的影厅迅速火爆，成为重要的城市空间。新华书店与电影院的功能有着相重合的部分，发展轨迹也趋于相同，从电影院的复出可以观照青年一代观影的需求。从新华书店的复兴也可以反映出对阅读生活的向往、文化交流层次的提高趋向，从这个意义上讲，新时代赋予新华书店更多功用，需要进行多维度的转型升级。诚然，市场层面，需要以"书+X"的理念，开发复合式经营的大卖场、综合空间。在市场属性的基础上，从文化与社会发展的角度来看，需要文化层面的转型，秉持文化担当、文化情怀、文化自觉、文化自信、文化抱负的范式，增强文化空间的功能，实现文化层面的提升，进而用文化空间的思维来营造独特的氛围，增加公共文化传播空间。

（二）助推全民阅读的重要场所

近年来，全民阅读备受国家关注，连续多年列入政府工作报告，一系列政策措施相继出台，产生了一定的作用，然而深度阅读的耐心缺乏、数字化阅读方式的备受青睐、纸本图书阅读的式微、休闲阅读的场所供给不足等问题仍然存在。面对纸本阅读缺乏的问题，推动纸本阅读的复兴，需要用政治、文化的角度来考量，仅以经济视野观照，会出现意识形态、价值观念领域的偏失。新华书店具有公益属性，在作者、读者群体间的文化传播职能作用特别鲜明，进货渠道对图书的挑选，营销过程的主题宣传，图书交易前后的阅读，都带有明确的价值观甄别与弘扬。新华书店的转型升级，为全民阅读活动的开展搭建了多样性的场所，为纸本阅读的复兴提供了更多元的条件与可能，有助于改善阅读环境。新华书店基于适应公众新型阅读、社交、文化、生活需求的转型升级十分必要，不仅需要改变图书销售的单一业务格局，更需要与出版社、商业体、文化产业、智慧技能互为融合，消解或转嫁房租、人力、经营成本，以传播知识为责任的文化担当，从跨界经营的角度构建新的阅读模式，打造全新的休闲阅读场所，使书店成为可供阅读享受、文化交流、社交互动的平台，成为政府的文化阵地、城市的文化标志、公众的文化空间，以独特的阅读空间和氛围。吸引不同类型的读者进入新华书店，在参与不同商业类型的活动中，为公众阅读量的增加提供新的可能，改善渐趋荒漠化的阅读生态。

（三）公众分享阅读的第三空间

社会学家雷·奥登伯格认为，家庭是第一空间，工作场所是第二空间，第一空间、第二空间之外的公共空间可以认为是第三空间，是具有"包容性"[1]的地方。经过学者西蒙的研究发现，新华书店是实实在在的、合乎规范的、被公认的城市第三空间，在新华书店这样的第三空间，不仅仅是图书的销售，更主要的是知识的传播、共享，具有开放性，每个人都是平等的，可以自由出入，社会交往、互动交流、谈心谈话成为其主要的功能，也可以延展为会见朋友的聚会场，社区公众交换意见、公共对话的议事厅，也可以是自由职业者的办公区。从熟人社会碰面相处的需求来看，公众对新华书店仍然抱有一种独特的体验阅读、文化情怀，这种因现实接触而产生的体验感，是网络书店无法实现的。可以说，新华书店作为城市的第三空间，已经成为公众意识中的一个重要组成部分，也已成为生活中不可或缺的公共空间。但从西部地区的新华书店群体来看，大部分传统新华书店只是售卖图书，阅读、交流平台的职能缺失，文化交流活动举办、社会交往氛围的营造、购物空间的打造相对单薄，交流、互动、体验、对话、享受等功能发挥不足，美观、舒适度有待提升，需要按照第三空间的标准，进一步转型升级。

---

[1] 张铮, 陈雪薇. "云端"之上：实体书店的现实困境、存在价值与发展方向 [J]. 出版发行研究, 2020, (3)：22-24.

三、新华书店的发展方向

（一）建构图书经营综合体

图书销售的利润微薄，仅靠传统的纸本图书销售，难以维持新华书店的生存。西部欠发达地区新华书店的转型升级，应当构建良好的阅读场域，引进多种经营业态，图书经营只是一种概念，长尾产品的经营成为主要收益，形成融合多种阅读需求的城市第三空间。比如，咖啡、文创产品等长尾产品的融入，能增加书店的收入，但也有同质化的问题存在。针对这一问题，可与科研机构、高校、文化企业合作，研发一批属于书店的产品，形成文创品牌。可以引入"图书+"的理念，以文化为主体，融入文化产业的多个业态，形成图书经营综合体，这里的综合体需要突出文化特色，注重营造以自由、平等、社交、休闲、交流、互动、共享等为特征的第三空间功能，避免百货商场的误区。在转型升级的过程中，也需要重视公益性，以纸本阅读回归为目标，打造有文化的新华书店，防止过度产业化的倾向。譬如，个别书店引入餐饮业后，追求利润最大化，因而图书、书架和书店成了餐桌的背景墙，失去了书店助推全民阅读、城市第三空间的功能。

（二）探索新华书店与公共图书馆合作模式

根据第十七次全国国民阅读调查结果来看，公众数字化阅读方式的接触率为79.3%[1]，新华书店与公共图书馆同样面临着纸本阅读方式接触率降低的问题。西部地区的新华书店面临读者减少、销售收入降低的困境，公共图书馆也存在购书经费削减、采购的图书资源利用率不高的现实局面，需要提升供给质量和针对性，实现公共财政投入的效益最大化。西部各地可以借鉴佛山图书馆"知识超市"与内蒙古图书馆"彩云服务"[2]项目经验，把新华书店建在公共图书馆，读者选借的新书直接成为图书馆收藏的文献资源；或者允许图书馆读者到新华书店选借新书，通过云平台实现借还服务，定期由图书馆支付费用，为新华书店增加收入。

---

[1] 中国新闻出版研究院. 第十七次全国国民阅读调查报告 [EB/OL]. http://www.199it.com/archives/1040053.html

[2] 韩冰, 杨晓菲. 公共图书馆与实体书店跨界合作模式比较研究 [J]. 图书馆工作与研究, 2017, (4): 254-255.

（三）打造家长放心的导读示范书店

当前，未成年人教育与阅读问题备受社会各界关注，西部地区的新华书店在转型升级过程中，可以参照深圳南书房发布的家庭藏书目录，建立未成年人经典图书专架，选择适宜未成年人阅读的经典图书进行推介，提供家庭经典阅读方案，为未成年人提供定制服务，长期坚持可以使家长对书店产生一种放心的感觉，进而形成一批可信赖的客户群体。

（四）形成"和而不同"的个性化新华书店

新华书店的转型升级，国内已经形成了众多范式，可供学习借鉴的内容也是多元化的，但每一种成功的模式背后，都有其独到的文化元素、文化精神。因此，西部地区新华书店的转型升级过程中，需要结合地域经济、文化等实际状况，形成符合实际的经营模式。譬如，实体书店与民宿的结合，可以形成诗与远方的有机结合。又如，无人书店、网上书店与新华书店的结合，也是一种新的趋势。亚马逊、当当等击败实体书店的网上书店，转而成为实体书店的新兴成员，十点读书也建立了实体书店。当前，有声阅读成为一种新的形态，听书的经营项目，也是一种迎合阅读新形态的尝试。第十七次国民阅读调查成果显示，选择听书的公众达到31.2%，听书已经成为一种新的阅读趋势。因此可以考虑引进有声读物资源，与听书平台、数码传媒公司合作，建立听书馆，为顾客提供定制化的音视频资源或者立体书，形成线上浅阅读、线下深阅读有机结合的新型发展模式。

（五）做优网上书店不具备的功能

西部地区新华书店转型升级过程中，可以尝试与出版社建立合作关系，采购图书的同时，同步配套图书电子版，为读者提供无障碍的阅读选择环境和空间，将读者需要的图书某些页面，提供打印服务，无电子图书的安排复印，读者不需要购买图书，便可享受一大批图书中需要的资源。在为读者提供更多、更便捷的服务同时，建立读者数据库，利用大数据算法技术，精准推送营销信息，利用算法进行宣传、备货、供货，并尝试图书直播带货、快递配送等业务，使读者享受到网上书店无法实现的服务，以此赢得更多读者，助推全民阅读活动的开展。

第四部分　破解乡村阅读推广困境的对策

伴随经济的快速发展和人民生活水平的不断提高，农村群众对精神文化生活的需求与日俱增，乡村文化建设显得更加重要。农家书屋是国家为提升农村地区群众精神文化生活水平而主导建设的一项惠民文化工程，"全国已建成农家书屋58.7万家，农民人均图书拥有量达到1.63册"①。目前，农家书屋已经实现了有条件的行政村全覆盖，为农村地区开展阅读推广构建了一个平台，对于推动乡村文化发展具有重要的意义。对于西部欠发达地区来说，农家书屋加强了乡村文化阵地建设，填补了农村地区阅读推广机构的空白，为建设书香乡村提供了可能，服务实践中也取得了一定的成效。

从农家书屋运行的问题导向来看，由于西部地区经济欠发达，农家书屋后续发展投入不足，管理员报酬难以落实，图书流通的物流体系和体制机制不够成熟，农家书屋日常管理和服务的困境逐渐显现，成为当前亟待解决的问题。西部欠发达地区农家书屋自建立之后发展极其缓慢，仍然处在一种相对落后的状态之中，与其经济发展滞后有不可分割的关系。正因为西部欠发达地区地域辽阔、人员分布不均衡、经济发展滞后、偏远山区交通不便、网络覆盖不完全等原因，以及西部欠发达地区农家书屋在基础设施、管理、服务、创新和后续资金投入等方面存在的制约因素，导致了西部欠发达地区农家书屋发展进程的迟滞，甚至出现了难以正常运转的境况。

西部欠发达地区只有将传统的农家书屋进行一系列改革，才能保证其正

---

① 梁言顺. 凝聚起农家书屋改革创新的强大力量——在农家书屋工作领导小组会议上的讲话 [EB/OL]. http://www.zgnjsw.gov.cn/booksnetworks/contents/412/400369.html.

常运转下去。这一部分，通过对西部地区部分农民、农家书屋管理员及乡镇有关负责人进行走访调研，广泛收集省、市、县三级农家书屋的相关资料，结合工作实践，对农家书屋发展现状进行调查分析，总结归纳出制约发展的因素，提出破解当前困境的对策建议，并对乡村图书馆、"农民选借新书、公共财政买单"进行了前瞻性研究，希望能为西部欠发达地区提供借鉴。

第十二章 调查分析制约农家书屋的因素：以 F 县为例

农家书屋是我国乡村精神文明建设的平台、思想文化传播的阵地，是农村群众学习、交流的文化场所，主要职能是满足农村群众的阅读需求，一般设立在行政村，由村民自主管理，配备有一批图书、报刊和电子音像资料。农家书屋具备公共图书馆的常规外借、阅览和阅读活动服务，但农家书屋比图书馆规模小，由农民自主管理、使用，运行相对灵活，具有实用性、便捷性的特点。

农家书屋工程是一项全国性的文化惠民工程，国家新闻出版总署自 2003 年开始进行调研，面向农村寻找出版物服务农业、阅读助力农民致富的路径。2004 年，形成建设农民自主读书场所的方案。2005 年，为落实中央《关于推进社会主义新农村建设的若干意见》《进一步加强农村文化建设的意见》，选择北京市、贵州省、甘肃省等地开展农家书屋的试点工作，同年 12 月，在天水、定西、兰州等地开建农家书屋 15 个，并试点挂牌。可以说，农家书屋的实践，正式始于甘肃省。

2006 年初，中宣部负责人批示要求，在"十一五"期间，把农家书屋作为一项重要的文化工程。经过两年的实践探索，摸索出了一套可复制、可推广的运行模式，形成了具有创新性、独特性、便利性的建设经验，不同程度地促进了农村文化建设。2007 年，国家新闻出版总署、文明办、发改委和科技、民政、财政、农业、计生等八部委印发意见，制定建设标准，规定配备书目，在全国推广农家书屋建设工程。同年 8 月，《关于加强公共文化服务体系建设的若干意见》发布，把农家书屋列入五大文化建设工程。经过多年持续推进，2012 年实现了有条件的行政村农家书屋全覆盖，同年 9 月举行的总结大会指出，共建成农家书屋"60 多万个，投入资金 180 多亿元，配送图书

9.4 亿本、报刊 5.4 亿份、音像制品 1.2 亿张和影视放映设备 60 多万套"①，为农村提供了文化资源，初步实现了公益性、均等性、便利性的目标。

2016 年 12 月，文化部等五部委发布的《关于推进县级文化馆图书馆总分馆制建设的指导意见》②，要求将符合条件的农家书屋作为图书馆分馆，不符合条件的农家书屋列为基层服务点，成为总分馆机制的一种补充。2019 年，中宣部等十部委发布的《农家书屋深化改革创新 提升服务效能实施方案》，要求树立问题导向，在乡村振兴战略的实施过程中发挥农家书屋的作用，特别是进一步强化体制机制、数字化方面的工作，探索一条破解乡村阅读推广难题的路子。

虽然经济领域存在着不容忽视的差距，但西部欠发达地区农家书屋建设工程，经过多年努力，也实现了有条件的行政村农家书屋全覆盖。众多的农家书屋建成后运行状况如何，是主管部门、基层干部、人民群众长期以来关注的问题。现以 G 省和 F 县为例，通过实地调研，总结农家书屋建设的机制，汇总分析运行中存在的困境，就后续管理问题进行探索与思考。

一、G 省农家书屋建设的机制

G 省是较早实现农家书屋覆盖全部行政村目标任务的省份，较好地满足了当地农民群众读书、看报的文化需要，在丰富乡村文化生活、提高农民文化素质、提升农村文明程度等方面发挥了一定作用。

G 省作为一个经济欠发达省份，自实施农家书屋建设工程以来，得到了党委政府的重视，多数市州将此项工程列入政府为民办实事项目之一。在建设资金方面，中央财政按照每个农家书屋 2 万元的配置标准，给予西部地区 80% 的补贴，即每个农家书屋 1.6 万元；剩余的 0.4 万元，需要地方财政配套解决。《农家书屋工程建设管理暂行办法》规定，"每个农家书屋配置图书不得少于 1500 册、报刊 30 种以上、电子音像制品不得少于 100 张"③。G 省作

---

① 农家书屋工程大事记 [J]. 当代图书馆. 2008 (1)：70-71.
② 文化部，国家新闻出版广电总局，国家体育总局，国家发展和改革委员会，财政部. 关于印发《关于推进县级文化馆图书馆总分馆制建设的指导意见》的通知 [EB/OL]. http：//www.gov.cn/gongbao/content/2017/content_ 5216448. htm.
③ 关于印发《农家书屋工程建设管理暂行办法》的通知. http：//www.law-lib.com/law/law_view1. asp? id=261512.

为贫困面较大的省份，需要解决的民生问题较多，在财力有限的情况下，对农家书屋的重视支持与投入力度都是较大的。在管理方式创新方面，按照分级管理原则，建立了有效管理工作机制，在省级财政的支持下，运用数字化管理手段，建立全省农家书屋信息管理系统，完成所有农家书屋基本信息采集，初步实现了数字化的管理模式。在服务实践方面，选配了一支责任心强、热心公益事业的管理员队伍，大多数行政村的支部书记、村主任或文书，成为农家书屋的管理员。根据"以市带县、以县为主"的原则，各地普遍开展了农家书屋管理员培训教育业务，明确了责任，熟悉了业务，形成了机制，在一定程度上收到了初步的成效。在功能拓展、创新发展模式方面，通过农闲时间组织农民群众学习科普知识，初步形成了阅读氛围。每年都在农村组织开展形式多样的农民读书活动，譬如，通过组织果树种植、家畜养殖领域的各类专家，每年定期或不定期深入乡村，以农家书屋为载体，开展各类讲座及培训，使农民的科技、文化素质有了提高，取得了一定的效果。

从农家书屋的类型来看，包括基础阅读型、文化传承型、数字网络型、休闲旅游型四类农家书屋。从作用发挥来看，表现为五个"有助于"。

一是有助于学习型乡村的创建。农家书屋丰富了群众的农闲文化生活，成为农民的一种精神依托，使阅读成为农村的一种生活方式，营造了良好的阅读氛围环境。

二是有助于丰富农村群众的审美情趣。在信息化、网络化的时代，面对快餐文化、庸俗文化的冲击，农村公众往往会追求片刻视听快感，阅读呈现出缩略化、跳跃化、碎片化的特点，表现为实用代替审美、消遣娱乐颠覆心灵阅读。农家书屋所配备的图书都是经典、实用的图书，营造出安静、轻松的环境氛围，群众通过在农家书屋读书阅报，可以学习知识、品读经典、陶冶心灵、升华思想，还可以增强地域特色文化保护传承的意识。

三是有助于提高村民文化水平。农家书屋作为独特的阅读工程，承担着文献典藏、知识传播、文化传承的使命，成为文献资源聚集的平台、为农村公众提供基本阅读服务的载体，在乡村振兴战略下具有培育新型农民、农业农村工作创新平台的作用，具有思想文化知识传播的主阵地作用。通过出书、选书、配书、用书、读书，在农村公众自主安排闲暇时间的基础上，形成开卷有益的良好风尚，传播科学文化与生产生活知识，在农业生产与经营实践过程中得以应用推广，可以实现阅读提升与休闲娱乐、理论理念与实践经营的结合。

四是有助于形成良好乡风。农家书屋在提供良好阅读条件的基础上，注重发挥文化阵地和先进文化的引领作用，解读政策法规、推广农业技能、提升农民科学文化素质和道德水平、净化公众心灵、弘扬价值观。对于封建迷信、聚众赌博、打架闹事、传播是非等不良行为和修庙宇、建祠堂、占阴宅等民间民俗活动都有一定的削弱和扭转作用，营造出良好的文化环境、舆论氛围与阅读生态。

五是有助于搭建乡村"第二课堂"。在宣传部门的主导下，文化与教育部门对接合作，农家书屋与学校沟通衔接，增加适合学生阅读的绘本、童话、名著、教辅等书籍，配合学校开展思想品德、文化知识的补充教育，邀请教师、安排志愿者，免费对未成年人开展学习辅导、征文、知识讲座等活动，体现对留守儿童的关爱。形成学校教育与农家书屋辅导相结合的互补模式，发挥农家书屋的应有作用，为家长提供未成年人管护、辅导、学习的安全场所。

农家书屋工程在G省之所以能够打开局面，并通过多年来接力赛式的建设推进，实现了农家书屋村级全覆盖，究其原因，一方面，政府资金投入是实现农家书屋村级全覆盖的关键。调查显示G省自实施农家书屋建设工程以来，虽然做了大量的宣传动员工作，以期引导社会资本投建农家书屋，但十多年来仅收到社会各方力量捐资18万元，捐赠图书8万多册，捐建农家书屋11个。显然社会力量投建农家书屋的资金是非常有限的，政府财政投入才是保障农家书屋建设的关键所在。另一方面，政府的政策推动是实现农家书屋村级全覆盖的保障。从农家书屋建设过程来看，G省强化书屋建设的责任落实，实行业务主管部门逐级包干责任制，分片督察指导农家书屋工程的实施，确保了建设责任的有效落实。同时，通过强化宣传引导，形成了支持农家书屋建设的合力。G省农家书屋宣传工作主要利用各种传统媒体开展，通过多种形式对外宣传、交流。譬如，与中国青年报社联合做公益广告、发表理论文章和通讯报道、印制有农家书屋特色的扑克牌，宣传农家书屋，扩大工程的影响力，提高公众认知度，培养社会参与建设的意识。此外，还建立了农家书屋网站，形成了网络平台上的信息服务和信息反馈机制。

二、关于F县农家书屋制约因素的调查分析

笔者选取F县作为西部欠发达地区的代表,来探究农家书屋的运行境况。之所以选择F县作为调查对象,是因为F县是国家级贫困县,是典型的西部欠发达县域,一直备受党中央、国务院及社会各界的关注。同时,F县又是文化大县、文化名县,即使在农村地区,广大农民群众也有着传承优秀传统文化的深厚意识,对子女的教育极其重视。在F县的乡镇,农村人口基数最多,属于经济发展滞后的山区乡镇,交通不便,其农家书屋的建设和运行方面,也具有一定的研究价值。因此,以问题导向,通过F县农家书屋运行中的困境,由点及面,折射出当下西部地区农家书屋所共有的一些问题,以期各地借鉴、改进。

(一)基本运行情况

笔者参加调研组,采取实地察看、清点数量、查阅记录、数据分析和座谈交流等方式,对F县的18个乡镇(其中7个乡镇全部调查,11个乡镇抽样调查)、107座农家书屋管理和开放情况进行了调查,占全县已建成农家书屋数量的38%。为了确保调查数据的可靠性,笔者还走访了18个乡镇政府有关部门,并与乡镇政府综合文化服务中心负责人进行了沟通交流,同时也走访了乡镇政府所在村的农家书屋,并收集了相关资料。根据调查发现,有三分之一的农家书屋管理运行良好,也有三分之一的农家书屋处在半开放半关闭状态,还有三分之一的农家书屋处在瘫痪状态。具体调查结果如下。

1. 基础设施情况

107个农家书屋都建在村委会办公场所,大部分建筑为1层砖瓦房,小部分为2层楼房,房间宽敞明亮,阅读环境较好。设置专用房屋方面,60个农家书屋有专用的房屋,面积在$15m^2$至$20m^2$之间,占总数的57%;17个农家书屋没有专用房屋,与办公室或会议室合用,面积在$20m^2$至$50m^2$之间,占总数的16%;有30个农家书屋因整村移民搬迁的原因,图书集中存放在乡镇综合文化服务中心,占总数的27%。阅读设施方面,有89个农家书屋摆放了专用书架(书柜)、书桌和座椅,占总数的84%;18个农家书屋没有摆放专用书架(书柜)、书桌和座椅,占总数的16%。取暖设施方面,66个农家书屋有取暖设施(均为煤炉取暖),占总数的62%;41个农家书屋无取暖设施,

占总数的 38%。消防设施方面，全都没有配备消防设施。

2. 日常管理情况

所有书屋均有专人管理，一般为村党支部书记、村民委员会主任或文书，以文书居多。悬挂标牌方面，93 个农家书屋悬挂有农家书屋标牌，占总数的 88%；14 个农家书屋没有悬挂农家书屋标牌，占总数的 12%。公布"三项制度"（即《管理制度》《借阅制度》《岗位职责》）和"四公开"（即开放时间、管理员姓名、联系方式和监督方式）方面，有 46 个农家书屋张贴上墙，位置醒目，占总数的 43%；61 个农家书屋没有张贴，占总数的 57%。图书分类编目方面，57 个农家书屋图书分类编目，上架摆放整齐，占总数的 54%；50 个农家书屋图书没有进行分类编目，摆放混乱无序，占总数的 46%。图书登记造册方面，38 个农家书屋有图书目录，登记造册完整准确，占总数的 36%；69 个农家书屋没有登记造册，无图书目录，占总数的 64%。借阅记录方面，96 个农家书屋有借阅记录，借阅归还信息记载清晰，占总数的 91%；11 个农家书屋没有借阅记录，占总数的 9%。

3. 开放借阅情况

通过查看借阅记录和询问了解，有 86 个农家书屋经常开放，占总数的 81%；有 7 个农家书屋在节假日或农闲时间等节点开放，占总数的 7%；有 14 个农家书屋不具备开放条件，基本不开放，占总数的 12%。

4. 补充更新情况

近四年，F 县对农家书屋进行了出版物补充更新。根据此次调查的情况看，F 县的 85 个农家书屋，补充更新图书已配送到位并上架借阅，占总数的 80%；6 个农家书屋，补充更新图书配送到位，但未整理上架，占总数的 6%；16 个农家书屋，因整村搬迁图书存放在县新华书店，没有配发，占总数的 14%。

（二）现实的困境

1. 存在图书流向其他渠道的现象

部分行政村在撤并过程中，农家书屋出版物存在流失现象，出版物去向有待进一步查明，登记不够齐全。个别乡镇、行政村干部代管农家书屋出版物，但将图书存放在家里，未向当地村民开放外借，群众的意见比较大。部分行政村随意变更农家书屋地址，随意转移整合和拆解出版物。部分农家书屋出现硬件设施和出版物损坏丢失现象；调查中发现个别农家书屋出版物存在滞留积压、流向其他渠道的问题。

根据清点统计情况来看，107个农家书屋中，有9个农家书屋阵地丢失，主要集中在整乡搬迁的三个乡镇，涉及2个行政村、7个自然村。25个农家书屋图书严重流失（流失500册以上），11个农家书屋流失比较严重（流失300册至500册），9个农家书屋图书有流失现象（流失100册至300册），20个农家书屋图书借出未还（长期未还100册以下），发生流失现象和借出未还的农家书屋合计达到65个，流失图书23300余册，占此次调查农家书屋数量的61%，占全县已建成农家书屋的20%。通过以上数据可以看出，F县农家书屋图书流失的现象是存在的，这不仅是国有资产流失的问题，更是宣传思想文化阵地丢失的问题。

2. 专职管理员队伍缺失

农家书屋的管理员基本上都由村干部兼任，也有少部分管理员由退休回乡的公职人员和乡村教师兼任，都属于无偿义务服务。由村干部兼任的管理员，他们平时既有村委会的工作，又要从事农业生产经营活动，大部分不能保证农家书屋每天处于开放状态，且管理人员变动的随意性较大。近年来，多次组织农家书屋管理员培训，但是村级基层组织换届后，管理员变更频繁，前任管理员"一走了之"，没有交接书屋的资产，新任管理员"初来乍到"，家底子不清，又缺乏专业知识培训，不会分类编目和登记造册等基本技能。再加上思想认识跟不上，认为农家书屋是摆设，是面子工程，导致责任意识淡化，工作标准降低。

3. 管理水平不均衡

个别农家书屋至今对出版物未进行分类、编号、登记，图书随意摆放，底数不清，缺少台账资料；对新任农家书屋管理员未进行培训；一些行政村农家书屋基础设施建设仍不到位，房屋、书架、桌凳配备问题至今未能解决，出版物仍打包存放。管理员不善管理、责任心不强。部分农家书屋存在管理不善和建设滞后的问题，一些农家书屋未常态化开放，农家书屋桌椅、书柜不齐全，农家书屋标牌丢失。个别农家书屋管理员不负责任，造成书屋管理混乱、登记不全、长期不开门、不开展服务的问题。

通过调查发现，一些农家书屋没有借阅记录或借阅记录不完整，存在应付检查的情况。这些现象在山区乡镇比较集中，川区乡镇较少，山区和川区农家书屋管理水平差距较大，标准化和规范化管理不均衡。

4. 开放借阅不平衡

F县一部分农家书屋开放借阅情况不容乐观，存在着"有图书、无读者"的尴尬境地。通过借阅记录可以看出，有的农家书屋自建成以来，借阅记录仅有1到2页，有的农家书屋一年借出图书几册或十余册，有的农家书屋一年借出图书数百册，还有的因管理人员忙于其他村务，不能保证书屋经常性开放。从借阅群体看，借书的80%以上是种植户、养殖户和中小学生，所借图书主要集中在蔬菜种植、牛羊养殖等农业科技图书及少儿读物、小说等类别，大部分的图书处于闲置状态。借阅管理也不够规范，都是本村居民，都很熟悉，存在图书长期借出不还和流失的现象。此外，由于年轻人平时大多外出务工，再加上网络化、数字化阅读的冲击，近年来，F县以农家书屋为载体开展的读书活动较少，未能引导群众形成良好的读书风气和阅读习惯。

（三）问卷调查分析

本次调研还开展了问卷调查，主要从农家书屋的直接受益者——农民的视角出发，内容主要集中在农民对农家书屋的知晓度、农家书屋的规模、管理人员情况、书籍的借阅情况以及制约发展问题方面，共发放调查问卷两次，第一次在某行政村发放问卷65份，回收有效卷63份；第二次在某县发放问卷1000份，回收有效卷964份。结合走访、座谈、问卷统计分析，F县农家书屋现实运行的困境，可以总结为四个方面。

1. 可持续发展的经费缺失，管理人员待遇未得到解决

经过专门核算，单个农家书屋基础建设投入至少需要3万元，以这个标准来看，西部欠发达地区大规模的农家书屋建设经费，是一笔庞大的支出，再加上书架设施等，对于经济欠发达的西部地区来说，难度还是相当的大。因此部分书屋基础设施建设相对滞后，有的以原有的闲置房屋作为书屋，视觉效果一般，阅读环境较差。目前，西部地区农家书屋的基础建设已经结束，农家书屋硬件建设都相当困难的西部地区，未将管理员工资、书屋日常运行经费列入预算。建成后众多的农家书屋，除主管部门组织补充更新过一次出版物外，多年来再未有变化，个别行政村的农家书屋得到过公益组织或个人的捐助，补充更新了一些书刊，但这仅仅是个别现象，也是一种不稳定的补充,真正解决问题还需要政府的长期投入,将图书补充经费列入财政预算。

西部地区农家书屋运行过程中,面临更为重要的问题是,图书管理员岗位待遇未得到解决。F县的现实情况是,农家书屋管理员大多数由村干部兼职,多数村由村文书来管理,或者由人实在、耐心好的村民奉献服务,这些管理员总体还比较负责,但是在整村搬迁,或者乡镇、村委会换届后,因人员变动造成图书流失的现象比较严重。此外,有的地方管理人员是村干部,有的地方管理人员是退休教师,有的地方管理员是村民,都是义务管理的性质,没有任何报酬,也没有任何补助。在市场经济的社会背景下,坚持按规定开展服务的管理员,由于没有任何报酬,难以为继,一定程度上影响了积极性。因此,农家书屋管理员的待遇问题有待研究解决。

西部地区农家书屋实现正常运转,举办各类读书活动,拓展各类服务功能,都缺乏必要的经费来源。由于西部地区农村的村集体经济力量十分薄弱,依靠基层乡镇和村级财力难以负担、维持各类阅读活动的开展。而现实的情况是,乡村两级无力保障,县级财政也未列支经费,运转经费缺乏来源,因此难以保证正常运行。

2. 大部分农民对读书并不感兴趣,信息化时代有替代品的存在

在关于农民群众一年能看几本书的调查过程中,通过统计分析农民群众年度阅读情况调查表可以看出,31.5%的调查对象常年不读书,45.5%的调查对象每年读1~2本书,77%的调查对象每年阅读的图书在2本以下;15.4%的调查对象每年读3~5本书,7.6%的调查对象每年读6~10本书,没有读11本书及以上的情况出现(表12-1),根据国民阅读调查数据,城镇居民平均每年阅读10本及以上纸质图书的比率为11.1%。

根据第17次全国国民阅读调查数据来看,城镇居民综合阅读率为86.4%,农村居民为75.2%,城镇比农村高11.2%,纸质图书、期刊和报纸阅读率城镇比农村依次高18.1%、11.5%、12.9%(表12-2[①]),城镇比农村的阅读量、阅读率高出很多,城乡差别非常明显,结合这次调查数据,也可以看出西部农村地区阅读率相对更低,还有很大的提升空间。

---

① 中国新闻出版研究院. 第十七次全国国民阅读调查报告 [EB/OL]. http://www.199it.com/archives/1040053.html.

表12-1：农民群众年度阅读情况调查表

读书情况	0本书	1-2本书	3-5本书	6-10本书	11本书及以上
人数（人）	324	467	158	78	0
比例（%）	31.5	45.5	15.4	7.6	0

表12-2：城乡纸质文献阅读率统计表

项目	图书阅读量（本）	图书阅读率（%）	期刊阅读量（份）	期刊阅读率（%）	报纸阅读量（份）	报纸阅读率（%）
城镇居民	5.48	67.9	2.58	24.6	23.28	33.5
农村居民	3.73	49.8	2.02	13.1	8.1	20.6
城镇高于农村的值	1.75	18.1	0.56	11.5	15.18	12.9

表12-3：受统计农民的消遣方式调查表

方式	看电视	玩手机	下棋、打牌等	上网	听广播	看书报	闲逛	其他
人数（人）	807	723	642	108	78	71	264	86
比例（%）	78.6	70.4	62.5	10.5	7.6	6.9	25.7	8.4

为什么农民群众会如此不喜欢读书？以至于对传统的纸本图书阅读并不感兴趣，即使农家书屋的作用发挥不太理想，农民群众也并不关注，更不愿意向有关部门反映自己的诉求。在这一问题上，笔者就农民群众喜欢以什么样的方式去打发闲余时间的问题，开展了开放式的问卷调查，题目设置为多项选择，被调查对象可以同时选择几项答案，以求了解到真实的情况。通过调查可以发现，如表12-3所列数据显示，选择看电视的群众807人，占总人数的78.6%；选择玩手机的群众723人，占总人数的70.4%；选择下棋、打牌的群众642人，占总人数的62.5%；选择上网的群众108人，占总人数的10.5%；选择听广播的群众78人，占总人数的7.6%；选择看书报的群众71人，占总人数的6.9%；选择闲逛的群众264人，占总人数的25.7%；选择其他方式的群众86人，占总人数的8.4%。经过口头询问，了解到其他方式主

要以喝酒为主。由此可以看出,大多数受调查的农民都会选择看看电视或者下棋、打牌等娱乐方式消遣时间,年轻人平常更喜欢上网、玩手机,因此也就没有阅读传统纸本图书的兴趣。根据学者威尔伯·施拉姆研究,"选择可能性=报偿的保证/费力的程度"①,调查的结果证实了这一公式,超过一半的农民由于不愿看书,从来不去农家书屋。一般情况下,群众更愿意选择消遣的形式达到休闲的目的。根据第17次全国国民阅读调查数据来看,"城镇居民数字化阅读方式接触率为84.4%,农村居民接触率为73.2%,城镇比农村高11.2%"②,相比之下,本次调查中72%的对象选择玩手机,并不算高。农村与城市在数字化阅读的接触上,差距并不大,众多的农村居民愿意用新型的阅读载体获取信息、学习知识、了解未知事物。在纸质图书、期刊、报纸阅读量和阅读率方面,农村与城镇的差距短期内难以补齐,但以手机为主的介质阅读上,随着网络的发展、手机的普及,城乡差距并不难解决,因此农村居民利用手机阅读的占比,持续提升的空间还较大。

3. 图书实用性不够强,更新不够及时

在调查中,当问到有多少群众来农家书屋时,80%的管理员表达了同样的困境:农家书屋刚投入使用的一段时间内,每次开放时间来看书、借书的村民还比较多,但现在基本上没有群众来农家书屋看书了。出现这种境况的原因是多方面的,需要结合实际情况具体分析,但最为主要的原因是农家书屋的图书配置与农民群众的阅读需求之间差距比较大。

随着时代的进步、信息技术的发展,农民的阅读需求不再只满足于文学、少儿等书籍,还包括其他多样化的需求。譬如,实时更新的种植养殖技术、音像制品等,而农家书屋配备的图书实用性本身就有待商讨,建成后只补充过几十册或者一百余册图书,持续更新的机制还没有形成。大多数书屋依旧是十二年前供给的图书,其版本极为陈旧,除补充了几十册图书外,再没有开展过图书交换、流动、更新,远远达不到书籍定期流动、更新的基本要求,与理想的常态化更新目标还有很大差距。通过调研,统计分析农民群众阅读

---

① 吴可.我国农家书屋阅读推广研究—以黑龙江省为例[D].黑龙江大学硕士学位论文,2017,(3).

② 中国新闻出版研究院.第十七次全国国民阅读调查报告[EB/OL].http://www.199it.com/archives/1040053.html.

需求情况，可以发现农民群众需要的生活类图书占到总需求的29%，教育类图书占到总需求的24%，文学类图书占到总需求的19%，这三类图书合计占比为72%；科技类图书占到总需求的15%，政经类图书占到总需求的8%，其他类图书占到总需求的5%，这三类图书合计占比为28%（表12-4）。

表12-4：农村公众的实际阅读需求分类占比统计表

分类	生产生活	儿童教育	现当代文学	农业生产科技	政治经济	其他
占比（%）	29	24	19	15	8	5

为了对比农家书屋现有图书与农民群众阅读需求之间的差距，调查中专门选取一个农家书屋开展统计，其中生活类的图书126册，教育类的图书192册，文学类的图书88册，这三类图书合计406册，占这个书屋图书总数的35%。通过对比可以发现，农民群众需要的生产生活类、少年儿童类、现代文学类图书占总需求的72%，而农家书屋实有的三类图书，占图书总数的35%。这从一个侧面说明农家书屋的图书配置，与农民群众的阅读需求相差比较大，这也是导致农民群众不愿阅读纸本图书的一个重要原因。

4. 管理体制有待进一步完善，亟待推广农家书屋数字化工程

农家书屋在建设初期，就按照规范化管理规定，建立了管理及运行制度，但F县大多数农家书屋的图书借阅业务未能常态化开展，管理工作不尽完善，各项阅读服务活动还有待加强。笔者对F县多个农家书屋进行走访后发现，一些交通便利、村民居住较为集中的行政村，农家书屋管理员大部分由村干部兼任，农家书屋开放时间较长，借阅情况也较好，一般来说位于乡镇政府所在地的行政村，人员集中，每天或者每两天、每三天，有半天时间正常开放。而一些交通不便，村民居住较为分散的行政村，农家书屋门口的铁锁已是锈迹斑斑，内部更是厚厚的灰尘，从表面状况就能看得出，这些农家书屋利用率比较低。

按照F县关于农家书屋的最低开放时间要求，每周需要开放15个小时，但通过调查发现，二十个农家书屋都不符合开放时限的规定，表现为开放时间不足，而且不定时（表12-5）。

表12-5：农家书屋运行频次调查统计表

运行频次	未运行	一至两次	三至四次	四次以后
调查对象（个）	15	4	1	0
比例（%）	75	20	5	0
是否定时开放	是		否	
书屋管理员（人）	4		16	
比例（%）	20		80	

如表12-5显示，以所调查的农家书屋每周开放次数来看，75%的农家书屋基本不开放，如遇到有群众找来借书时才开放；每周开放一至两次的农家书屋，占所调查农家书屋总数的20%；每周开放三至四次的农家书屋，占所调查农家书屋总数的5%；在二十家调查对象中没有开放四次以上的农家书屋。通过与前文对比，可以发现问卷调查的数据与实地调查的数据存在不一致的情况，结合实地走访、问询的实际情况来看，问卷调查的数据更为准确。

在图书借阅、归还制度的执行方面，图书归还制度不健全，开放、借阅制度执行起来随意性较大，当问到图书的归还情况时，35%的群众认为八成的借阅图书能按时归还，60%的群众认为一半的借阅图书能按时归还，5%的群众认为三成的借阅图书不按时归还，图书借出登记与抵押等制度执行不到位。有的群众在交谈中提到，一些受欢迎的图书，有的被村干部和附近的商户借走了，但是借走之后部分再未归还，实际存在个别图书流失的现象。

从数字化阅读的情况看，西部地区农家书屋的数字化建设工程亟待推广。调查发现，农村群众显性的阅读需求低下，与农家书屋工程解决农民借书、看书难的预期不相符，但这不等于农民没有文化、知识、信息等方面的需求，恰好相反，信息化时代，农民也有着强烈的数字化阅读需求与期待。因此，西部地区农家书屋需要适应信息化时代的变化，需要迎合数字化阅读发展的新趋势，通过网络平台支撑，开展网上文明实践系列活动，以促进广大群众科学文化水平和文明素质提升。目前，西部各地已基本达到了县、乡、村都拥有文化信息资源共享工程设备的条件，网络普及的程度已经很高了，行政村宽带网络全覆盖指日可待。在实际应用过程中，文化信息资源共享设备也有成为摆设，或者移作他用的情况，但这种现象正在改变。虽然西部欠发达地区农家书屋同图书馆、乡镇综合文化中心等文化资源之间达成资源共享，还有很长的一段路要走，但可以预见的是，推进农家书屋数字化建设工程势在必行，而且可以期待。

第十三章 保障农家书屋正常运转的建议

农家书屋是一项服务于农民的文化阵地建设工程,从目前面临的困境来看,实现农家书屋的正常运转,是一项需要社会各界合力破解的难题,可以说,保障农家书屋的正常运转十分必要,而且迫在眉睫。

一、保障西部地区农家书屋正常运转的意义

农村群众最欢迎实实在在的项目,应通过配送实用的图书、音像资源,安排公益性文化岗位,提供必备的运转经费,实现西部地区农家书屋的正常运转,发挥出文化惠民工程的应有作用。通过阅读推广活动的开展,使农民群众感受到农业科技等书籍的实际用处,逐步改变农民群众普遍不读书的状况,提升这一区域农民的文化自觉度,因此,保障西部欠发达地区农家书屋的正常运转具有重大的现实意义。

就西部欠发达地区来说,农家书屋是小题目,但可以做大文章。乡村振兴战略不仅需要增加人气、提升基础设施水平,更需要"走乡村文化兴盛之路"①。实施乡村振兴战略,建设新时代文明实践中心,需要农家书屋这样的文化阵地来支撑,实现农家书屋的正常运转,可以有效保障农村群众的阅读权益,为乡村振兴提供精神文化条件。提升农家书屋运行水平,改善西部农村地区读书条件,使正能量占领农村文化阵地,通过坚持不懈的引导,让农民群众从不理解、不愿意读书,到逐步感受到阅读的用处、好处,这一过程中可使农民群众的观念发生变化,提升对阅读的认同度,有利于培养新型农民。因此,西部欠发达地区应当把农家书屋作为新时代文明实践中心的组成部分,通过久久为功的建设和引导,持续依托农家书屋开展阅读活动,将阅

---

① 梁言顺. 凝聚起农家书屋改革创新的强大力量——在农家书屋工作领导小组会议上的讲话 [EB/OL]. http://www.zgnjsw.gov.cn/booksnetworks/contents/412/400369.html.

读活动纳入文明实践系列活动之中,引导形成创建文明乡村的氛围,为广大农村带来书香气息,进一步扩大受益面,提升农村文化生活品位。

总而言之,发挥好农家书屋现有的职能作用,不断提升运行水平,进而建设乡村图书馆,是乡村振兴背景下提高农民文化水平的时代要求。西部欠发达地区农家书屋的正常运转、良性发展,将有助于缩小地区间的差距,为乡村振兴提供智力支持。

二、改善西部地区农家书屋运行困境的对策

2019年,中宣部等十部委发布的《农家书屋深化改革创新 提升服务效能实施方案》,要求树立问题导向,"解决图书设施闲置、体制机制不活、内容不合口味、数字化程度不高等问题"①,探索在乡村振兴战略中发挥农家书屋应有作用的路径。

西部欠发达地区面对数以万计的农家书屋,要解决上述问题,实现其正常运行,必须改变农家书屋现有的管理机制与服务模式,紧密结合西部地区农村生产生活实际,制定规范的、实用的、可行的制度,切实加强农家书屋后续管理,提升管理和服务水平。

(一)通过专项整改,解决阵地弱化和图书流失的问题

农家书屋建设是国家层面主导实施的农村文化工程,建成后如果不再持续投入、加强管理,就会造成这一阵地的弱化,甚至无疾而终的不良状况。西部各地应当在机构改革之后,按照职能分工,组织有关部门,开展农家书屋调查检查,重点针对阵地弱化、图书流失和管理员队伍建设、后续保障资金、国有资产监管职责不到位等问题,以县级主管部门、乡镇为主体,研究制定专项督查方案。采取全面检查、交叉检查和暗访调查相结合的方式,组织开展农家书屋标准化、规范化管理专项检查,加强国有资产管理,解决个别农家书屋阵地丢失、图书流失的问题。特别需要关注在城镇化建设进程中,因行政区划变更、撤销、迁移、合并等原因导致农家书屋消失或图书流失的问题。应当在调查研究的基础上,建立长效机制,定期开展农家书屋监督检

---

① 中宣部等十部门印发《农家书屋深化改革创新提升服务效能实施方案》[EB/OL]. http://www.gov.cn/xinwen/2019-02/26/content_ 5368689.htm.

查，进一步完善开放和借阅制度，抓好制度的落实，巩固农家书屋阵地。

西部各地的政府主管部门需要改变农家书屋建成后不再跟进管理的状况，定期开展对已变更的管理人员培训，重申制度要求，明确职责任务，使其搞清管理和服务流程，及时反馈农民读者的相关阅读需求。发现并处理日常管理中存在的苗头性、倾向性问题，确保农家书屋阅读环境整洁明亮、经常性开放、借阅便利、归还及时。

在做好问题整改、完善运行机制的同时，西部各地应继续推行并深化县级图书馆统一开展业务指导的模式，建立科学的管理标准，使图书资源管理责任化、刚性化。通过持续加强对图书管理员的指导，建立分类登记账，管理好图书、音像制品和杂志，做好防潮、防晒、防虫、防尘、防火"五防"工作，保证财产安全。实行借书交纳押金和归还期限制度，开展提质增效创星级活动，创评星级农家书屋，最大限度地发挥图书的使用效益，真正让农家书屋扮演起综合性文化场所的主导角色，成为新时代文明实践中心建设的重要阵地。

（二）完善运行机制，解决管理不规范的问题

要使农家书屋在广大农村地区扎根并开花结果，后续规范化的管理是一个至关重要的环节。因此，应当在继续落实各项管理制度的基础上，结合各地实际，进一步研究制定切实有效的管理办法，充分调动基层的力量，把责任落实到乡镇政府或村委会、学校等单位的负责人身上。

针对西部欠发达地区农家书屋建设实际，应由地方行业主管部门分析当前农家书屋运行中存在的机制问题，建立健全长效运行机制。笔者认为应当坚持政府主导、社会参与、村民自理的原则，进一步健全和完善四项机制，为规范化运行提供标准。

1. 完善书屋考核评审机制

制定农家书屋考核、评审标准和制度，以县为单位实行年度考核，对农家书屋的建设运行、日常管理和图书使用情况，由上级管理部门进行统一考核、评价，根据运行状况下年给予不同档次的资金补助。

2. 完善书屋多元管理机制

建立管理员选拔培训考核制度，为每个村安排一名公益性文化岗位人员，担任图书管理员，实行图书管理员由村社推举、由乡镇选送、由县区考核的

综合管理方式。

3. 建立图书丢失损毁赔偿机制

探索建立有效的规章制度，确保图书不流失、不损毁，对于丢失阵地的问题，应当督促重建，对于图书流失的，需要追回或重新购置赔偿。

4. 建立图书资源统筹流动机制

按照国家新闻出版署关于印发《2020年农家书屋重点出版物推荐目录》的通知要求，"确保每年每个农家书屋补充更新图书不少于60种、开展阅读活动不少于4次、出版物配备资金不少于2000元"。[①] 按照这一要求，可以探索"群众点单"服务模式，形成公共图书馆在农家书屋设立服务点的机制，通过新华书店、邮政等渠道开展图书物流配送，形成一套完整的图书资源流动制度，根据农家书屋所藏图书目录，进行图书流转互换，依据农民群众的实际需要，及时补充、定期更换、常态流动。

（三）完善投入机制，解决经费缺失的困境

当前，西部地区的农家书屋大多没有专项运行经费，难以实现正常运转，完善资金保障机制迫在眉睫。现行的农家书屋运营机制，由省级主管行业部门配送图书，市级主管部门统筹指导，县级行业部门负责监管，县级图书馆负责业务指导，乡镇政府是运行的主体，村一级负责日常运营。由于多个层级的责任体系，加上没有稳定、持续的经费投入来源，导致相当一部分农家书屋无法正常运转。

当前农家书屋出版物补充模式为，由国家行业主管部门提出推荐目录，再由省级主管部门负责集中采购配送，这种模式下所选配的图书品种雷同，无法兼顾地域文化差异性和不同民族、不同主导产业地区的个性化阅读需求，对于多民族、多个产业、多种文化生态并存的西部地区来说，更是如此。因此，需要将选书、采购权限下放到县一级，在控制总量、总码洋的基础上，探索不同地区、不同采购目录的图书选配措施，以提升图书采购的针对性、实用性。中宣部等十部委发布的《农家书屋深化改革创新 提升服务效能实施方案》要求，"推动农家书屋和基层图书馆互联互通，指导新华书店将农村

---

① 国家新闻出版署关于印发《2020年农家书屋重点出版物推荐目录》的通知[EB/OL]. http：//www.zgnjsw.gov.cn/booksnetworks/contents/399/415813.html.

发行网点建设与农家书屋管理使用相结合，解决好农家书屋服务最后一公里问题"[1]。就西部地区而言，承接这一要求，可将县级政府界定为县域农家书屋正常运转工作的主体，由县级政府牵头，将书屋的正常运转工作交由行业主管部门负责，乡镇政府配合做好管理工作。由县级图书馆开展定期、定量的图书流通更换，协调邮政公司负责图书的物流配送，推动新华书店开设乡村网点，推行"群众选借新书、公共财政买单"业务，提升群众自主选借新书的比例，以解决资源利用率不高的问题。

西部地区需要将图书补充更新、管理员工资和日常运转经费纳入县级财政预算，通过政府财政的保障，实现农家书屋的正常运转。在国家层面相应的法规和政策未出台前，可以制定地方性的政策，譬如，为每个村配备一名公益性文化岗位人员，作为农家书屋管理人员，享受护林员、保洁员同等待遇，将农家书屋管理员工资补贴纳入财政预算，实现管理人员队伍的相对稳定。同时，可以与乡村振兴、新时代文明实践结合起来，建立部门、单位相对应的扶持机制，在确保农家书屋正常运转的基础上，鼓励各单位支持帮扶村农家书屋发展。

从国家政策来看，国家新闻出版署2020年印发的通知，要求"用好中央补助地方公共文化服务体系建设专项资金，落实农家书屋工作经费"[2]。从长远发展看，西部各级政府应当"从书刊补充、管理员报酬和运行成本等方面确定最低标准，纳入财政预算，明确各级财政配套资金的分担比例"[3]，将农家书屋工程纳入乡村振兴战略和新时代文明实践中心建设规划，保障正常运转，为转型升级打好基础。

（四）探索多种开放形式，解决应用不足的问题

西部欠发达地区对于条件差、设施不达标的农家书屋，或者不具备建设农家书屋条件，但当地有学校的行政村，可以考虑将农家书屋与学校的图书室结合起来建办，资源共享，优势互补，利益均沾；没有学校的行政村，可

---

[1] 中宣部等十部门印发《农家书屋深化改革创新提升服务效能实施方案》[EB/OL]. http://www.gov.cn/xinwen/2019-02/26/content_5368689.htm.
[2] 国家新闻出版署关于印发《2020年农家书屋重点出版物推荐目录》的通知 [EB/OL]. http://www.zgnjsw.gov.cn/booksnetworks/contents/399/415813.html.
[3] 高峰. 平凉市农家书屋后续建设对策研究 [J]. 甘肃科技, 2017, (24): 69-70.

以与文化大院、文化中心户培育结合起来，解决阵地不足的问题，还可以与便民超市结合起来，把图书、农村生活用品、农副产品集中起来，村民在购买日常用品的同时，可以翻阅或借走需要的图书。

随着城市化进程的加快，大量农村向城市社区转型，这些地方的农民也有阅读需求。因此，农家书屋也应当向这些社区延伸，在社区可以开辟书屋经营渠道，将农家书屋与茶室、奶茶店等结合，有条件的社区也可以建设社区书房，营造休闲娱乐环境，吸引更多年轻人来此落座，在轻松、愉快的氛围中，增加阅览书籍的乐趣。

（五）有针对性地加以引导，解决乡村阅读氛围淡薄的问题

西部地区农家书屋的正常运转，在硬件建设、图书更新、管理人员待遇和日常运行经费保障这四个问题得到解决之后，面临的关键问题是如何破解广大农民群众不喜欢读书的问题。农民群众重视纸质书刊阅读意识的培养，读书兴趣的调动，阅读习惯的形成，比经费、人员、图书缺失的问题更难解决，需要更长的时间，需要更加持久的引导推动。这一困境的破解，仅靠各地政府的推动，是难以实现的，需要社会各方力量共同关注，采取得体有效的方式加以引导，形成乡村阅读、书香农家的氛围。

根据第 17 次全国国民阅读调查数据来看，"公众对举办阅读推广活动的呼声很高，68.2%的公众认为需要举办阅读推广活动，其中 67.4%的农村群众认为政府应当开展阅读推广活动，比城市的呼声仅低 1.5 个百分点"[1]。因此，应当解决农村文化人才、文化资源匮乏的问题，"尽力满足农民求知致富和丰富其精神文化生活的愿望"。在乡村阅读推广过程中，社会各界需要通过开展一系列主题阅读活动，调动农民群众读书的热情。

从政府层面来看，可以为从事种植、养殖、农业产业化等需要实用图书的农户，有针对性地提供一批图书，培养树立阅读助力发展的典型农户，通过读书带来的实际好处，带动周围群众阅读。或者通过评选读书之星、奖励图书等方式，让群众看到阅读的利好，从而产生读书的兴趣。从学校层面来看，可以开展"小手拉大手"亲子阅读活动，在针对农村未成年人的阅读推

---

[1] 中国新闻出版研究院. 第十七次全国国民阅读调查报告［EB/OL］. http://www.199it.com/archives/1040053.html.

广成功之后，带动家长共同阅读。从阅读推广的社会组织来说，应当把各类阅读推广协会、读书组织的活动，延伸到农村地区，针对农村实际，组织开展多种层次的、形式多样的、丰富多彩的专题阅读推广活动，使广大群众感受到读书的乐趣。

  从行业主管部门来看，西部欠发达地区相关政府部门，可以把围绕农家书屋开展的活动，纳入新时代文明实践系列活动之中，根据乡村实际情况，组织开展各种读书活动。一方面，可以举办培训班，聘请农业、水利、司法等相关部门的专业技术人员，开展农业实用技术和法律知识培训。另一方面，可与青少年文化活动结合，利用周末或假期为农村留守儿童举办读书演讲比赛、读书征文活动、读书评比活动、灯谜会和棋类、体育比赛等。依托农家书屋开展文明实践活动，可以开通"农家书屋"学习强国号，让农民通过手机阅读电子书刊，学习农技慕课、开展农技交流，了解政策资讯、三农信息，欣赏惠民电影，参与主题文化活动。也可以利用信息资源共享设备，在农闲时间为村民播放经典影视节目、文化教育宣传片、科学技术专题电视节目；还可以借助农家书屋这一公共文化服务平台，采取赠送党建读物、宣讲党的政府文件精神等多种形式，将党的有关政策资讯送到农村，提升农民群众对农家书屋的认同度。在有新华书店经营网点，而且农家书屋作用发挥良好的乡村，可以尝试开展"农民选借新书、公共财政买单"服务模式，鼓励新华书店网点通过开展这项业务增加收入，选借图书用于出版物更新，为乡村图书馆建设奠定基础。

第十四章 西部地区乡村阅读推广定位的 SWOT 分析

SWOT 分析法，是一种经常用于规划企业发展战略的分析方法，主要围绕特定的资源进行外部、内部、机会、威胁四个方面的分析，寻求抓住机会、放大优势、缩小劣势、规避威胁的路径，进而选择适宜的发展策略。这里将 SWOT 分析法用于探索破解农家书屋困境的思路，直面新时代阅读媒介变化带来的威胁，找准农村阅读推广中存在的问题，展望乡村振兴背景下的利好政策和多重机遇，为农家书屋在乡村文化振兴中的作用发挥指明方向。分析时以外部环境变化为重点，侧重在时代背景下，归纳发展新机制、积聚新优势（表 14-1），以创新服务方式，提升乡村阅读推广的实效。

表 14-1：SWOT 分析的四个方面内容表

名称	英文及缩写	内容
优势	S（strengths）	促进农家书屋发展的客观因素，开展乡村阅读推广的原始积累，已经取得的经验、成效和优秀做法。
劣势	W（weaknesses）	以农家书屋为平台，开展乡村阅读推广的受限因素，需要破解的客观困境和主观消极面。
机会	O（opportunities）	新时代背景下，农家书屋面临的利好政策、经费支持、人力资源保障和整体文化氛围变化。
威胁	T（threats）	消费主义、城镇化、网络媒介等外部环境的改变，对传统阅读、农家书屋、乡村文化生态带来的威胁。

一、SWOT 分析

（一）优势（strengths）

1. 覆盖行政村的农家书屋阵地

普及到村的农家书屋，每个行政村均藏有几千册图书，每年或每两年有几十册图书的补充更新，已成为乡村的阅读文化阵地、公共文化空间，承载着文化传播、信息共享和阅读服务的功能，是乡村阅读推广的有效平台，也是助推全民阅读的重要载体。

2. 国家行业主管部门的持续支持

中央宣传部、国家新闻出版部门持续关注支持农家书屋建设、运行与发展，出台农家书屋建设方案、提升服务效能的方案，明确图书补充更新最低标准，持续发布重点出版物推荐目录，部署开展新时代乡村阅读季、阅读盛典和农村少年儿童阅读实践、小康年读书乐、发现乡村阅读榜样等活动，评选农民喜爱的百种图书，为乡村阅读推广奠定了良好基础。

3. 农家书屋所处的地理位置优势

西部地区的大部分农家书屋建设时，依托行政村办公地点或者学校闲置房屋，或者设在位于村子中心地带的商店、农户家中，周边居住的群众较为密集，为开展阅读推广活动提供了便利条件。

4. 有利于农家书屋数字化的良好基础

如前所述，农村群众数字化阅读方式的接触率达到 73.2%，仅比城市低 11.2%，在西部地区普遍接入宽带、5G 手机升级换代加速推进的背景下，城乡之间数字化阅读方式的接触差距在逐步缩小。当前，听书等数字化阅读方式已经成为城乡一体化的时尚行为，面向乡村的阅读推广需要迎合这一趋势，在农家书屋的基础上，建构数字化的阅读平台。农村群众通过手机、网络阅读的比率较高，对数字化阅读有着强烈的需求，建构适宜的阅读平台，配套激励措施，可以有效扩大乡村阅读推广的参与面。

5. 耕读传家的文化传承基础

中国传统文化的传承过程中，一直对读书比较重视，历来有耕读传家的古训，在现实层面开办义学、乡学，支持儿童启蒙教育；在精神层面，以读书为荣耀，对读书人高看一眼。目前，虽然受"读书无用论"、消费主义等思潮的影响，耕读传家的思想受到挑战，但在广大的西部地区，读书改变命运仍然是主旋律。随着物质生活的丰富，追求包括阅读在内的精神生活也成为一种新时尚，因此具有开展阅读推广的良好人文基础。

（二）劣势（weaknesses）

1. "书"的问题：存在供需错配现象，现有的图书配备相同、实用性不强

西部地区农家书屋所配置的图书，是八至十年前推进建设工程时，省上行业主管部门依照出版物推荐目录所统一选配的图书，以省域或市州为单位来看，每个农家书屋的配备基本相同，这种配备的优势是做到了普及意义上的均等。但从问题导向看，县域范围内不同书屋之间图书的流动、流转，一方面没有物流条件的支撑，图书馆流动图书车的运行也难以保障图书的流动；另一方面没有按照各地农民的具体需求配置图书，每个书屋都配备着相同的图书，书屋之间的图书流动也就显得没有任何意义。从配备的图书种类来看，文学、历史、少儿类书籍较多，社科类图书采编时能注重经典的选择，应当说选配了一批思想性、艺术性、可读性较强的图书，经典的图书一般都经历了长时间的沉淀，十多年来仍然具有较强的可读性。通过调查农民的实际阅读需求，反映出医疗、农林、科技、法律等实用图书的需求持续在增加，对政经类图书的需求在降低，但在书籍配备、补充过程中，农林科技、生产生活、卫生保健类图书的供给仅占两成，图书选择配送与需求之间存在着一定程度的错位。配置的图书种类与农民所需图书类目之间存在差距，供给与需求错位成为借阅率难以提升的原因之一，同时也存在结构不合理、纸质图书多而音视频资源较少等一些问题。从图书文献资源的总数量来看，达到了国家的基本标准，但西部地区留守的群众由于文化程度、阅读习惯等因素影响，更为喜欢杂志、报刊和音视频资源，更为愿意通过听书、观看视频了解实用技术、生产生活、卫生保健类知识。在农家书屋的补充更新方面，定期补充更新的机制与开始配备图书时相同，对补充更新的种类、数量做了规定，各个书屋配备基本相同，基层缺乏自主补充更新的权限和经费，补充更新的图书与群众实际需求之间匹配度也有待提升，供需错配、陈旧、更新慢的图书，缺乏对农民群众的吸引力。

农家书屋对口服务的产业是农业，配备了一批种植、养殖类图书。从产业异质化角度来看，西部不同地区的产业经营各有侧重，省域范围内虽然有占比较大的主导产业，但不同地区、县区间的农业产业也各不相同，统一的配备难以兼顾多样化的需求。农家书屋建设之初统一配备的产业技术类图书、音像制品，经过十多年的发展，农业产业化程度不断提升，原有的相当一部分图书已经被淘汰，或者已经难以指导实践。后续补充更新的图书，每年仅有七十册左右，而且每年不一定能轮换到更新序列，需要兼顾各个门类，因而做不到实时更新。农民群众仅有的阅读需求中，最关注的是实用性，针对性、实用性不强的问题成为制约阅读开展的重要因素之一。符合地域文化实际的、满足群众个性化生产生活的图书，需要在掌握需求侧的基础上，开展图书的精准采选和配送服务，西部地区还需要借鉴上海等东部经济发达地区经验，破解这一难题。

2. 运行经费欠缺，管理员待遇未能解决，常态化的开放机制没有形成

农家书屋由于公益属性，作用发挥主要体现于社会效益领域，无法产生明显的经济效益，主要依靠公共财政的支持。后续运行经费和管理员工资补贴的来源，目前还没有明确的规定和要求。据核算，一个农家书屋每年的正常运行经费至少需要5000元，单个运行经费并不高，但农家书屋覆盖至行政村，每个县域的数量较多，叠加起来的经费数额并不小，还未设立专项资金，没有形成健全的资金预算、监督、保障和财务管理的机制。西部地区社会力量支持农家书屋发展，主要以捐赠图书为主，经过统计G省社会力量捐建农家书屋的资金额度不到二十万元，以捐赠图书为主，但捐赠图书与农民群众的需求是否衔接也难以保证。西部欠发达地区对开展经营性的策略还有一定的障碍，大多还得依靠公共财政的支持。

从管理人员来看，大多数为村两委成员兼职，或者义务值守，管理员没有固定的报酬，兼职人员主要忙于主岗位业务和家务，用于农家书屋服务和开放的时间无法保证，出现无人值班值守的境况。西部地区由于经济欠发达，地方财政无力承担众多农家书屋的运行经费、管理员工资，致使七成左右的农家书屋开放难度较大。

3. 物流体系不健全，图书流通难

西部大部分农村地区，地广人稀，交通不便，道路建设层次低，缺少用于图书流通的车辆或物流条件，现代物流公司普遍因利益考量，对农村地区实际存在着地域歧视，因此个性化的图书阅读需求，难以快速送达，图书流通不及时。如前所述，农家书屋在配置图书时，以均等、普及为目标，书目统一而雷同，不同书屋之间的图书流通意义不大。农家书屋建成后，图书补充更新工作由当地新华书店负责，理论上约定由县级公共图书馆负责农家书屋的图书流动，主要指将县级馆的图书流通到农家书屋。在具体运行过程中，图书的补充更新每年或每几年仅有几十册，集中轮换配送一次，新华书店能完成这一业务。但图书流通，由于无专项经费的支撑，县级图书馆仅有的一辆图书流动车，受经费、人员等客观因素制约，无力承担这一业务，没有构建起图书流通的机制保障。用发展的眼光看，发达地区已经尝试图书送达业务，西部地区的物流体系还不够发达，网上购物对西部个别地区运费区别对待，西部农村地区的商业物流服务还是盲区，仅有国营的乡镇邮政服务网点，还难以支撑图书的无障碍流通。

4. 缺少农家书屋数字化平台，难以适应阅读新趋势

农家书屋工程自2007年实施以来，通过六年时间集中建设，提前三年实现了有条件的行政村全覆盖，不少农家书屋为了赶上进度、完成任务，采取调剂用房、临时周转等方式来落实选址和建设工作，对未来发展提升的考量不足，数字资源建设的配备不足，缺少基础条件。专业调查表明，超过七成的农村公众接触过数字化的阅读方式，这表明进入信息时代，城乡之间的阅读差距已经明显缩小，阅读推广的城乡鸿沟也将缩小。传统的纸质阅读需要倡导，而数字化的阅读方式已经成为大趋势，以农家书屋为主体的乡村阅读推广应当建立数字化平台，开通适宜农村群众的服务项目，提供实用的阅读内容，通过激励措施，吸引群众参与线上阅读推广活动。从当前的状况来看，农家书屋的数字化平台在西部地区搭建进展缓慢，多个地区还没有搭建专业平台，已有的平台还没有得到全面推广和应用，大多数农家书屋网络配置缺失，计算机、电视、阅读器等基本的电子信息化设备缺乏。

5. 现有的乡村阅读推广活动实用性、针对性、创新性还有待加强

随着城镇化加快推进，城市需要大量劳动力，外出务工成为西部众多农民的主要增收方式，农村的常住人口减少，留守人员以老人、孩子居多。基于农家书屋的阅读推广活动，平常主要以主管部门组织的讲座等形式展开，有的活动与公共图书馆的活动类似，符合乡村实际的活动比较少。乡村两级组织的活动，多以春节等节点为主，灯谜等活动比较常见，除此而外，一部分活动流于形式，个别活动甚至就是为了摆拍宣传照片，并没有细分参与人群，普遍以中年群体为主，但活动真正落地后发现内容设计与群众需求偏差较大，对有参与活动需求的老年人、未成年人、妇女等群体重视程度还不够，真正让留守人员满意的活动还比较少。

6. "人"的问题：主体性不强、缺少阅读者

西部地区大部分农村群众的受教育程度偏低，科学文化素质有待进一步提高，阅读习惯还未形成或者缺失，阅读的主动性不强，被动阅读的机会也不多，因而农家书屋的一些资源被闲置。农民在农家书屋的建设发展过程中缺乏主体性，对农家书屋、阅读推广的重要性认识不够，认为乡村阅读推广是政府的事情、是干部的工作，冷眼旁观的结果造成参与程度不紧密、心理接受程度不够强。主体意识不强的主要原因在于缺少表达的平台，农家书屋建设、图书配置、脱贫攻坚帮扶行动落实过程中，缺少对农民群众需求的调查和了解，供需对口的机制还没有形成，长期以来阅读需求无法得到满足的结果是漠视不管，缺少话语权、无渠道表达，最终表现为默不作声、积极性缺失。随着城市的发展，外出务工成为西部大多地区农民的主要经济收入来源，年轻人都到城市发展，能立足的甚至将子女也转入城市读书，家中留守的多为老年人，农村空心化的问题使阅读推广面临原本就缺乏的读者群体锐减，个别村庄甚至出现无人阅读的境况。

（三）机会（opportunities）

1. 国家实施乡村振兴战略的机遇

党的十九大提出了乡村振兴战略，主要包括组织、产业、人才、文化、生态五位一体的振兴，乡村文化振兴对全民阅读、农家书屋赋予了新的使命和功用。2018年的一号文件出台了乡村振兴的意见，明确了乡村振兴的三年规划。2021年的一号文件题为《关于全面推进乡村振兴加快农业农村现代化的意见》，在乡村振兴战略下，国家明确将支持西部地区深度贫困县推进乡村振兴。西部地区农村人口众多，推进城镇化的障碍多，乡村振兴的任务重，短期内很难改变乡村人口基数过半的现实，改善农村公众的阅读质量和整体文化生态，是乡村文化振兴的重要任务之一。

2. 建设文化强国的机遇

党的十九届五中全会要求，到2035年建成文化强国，进一步推进公共文

化数字化建设，加强乡村综合文化服务中心建设，构建覆盖城乡和线上线下的阅读推广服务体系，使优质阅读内容供给能力显著增强。改善农村地区阅读条件，提升乡村阅读推广水平，是文化强国的应有之义。

3. 国家促进全民阅读的机遇

全民阅读倡议自2006年发起，旨在能实现全体民众轻松、愉快的阅读，2022年是开展全民阅读推广的第16个年头，期间全民阅读的倡导九次被列入政府工作报告。中宣部于2020年发布的《关于促进全民阅读工作的意见》和近两年发出的《关于做好全民阅读工作的通知》，强调全民阅读活动要以满足精神文化生活新期待为目标，深入基层群众，优化基层阅读资源配置，营造爱读书、读好书、善读书的良好氛围，构建完善的阅读推广体系，使阅读推广活动成效凸显。这一要求为乡村阅读推广提供了更为明确的方向。

4. 提升农家书屋服务效能的政策措施

农家书屋工程于2007年在全国推广建设，主要解决农村公众看书难的问题。农家书屋的发展为乡村阅读推广奠定了基础，农家书屋是阅读推广在农村推进的主要载体。在阅读推广的视域下，农家书屋主要以图书、期刊、报纸和少量的电子音像制品为载体，传播相对固定的知识信息，承载着一定范围的信息、文化资源共享和社会教育的职能作用，具有以平等、共享、免费为特征的公益性。2019年，中宣部出台了提升农家书屋服务效能的方案，进一步明确了补充更新图书目录和经费投入标准。方案明确规定每个农家书屋图书补充更新的投入资金不低于2000元，这也在一定意义上解决了农家书屋固有的一些问题。

5. 新时代文明实践的活动机遇

新时代文明实践活动，强调获取知识、增长智慧的重要性，指出包括阅读在内的文明实践活动，其意义在于传承文明、提高国民素质、促进精神文明建设和社会文明进步，在新时代文明实践活动的背景下开展乡村阅读推广，具有资源共享的有利条件。也可以说，新时代文明实践活动对乡村阅读推广带来了合作开展系列活动的机遇。

（四）威胁（threats）

1. 数字化阅读方式带来的威胁

以手机为媒介的数字化阅读方式，成为乡村公众获取信息的主要渠道，传统农村所拥有的耕读传家等阅读理念，在未成年人的教育方面仍然有效，而且呈现出加强的趋向。但在群众的日常读书方面，由于受数字化阅读方式的影响，近四分之一的群众不接触纸质图书及文献资料，超过百分之七十的农民选择通过数字化方式阅读，实地调查发现超过七成的群众通过手机获取信息。随着数字化技术的普及发展，碎片化的浅阅读成为一种时尚，不读经典的现象也成为一种常态，因此对农家书屋为载体的乡村阅读推广构成威胁。

2. 其他娱乐方式的阻碍

通过实地调查发现，看电视、玩手机、下棋、打牌，是西部地区乡村群众的主要娱乐方式，上网、闲逛、喝酒等娱乐方式，居于其次，听广播、看书报的群众，仅占到14.5%。总体来说，更多的人以现实的生活为重心，看电视、听戏曲、喝酒、打牌、聊天、跳舞、玩手机、赶集、进庙上香等活动，成为农闲时节的主要休闲方式。上述娱乐、休闲形式，成为农闲时段群众打发时间的主要方式，大部分群众读书的兴趣较低，一半以上的农民不愿看书，从来不去农家书屋。

3. 农村阅读氛围的问题

西部广大的农村地区，由于自然环境的制约，物质生活较为贫瘠，精神文化生活单调，较为重视下一代的教育，但对日常的阅读并不太在意。在这种大环境的影响下，再有趣味的阅读推广活动都显得苍白，以至于无人问津。甚至在个别乡村，整体文化生态呈现荒漠化趋势，农民阅读习惯缺失。农民群众的行为选择，一般具有较强的实用性，注重实用的思维导向下，对于精神领域的无功利性的纯粹阅读，大部分群众难以接受。农村的阅读推广活动较少，农民较为普遍的读书习惯还没有形成，对阅读生态有一定的影响，甚至除了学校的阅读活动外，日常的读书活动，在部分农村地区成为一件并不受欢迎的事情。不愿阅读、不会阅读甚至鄙视或嘲讽阅读的现象比较普遍，与新时代乡村文化振兴的要求相比还有很大差距。从时间的维度来看，乡村的文化振兴，需要一个较长的周期，不可能像新农村建设一样，一半年就出现村容村貌的焕然一新，文化生态、阅读环境的改变需要持之以恒的努力，也可以说乡村图书馆的社会效益往往在二三十年后会体现得更为充分。

（五）SWOT方案

西部地区乡村阅读推广需要综合不同方案，提出定位选择，具体如图所示：

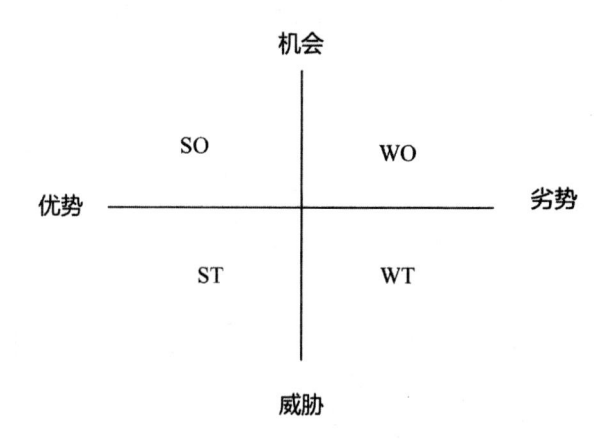

```
              机会
               |
        SO     |    WO
               |
  优势 ————————+———————— 劣势
               |
        ST     |    WT
               |
              威胁
```

图14-1：西部地区乡村阅读推广SWOT分析方案图

1. SO方案：优势—机会，增长型战略

将内部优势与外部机会相结合，发挥内部优势的基础上，充分利用外在的机遇，形成强强结合的战略模式。以农家书屋现有的发展格局为依托，抢抓乡村振兴、文化强国、新时代文明实践中心、全民阅读、公共文化数字化等利好的政策机遇，为乡村阅读赋予政策、经费、人员等支持，形成城市带动农村、学校带动家庭、孩子带动家长的杠杆效应。在乡村振兴、东西部协作的框架下，构建经济发达地区帮助西部欠发达地区乡村图书馆建设的机制，形成体系化的公共阅读场所。倡导各级教育、文化部门在阅读推广活动的举办方面，向乡村倾斜。鼓励阅读协会等社会公益组织，在农村开展系列阅读活动。

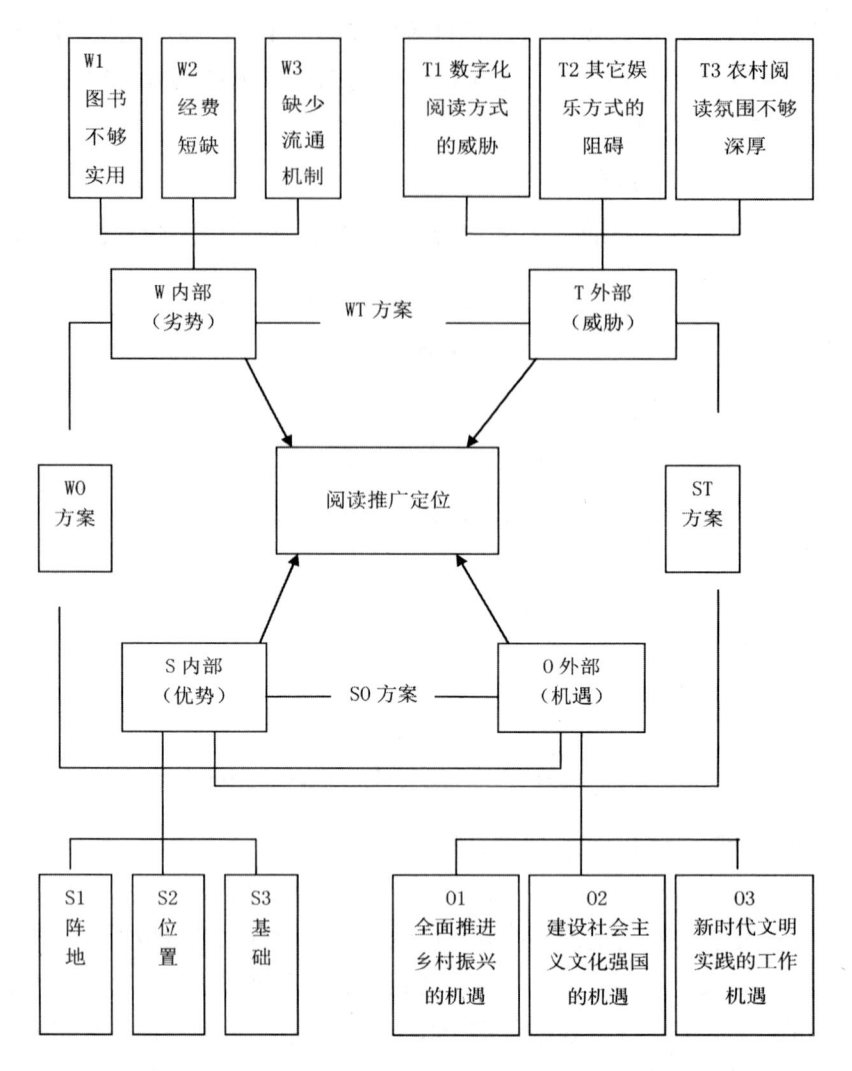

图 14-2：西部地区乡村阅读推广 SWOT 分析流程图

2. WO 方案：劣势—机会，扭转型战略

规避劣势，利用外部的机遇消解内部劣势的影响，使有条件的一部分劣势发生转变甚至逆转，形成抑制性的扭转效应，通过推进转化的措施，使与现行的外部政策机遇不相适应的内部条件阻力变小，为利好的政策机遇落地实施创造环境和条件。针对实用图书少、流动难、农村群众不喜欢阅读等问题，以乡村振兴战略为支撑，争取重点支持西部已脱贫县推进乡村振兴的政策、经费,建设乡村图书馆和新华书店服务点,开展农民选借新书、公共财政买单业务,增强图书的利用率。搭建智慧图书馆平台,开通一键借书、邮政定期送达业务,实现精准的图书借阅、流通服务模式。在编制全国性的乡村基础阅读书目前提下,下放图书采购的权限,由各地综合主导产业、文化特色、民族特点、群众喜好等因素,形成各具特色的书目,并为不同的农家书屋配置不一样的书目,为图书交换、流通提供基础。在手机 App 等平台,设置激励农民阅读的政策,通过激励措施,增加阅读的动力。注重与学校阅读的无缝对接,将乡村图书馆、农家书屋建成未成年人的第二课堂,鼓励未成年人阅读经典,开展小手拉大手活动,以未成年人带动家长阅读,逐步形成良好的阅读氛围。

3. ST 方案:优势—威胁,多元化战略

发挥优势,规避外部威胁的不良影响,探索多元化的阅读推广模式。农村历来具有耕读传家的良好风尚,随着现代化的发展,每个农民都是知识欠缺者,每个农民都想获得有用的知识,调动农民群众参与阅读的积极性非常重要。因而,乡村振兴视角下,作为灵魂的文化振兴更为重要,只有改善农村的整个文化生态,营造良好的阅读氛围,使农民意识到阅读的实际用处和重要性,包括乡村图书馆建设、网络平台、手机 App、图书流通在内的一系列措施,才有可能发挥作用。从另一个角度讲,阅读不一定是全体农民参与的事情,为一部分有需求的群众服务是符合常理的。一般来说,受教育程度高的群众,相应接受阅读的可能性会大一些。图书的针对性、实用性,也是群众参与率提高的一个重要方面。面对数字化阅读方式的威胁,需要因势利导,处理好信息穷人与信息过剩的问题,针对网络信息的过剩和网速快、资费低、软件多、后真相的特点,农村群众面对信息的水库,会出现难以选择的问题,这就需要搭建权威的数字化阅读推广平台,开展有针对性的培训,提升农民的数字素养。在时间安排上,注意选择在农闲季节集中开展阅读推广活动。在资金的安排上,争取将农家书屋列入乡村振兴战略的支持范围,探索长效化的运行和管理员待遇保障机制。同时,发挥社会力量的作用,形成合作共建农家书屋,共同开展乡村阅读推广的合力。

4. WT 方案:劣势—威胁,防御型战略

转化、减少内部的劣势,规避、应对外部的威胁,坚持问题性导向,应对面临的考验，形成乡村阅读发展的风险防御体系。针对图书实用性不强的问题，面对农家书屋图书雷同、重复图书资源的过剩和经费的欠缺，本质上图书总量并不少，多年累积的图书过剩，但睡高阁的图书较多，零利用率的"睡美人"较多，有用的图书资源有缺口，真正有用的人均图书占有率低，形成资源的浪费。因此，纸质图书的采购，可以考虑读者选书、财政买单，电子图书资源，可以考虑先借阅再采购，借出的图书读者间转借。开展西部乡村群众阅读需求调查，注重农民群众的现实需求，调动农民群众参与活动的兴趣，联合农业领域相关部门，开展农业生产、养殖、农产品宣传、带货及健康、医疗等知识普及活动，使群众感受到阅读的实际好处，提升参与阅读的主动性。推行精准选借新书、无阻碍送达等阅读服务，评选农民喜爱的百种图书，举办农民阅读节、读书周等一系列乡村阅读推广活动，着力扩大群众的阅读覆盖面，增加阅读数量，提升阅读质量。出台"积累网络阅读时长、兑换纸本图书"等鼓励阅读的积分奖励措施，开展专题培训，指导群众养成良好的阅读方法，营造良好的阅读氛围，构建新型的乡村阅读生态环境，实现从阅读设施条件的变化到阅读生态的改善。

综上所述，西部地区乡村阅读推广的定位是，在乡村文化振兴的背景下，西部农村地区的阅读推广，应当重点以未成年人群体、残障人士等弱势群体为服务对象，在建设乡村图书馆的基础上，同步配套建构移动图书馆，延伸服务功能，实现文献资源建设与信息共享、知识分享、民众获取信息的能力培训等方面同步推进，保障农村公众的文化信息权益。

笔者认为，乡村阅读推广的服务群体首先应当紧盯未成年人群体，实现"第二课堂"的功能，也是乡村阅读推广比较理想的一种状态，可以阻断不热爱阅读氛围的代际传递，也可以通过"小手拉大手"的模式，加之实物奖励等措施，引导一部分群众参与读书，进而对阅读产生好感。

西部地区可以学习借鉴杭州市推出的"悦读""悦借"和广州市推出的图书转借服务便民措施，提升农村地区阅读推广的实效。"悦读"服务，是在指定的书店选书，选书费用由图书馆支付，读者直接借走，归还至公共图书馆。"悦借"服务，也就是搭建手机 App，实现一键借书、邮递送达，读者只需要动动手指，便可实现图书到家的服务。转借服务，指线上的寻书、求书功能，读者发布所需借阅的图书信息，通过线上操作，便于图书流转；读者也可以面对面扫码,实现图书的线下转借业务。西部的广大农村地区,受资金、资源的制约,读者凭身份证、读者证、信用积分,办理一键借阅,定期整体送达,譬如,可以通过邮政服务,在一定时间区间内,每周或者每半个月集中开展一次图书送达服务,特定的阅读活动期间,可以推出包邮送达服务,真正建构书香农村的基础。

二、乡村振兴视域下的农村阅读推广策略

(一)争取政府支持,寻求外力帮扶,合力开展乡村阅读推广活动

争取政府对农家书屋的进一步支持,属于 WO 方案的范畴。农家书屋是政府建设的公益性机构,需要政府在政策、经费、人员、活动等方面的主导与支持,农家书屋需要一笔列入预算的固定运营经费,在保障日常开放所需支出的基础上,主要用于开展阅读推广活动。在乡村振兴战略的具体实施过程中,西部地区由于经济欠发达的地区较多,可以获得国家政策和经费的重点支持,这些经费可以用于农家书屋基础设施的提升、乡村图书馆的筹建、乡村整体阅读氛围的营造,以改善西部地区荒漠化的乡村阅读生态。在图书更新方面,每个农家书屋每年的图书购置经费预算为 2000 元,平均可以补充更新 60 本书左右,其实这种预算是极低的,基本是一个家庭年新购藏书的数量,读书最多的群体平均每年读书达到 60 多本,而一个行政村所拥有的农家书屋年图书更新量才 60 本左右,这显然不能满足乡村公众的阅读需求,需要提升经费预算额度,配备符合乡村实际需求的图书。搭建农家书屋 App 平台,促进阅读服务与数字媒介的融合发展,实现个性化阅读需求的无阻碍保障,真正发挥农家书屋、乡村图书馆的应有作用。

争取社会力量的帮助支持,也是开展乡村阅读推广的重要方面。以村为单位的农家书屋、以乡镇为单位的乡村图书馆,可以争取本村社、本乡镇、本地区企业的支持,以乡村公众喜欢热闹为切入点,将乡村阅读推广与文化演出活动、文化下乡活动结合起来。组织开展以诵读经典、分享体会、解读文献、人物配音等为主要内容的读书分享活动,发挥当地网红、朗诵达人、读书明星、贤达人士的影响力,以正确的导向开展话题式的阅读推广活动,形成融娱乐、知识、表演于一体的新型阅读推广范式。譬如,在活动中,可以讲述老子、比尔·盖茨负责图书文献管理工作的故事,也可以讲述当地红

色文化的故事，引导群众阅读相关的书籍，还可以邀请农业种植、养殖致富能人分享成功的经验，以推广农技类的经典图书，通过网红直播或知名人士的抖音、快手、B站、视频号、公众号等社交媒介进行广泛传播，以发挥社会力量对阅读推广的助力作用。

农家书屋还可以与相关机构合作，开展阅读推广活动。在主管部门的引导下，推进出版社、公共图书馆、高校、企业、农业合作社与农家书屋的合作。动员出版社深入农村，调查农民群众的阅读需求，策划出版一批适宜农家书屋的出版物。发挥公共图书馆阅读推广的经验优势，将成功的小规模阅读推广活动，结合农村实际，适当改造后引入农家书屋，开展适宜的阅读推广活动。高校可安排学生假期开展以农家书屋为载体的实践活动，策划开展读书、讲座、文艺节目等活动。鼓励相关的企业，为农家书屋捐赠纸质图书和电子图书借阅设备，搭建线上阅读推广平台，开展接地气、有意义的读书活动。农业合作社与农家书屋有着密切的关联，可以找寻农业合作社与农家书屋的职能结合点，开展多种形式的合作，探索互利共赢的发展模式。

（二）加强人员培养，采购实用性强的图书，开展数字化阅读推广服务

农家书屋的人员培养方面，可以考虑让负责文化工作的人员外出培训、实践的方式，带着任务去高校的图书馆专业去学习几个月，随后在图书馆进行几个月的实践，强化在理念与业务上的知识培养，用专业的人去做专业的事，确保阅读活动的顺利开展。图书采购方面，赋予基层采购权限，注重采购一批农业技术类图书，同时也应注重经典图书的采购，使政府的公共资源效益得到较好的发挥。随着数字化的发展，农村群众数字化阅读方式的接触率达到了七成以上，面对这种趋势，政府主管部门应当搭建数字化的阅读平台，开通手机App借还预约系统，配备数字图书借阅设备，群众通过扫描二维码就可以借阅电子图书。农家书屋也需要改进服务方式，增加数字化的阅读内容，建成数字农家书屋，通过数据库的方式，集合生活办事、文化娱乐、种植养殖等音视频资源，丰富农家书屋的内涵，拓展服务群众的范围，为乡村振兴服务。

农家书屋实现了在行政村的普及之后，需要提高服务质量，拓展服务面，

通过对不同群体阅读需求进行调研，明确未成年人、中年、老年三个群体分众化的服务重点，以满足不同群体的阅读需要，提升乡村阅读服务的实效。农村群众对子女的教育普遍重视，针对未成年人群体的阅读推广，需要以配合学校教育为出发点，结合学校教育的实际，兼顾未成年人群体的课外阅读需求，配备一批绘本、课外指定阅读图书、经典图书，在思想政治教育的前提下，拓展未成年人群众的阅读面，并通过小手拉大手和阅读积分兑换、奖励等激励措施，带动成年家长的阅读。农家书屋的资源配备实用性、前沿性是关键，针对中年群体的阅读推广，则应注重农业、副业等实用技术类的图书和音视频资源配备。可以通过举办培训班、放映视频、开展田间地头和服务场所实践操作为主要内容的阅读推广活动，通过理论讲解、示范操作、典型带动，激发农民群众的阅读兴趣。针对老年群体的阅读推广，则应当以听书、观看视频为主要形式，精神领域以经典的、家喻户晓的文学、艺术、戏曲作品为重点，物质领域兼顾养生食疗、保健运动、疾病预防、生活百科等实用知识的传播，特别突出生活类图书的阅读推广，以灵动多样的形式，便于群众接受、理解。

（三）加强农村文化建设，改善阅读生态，提升自主阅读意识

强化农村文化建设是推进乡村阅读的基础，在乡村振兴战略实施的机遇下，推进乡村图书馆、村级综合文化活动中心建设，构建数字化的阅读推广平台，推出适宜农家书屋的便捷阅读系统。出台鼓励农村群众参加阅读的政策措施，开展群众信息化素养教育、培训与考核，通过一对一教学、手把手指点，让群众学会新型的阅读方法，以适应信息化、数字化时代阅读方式的转变。推广听书、音频、视频、电子书和纸质图书等多种阅读方式，使乡村阅读无处不在、随手点来。树立书香之家，培养阅读达人，举办农民读书节，培育良好的阅读氛围，形成农家飘书香的良好风尚，发挥典型带动作用，提升农村群众对知识、信息重要性认识，提高群众的思想道德水平和境界，使阅读成为乡村的一种常态。

乡村文化的繁荣兴盛，需要挖掘民间文化资源、培育乡村文化人才，而乡村阅读推广则需要乡村文化人才的支撑。阅读达人的培育，中小学教师、退休干部、文化能人、当地大学生，都可以是重点对象，这些人对于乡村阅读推广可以起到良好的推动作用。中小学教师在推动阅读上具有优势条件，

群众一般对子女的教育特别重视，绘本、教辅及少儿读物深受欢迎。在农家书屋的图书配置上，可以与中、小学的学校教育相衔接，购置一批教育部门推荐、教师肯定的读物，以此赢得与学校共同促进阅读推广的机会。将农家书屋、乡村图书馆作为学生查阅资料、完成作业的良好地点，由学校教师组织阅读活动，老师教孩子，小手拉大手，一方面阻断阅读生态恶化的代际传递，另一方面通过带动形成学校与家庭阅读相结合的良好氛围。具有文化知识的大学生和有道德威望的乡村精英，也是开展乡村阅读推广的重要力量，可以将他们发展为志愿者，培育成为阅读推广活动的领头人。

（四）推进智慧化转型，构建"乡村阅读+"体系，形成融合发展模式

中华优秀传统文化源于农耕文化，广大的乡村是中华优秀传统文化传承发展的基础。优秀的传统文化弘扬，需要在农村建立阵地，而农家书屋在乡村振兴的时代背景下，具有良好的基础和开阔的前路。从乡村振兴战略规划主要指标来看，2022年农民群众的文、教、娱支出占比要达到13.6%，这对乡村文化发展提出了更高的要求。基于这一特定的背景，农家书屋的早期模式、传统模式已经难以适应信息时代的需求，需要进一步提升、加强。在数字化方面，可以针对老年、未成年人群体推进数字电视阅读，建立地方农家书屋App，接入地方为民服务综合平台，推进农家书屋的智慧化转型，推行"农民一键选书、公共财政买单、无障碍送达"的农家书屋采选、配送、通借通还模式。打通农家书屋与当地学校、图书馆之间的数字化连接，建立统一的数字化软件平台，有资源优势的单位可以向农家书屋开放数字资源，实现资源共享、网上无障碍阅读，建构数字化知识网络。

具体来说，可以利用大数据技术，研发一套完备的农家书屋选书、借书、还书、藏书、服务闭环系统，使乡村阅读智慧化、便捷化。选书系统，可以通过农民选择需要的图书，在公共图书馆、新华书店进行流通性配置，找不到的情形下，则统一由政府采购配送。借书系统，可以实行与公共图书馆、学校图书馆统筹联通的云平台，通过网络登记，安排邮政物流定期配送。还书系统，对图书借阅者的身份信息和联系方式进行记录，通过系统发布提示信息，促使按期归还，对于逾期或丢失的给予信用记录，对于信用积分高的读者给予免邮费或实物奖励。藏书系统，通过大数据分析读者对图书的需求

情况，在有选择地进购纸质图书的基础上，针对不同群众的需求，采购电子文献和有声读物、视频资源，通过借还大数据，掌握不同群体、不同个体的阅读喜好和方式，实行个性化的阅读推送服务，进一步提升智慧化转型的实效。服务系统，则可以通过收集读者的需求，开展在线的技术、技能培训和咨询、导读服务，推荐专业的实用图书，引导阅读活动健康开展。

第十五章 关于推进农家书屋升级版——乡村图书馆建设的设想

目前,农家书屋已经实现全覆盖,还有没有必要再研究这个问题?笔者认为,当经济发展到一定程度,文化建设必然要抢占制高点,文化建设理应有家国情怀,需要有信仰般的执念。建成了,管好了,这是政府应有的责任,有没有作用、作用发挥得好不好,则是另一个层面的问题。文化建设更应如同电力、通信、公路一样来兜底保障,落实"最后一华里""最后一户群众"的底线思维,从这个意义上讲,在实现行政村农家书屋全覆盖的良好基础上,进而研究提升的策略是有着重要意义的。就西部欠发达地区乡村图书馆的建设而言,可以借鉴先进地区的经验,大胆探索,试点乡村图书馆建设,为提档升级提供路径选择。

一、深化思想认同,明晰建设乡村图书馆的必要性与可行性

(一)农家书屋转型升级的需要

图书馆与农家书屋都属于公共文化体系的重要组成部分,公共图书馆由文化部门管理,农家书屋则由宣传部门负责,在县级政府层面,农家书屋的业务指导则由公共图书馆负责,两者密切相连,具有共通为基础的交互性质,也有着微观层面的不同之处。

随着脱贫攻坚的收官、乡村振兴的实施,乡村振兴与脱贫攻坚的有效衔接,国家将把一系列利好的政策安排在农村,文化发展同样迎来了良好的机遇期。回望近年来实施的乡村文化工程,存在需求与配置不对接的问题,农村公众需要良好的"第三空间",而阅读、社交、活动场所的构建正可以弥补这一缺项,因而以农家书屋为基础的乡村图书馆具有一定的可行性。

农家书屋经过十多年的发展,已经成为乡村重要的文化阵地,也成为乡

村文化振兴的重要基础，高度契合全面振兴乡村的战略意图。虽然农家书屋并未取得理想的效果，但基础性的作用不能忽视。可以农家书屋为基础，与文化服务中心、文明实践中心互融互促，制定硬件、图书和数字化标准，将乡村图书馆纳入乡村振兴的整体规划来布局，与乡村文化振兴的具体项目相衔接，植入非物质文化遗产、民间文化等地域特色文化元素，通过联通各个站点的方式，促进乡村图书馆建设。在以农家书屋为基础的乡村图书馆建设过程中，也需要把握以下三个不同的地方。

一是管理方式不同。图书馆是政府举办的公益性事业单位，有独立的建制，配备专职的人员开展业务工作。农家书屋由政府主管部门配备图书，由村民自主管理，一般未配备专职人员。

二是资源信息量不同。图书馆有着较为丰富的图书资源，每年有专项经费预算用于图书购置，而农家书屋没有专门预算，图书更新慢，藏书品种单一、数量有限，随着信息化时代的发展，乡村群众必然会呈现出更高层次、更为多样化的阅读需求，农家书屋现有的传统发展模式难以满足发展需求。

三是运行的属性不同。公共图书馆以公益性、均等性、普及性作为第一位的要求，公共财政是保障其运行的基础，因而要求无商业行为；农家书屋由于缺少财政预算的运行经费，也无专门的管理人员工资配套，因而在实际运行中允许出现在经营场所代管的模式。譬如，在商店等人员流动性、聚集性强的公共场所设置农家书屋，这种模式的利用率还比较高，具有一定的推广价值。也就是说，农家书屋的公益性需要保障，但完全破除加载的商业色彩，则难以保障其基本运行。

（二）繁荣乡村文化的需要

读书就像是和高尚的人在说话，一种文化的传承史，也是文献流传、阅读递交的历史。一个国家的民众素质，与阅读密切相关。在乡村振兴的历史命题下，乡村的文化振兴就需要通过知识传播、文化传承来实现，对于中华优秀传统文化、革命文化、社会主义先进文化的继承，对于农耕文化、传统技艺和乡村优秀文化的创造性发展，都应当是题中之义。民间的特色文化必然会成为乡村文化振兴的重要支点之一，乡村图书馆的藏书特点、数字资源建设的地域特色与阅读推广的乡土气息都需要将阅读推广与乡村文化结合起来，在留住乡愁的基础上，进而推动乡村文化振兴与农业农村其他项目的结合，形成良性循环的发展模式。面向农村公众的阅读推广工作,是提高文化素质的重要手段,是推动优秀文化传承发展的重要方式,结合乡村特色文化的阅读推广,将文化传播、文化传承与知识共享、数字推广结合起来,以地方文献和身边的故事传播主流文化,打造出一个个特色的乡村图书馆。投资180多亿元、实现有条件行政村全覆盖的农家书屋工程,无疑是构建乡村图书馆、开展乡村阅读推广的主要平台,具有促进乡村文化与社会发展的重要作用。

(三) 提高农民素质的需要

近年来,农民可支配收入逐步提高,经济领域的增收,物质生活的丰盈,进而会产生更多的精神文化生活需求。但我国农村,特别是西部广大农村地区,农民人口数量占比大,文化水平的总体水平偏低,阅读活动受限较大,乡村文化生态受到影响,个别地区甚至形成恶性循环——不追求先进文化或主流文化,亚文化盛行,也不崇尚阅读,甚至鄙视、嘲讽阅读,农家书屋的作用发挥不够,形成了一种较难改变的环境。在乡村振兴的视角下,改变这种困境,不仅需要探究如何发挥好农家书屋的作用,更需要在农家书屋的基础上,探索基础设施提升、数字化推广等路径。建设乡村图书馆可以加强乡村文化与教育力量,填补空白和缺项,为群众提供更多的便利条件,让分享知识、共享信息、文化交流真正成为一种时尚,在阅读推广过程中潜移默化地提升乡村公众的文明素养与文化素质。

(四) 有效扩大图书出版发行的需要

当前,西部广大农村地区存在阅读氛围不浓、大部分农民未形成良好的阅读习惯等困境,阅读推广活动在农村地区还未常态化开展。农村人口的占比大,以农家书屋为基础,进一步建设乡村图书馆,营造重视阅读的氛围,培育良好的阅读习惯,开展符合实际的阅读活动,同步配套建设新华书店乡村网点,开展"选借新书、财政买单"业务,开发手机App和网络平台,与邮政公司签约,推行"为农村读者找书送书"活动,以阅读需求配送图书,激发农民潜藏的阅读需求,促进阅读水平的提升。以这种明确的个性化需求为导向,创作出版一批符合农民意愿的图书,还可避免一批过剩、无效的出版物产生。

(五) 助力乡村振兴的现实需要

乡村振兴战略的实施不能仅仅局限于建设硬件设施,更要在解决人口流失问题的基础上，推动乡村文化的繁荣兴盛，为乡村发展提供智力支持、精神动力、文化氛围。从发展的眼光来看，我国在乡村振兴、城乡一体化进程中，建设乡村图书馆，融合基础阅读、文化传承、数字网络、休闲旅游、社会教育、信息提供等功能，在实体层面以总分馆的形式，把宣传、文化、科技、教育资源集合起来，建设好文化阵地，可以使乡村图书馆成为乡村振兴的热点。推行乡村图书馆建设试点，探索公共图书馆与新华书店联动的图书配送模式，开展"农民选借新书、公共财政买单"项目，可有效发挥乡村图书馆在乡村振兴中的应有作用，对推动新时代文明实践中心建设也能起到积极的促进作用。

西部欠发达地区应广泛宣传乡村图书馆在乡村振兴战略、城乡一体化、新时代文明实践中心建设中的重大意义。可以搭建交流平台，吸收各级政府、职能部门工作人员、优秀农家书屋管理员等有关人员参加讨论交流，听取意见，总结经验，初步形成共识。也可在人大代表议案、政协委员提案上得到多角度的反映，增强建设乡村图书馆的呼声，坚定发挥乡村图书馆作用的信心，通过自下而上的建言献策，逐步把全社会的认识统一到乡村图书馆建设的愿景上来，适时列上党委和政府重点工作议事日程，使全社会形成建设乡村图书馆的共识。

二、紧跟时代变化，探索乡村图书馆建设的路径

（一）与新华书店及邮政公司合作，开展为农村读者找书业务

结合新华书店基层站点建设，开展"农民选借新书、公共财政买单"业务，农民读者需要选购的书，在新华书店服务点办理借阅手续，向乡村图书馆归还，实行选借新书、手机 App 阅读积分兑换或奖励实用物品的模式，对违反约定者扣除积分，这样可以有效提升资金绩效，提高图书利用率，从而探索出一条破解农村阅读推广难现状的解决办法。

在实际运行过程中，可以探索乡村图书馆与新华书店、邮政、通信等农村服务网点合作的方式，扩展服务项目。对具备一定经营条件的乡村，鼓励新华书店与乡村图书馆合作，率先尝试与新华书店基层网点开展"农民选借新书、公共财政买单"项目，通过试点，不断纠偏，总结经验，为普及建设提供模式，真正增强乡村图书馆的可持续发展能力。与新华书店的合作，主

要解决农民群众用得上的图书缺失问题，增强阅读活动的实效。在图书的配置、流通方面，可以由新华书店的物流配送系统实现，新华书店无自建物流公司的地区，可以委托邮政公司负责图书流动、配送，真正解决图书实用性不强、更新不及时的问题。为了更好地解决农村地区阅读需求与供给之间的错位矛盾，可以由通信公司提供网络支持，通过公开招投标，选择品牌公司，开发网络平台和手机App，平台联通新华书店、邮政公司和公共图书馆中心馆、县城总馆、乡镇分馆、村级服务点。农民群众只需要通过互联网或手机App选择需要的图书、报刊、音像等阅读资源，或者填写个性化阅读需求，由平台共享的书目数据，筛选出所需资源的位置。各级新华书店、公共图书馆通过网络收到信息后，在所拥有的资源中找寻，再定期由邮政公司配送给相关的村级服务点，实现为农民群众找书、精准配送的模式。

（二）市县乡三级联动，在机制上形成总分馆的模式

尝试建设乡村图书馆，关键在于运行机制。参照近年来全国各地的实践经验，西部欠发达地区在探索乡村图书馆有效管理的体制机制过程中，在组织形式上，可以将地区（市、州）公共图书馆作为中心馆，县域（县、区）公共图书馆作为总馆，乡村图书馆作为分馆，不具备建设乡村图书馆条件的地方，将农家书屋改建为县域公共图书馆服务点，形成纵向贯通的公共图书馆服务网络。通过总分馆的架构，将市级图书馆、县级图书馆、乡镇综合文化服务中心、农家书屋或村级文化服务中心连成一线，形成由市州——县区——乡村图书馆构成的服务体系。

表15-1：不同数字化方式的阅读率与接触时长统计表

阅读方式	阅读率 （%）	同比上升 （%）	人均每天阅读时长（分钟）	同比增长 （分钟）
网络在线	71.6	2.3	66.05	0.93
手机阅读	76.1	2.4	100.41	15.54
电子阅读器	24.8	4	10.7	0
平板电脑阅读	21.3	0.5	9.63	-1.47

第17次全国国民阅读调查结果显示，随着数字化阅读的发展，提升了综

合阅读率，尤其明显的是网络在线、手机、电子阅读器、平板电脑等各类数字化阅读率大幅提升，"数字化阅读接触率为79.3%，同比上升了3.1个百分点，各种阅读方式的具体数据如表15-1"[1]，可以看出，手机、网络已经成为阅读方式的主体，公众每天用手机的时间最长，平均达到一百分钟。30.12%的公众有听书习惯，成年公众的听书率为30.3%，同比提升了4.3个百分点；选择有声App平台、微信语音推送、广播听书的公众占比分别为16.2%、9.3%、6%，移动有声App平台已经成为听书的主流选择，有声阅读继续较快增长，成为阅读推广新的增长点。

表15-2：公众网上活动的不同行为比率统计表

网上活动行为	阅读新闻	查询信息	聊天交友	观看视频	网购	听歌	网游	即时通讯	网上阅读
占比（%）	59	30.3	60.2	56.9	45.8	39.2	26.7	20.1	20.5

从整体上网的比率来看，"成年人上网率为81.1%，同比提升2.7个百分点，79.8%的公众通过手机上网；人均阅读电子书为2.84本，同比减少0.48本，仅有7.6%的公众年均阅读10本以上电子书"。从表15-2可以看出，网上活动行为中，主要以看新闻、交友和看视频为主，娱乐化、碎片化的特征比较明显，深度图书阅读行为的占比偏低，网上阅读只占到20.5%。

表15-3：不同年龄段数字化阅读方式接触比率统计表

年龄段	18岁至29岁	30岁至39岁	40岁至49岁	50岁至59岁
占比（%）	31.7	24.8	23.1	12.8

从年龄段来看（表15-3），数字化阅读方式接触者中，79.6%的接触者为18岁至49岁的人，以中青年群体为主。

---

[1] 中国新闻出版研究院．第十七次全国国民阅读调查报告［EB/OL］．http：//www.199it.com/archives/1040053.html．

表15-4：不同阅读方式接触比率统计表

阅读方式	手机阅读	网络在线阅读	电子阅读器阅读	网上下载并打印阅读	纸质图书	纸质期刊	纸质报纸
占比（%）	43.5	10.6	7.8	0.9	59.3	19.3	27.6
同比增长	3.3				0.3	-4.1	-7.5

从公众选择的阅读方式来看，手机阅读的增长率最高，表现出继续增长的势头。而传统的纸质文献阅读增长放缓，图书阅读率同比微增，期刊、报纸阅读率表现出下降的趋势。

表15-5：纸质文献阅读量统计表

	纸质图书（本）	每天读书时间（小时）	纸质报纸（份）	人均每天读报时间（小时）	纸质期刊（本）	人均每天阅读期刊时间（小时）
阅读量	4.65	19.69	16.33	6.08	2.33	3.88
同比增长	-0.02	-0.12	-10.05	-3.5	-0.28	-1.68

从纸质文献阅读量来看，人均纸质图书阅读量、每天读书时间均表现出下降趋势，"仅有12.1%的公众平均每天阅读图书1小时以上；纸质报纸人均阅读量明显减少，减少量达到10份以上；36.7%的成年公众倾向于拿一本纸质图书阅读，同比下降了1.7个百分点"[①]。

结合上述数据，西部欠发达地区公共图书馆总分馆建设，应当迎合目前的数字化阅读趋向，注重乡村图书馆软件建设，在网络层面借鉴"户户通"形式，由通信部门提供技术支持，接入电视端口，提供适宜的视频资源，供未成年人和老年人使用。同时以云平台为支撑，开发手机应用平台，使众多中青年用户享有数字资源，或者引进数字文化企业，建构专业的信息化平台，通过为各分馆、服务点配置数字文化设备，将数字阅读服务延伸到乡村，公

[①] 中国新闻出版研究院. 第十七次全国国民阅读调查报告［EB/OL］. http：//www.199it.com/archives/1040053.html.

众在分馆扫描二维码，即可获得海量阅读资源。

在具体实践中，可以引进数字文化企业，开展专业的信息化平台建设，购置有关数字文化设备，将数字阅读服务延伸到乡村，创建国家公共文化服务示范项目。结合图书馆总分馆制建设，由省级财政统筹设备经费，市、县级财政保障资源更新和设备维护经费，在市级图书馆建构共享阅读的云平台，实施数字智慧图书馆AI智能化、"智慧云"数字公共图书馆平台建设项目，形成公共图书馆大数据中心与物联网智慧平台，为图书馆总分馆提供平台支撑和技术保障。统筹制定总分馆制建设标准、服务标准、技术标准和数字资源建设标准，落实资源优化配置职能。提供分类指导，面向各级分馆开展业务骨干辅导，围绕云平台应用、网络技术、图书管理系统相关知识，开展分层次、有梯度的培训。

在县级图书馆建设图书馆总分馆业务自动化管理系统，利用共享阅读的云平台技术支撑，实现与乡村的互联共享，实现图书的通借通还业务。还可以为乡镇（街道）、行政村（社区）配置公共电子阅读设施和手机服务终端，在乡镇（街道）分馆，设置图书自助借阅机；在行政村（社区）服务点，建立"微阅读"手机客户端，供成年人使用。在未成年人群体的服务上，借鉴广播电视"户户通"的形式，由通信部门提供技术支持，将阅读资源接入电视机，提供适宜未成年人的内容，打造未成年人数字服务平台，满足未成年人阅读需求。

三、以县级政府为建设主体，强化经费与运行保障

乡村图书馆建设是一项树人工程，必须保证公益性不变，因此需要通过政府的主体投资，逐步促进规范化建设。

（一）落实机构人员与运行经费，建立长期稳定的投入机制

政府是乡村图书馆建设的主要投资方，理应为其长期稳定发展不间断投资。西部地区各级政府应该将乡村图书馆建设纳入乡村振兴战略、新时代文明实践中心建设规划，探索开展乡村图书馆试点建设，将试点项目纳入财政预算，在出版物补充更新、数字化、管理员报酬三个方面形成长期稳定的投入机制。

从长远看，为保障乡村图书馆的建设、正常开放和长效运营，各级行业

主管部门需要承担大量的日常管理服务工作，而每个图书馆从硬件设施的配套，到出版物的配送，到电子档案的建立以及检查验收等等，工作量、业务量猛增，需要大量的财力、人力资源。可以肯定的是，机构、人员、经费的刚性需求与精简压缩机构、从严控制编制、地方财力有限之间的矛盾十分突出。在这种现实状况下，如果乡村图书馆建设工程还未上升到国家层面，没有中央财政转移支付经费的支持，西部地区的乡村图书馆建设不可能全面推开，但可以先行试点，有条件的地区可以分期分批推进。需要明确的是，从试点开始起，必须列入预算、成立机构、配齐人员，为后续展开奠定基础。为了给乡村图书馆建设标准制定提供借鉴，笔者参照河南信阳"平桥模式"等各地的成功经验，列出了西部地区的初步参数（表15-6）。

表15-6：西部地区乡村图书馆建设初步参数表

项目	标准	备注
新馆建设投资	200万元	一次性投入
后续运营经费	10万元	每年度
服务人口	3万~10万	
占地面积	<3000平方米	
建筑面积	<900平方米	
工作人员	3-5名	
图书	6万册	
期刊	30种	
报纸	30种	

（二）争取政策资金，为建设乡村图书馆提供条件

乡村文化振兴是乡村振兴战略的重要内容之一，文明乡风的培育、乡村文化生态的改善、阅读氛围的营造、农民阅读习惯的培养，都是乡村文化振兴的应有之义。中央出台的乡村振兴战略意见、规划和两个一号文件，对乡村两级公共文化服务设施建设提出了更高要求，将支持欠发达地区率先推进乡村振兴，对于欠发达地区必然有更多的转移支付和协作共建、配套建设资

金投入，西部地区应当抓住机遇，推进农村公共文化基础设施的提档升级。笔者认为，乡村图书馆是实施这一思路的重要载体，而争取政策、资金倾斜是关键所在，有规划、有试点、有经验的成熟模式是争取政策、资金的基础条件。建构乡村图书馆的建设模式，需要形成明确的基础建设标准、网络接入标准、设施配套内容和人才配备最低要求。在保障农家书屋正常运行、实现基层综合性文化服务中心建设全覆盖的基础上，以一定规模的服务人口为标准，以乡镇政府为中心，兼顾集中建设新农村或搬迁安置的行政村，建设乡村图书馆，配套新华书店服务点，形成网络预订、邮政物流配送的图书精准选借、采购和服务模式，可为农民群众提供更为便捷的阅读服务。乡村图书馆在建设主体上，以乡镇为主，每个乡镇建设一个公共图书馆，一般选址在乡镇政府所在地，作为县区图书馆的分馆；对于人口较多的新农村或搬迁安置区，可以灵活选择中心村建设一个乡村图书馆。乡村图书馆之下，以农家书屋为支点，形成省、市、县、乡、村五级阅读推广服务体系。

（三）由新乡贤创办乡村图书馆，政府给予政策和资金支持

开辟筹资新渠道，鼓励社会力量参与乡村图书馆建设，调动社会各方面参与乡村图书馆建设的积极性，为西部欠发达地区筹集更多资金，无疑能有力推动乡村图书馆建设有序展开。乡村图书馆建成后，必然会成为西部欠发达地区每个行政村的一道亮丽风景线，毫无疑问也是一种投放广告的良好资源。西部地区政府部门可寻求与发达地区的企业合作，以对口支援的方式共建乡村图书馆，为建设增添活力。在引导社会力量参与乡村图书馆建设过程中，各级行业主管部门可以积极联合民间团体或个人出资建设乡村图书馆；也可与企业、慈善会、基金会、国外华人社团、图书馆联盟等联合，吸纳社会力量，投入乡村图书馆建设。

由政府负责乡村图书馆的承建责任，列入预算资金，但破除由政府包办的建设模式。可以采用"新乡贤创办、民办官助"[①]的措施，形成自下而上的发展模式，真正建成符合群众需求的乡村图书馆。这样就会避免农家书屋按照一个模式打造，未兼顾千差万别的实际情况，致使一部分书刊不符合群

---

① 王子舟，李静，陈欣悦，李丹清，贺梦洁，郑元元，余慧，刘晗月. 乡村图书馆是孵化乡村文化的暖巢——关于乡村图书馆参与乡村文化振兴的讨论[J]. 图书与情报. 2021，（1）：116-125.

众需求，出现的农村公众不关注、不参与的冷淡境况。这种模式可以与政府建设部门抓建并存，在各地进行试点，通过立项、拨款抓建一批政府包建的乡村图书馆；通过政府采购或补贴奖励的办法，扶持一批共建自管的乡村图书馆。对绩效进行跟踪考核，哪种模式可行，采用哪种模式推广普及。概而言之，可以采用中央转移支付、分级投入建设，也可以通过政府购买服务方式促进发展，还可以支持新乡贤或者社会力量创办，由图书馆的工作团队开展乡村图书馆业务工作，提供人员、资源、业务指导与服务。

四、结合乡村实际，构建图书采选与管理的长效机制

在西部欠发达地区乡村图书馆的建设过程中，面对相当一部分原有农家书屋空间小、条件差的现状，可以将原来相对零散的资源进行整合，合理布局，力求构建一个个均等、便利、共享的乡村图书馆圈层。

（一）按需采购配送书刊，提升资源利用率

乡村图书馆的核心在于内容建设，采选一批用得上的文献和数据资源，是吸引农民群众阅读、提升公共财政投入绩效的关键。经过实地调研表明，未成年人群体是乡村阅读的首位人群，占到总人数的54%，其次是专业养殖户和产业经销户，占到总人数的28%，再次是退休干部、教师和乡村两级工作人员，占到总人数的14%，其他群众占到总人数的4%。从实际调研的情况来看，农民群众的阅读需求具有非常鲜明的实用性特点。因此，西部欠发达地区乡村图书馆的图书配置，应当针对农民群众需要实用图书的特点，以县域为单位，以需求为导向，编制文献与电子资源需求目录，采购、配送、流通图书，为农民提供看得懂和用得上的各类优秀书刊、音像制品等阅读资源。同时，也应当"关注弱势群体需求，将为弱势群体延伸服务作为乡村图书馆建设与服务职能提升的重要组成部分"[1]。譬如，重视乡村残疾人群体对美好文化生活的期待，在建设乡村图书馆的过程中，考虑配套视障阅览室，与残疾人联合会合作，实施"阳光工程"盲人读者项目，提供盲人智能听书机，开展盲人保健按摩师等实用就业培训，传承非物质文化遗产技艺，对于技艺成熟者推荐就业岗位，增加家庭收入来源，促进其脱贫致富。

---

[1] 高峰. 精准扶贫视角下公共图书馆服务弱势群体的路径［J］. 甘肃科技，2018，(1)：65-66.

(二) 探索三方联动配送机制，构建适宜图书流通模式

西部地区经济欠发达，公共财政无力列支大量资金投建乡村图书馆，这就需要结合实际，保证财政每年能对乡村图书馆建设给予一定规模的投入，探索建设、管理的新模式。短期内可采用如下模式：将乡村图书馆的基础硬件建设工作交由县级城乡住房和建设部门负责，由县级宣传部门负责导向把控，由县级文化和旅游部门负责业务指导，县级公共图书馆开展专业化技术服务，乡镇政府协助配合正常运行。由县级政府协调，公共图书馆、新华书店、邮政公司三方联动，负责纸质书刊、音像制品定期定量配置、更新、流通，开展为农民读者找书业务，提升阅读实效。在具体运行中，县级图书馆根据各乡镇或村级实际情况，制定开放时间，实行开放时长、归还期限、读书活动定时制度，使图书资源管理责任化、刚性化。

(三) 解决管理员待遇问题，发展乡村文化志愿者

西部欠发达地区乡村图书馆的正常开放，需要落实好管理员的选拔工作。管理员的素质、责任心、积极性，是决定乡村图书馆能否长期发挥作用的关键。一方面，应当配备科级干部，负责乡村图书馆的管理。同时，在事业干部序列，以就业考试的方式，招录一批大学生，通过与大学图书情报专业的院系联系，开展为期两至三个月的专业知识培训，再联系发达地区开展一段时间的实践学习，培养一批专业骨干。另一方面，配备公益性文化岗位人员作为乡村图书馆的辅助管理员。可以选择贫困户的留守人员，给予公路养护员、保洁员等同等工资待遇的工资补贴，助力乡村振兴，将管理人员工资补贴经费纳入县级财政预算，由县财政统一支付。从长远看，应该在解决管理员报酬问题的基础上，设置绩效奖励专项资金，调动管理人员的积极性，逐步提高管理员的待遇。各地不仅可以聘请一批热心公益事业、工作责任心强的管理员，还可以发展农村文化志愿者，组织形成文化志愿者队伍，为乡村文化建设服务。在西部欠发达地区广大农村，三类人员最适合做文化志愿者：农村学校老师、退休在家的干部、热心为村民服务的党员或群众。西部各地可以尝试择优选配热心公益事业、关心"三农"发展、工作责任心强的农村文化能人、致富带头人、大学生村官、文化专干、离退休老教师、老干部、老党员等参与乡村图书馆服务活动。在激励措施上，可以鼓励他们发展相关

文化产业，走经营式发展之路，或者减免村内相关义务，给予必要的扶持，鼓励他们为乡村图书馆服务。

（四）加大宣传力度，提升知晓率

西部欠发达地区应加大乡村图书馆的宣传力度，在建成的乡村图书馆，采取悬挂农民书法字画、张贴名人名言、布置文化墙等形式精心装饰、提高格调。还可以借助广电传媒，多角度、立体式开展乡村阅读推广，提升对乡村图书馆的关注度。譬如，与广播电视台联合举办农民读书节目，引导群众参与互动活动，宣传乡村图书馆的职能。在本地宣传上，可以组织农民群众走进乡村图书馆，提供所需要的图书，形成邻里之间口碑式的推广宣传。西部地区乡村图书馆的良性运行，也需要适应现代传媒技术的发展，在微博、微信公众号、视频号、抖音、快手、B站、网站等手机App上，通过制作发布符合农民群众口味的短视频等方式，以灵动多样的宣传推介形式，提升宣传效果，争取做到家喻户晓、人人皆知。

五、开发农村"文化云"服务平台，建构乡村数字图书馆

西部欠发达地区结合乡村图书馆建设，同步开展乡村数字图书馆试点，应当是具有较强创新性、前瞻性的工作。借助当前信息网络通村入户的有利时机，运用有线电视网络、卫星、移动客户端、"互联网+"等现代先进传媒技术，推进乡村数字图书馆建设，具有良好的客观条件支撑。笔者在总结三种技术模式利弊的基础上，试图提出未来的发展方向。

（一）基于卫星技术的乡村数字图书馆

为了加快解决书籍的内容更新这一个难题，可利用卫星平台技术作为支撑，建设数字乡村图书馆。这种模式的弊端在于，公众需要被动接收资源，不能全面反映公众的诉求，缺少互动的功能设计。

（二）基于文化共享工程的数据库型乡村数字图书馆

基于文化共享工程设备，开展数据库型乡村数字图书馆建设，这种模式通过配备电脑、安装终端软件平台，实现阅读、观看和知识点查询等功能，可以解决乡村图书馆的数字应用问题，用户可检索查询到想看的内容，能进行实时互动。但因为没有量身定做，留守农村的老人和儿童在数字内容的海

洋中，往往不知所措。

（三）基于广电网络的乡村数字图书馆

这种模式可以为未成年人、老年人提供一系列视频资源，阅读资源的导向性易于把控。问题在以电视为客户端，无法加载更为灵活、类型多样的服务。

（四）未来发展方向的展望

通过分析上述三种模式，结合西部欠发达地区实际，可以说乡村数字图书馆势在必行，基于这一判断，数字化的乡村图书馆应当分层构建，针对老年人和不适宜玩手机的孩子，借鉴广播电视"户户通"的形式，由移动通信技术支持，接入电视端口，受众在家中即可通过遥控器在电视机上点击阅读、观看视频。针对中青年农民，开发手机平台，安装无线服务器，一部手机相当于一个移动图书馆，使每个用户都能根据自己喜好下载分享数字资源；或者引进数字文化企业，搭建专业的信息化平台，通过为各分馆、服务点配置数字文化设备，将数字阅读服务延伸到乡村，公众在分馆扫描二维码，即可获得海量阅读资源。基于云平台支撑，开发手机应用平台，还可以结合新华书店基层站点建设，开展"农民选借新书、公共财政买单"业务，事先规定适宜农村的经典书目、杜绝复本选借，农民读者需要选购的新书，选准后现场办理借阅手续，所选图书归还至对应的乡村图书馆，实行选借新书、手机 App 阅读积分兑换或奖励实用物品的模式，对违反约定者扣除积分或者给予一定时期的限制选借措施。这样既可以有效整合资金绩效，增加馆藏资源，提高图书利用率，还可以避免借而不还、图书流失的问题，从而探索出一条破解农村阅读推广的解决办法。

西部欠发达地区应当设计一套乡村图书馆数字化的体制机制，整合多家文化机构资源，把服务对象细分成几个大类，制定出一系列有针对性的服务方案，结合智慧城镇建设，文化部门联合相关机构依托项目，建构"农村文化云服务平台"，开展在线、在屏数字化文化传播。

在内容建设上，以开发移动手机适宜软件为关键，开发交互服务、特色服务、活动服务等功能，将高品质的海量音视频读物、电子图书、电子报纸杂志等内容进行整合，特别应突出地缘文化资源的整合，以图片+纪录片、3D

展示等方式，建立地域文化资源库，实施数字乡村图书馆建设系列项目。

在应用推广上，完善公共文化数字化服务绩效考评，开设 MOOC 信息素养课、开展信息素养考核、加强数字化培训，通过平台预约、订单式活动参与、一站式服务、个性化推送等方式，促成乡村图书馆数字文化服务与群众文化需求的无缝对接，提升应用效率。

总之，农家书屋升级版——乡村图书馆建设，是一项创新性的工作，应该充满期待。这项工程的实施，可以助力乡村振兴战略的实施，助推新时代文明实践中心的建设，对于建强农村文化阵地，进而用先进文化占领农村文化阵地，都具有重要的意义。经济欠发达的西部地区，在经济发展和实体建设领域，短期内难以实现弯道超车。在乡村图书馆的试点建设上，可以借鉴甘肃省首创农家书屋的经验，精心谋划，大胆探索，提前试点建设，采用多种方式推进建设——中央转移支付、分级投入，政府购买服务方式促进发展，支持新乡贤或者社会力量创办，由图书馆的工作团队开展乡村图书馆业务工作，提供人员、资源、业务指导与服务。推行公共图书馆、新华书店、邮政公司三方联动机制，开展"农民选借新书、公共财政买单"及为农民读者找书业务，实现图书资源的自由流通、精准配送和通借通还，以解决西部交通不便地区纸质图书资源共享与流通的难题，推出一条可推广、可复制的乡村图书馆建设之路。目前，数字化网络已经在西部地区进村入户，应当迎合数字化阅读的新趋势，推进数字化建设进程，提升乡村图书馆的利用率，真正把乡村图书馆办成知识加油站、信息交流站、技术推广站、文化娱乐站。

第四部分小结

在乡村振兴战略的视域下,以乡村文化振兴为背景,明确农家书屋新的使命、功用、任务,针对当前运行中存在的困境,提出西部地区建设农家书屋升级版——乡村图书馆的构想为,乡村图书馆与新华书店、邮政公司合作搭建图书流通体系、数字化平台,开展"一键式"流通配送,并就乡村图书馆建设的政策、经费、人员、设备和建设标准体系进行了初步探讨。

一、乡村振兴视域下的农家书屋新功用

(一)乡村振兴战略下农家书屋的新使命

党的十九大报告提出乡村振兴战略,列入建设全面小康社会的重要内容。2018年关于乡村振兴战略的实施意见,要求繁荣兴盛农村文化。乡村振兴,包括经济、政治、社会、文化、生态五位一体的全面振兴。农家书屋是农村文化的主要载体,也是在乡村振兴中,繁荣兴盛农村文化的重要平台。通过实施乡村振兴战略,可以为农家书屋的持续发展提供经费、人员、文献、信息技术等必要的保障条件。因而,农家书屋持续发展与乡村振兴战略的实施具有互补性,乡村振兴为农家书屋的发展赋予了文化职能,需要从文化与农村发展的角度去把握,可以从群众议事交流、休闲互动的角度将农家书屋作为第三空间来认知,破除书屋仅是解决看书难的单一思维。研究表明,作用发挥较好的农家书屋,都融入了不同领域的功能或用途,日本、美国的"便利店、社区图书馆"[①] 模式就可以借鉴,也就是说在乡村振兴的视域下,可以将农家书屋与周边的功能性机构相互打通,实现农村各种服务功能的融合。

---

① 李佳莹. 农家书屋建设的观念固化之疴 [J]. 四川图书馆学报,2020,(2):26-29.

（二）乡村文化建设的新职能

近十多年来，农家书屋得到了多方面的发展，自 2007 年开始建设以来，经过三年的"普惠式"发展，到 2010 年实现了有条件的行政村全覆盖，形成了农村阅读场所的初步架构。自 2011 年以来，国家部委、地方政府、专家学者一直关注的是农家书屋运行与作用发挥状况，可以说问题百出，也零星表现出一些可取的优秀做法，这种探讨持续到 2017 年。2018 年以来，随着中央一号文件的发布，正式安排实施乡村振兴战略，提出乡村文化的振兴，成为"五个振兴"①的重要组成部分，展望未来四年的乡村振兴规划，就乡村文化振兴来看，提出到 2020 年农村教育文化娱乐支出占到 13.6%，对农家书屋的服务提升提出了明确要求。农家书屋应该与乡村综合文化服务中心相衔接，增加地域文化特色藏书，与乡村民俗文化有机融合，使农家书屋充满乡土情，与当地的特色文化深度交融，调动群众参与，在公共文化活动与乡村文化记忆、传承、振兴方面，发挥应有的文化责任和作用。

（三）新时代文明实践中心对农家书屋提出的新要求

新时代文明实践中心与乡村振兴战略一样，都是 2018 年出台指导意见的，关于乡村文化的繁荣，明确提出要成为文化传播的新阵地。也就是说，乡村振兴、新时代文明实践中心都有关于文化振兴的设计与目标。农家书屋建设可以考虑与新时代文明实践中心、乡村振兴战略的有关项目结合起来，相互支撑、共同推进，形成良性循环的效应。在阅读活动方面，农家书屋可以与新时代文明实践中心的活动结合，激发群众阅读兴趣。2019 年，中宣部等十部门发布了《农家书屋深化改革创新提升服务效能实施方案》，主要是解决在乡村振兴、新时代文明实践中心建设等为主的新时代背景下，推进农家书屋提质增效。因此，农家书屋需要理清新时代文明实践中心的新要求，融入其中进行建设与发展，成为一个新型的公共文化空间。

---

① 周子玉，刘玥婷，林海婷.乡村振兴战略背景下湖南省农家书屋十年发展调查［J］.高校图书馆工作，2020，（4）：31-36.

二、西部地区农家书屋面临的困境

（一）供需错配，图书流通难

西部地区普遍经济欠发达，按照国家关于农家书屋图书配送目录的要求，统一采购图书进行配置，但实际运行过程中，表现出农民的需求与供给图书之间有很大差距。通过实地调研发现，公众对生活类、少儿类、文学类图书的需求占到总类目的29%、24%、19%，实地调研所在地区配备的三类图书却只占到35%，供给与需求的差异比较大。近年来，虽然有图书补充更新的配套政策，但图书补充更新较慢，每年或每两年补充几十册图书，难以保障农民群众的阅读需求。

西部地区农家书屋普遍表现出图书配备雷同，配备后不再流通。有的地区尝试由图书馆的图书流动车在县图书馆与农家书屋之间开展图书流通，但因经费、人员短缺等条件制约，有的半途而废，有的开展几次，就无疾而终。从农村的实际来看，新华书店原来在乡村建设的网点，由于效益低下、管理成本高昂等多种因素，大多数被撤销，而现有的物流配送体系对农村存在着地域歧视，图书的配送还受到限制。

（二）图书使用率不高，与数字化替代品有关

农家书屋的图书使用率不高，与图书配备有关，也与群众的阅读习惯有关。第17次全国阅读调查表明，农村群众的数字化接触率为73.2%，实地调查的几个村子，统计数据为72%的群众选择玩手机作为度过闲暇时间的方式，进一步印证了群众普遍不读书的状况，即使知道农家书屋的存在，也不去借阅图书。这种状态的存在与数字化、信息化的替代产品存在有一定的关系，也就是说电视、手机、电脑等数字化产品成为农民群众接触的主要方式，因而农家书屋需要在数字化阅读的方式上做文章，进而引导纸质阅读习惯的回归。

（三）运营经费缺失，管理员待遇问题尚未解决

农家书屋建设之初，对每个书屋核定的基本建设经费为2万元。根据《农家书屋工程专项资金管理暂行办法》，国家财政对"中部地区每个农家书

屋补贴 1 万元，西部地区每个农家书屋补贴 1.6 万元"[①]。尽管国家考虑到西部地区经济欠发达，给予的补贴力度较大，但对于普及到行政村的农家书屋来说，西部各地的财力要承担配套建设经费已经显示出困难的境况。根据核算，在西部地区每个农家书屋的运行，每年至少需要五千元的经费保障，至少需要一个兼职的管理员来定期保证开放、管理，应当支付一定的报酬确保正常开放。但上述经费对于经济条件较为困难的西部地区而言，落实起来极为困难，因此导致了开放、运行不经常的问题。根据实地走访、问卷调查的统计数据，基本不开放的农家书屋达到 75% 左右。20% 左右的农家书屋每周开放一两次，有 5% 的农家书屋每周开放三四次，开放状态良好的农家书屋主要以图书借阅功能为主，文化传播、信息平台、社会教育等职能作用发挥不够甚至缺失。

三、西部地区农家书屋升级版——乡村图书馆的构想

（一）尝试建设农家书屋的升级版——乡村图书馆

西部地区在乡村振兴战略、新时代文明实践中心建设的背景下，可以借鉴农家书屋首创于甘肃省的经验，开展乡村图书馆的试点建设。列入财政预算，推动图书借阅与乡村文化的融合发展，开展"乡村图书馆+"服务，可以与乡村中小学、青少年之家、研学、电商等结合起来，将基础阅读、文化传承、休闲旅游、数字网络等功能进行整合，列入县级公共图书馆的分馆，配备通借通还的系统，开发能反馈公众阅读需求的手机 App 或网络平台，与新华书店合作，借鉴公共图书馆与实体书店深度合作的模式，鼓励新华书店配套开办乡村业务点，尝试开展"农民选借新书、公共财政买单"业务，由县级政府与邮政公司建立合作关系，将读者所需要的图书定期配送至乡村，实现精准服务的有效模式。

（二）同步推进乡村图书馆的数字化

借助通信技术的发展，依托宽带进乡村的机遇，借鉴广播电视"村村通"工程的经验，由移动技术支撑，将适宜老年人、未成年人观看的音视频资源

---

① 刘羽. 乡村振兴战略下我国农家书屋的整合发展研究 [J]. 现代商贸工业，2020，(8)：29-31.

接入电视；同时，接入电子移动借阅机，提供数字图书资源，成年人可用手机扫描进行借阅。

西部各地需要树立以需求定供给的理念，从农民群众的需要出发，借助"大数据、云计算"[①] 等新兴技术，建立自己的乡村图书馆云平台、公众号，或者作为总分馆的云平台、公众号之下一个功能菜单，与公共图书馆通借通还的系统链接，开通书目查询系统，定期发布借阅排行榜，引导群众阅读，实现读者自助查阅图书信息的目标。在此基础上，借鉴杭州图书馆的"一键选借、快递送达"项目，开发出基于手机、网络的图书传递功能，实行群众点单、公共图书馆或新华书店供书，邮政或书店物流配送的一键式传递体系，群众在手机 App 或网络页面注册后，填写所需图书信息，通过流通体系将图书送到所在区域的乡村图书馆，这样的精准配送可以解决图书的供需错配问题。

（三）建立健全乡村图书馆建设与运行机制

西部欠发达地区由于经济的制约，在试点建设乡村图书馆过程中，必须以政府为主体，明确建设体制和运行机制，形成政策、经费、人员多个维度的保障体系。可以采用四种方式推进建设——中央转移支付、分级投入，政府购买服务方式促进发展，支持新乡贤或者社会力量创办，由图书馆的工作团队开展乡村图书馆业务工作，提供人员、资源、业务指导与服务。架构上，乡村图书馆不可能全面覆盖到行政村，试点之初应以乡镇为主，每个乡镇建设一个图书馆，作为县级图书馆的分馆，各行政村的农家书屋作为支点。资金投入上，能列入乡村振兴规划，有中央和省级财政的支持是最为理想的状态，市、县两级政府投入建设也是落实乡村文化振兴、为群众办实事的有效举措，可以制定乡村图书馆建设办法，经人民代表大会审议通过，形成地方性法规。譬如，规定每个馆的建设经费不低于230万元，建成后每年运行经费不低于10万元的标准，列入财政预算。"根据《公共图书馆建设标准》规定，服务人口在3至10万人的乡镇，图书馆建设面积应在800~2300平方

[①] 尹章池，张璐瑶. 农家书屋振兴乡村文化的新使命、延伸功能和创新形式[J]. 中国编辑，2020，(8)：26-30.

米"①，选址应综合考虑学校、街道、集市、乡镇政府和交通等因素，安排在中心位置，可以规定占地面积3000平方米以上，建筑面积不低于900平方米，有条件的地方可以建得更大一些，但必须按照统一的规划、标准和图纸，进行基础建设和设备购置。书刊配置上，可以规定分馆图书达到6万册以上，期刊达到40种以上，报纸达到30种以上，由分馆报计划，文化主管部门统一采购、配备。管理人员上，配备一名科级的管理人员，业务人员可以结合"四支一扶"等民生就业实事项目，从大学生中招聘图书馆管理员，帮扶期满后列入事业编制，统一安排到大学图书情报专业的院系进行3—5个月培训，安排到总分馆建设工作先进的发达地区实地学习，然后分配到各馆开展工作，成为各馆的业务骨干。也可以通过公益性岗位，招聘贫困家庭人员就业，开展一些基础性的辅助业务。在功能发挥上，可以整合远程教育、共享工程、电子阅览室、综合文化中心等设备与功能，发挥图书馆的文化传播、社会教育、信息共享等综合功能。譬如，在乡村文化振兴的视角下，西部地区可以在家谱编写、民间文化抢救保护、非物质文化遗产的传承方面发挥应有的作用。

---

① 王宏鑫，仝亚伟，周云颜，陈辉玲，龙文. 走向农村公共图书馆服务的整体化平台——河南信阳"平桥模式"研究［J］. 中国图书馆学报，2013，（5）：4-14.

结　语

本书选取公共图书馆、学校、新华书店、农家书屋四个政府实施阅读推广的主体，开展实证研究，提出对策建议。

本书探讨了阅读推广与公共图书馆营销的关系，引用布迪厄的社会实践理论三要素——场域、惯习、资本三者之间的关系，从文化场域、文化惯习和文化资本三个维度出发，提出阅读推广需要坚持的三大原则。探讨培育阅读推广人的作用机理，提出了统筹城乡、服务乡村文化振兴的阅读推广人培育模式和举措。从乡村文化振兴的背景切入，以西部地区不同类型阅读场域为实证对象，指出西部地区开展阅读推广的主阵地——学校、书店、图书馆、广播电台，以及阅读推广的潜在阵地——酒店、蛋糕店、农家乐、菜市场等阅读场域，勾勒了可激发潜能的总分馆、理事会等保障体制机制的基本框架。探讨了开展阅读推广的现状、存在的问题并提出解决策略。西部欠发达地区的图书馆目前绝大部分已经在政策推动下建立了总分馆、理事会保障机制，但在乡村以及其他单位此种机制仍然没有系统化建立，这将是我们未来研究的重点内容，也是亟待解决的现实问题。

本书在中华优秀传统文化传承发展工程视域下，探讨学校、图书馆开展阅读推广活动的现实选择，指出西部欠发达地区阅读推广应当探索文化与教育融合机制，研究地域优秀文化进公共图书馆路径，构建分类阅读与文化传播模式，构筑数字文化信息生态系统。在"双减"背景下，从教育主管部门、学校、教师、学生、家长、社会组织六个维度展开分析，进一步探究开展课后服务、培养未成年人阅读习惯的策略，提出学校与公共图书馆、书店等机构联合开展阅读指导的方法，推荐高校分级阅读书目，使文化与教育部门的阅读推广有机融合，以有效地发挥阅读推广的综合效应。依据后现代阅读方式的特征，开展实证调查分析，在推荐书目设计、阅读模式优化、活动提升等方面形成一套适宜推广的模式，以传承优秀传统文化为目标，探究开设文化公开课的可行性路向。指出图书馆应当争取地方立法政策和经费支持，分类别、分层次编制馆本推荐书目，开发休闲服务功能，建设城市书房，举办富有创意性的、多样性的读书活动。打造讲座类阅读推广品牌，开展地域拆书分享帮阅读推广、分享式主题直播、音乐广播和"家谱撰写、我爱我家"等阅读推广实践活动，提升未成年人导读服务绩效。

本书在信息技术、网络购物快速发展的视角下，提出西部欠发达地区新华书店转型升级应当秉持"破冰、引渠、筑池、建网"思路，围绕再造文化卖场空间功能，打造图书文化综合体。在发展路径上，应兴办教育培训产业，打造课外导读品牌；发展"读者选书、第三方买单"业务，打造全民阅读品牌；实施差异化定位策略，用创意产品盈利来平衡公益项目亏损，打造一个个"和而不同"的新华书店，做大、做强主业、做优、做精副业。

本书在研究农家书屋的基础上，提出未来农家书屋的升级版——乡村图书馆建设的思路。建设乡村图书馆，形成以市级图书馆为中心馆、县级图书馆为总馆、乡村图书馆为分馆、不具备建设乡村图书馆条件的行政村保留服务点的架构；网络层面借鉴"户户通"形式，由通信技术支持，接入电视端口，供老年人和孩子使用，同时以云平台为支撑，开发手机应用平台，使众多中青年用户享有数字资源。结合新华书店基层站点建设，开展"农民选借新书、公共财政买单"业务，农民读者需要选购的书，在书店办理借阅手续，向乡村图书馆归还，实行选借新书、手机 App 阅读积分兑换奖励实用物品的模式，对违反约定者扣除积分，形成提升西部地区农民阅读实效的办法。

在讨论书稿的主要观点的过程中，笔者发现乡村图书馆建设的提法或许过于理想化。对于这一思虑，笔者再三斟酌审视、多次请教研讨，最后保留了第十五章的内容，标题上加了"设想"二字。可以采用多种方式推进建设——中央转移支付、分级投入，政府购买服务方式促进发展，支持新乡贤或者社会力量创办，由图书馆的工作团队开展乡村图书馆业务指导，提供人员、资源、业务指导与服务。笔者认为，以发展的眼光审视，未来阅读推广体系的构建,必然要把缩小城乡居民信息鸿沟作为发展目标。从建设文化强国、实施乡村振兴战略的层面来看,当经济发展到一定程度,文化建设必然要抢占制高点,文化建设理应有家国情怀,需要有信仰般的执念。建成了,管好了,这是政府应有的责任,有没有作用、作用发挥得好不好,则是另一个层面的问题。文化建设更应如同电力、通信、公路一样来兜底保障,落实"最后一公里""最后一户群众"的底线思维。因而,在文化强国、乡村振兴的视域下,对乡村图书馆的建设应当充满期待。

展望未来,笔者对西部欠发达地区阅读推广寄予一个美好期望:一个时期后再调查未成年人利用公共图书馆的阅读状况时,会呈现出经典化的趋向。学校深度阅读、非功利化阅读蔚然成风,校领导带头读、教师领读、师生共读、亲子共读与人人溢书香、处处有书香、时时闻书香、好书飘书香的书香校园氛围比比皆是。城市会有更多休闲阅读阵地,广大市民有机会在休憩的同时,自然而然地感受书香。乡村图书馆会成为乡村振兴战略实施及新时代文明实践中心建设的热点,在书店选借新书、政府会兜底买单,云平台支撑、手机 App 阅读、积分兑换或奖励的机制下,形成新一轮充满正能量的霸屏。概而言之,期望西部地区通过久久为功的努力,潜移默化地形成良好的书香社会氛围。

以实事求是的态度来审视,本书在研究过程中,也出现过分注重实证研究,理论高度不够,还存在一些局限性等问题。笔者计划在今后的研究从以下几个方面进行深化:①阅读推广理论转化应用研究,不同阅读群体情况统计、调查和分析。②图书馆总分馆制的思路、机制、职能、内容和资源技术共享、服务互动问题,社会力量参与公共图书馆阅读推广模式探析,如何调动非公有制力量形成阅读品牌融合运营格局。③学校在"双减"视域下利用课后服务开展未成年人导读模式构建,未成年人导读与新媒体发展的融合路径。④书店转型升级的思路与路径,实证多元商品业态的形成,西部偏远县城书店转型升级不同理念、实际操作措施。⑤乡村图书馆建设的运行机制实证研究,主要包括场馆建设、网络构建、数字乡村图书馆、书刊选配、农民阅读积极性调动问题。这些问题,下一步研究中需要再加强。

参考文献

1. 屈义华，张萌，张惠梅，陈艳，张妍妍，黄佩芳．阅读政策与图书馆推广［M］．北京：朝华出版社，2020．

2. 中共中央办公厅　国务院办公厅印发《关于实施中华优秀传统文化传承发展工程的意见》［EB/OL］．http：//www.gov.cn/zhengce/2017-01/25/content_ 5163472. htm.

3. 姚雪梅．"互联网+"环境下公共图书馆阅读推广工作管见［J］．河南图书馆学刊，2016，（12）：16-18．

4. 丁轶．公共图书馆阅读推广工作的问题与对策［J］．图书馆界，2016，（2）：49—53．

5. 韩梅花，张静．基于"阅读是一种生活方式"的儿童阅读推广模式探究［J］．图书馆工作与研究，2017，（3）：115—118．

6. 刘燕．IP视角下实体书店发展模式研究［J］．焦点论坛，2020，（7）：5-10．

7. 孙靓，刘玲玉，陈闽燕，张晓芳．实体书店的现状和发展研究［J］．轻工科技，2020，（9）：153-155．

8. 胡勇．电商书店的发展模式与提升策略——以葫芦弟弟为例［J］．出版广角杂志，2020，（8）：61-63．

9. 王若菲．基于SWOT分析的民营实体书店特色化经营模式研究［D］．黑龙江大学，2015．

10. 高竞艳．城市文化体验建构下的实体书店［J］．出版广角，2020，

（4）：43-45.

11. 兰庆庆."去实体化"还是"实体化+"实体书店多重价值探讨[J]. 编辑之友，2020，(11)：71-74.

12. 许甲子，马赈辕. 多元化体验经营在实体书店中的实践探索——以诚品书店为例[J]. 出版广角，2019，(2)：62-64.

13. 徐振云，王璐璐. 服务型社区实体书店建设的必要性与可行性研究[J]. 出版科学，2019，(1)：82-85.

14. 谭宇菲，赵茹. 从空间体验到文化理性：实体书店精英转型的发展进路[J]. 编辑之友，2019，(11)：75-79.

15. 付国帅."书+X"：实体书店复合式经营发展新路径[J]. 出版广角，2018，(3)：55-57.

16. 连娜. 基于社群的实体书店商业模式研究[J]. 编辑之友，2016，(6)：73-76.

17. 李淼."去书店"：基于场景的实体书店转型策略与实践[J]. 编辑之友，2018，(11)：37-41.

18. 田沙沙. 基于环境行为学的特色书店设计研究[D]. 西南交通大学，2016.

19. 陈颖. 我国网上书店发展研究[D]. 武汉大学，2005.

20. 王晶. 新华书店生存困境与转型路径研究——基于台湾诚品书店的成功模式[D]. 山西大学，2013.

21. 祝安琪. 实体书店和网络书店的比较分析及融合对策[D]. 黑龙江大学，2016.

22. 王喜荣. 移动互联网时代新华书店O2O模式研究[D]. 北京印刷学院，2016.

23. 朱寒. O2O模式下新华书店电子商务实施策略研究[D]. 华中师范大学，2015.

24. 秦艳华，路英勇. 实体书店品牌经营之道[J]. 中国出版，2016，(21)：15-17.

25. 谢巍，张梦一. 基于消费行为的实体书店营销策略分析[J]. 传媒大讲坛，2016，(12)：14-15.

26. 曹磊. 国有发行集团的后向一体化战略——以新华文轩为例 [J]. 编辑之友, 2012, (7): 44-45.

27. 梁言顺: 凝聚起农家书屋改革创新的强大力量——在农家书屋工作领导小组会议上的讲话 [EB/OL]. http://www.zgnjsw.gov.cn/booksnetworks/contents/412/400369.html.

28. 李娜. 国内阅读推广研究知识图谱分析 [J]. 图书馆工作与研究, 2018, (2): 10-10.

29. 高峰. 后现代阅读方式下公共图书馆未成年人服务能力提升的对策——以平凉市公共图书馆为例 [J]. 甘肃科技, 2017, (23): 70-71.

30. 张苏梅. 浅析后现代阅读方式 [J]. 中北大学学报（社会科学版）, 2010, (1): 32-35.

31. 林松柏. 公共图书馆未成年人阅读推广研究——以长春市为例 [D]. 东北师范大学硕士学位论文, 2015, (5): 8-18.

32. 新闻出版研究院: 第十七次全国国民阅读调查 [EB/OL]. http://www.199it.com/archives/1040053.html.

33. 许欢. 儿童传统经典阅读推广研究 [J]. 图书与情报, 2011, (2): 13-16.

34. 马兰. 论高校图书馆学科性导读资源的构建 [J]. 河南图书馆学刊, 2012, (5): 17-19.

35. 徐耀新. "立"字当头，"取"字为先，肩负起弘扬优秀传统文化的历史责任 [J]. 艺术百家, 2014, (5): 1-4.

36. 屈哨兵, 纪德君. 以大学为核心构建中华优秀传统文化的传承体系——基于中华经典阅读实践的探索与思考 [J]. 高教探索, 2017, (5): 22-25.

37. 黄静. 国内城市公共数字文化服务实践调查与发展分析 [J]. 新世纪图书馆, 2017, (3): 71-76.

38. 刘筱月. 公共数字文化信息生态系统的构建及优化研究 [D]. 广西民族大学硕士学位论文, 2016, (4): 46-47.

39. 倪代川, 季颖斐. 布迪厄场域理论视域下的大学图书馆场域探析 [J]. 图书馆工作与研究, 2013, (07): 17-20.

40. 龙欢. "黑彩"场域的逻辑[D]. 厦门大学硕士学位论文, 2007, (7).

41. 韩笑. "场域"理论视域下小学语文口语交际教学的实践研究[D]. 长春师范大学硕士学位论文, 2014, (1).

42. 郎玉林, 徐锐, 栾荣. 基于文化社会学的全民阅读发展研究[J]. 图书馆建设, 2016, (10): 5-5.

43. 许欢. 儿童传统经典阅读推广研究[J]. 图书与情报, 2011, (2): 13-16.

44. 许蕴茹. 基于队伍结构特点的图书馆员分级培训模式研究——以辽宁省图书馆为例[J]. 图书馆学刊, 2013, (11): 14-15.

45. 郭媛. 公共图书馆青年馆员发展现状及培训对策研究——以广西壮族自治区图书馆为例[J]. 图书馆界, 2017, (3): 72-73.

46. 刘军华. 西部地区图书馆和信息产业与文化产业相关性研究[J]. 科技情报开发与经济, 2006, (24): 3-4.

47. 罗晓萍. 地区图书馆现状与发展建设的讨论[J]. 贵州学刊, 2001, (3): 34-35.

48. 陈芳玲. 浅谈西部地区公共图书馆如何适应网络信息的发展[J]. 今日科苑, 2009, (2): 43-43.

49. 于翔. 西部民族地区图书馆建设二题. 青海民族大学学报（教育科学版）[J], 2011, (4): 125-127.

50. 张晋平. 论西部信息环境对少数民族文化阅读的影响. "十二五"时期甘肃图书馆事业发展研究[M]. 甘肃民族出版社, 2011, (1): 18-25.

51. 蒲丽. 抓住免费开放机遇, 助推县（区）级公共图书馆再发展——麦积区图书馆免费开放实践启示. "十二五"时期甘肃图书馆事业发展研究[M]. 兰州: 甘肃民族出版社, 2011, (1): 121-132.

52. Lipsman C K. The disadvantaged and Library Effectiveness[J]. American Library Association, 1972.

53. 王素芳. 国外公共图书馆弱势群体服务研究述评[J]. 中国图书馆学报, 2010, (3): 3-4.

54. 李菁. 图书馆为弱势群体服务的思考. 图书馆服务与资源共享

[M]．兰州：甘肃民族出版社，2011，(9)：293-299．

55. 许大文，胡萍，陆艳芳，郑昀．公共图书馆乡村学龄前儿童阅读推广实证研究——以"阅动全家 书香嘉兴"为例[J]．图书馆杂志，2020，(6)：67-76．

56. 刘丹．图书馆阅读推广标准的建立构想[J]．图书馆杂志，2020，(8)：82-87．

57. 薛卫双．建立图书馆阅读推广专业标准及标准框架的构想与思路[J]．图书馆理论与实践，2021（2）：96-101．

58. 张惠梅．"图书馆"公共图书馆创新发展的案例分析[J]．河南图书馆学刊，2018，(1)：27-29．

59. 金武刚．全面构建现代公共图书馆制度——关于《中华人民共和国公共图书馆法》的学习与研究[J]．图书与情报．2018，(1)：14-14．

60. 李倩．我国民营实体书店的困境及发展对策[D]．河北大学硕士学位论文，2013，(2)．

61. 中国新华书店协会．八十载薪火相传改革道繁星满天——中国新华书店2016年社会责任报告书[J]．科技与出版，2017，(7)：4-9．

62. 周杨．我国实体书店的困境与发展对策研究[D]．湖南师范大学硕士学位论文，2015，(8)．

63. 2019中国图书零售市场报告出炉[EB/OL]．https://www.sohu.com/a/365995190120047231．

64. 开卷发布2020年第一季度图书零售市场分析[EB/OL]．https://www.sohu.com/a/388007260_99957183．

65. （哥伦比亚）加西亚·马尔克斯．百年孤独[M]．范晔，译．海口：南海出版公司，2017，(8)．

66. 王谦．书，是实体书店菜单的主菜——论数字出版成熟时期实体书店之发展[J]．出版广角，2016，(17)：3-3．

67. 张峰．ZJFB书店商业模式重构研究[D]．浙江工业大学硕士学位论文，2014，(8)．

68. 李远全．新形势下新华书店的角色定位和应对策略[J]．南方论刊，2015，(6)：105-106．

69. 司新丽. 公共文化传播空间的构建——以民营实体书店转型发展为例 [J]. 传媒经营研究, 2018, (5): 148-149.

70. 刘建华. 网络时代实体书店发展的四个判断 [J]. 新阅读, 2020, (3): 52-53.

71. 付晗涵. 实体书店的复苏之路: 原因、困难及转型策略 [J]. 商业研究, 2020, (4): 16-17.

72. 张铮, 陈雪薇. "云端"之上: 实体书店的现实困境、存在价值与发展方向 [J]. 出版发行研究, 2020, (3): 22-24.

73. 韩冰, 杨晓菲. 公共图书馆与实体书店跨界合作模式比较研究 [J]. 图书馆工作与研究, 2017, (4): 254-255.

74. 农家书屋工程大事记 [J]. 当代图书馆. 2008 (1): 70-71.

75. 文化部, 国家新闻出版广电总局, 国家体育总局, 国家发展和改革委员会, 财政部. 关于印发《关于推进县级文化馆图书馆总分馆制建设的指导意见》的通知 [EB/OL]. http://www.gov.cn/gongbao/content/2017/content_5216448.htm.

76. 关于印发《农家书屋工程建设管理暂行办法》的通知 [EB/OL]. http://www.law-lib.com/law/law_view1.asp?id=261512.

77. 吴可. 我国农家书屋阅读推广研究——以黑龙江省为例 [D]. 黑龙江大学硕士学位论文, 2017, (3).

78. 中宣部等十部门印发《农家书屋深化改革创新提升服务效能实施方案》 [EB/OL]. http://www.gov.cn/xinwen/2019-02/26/content_5368689.htm.

79. 国家新闻出版署关于印发《2020年农家书屋重点出版物推荐目录》的通知 [EB/OL]. http://www.zgnjsw.gov.cn/booksnetworks/contents/399/415813.html.

80. 高峰. 平凉市农家书屋后续建设对策研究 [J]. 甘肃科技, 2017, (24): 69-70.

81. 高峰. 精准扶贫视角下公共图书馆服务弱势群体的路径 [J]. 甘肃科技, 2018, (1): 65-66.

82. 王子舟, 李静, 陈欣悦, 李丹清, 贺梦洁, 郑元元, 余慧, 刘晗月. 乡村图书馆是孵化乡村文化的暖巢——关于乡村图书馆参与乡村文化振兴的讨论［J］．图书与情报．2021，（1）：116-125.

83. 李佳莹．农家书屋建设的观念固化之疴［J］．四川图书馆学报，2020，（2）：26-29.

84. 周子玉，刘玥婷，林海婷．乡村振兴战略背景下湖南省农家书屋十年发展调查［J］．高校图书馆工作，2020，（4）：31-36.

85. 刘羽．乡村振兴战略下我国农家书屋的整合发展研究［J］．现代商贸工业，2020，（8）：29-31.

86. 尹章池，张璐瑶．农家书屋振兴乡村文化的新使命、延伸功能和创新形式［J］．中国编辑，2020，（8）：26-30.

87. （宋）李清照著，漱玉词［M］．全丽娜，译．江苏凤凰文艺出版社，2019，（1）：14.

88. 孟刚，袁洪，曹刚．完美的创意色彩包装色彩设计［M］．北京：中国青年出版社，2013，（2）：25.

89. 成甲．好好学习　个人知识管理精进指南［M］．北京：中信出版集团股份有限公司，2017.

90. 巫志南．公共文化产品和服务精准供给研究［J］．图书情报，2019，（1）：31-40.

91. 张雪琴．大学生心理发展与调适［M］．北京：中央编译出版，2011.

92. 苗美娟．美国青少年和老年人志愿者参与的儿童阅读项目实证研究［J］．图书情报，2019，（2）：57-65.

93. （美）斯蒂芬·盖斯．微习惯［M］．桂君，译．南昌：江西人民出版社，2020.

94. 普慧．文学经典：建构、传播与诠释［J］．图书情报，2018（4）：15-25.

95. 朱光潜．朱光潜美学文集［M］．上海：上海文艺出版社，1982.9.

96. 李蓉．"范式"的文化社会纬度［J］．湖北经济学院学报，2011（4）：7-8.

97. （日）甲谷一．版式设计原理［M］．景瑞琴，译．上海：上海人民美术出版社，2019：36.

98. 苟廷颐. 图书馆公共关系发展探析［J］. 公共图书馆, 2015,（4）: 5-5.

99. 王勇安, 张光荣, 梁爱琴. 农家书屋数字内容建设的模式设计及路径选择［J］. 编辑之友, 2015,（11）: 26-30.

100. 王宏鑫, 仝亚伟, 周云颜, 陈辉玲, 龙文. 走向农村公共图书馆服务的整体化平台——河南信阳"平桥模式"研究［J］. 中国图书馆学报, 2013,（5）: 4-14.

101. 万宇, 王奕. 分众阅读读物给养头脑［M］. 深圳: 海天出版社, 2020,（1）: 142-162.

102. 尹士亮, 李海燕, 王成玥. 分级阅读读物提升幸福［M］. 深圳: 海天出版社, 2020,（1）: 95-105.

103. 陈书梅. 儿童情绪疗愈绘本解题书目［M］. 台北: 台湾大学出版中心, 2009,（12）.

104. 中国图书馆学会阅读推广委员会阅读与心理健康分委员会. 面向大学生的常见心理困扰对症书目［EB/OL］. http://www.lib-read.org/doc/worksshow.jsp?id=1446.

105. 周燕妮, 唐曦, 石莹, 王碧蓉. 分类阅读读物优化气质［M］. 深圳: 海天出版社, 2020,（1）: 57-65.

106. 徐雁. 秋禾行旅记［M］. 南京: 南京师范大学出版社, 2009,（9）: 300.

107. 徐雁. 阅读的人文与人文的阅读［M］. 北京: 科学出版社, 2014,（07）: 57-65.

108. 王一方. 一张书单的由来/张大庆. 中国医学人文评论: 第二卷［M］. 北京: 北京大学医学出版社, 2008: 85-86.

109. 徐雁, 张思瑶, 张麒麟, 冯展君. 分校阅读读物增益才华［M］. 深圳: 海天出版社, 2020,（1）: 122-125.

110. 钱军, 蔡思明, 张思瑶. 书香满园校园阅读推广［M］. 深圳: 海天出版社, 2017,（4）: 122-125.

111. 陈进, 李笑野, 郭晶. 高校图书馆阅读推广案例精编［M］. 北京: 海洋出版社, 2017,（1）: 304-313.

112. 凌冬梅，郑闯辉，朱琳，林肖锦．分地阅读读物联通文脉［M］．深圳：海天出版社，2020，（1）：167-190．

113. 王以俭，廖晓飞，夏飞凤，黄蓉．地方文献与阅读推广［M］．北京：朝华出版社，2020，（2）：40-54．

114. 李焕龙．阅读者［M］．合肥：安徽文艺出版社，2021，（9）：287-288．

115. 王波．图书馆学及其左右邻舍［M］．北京：海洋出版社，2014，（3）：260-261．

116. 朱硕峰．世界各国图书馆数字资源发展政策精要［M］．北京：国家图书馆出版社，2016，（5）：29．

117. 国家图书馆中国记忆项目中心．国家非物质文化遗产代表性传承人抢救记录十讲［M］．北京：国家图书馆出版社，2017，（6）：114-139．

118. （斯洛文尼亚）娜嘉·瓦伦丁希奇·弗兰．非物质文化遗产的影像记录与呈现［M］．国家图书馆中国记忆项目中心，译．北京：清华大学出版社，2019，（7）：34-89．

119. 杨现民．泛在学习时代的资源建设——走向生成与进货［M］．北京：电子工业出版社，2016，（12）：72-73．

120. 《中国图书馆学报》编辑部．图书馆员论文撰写与投稿指南［M］．北京：国家图书馆出版社，2018，（9）：28．

121. 蒋永福．图书馆学基础简明教程［M］．北京：知识产权出版社，2012，（6）：206-208．

122. 吴南，刘萍，张妮妮．现代图书馆学热点研究［M］．北京：知识产权出版社，2014，（6）：40-54．

123. 王子舟．图书馆学研究法学术论文写作撷要［M］．北京：北京大学出版社，2020，（12）：147-158．

124. 武三林，韩雅鸣．基于技术融合的图书馆数字资源利用服务机制研究［M］．北京：科学技术文献出版社，2017，（3）：167．

125. （美）欧文·戈夫曼．日常生活中的自我呈现［M］．冯钢，译．北京：北京大学出版社，2020，（11）：206．

126. （美）本尼迪克特·安德森．想象的共同体［M］．吴叡人，译．上海：上海人民出版社，2020，(4)：17.

127. 老舍. 老舍谈写作与阅读 [M]. 北京：商务印书馆，2021，(8)：181.

128. 陈军. 我的语文生活 [M]. 北京：商务印书馆，2021，(8)：138.

129. 王余光，徐雁. 中国阅读大辞典 [M]. 南京：南京大学出版社，2016，(4)：1419-1488.

130. 蔡思明，江少莉，陈欣. 分时阅读读物愉悦性情 [M]. 深圳：海天出版社，2017，(4)：122-125.

131. 周燕妮，聂凌睿，马德静. 书香社会全民阅读导论 [M]. 深圳：海天出版社，2017，(4)：238.

132. 陈亮，连朝曦，张婷. 书香在线数字阅读导航 [M]. 深圳：海天出版社，2017，(4)：183-205.

133. 曹三及，张惠霞. 读书让精神更丰盈：平凉市儿童阅读推广研究会成果集. 2020，(11)：2-140.

134. 林彦君. 行销概念运用于公共图书馆之探讨 [D]. 台湾大学图书资讯学系暨研究所硕士论文，1992.

135. 图书馆行销 [EB/OL]. htp：//wwwlib.Tshilc.eduw wwwlib/dm/staff carlos/sell.htm.

136. 柯平，李琼. 大学图书馆数字资源营销策略研究——以南开大学图书馆为例 [J]. 晋图学刊，2007.

137. 昆雄. 基于信息营销的图书馆业务流程重组研究 [J]. 中国图书馆学报. 2004.

138. 范并思. 阅读推广的服务自觉 [J]. 图书与情报. 2016，(6).

139. 王波. 阅读推广、图书馆阅读推广的定义 [J]. 图书馆论坛，2015，(10).

140. 于良芝，于斌斌. 图书馆阅读推广 [J]. 国家图书馆学刊，2016，(6).

141. 范并思. 拓展图书馆阅读推广的理论疆域 [J]. 图书情报知识，2016，(6).

142. 范并思. 论图书馆阅读推广的理论体系 [J]. 图书馆建设，2018，

(4).

143. 张文超. 学校课后服务实施理念倾向与改进路向 [J]. 教学管理, 2021, (7): 9.

144. 邱连英. 小学课后服务中的校本课程 [J]. 教学与管理, 2021, (5): 9-10.

145. 殷彩丽. 让学生阅读能力在课后服务中蜕变 [J]. 安徽教育科研, 2021, (3): 61-62.

146. 姜舒婷. 小学生语文阅读素养调查研究——以 Z 校四年级及以上学生为例 [D]. 江苏大学硕士学位论文, 2018, (6).

147. 赵吉祥. 乡镇小学课后服务实施现状及对策研究——以临沂市 Y 县五所小学为例 [D]. 鲁东大学硕士学位论文, 2020, (5).

148. 陶小翠. 乡村文化振兴背景下农村校园文化建设研究——以当涂县石桥中心学校的调研为例 [D]. 安徽师范大学硕士学位论文, 2020, (4).

149. 丁颖. 乡村寄宿制小学课后服务体系研究——以当涂县石桥中心学校的调研为例 [D]. 扬州大学硕士学位论文, 2020, (5).

150. 卢长春. 农村小学课后服务现状、问题与对策研究——以固始县 F 校为例 [D]. 大学硕士学位论文, 2020, (6).

151. 高峰. 乡村文化振兴背景下的阅读推广人培育研究 [J]. 甘肃科技, 2022, (5).

152. 高峰. 西部地区实体书店转型升级的策略 [J]. 甘肃科技, 2021, (5): 87-89.

153. 高峰. 西部地区乡村图书馆建设的构想 [J]. 甘肃科技, 2021, (5): 60-62.

154. 高峰, 郭玉萍, 王小莉, 侯静玲, 李莹, 张妙玲. 基于公共图书馆阅读推广的青少年微阅读习惯培养意义及策略——以平凉市图书馆"周末家庭教育讲坛"阅读推广品牌 [J]. 甘肃科技, 2021, (4): 94-96.

155. 尹苏. H 小学课后服务的问题与对策研究 [D]. 湖南科技大学硕士学位论文, 2020, (6).

后　记

蓦然回首，才发觉我走出校门已经二十个年头了。从2003年开始，我先后当过农村中小学教师、乡镇教育专干、报社记者、党政机关职员、文化旅游工作者、图书馆管理人员，既待过最基层的农村中小学校，也蹲过市直机关的办公室，机缘巧合，还有在省直机关工作两年的经历，20年时间竟然走过12个单位，这种经历和阅历在同龄人中可能都是很少有的。

回望来路，多年来，我多半时间从事文化、教育工作，其间曾几次借调省市文化主管部门学习，2022年4月，受组织委派，又到乡镇挂职。每到一处，我都比较关注学校图书馆、公共图书馆的运营状况，下乡会关注农家书屋，走在城里会留意遍布大街小巷的书店，通过观察，思考过很多问题，后来有幸在图书馆工作，便有了更多实践探索的机会，在微观层面积累了一些阅读推广的工作经验。正是多年来工作经历中的点滴积累，才汇集成了眼前这本凝结着我诸多心血的书稿《新时期西部全民阅读推广实证研究》。

需要说明的是，近几年在工作之余，我完成了在职研究生的学习，正是这个难得的学习机遇，使我比较系统地学到了相关的基本规范与方法，特别是把毕业论文同步申报为研究课题，撰写论文、参加大型论坛交流，初步形成了研究工作的实证风格。临近毕业时，单位分管领导推荐我承担了一个连锁经营书店的转型升级策划工作，为了把策划案与一般的行政材料区分开来，我集中学习了这一领域的有关专著及系列论文，系统掌握了相关知识，这一经历对完成策划案起到了关键作用。更为重要的是在修改完善的过程中，曾多次与书店人员座谈，进行了一次又一次深入的实证研究。自此以后，我坚持关注新华书店连锁经营的转型升级问题，到一城一地必然要去几个书店，探究当下理论的可行性、可操作性，通过不断总结、提升，从而形成了这个系列的初步成果。现在看来，尽管初衷是想将前沿理念融入实证研究，而且最终结果也不尽完美，但从整个研究过程来看，这本小册子还是部分地实现了我当初预定的目标，至少记录了我这一时期的成长经历。

进入新时代以来，中国社会发生了巨大而深刻的变化，反映在文化建设方面，特别是全民阅读领域，应该说出现了许多前所未有的变局。从农村到城市，从学校到社会，人们的读书模式在改变，人们的阅读兴趣也在改变，如何发挥图书馆的主阵地作用和思想引领作用，为新时期人们的阅读方式和兴趣点找到与之相对应的解困模式，是每一个文化工作者必须面对的课题。正是在这一主导思想驱使下，我把研究的关注点长久地集中到这一方面，在中小学语文教师和乡镇教育专干的岗位上，结合工作实际，比较注重学生阅读面的拓展，同时就发挥校园图书室作用、开展乡村学校及班级阅读活动，想了一些办法，收集了一些资料，结合当前的"双减"政策，形成了教育与文化等部门融合开展阅读活动的思考。在乡镇工作期间，我注意到大部分农村书屋管理不善，利用率低下。我也深知，不能仅凭观感来定性，只有准确掌握现状，才有可能提出偏失小一些、针对性强一些的预期设想和未来展望。结合工作实践，我多次进行实地调研，开展问卷调查，基本搞清了目前的真实状况。借调省级文化部门工作期间，利用参加全省图书馆总分馆推进会前期调研、省图书馆及多所高等院校组织的乡村阅读推广活动之际，我多次参与省市县乡村五级调查研究工作，尤其注重考察农家书屋发展状况，对全省的情况掌握之后，再展望整个西部地区的建设状况。通过赴几个省份开展调研，面对广大西部地区的现状，如何破解困境，形成了一些初步的思考，提出了一些肤浅的设想。我认为必须坚持实事求是的原则，一切从实际出发，提出西部乡村图书馆建设的美好预期，预设多种方式推进建设——中央转移支付、分级投入，政府购买服务方式促进发展，支持新乡贤或者社会力量创办。当然，这些举措的落实，需要长期的努力，也需要一系列条件的逐步成熟。

　　客观地讲，所有上述的这些思考以前都是零碎的，不成体系的。几年前，在平凉市委宣传部、市社科联的推荐与引导下，我才有了把这一研究课题进行下去的动力和决心，进而树立目标导向，重拾专业知识，倒逼自己静下心来，深入进去，对这一课题开始了系统的归纳和梳理，经过数次申报，有幸被列为甘肃省哲学社会科学规划项目的资助课题。历经两年，成果经甘肃省社科规划办组织权威专家鉴定，在更高层面提出了指导意见，按照意见再进行修改完善，通过审核并结项。结项后，历时一年再度精修整理，形成了这本小册子。期间，市文旅局、图书馆的领导给了我极大的鼓励，我挂职的龙门乡党委政府领导给予我许多的包容与支持，为课题实施、成果出版提供了良好的环境条件，这样我才能在较好地完成所承担的工作任务基础上，利用空闲时间探究所喜欢的话题，今天也才能有机会把我的这一劳动成果奉献给广大的读者。

　　目前，从西部阅读推广的实际来看，一个不容忽视的现象是，农村阅读的荒漠化倾向已然出现，这当然与西部农村地区的经济欠发达有关，而且短期内这一现象可能无法逆袭。但我深信在全民阅读政策推动下，一定会呈现出"漠上书飘香"的美好图景：学校深度阅读、非功利化阅读一定会蔚然成风；城市会有更多休闲阅读的阵地，广大市民有机会在更多的"第三空间"自然而然享受书香熏陶；乡村图书馆会成为全面推进乡村振兴的热点话题，农民能在书店选借新书，政府会兜底买单，在云平台支撑、手机App阅读、积分兑换或奖励的机制下，会形成新一轮充满正能量的全民阅读热潮。概而言之，通过久久为功的努力，西部地区一定会形成良好的书香社会氛围。我也诚恳地希望，在这个全民性的文化复兴的伟大工程中，我的这本小册子能够发挥一点微薄的作用。

　　此时此刻，在这本小册子即将付印之际，我的心里充满了感激和感动。感谢省社科规划办领导及评审专家的扶持与肯定。感谢平凉市文旅局、社科联历任领导的推荐与支持。感谢责任编辑毕磊先生和书香力扬团队为本书出版把了最后一道关口，付出了心血和努力。感谢徐升国先生百忙之中为本书作序，给予充分肯定与鼓励。感谢杨晓华先生对选题提出宝贵的意见与建议，使研究体系更为完善。感谢导师张林祥先生对我悉心指导，多次释疑解惑。感谢郭三省先生鼓励我报考研究生、推荐承担策划工作，感谢寇芳军先生、马小东先生、刘屹先生赏识与帮助。特别是本书联系出版之际，马小东先生多方协调，大力支持，为课题争取到配套经费。在书稿编校出版过程中，马宇龙、景颢、王顶和、郭玉萍、曹三及、杨昉、曹敏等热心人士，热心协助，指点出版事宜，提出了很好的意见和建议；还有，我的家人既给了我充分的理解，也给了我全力的帮助和支持。在此，谨向所有给予我关心支持的各位领导、师友、同事、家人，深表谢意。

高峰

2022年10月23日